금융투자
분석사

3

금융투자협회
Korea Financial Investment Association

1. 금융투자분석사의 정의

투자매매업 또는 투자중개업을 인가받은 금융투자회사에서 특정 금융투자상품의 가치에 대한 주장이나 예측을 담고 있는 자료(조사분석자료)를 작성하거나 이를 심사 · 승인하는 업무를 수행하는 인력

2. 응시자격

금융회사 종사자, 학생, 일반인 등

3. 시험과목 및 문항수

시험과목		세부 교과목	문항수
제1과목	증권분석 기초	계량분석	5
		증권경제	10
		기업금융 · 포트폴리오 관리	10
소 계			25
제2과목	가치평가론	주식평가 · 분석	10
		채권평가 · 분석	10
		파생상품평가 · 분석	10
		파생결합증권평가 · 분석	5
소 계			35
제3과목	재무분석론	재무제표론	10
		기업 가치평가 · 분석	10
소 계			20
제4과목*	증권법규 및 직무윤리	자본시장 관련 법규	10
		회사법	5
		직무윤리	5
소 계			20
시험시간		120분	100 문항

* 2009년 2월 4일 이후 시행된 증권투자상담사 시험 및 증권투자권유자문인력 적격성 인증시험 합격자에 대해서는 증권법규 및 직무윤리과목(제4과목)을 면제

4. 시험 합격기준

　70% 이상(과목별 40점 미만 과락)

■ 한국금융투자협회는 금융투자전문인력의 자격시험을 관리·운영하고 있습니다.
　금융투자전문인력 자격은 「자본시장과 금융투자업에 관한 법률」 등에 근거하고 있으며,
　「자격기본법」에 따른 민간자격입니다.

■ 자격시험 안내, 자격시험접수, 응시료 및 환불 규정 등에 관한 자세한 사항은
　한국금융투자협회 자격시험접수센터 홈페이지(https://license.kofia.or.kr)를 참조해
　주시기 바랍니다.
　(자격시험 관련 고객만족센터: 02-1644-9427, 한국금융투자협회: 02-2003-9000)

contents

part 01

재무제표론

certified research analyst

chapter 01

재무회계의 개요

section 01　재무회계의 기초

1　회계의 정의

　　회계란 특정한 경제적 거래에 대하여 정보이용자들에게 합리적인 의사결정을 하는 데 유용한 재무정보를 제공하기 위한 일련의 과정을 말한다. 미국공인회계사회의 회계용어심의위원회가 과거에 발표한 회계에 대한 정의에 따르면, '회계란 재무적 성격을 가지고 있는 거래나 사건들을 의미 있는 방법과 금전적으로 기록·분류·요약하는 기술'로 정의되어 왔다. 이러한 정의는 회계의 일부 기능, 즉 회계정보의 생산적 측면만을 강조하고 회계의 목적이나 회계정보이용자 등은 고려하지 않는다는 비판을 면하기 어려웠다. 그래서 최근에는 회계를 정보개념에 입각하여 '투자자·채권자·경영자 등 정보이용자가 합리적인 판단과 의사결정을 할 수 있도록 기업실체에 관한 유용한 재무적 정보를 식별·측정하고 전달하는 과정'으로 그 의미가 확대·발전된 것이다. 이러한 견해에 따라 미국회계학회의 기초적 회계이론에 관한 보고서

(A Statement of Basic Accounting Theory : ASOBAT)는 회계를 '정보이용자가 합리적인 판단이나 의사결정을 할 수 있도록 경제적 정보를 식별하고 측정하여 전달하는 과정이다'라고 발표하였다. 이는 회계정보의 생산적인 측면 이외에 회계정보의 이용측면을 강조한 관점에서 의사결정의 유용성을 중시하는 사고라고 할 수 있다.

2 회계의 분류

1) 회계정보 이용자

회계는 정보를 이용하는 사람에게 유용한 정보를 제공한다. 이러한 정보이용자에는 경영자 및 종업원 등의 기업 내부 이용자와 투자자, 채권자 및 감독기관 등 기업의 외부 이용자가 있다. 한국채택국제회계기준(이하 'K-IFRS'라 한다)의 '재무제표의 작성과 표시를 위한 개념체계'에서도 재무회계의 목적과 관련된 정보이용자와 그들의 정보수요에 대해 다음과 같이 설명하고 있다.

❶ 투자자 : 투자위험을 감수하는 자본제공자와 그들의 투자자문가는 투자에 내재된 위험과 투자수익에 대한 정보에 관심을 갖는다. 그들은 매수, 보유 또는 매도에 관한 의사결정을 위해 정보를 필요로 한다. 소유주는 또한 기업의 배당능력을 평가할 수 있는 정보를 필요로 한다.

❷ 종업원 : 종업원과 종업원을 대표하는 기구는 고용주인 기업의 안정성과 수익성에 대한 정보에 관심을 갖는다. 그들은 또한 기업의 보수, 퇴직급여 및 고용기회 제공능력을 평가할 수 있는 정보를 필요로 한다.

❸ 채권자 : 채권자는 원금과 원금에 대한 이자가 지급기일에 적절히 지급되는지를 결정하기 위해 도움을 줄 수 있는 정보를 필요로 한다.

❹ 공급자와 그 밖의 거래 채권자 : 공급자와 그 밖의 거래 채권자는 기업의 지급기일 내에 지급능력을 결정하기 위한 정보를 필요로 한다. 거래 채권자는 당해 기업을 주 거래처로서 장기적인 관계를 유지할 목적이 아닌 한, 일반적으로 당해 기업에 대해 대여자보다는 단기적인 관심을 가질 가능성이 높다.

❺ 고객 : 고객은 특히 특정 기업과 장기간 거래관계를 유지하고 있거나 의존도가 높은 경우에 그 기업의 존속 가능성에 대한 정보에 관심을 갖는다.

❻ 정부와 유관기관 : 정부와 유관기관은 자원의 배분과 기업의 활동에 관심을 가진다. 이들은 기업활동을 규제하고 조세정책을 결정하며 국민소득이나 이와 유사한 통계자료의 근거로 사용하기 위해 정보를 필요로 한다.

❼ 일반대중 : 기업은 다양한 방법으로 일반대중에게 영향을 미친다. 예를 들면, 기업은 종업원의 고용과 지역 내 공급자의 양성과 같은 다양한 방법으로 지역경제에 상당한 기여를 할 수 있다. 일반대중은 재무제표에서 기업의 성장과 활동범위에 관한 추세와 현황에 대한 정보를 얻을 수 있다.

2) 회계정보 이용자에 따른 회계의 분류

회계정보의 이용자를 기준으로 하여 그러한 이용자와 관련된 회계를 구분하는 경우 크게 재무회계, 관리회계 및 세무회계로 구분된다.

(1) 재무회계

재무회계는 외부보고 목적의 회계로서 현재 및 잠재 투자자가 합리적인 의사결정을 하는 데 유용한 정보를 제공하는 것을 목적으로 한다. 재무회계는 주주와 채권자, 경영자와 노동자, 그리고 감독기관과 과세당국 등에게 기업의 재무상태와 경영성과를 의무적으로 보고하기 위하여 작성하는 외부보고서이므로, 일반적으로 정해진 기업회계기준에 따라 과거 정보를 비교적 자세하게 작성해야 한다. 이러한 기준에 따라서 기업의 재무상태, 경영성과, 현금흐름 및 자본변동과 주석 등에 관한 정보를 제공한다.

(2) 관리회계

관리회계는 내부보고 목적의 회계로서 기업의 내부 이해관계자인 경영자에게 유용한 정보를 제공하는 것을 목적으로 한다. 관리회계가 제공하는 정보는 경영자 등이 기업 내부의 의사결정을 위해 유용하게 사용될 수 있어야 하므로 규정, 내용이나 형식이 정해지지 않아서 재무회계와 차이가 존재한다. 예를 들어, 기업의 경영진은 제품 단위당 원가계산을 통해 판매 기초 자료 등에 활용하고자 할 경우 제품 단위당 원가계산서를 작성해서 검토할 수 있는데, 이러한 원가계산을 목적으로 하는 회계를 관리회계 중에서 원가회계라고 한다.

(3) 세무회계

세무회계는 기업 외부의 정보이용자 중 과세당국 등이 세금 부과를 위하여 기업의 과세소득을 계산하는 것을 목적으로 하는 회계분야를 말한다. 개인사업체 등의 경우에는 소득세 산출 목적을 위해 작성되기도 하며 기업의 재무성과를 고려하여 작성되는 법인세 회계 등이 존재한다. 세무회계도 재무회계와 유사하게 특정한 작성 원칙 등이 관련 법규인 세법에 명시화 되어 있다.

표 1-1 세무회계의 유형

구분	직접세	간접세
국세	법인세, 소득세, 상속증여세	부가가치세, 특별소비세, 증권거래세
지방세	취득세, 등록면허세, 주민세, 재산세	담배소비세

3 재무회계의 목적과 중요성

재무회계의 목적은 기업실체를 둘러싼 다양한 정보이용자들이 합리적인 판단과 경제적인 의사결정을 할 수 있도록 기업실체에 관한 유용한 계량 정보를 측정하여 전달하는 것이다. 이러한 목적은 다음과 같이 세 가지로 구분해 볼 수 있다.

❶ 현재 및 잠재적 투자자, 채권자, 기타의 이용자가 합리적인 투자, 신용 결정을 하는 데 유용한 정보를 제공
❷ 투자자, 채권자, 기타의 이용자가 배당금의 지급, 대출금의 상환 등 미래의 현금흐름 전망을 평가하는 데 유용한 정보를 제공
❸ 다음과 같이 기업의 경제적 자원과 기업 자원에 대한 청구권 및 변동에 관한 정보의 제공
　ㄱ. 경제적 자원, 채무 및 소유주지분에 관한 정보의 제공
　ㄴ. 기업성과와 이익에 관한 정보의 제공
　ㄷ. 유동성, 지급능력, 자금흐름에 관한 정보의 제공
　ㄹ. 경영수탁 및 성과에 관한 정보의 제공

ㅁ. 경영설명과 해석에 관한 정보의 제공

이러한 재무회계를 통한 정보는 재무제표 및 주석의 형태로 제공된다. 재무제표는 기업의
외부 정보이용자에게 재무적 정보를 전달하는 도구로서 일정 시점의 상태와 일정기간의 변동
을 보여줄 수 있는 재무상태표, 포괄손익계산서, 자본변동표, 현금흐름표 및 주석 등으로 구
성된다. 주석은 재무상태표, 포괄손익계산서, 자본변동표, 현금흐름표에 표시하는 정보에 추
가하여 제공된 별도의 정보를 의미한다. 한편 주기란 재무정보를 재무제표의 본문 안에 괄호
로 표시한 것을 의미한다.

표 1-2   재무제표의 종류

구분	구성항목	특징
재무상태표	자산, 부채, 자본	특정 시점의 재무현황을 알려주는 보고서
포괄손익계산서	수익, 비용, 당기순손익	특정 기간의 경영성과를 알려주는 보고서
자본변동표	자본금의 변동, 자본잉여금의 변동, 자본조정의 변동, 이익잉여금의 변동, 기타포괄손익누계액 변동	자본의 크기와 그 변동에 대해 알려주는 보고서
현금흐름표	영업활동현금흐름, 투자활동현금흐름, 재무활동현금흐름	특정 기간의 현금 및 현금성 자산의 증감원인을 알려주는 보고서
주석	회계정책에 대한 정보 재무상태표, 포괄손익계산서, 자본변동표 및 현금흐름표에 표시된 항목에 대한 보충 정보	재무제표의 내용에 대해 추가적인 설명을 제공하는 자료

section 02   회계기준의 제정

앞에서 설명한 바와 같이 재무회계 정보는 기업과 관련된 이해관계자들의 의사결정에 도움
을 주기 위해서 작성되는 것임을 설명하였다. 따라서, 이러한 정보이용 이해관계자들에게 제
공되는 재무제표는 특정한 집단이나 개인에게 유리하거나 불리한 정보로 작성되어서는 안 된
다. 이를 위해서 모든 이해관계자들에게 적용될 수 있는 원칙이 필요하며 이를 일반적으로 인

정된 회계원칙(Generally Accepted Accounting Principles)이라고 한다.

한편 글로벌 경제시대에 각국마다 서로 다른 회계기준을 통일시켜야 한다는 시대적 요청에 따라 2001년 국제회계기준위원회(IASB : International Accounting Standards Board)가 등장하였다. IASB가 국제적으로 통일된 회계기준을 제정·개정하고 있으며 이 기준을 국제재무보고기준 (IFRS : International Financial Reporting Standards)이라 한다. IFRS를 국문으로 번역한 것을 한국채택국제회계기준(K-IFRS)이라 부르는데 2011년부터 상장사를 대상으로 전면적으로 도입하여 적용하고 있다.

우리나라의 경우 일반적으로 인정된 회계원칙은 1999년에 설립된 한국회계기준위원회 (KASB : Korean Accounting Standards Board)에서 제정하고 있는데 상장기업 등이 적용하는 한국채택국제회계기준과 그 외의 기업이 적용하는 일반기업회계기준으로 이원화되어 있다.

이하에서는 국제회계기준 및 우리나라의 회계기준의 제정 절차에 대해서 살펴보도록 한다.

1 국제회계기준의 제정기구 및 절차

국제회계기준(International Financial Reporting Standards : IFRS)은 자본시장이 자유화됨에 따라 국제적으로 통일된 회계기준의 필요성이 대두되어 런던 소재 민간기구인 국제회계기준위원회 (IASB)에서 제정한 회계기준이다. 국가 간 회계기준 차이를 해소하기 위한 노력으로 국제회계기준위원회(International Accounting Standards Committee : IASC)가 1973년 발족된다. IASC는 미국, 호주, 캐나다, 프랑스, 서독, 네덜란드, 영국, 멕시코, 일본 등 9개국의 순수 민간회계단체의 합의에 따라 설립되었다. IASC는 회계기준서인 IAS(International Accounting Standards)를 제정하였으며, IASC의 산하인 SIC(Standing Interpretation Committee)는 해석서인 SIC 해석서(SIC Interpretation)를 제정, 공포하였다.

IASC는 2001년 4월 1일 조직을 개혁하고 회계기준 제정기구(standard-setting body)의 이름을 IASB(International Accounting Standards Board : IASB)로 개칭하였다. 또한 국제회계기준의 해석을 담당하는 기구인 International Financial Reporting Interpretations Committee(IFRIC)도 관련 기구로서 발족된다. 한편 IASB가 제정하는 국제회계기준을 IFRS로 명명하여 이전에 IASC가 제정하였던 IAS와 구별하게 되었다. 따라서 국제회계기준은 현재 기준서인 IAS 및 IFRS와 해석서인 SIC 및 IFRIC로 구성된다.

(1) 국제회계기준 제정기구의 기능과 역할

❶ 국제회계기준위원회(International Accounting Standards Board, IASB) : 국제회계기준 제정기구

❷ 국제회계재무보고기준 해석위원회(IFRS Interpretations Committee, IFRS IC) : 국제회계기준 해석서 제정

❸ 국제회계기준위원회 재단(International Accounting Standards Committee Foundation, IASCF) : IASB와 IFRS IC 위원 선정 등 인력관리와 재정을 담당

❹ 감시위원회(Monitoring Board) : IFRS Foundation의 공적 책임 제고, IFRS Foundation 관재인과 감독당국 간 연결고리 역할 수행

이외에도, 회계기준 제정과 관련하여 IASB에 조언을 제공하는 기준자문위원회(IFRS Advisory Council) 및 회계전문가로 구성되어 회계기준 제정 관련 프로젝트를 수행하는 전문연구그룹(Working Group) 등이 존재한다.

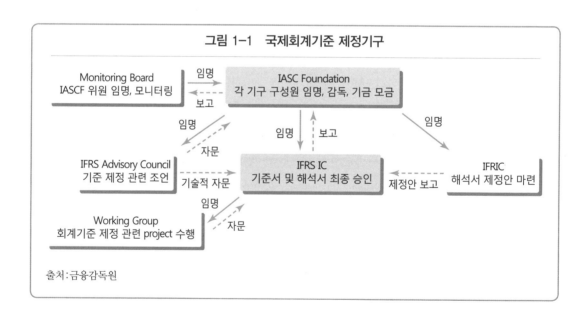

그림 1-1 국제회계기준 제정기구

출처 : 금융감독원

(2) 국제회계기준 제정 절차

국제회계기준서 및 국제회계기준해석서는 다음의 제정 절차를 거쳐 제정되며 제정 과정에서 공청회 개최, 의견수렴 등을 함으로써 각국의 의견을 반영한다.

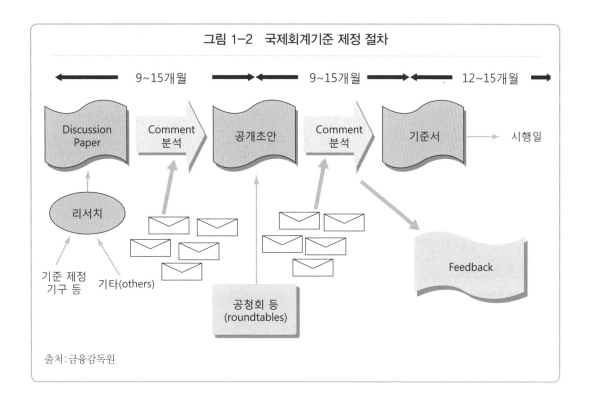

그림 1-2 국제회계기준 제정 절차

출처:금융감독원

2 한국채택국제회계기준

(1) 한국채택국제회계기준 의의

한국채택국제회계기준(K-IFRS)은 한국기업이 준수하여야 하는 회계처리기준으로서 국내 법체계상 효력을 갖추기 위해 법적 권위 있는 기관이 공식절차를 거쳐 한국에서 적용되는 회계기준으로 채택된 국제회계기준(IFRS)을 의미한다.

IFRS의 전면 도입 취지를 살릴 수 있도록 그 명칭을 '한국채택국제회계기준'으로 하고, 영문표시 대외 명칭을 'K-IFRS(Korean International Financial Reporting Standards)'로 결정하였다. 따라서, 각 기준서에서 당해 K-IFRS를 준수하면 대응되는 IFRS를 준수하는 것이라고 명시하고 있으며, 기준서 제1001호(재무제표 표시) 문단 한16.1에서는 'K-IFRS를 준수하여 작성된 재무제표는 IFRS를 준수하여 작성된 재무제표임을 주석으로 공시할 수 있다'고 명시하고 있다.

(2) 한국채택국제회계기준 구조

K-IFRS는 '기업회계기준서'와 '기업회계기준 해석서' 등으로 구성되어 있다. 기업회계기준서(Standards)는 원칙적으로 목적, 적용범위, 회계처리방법, 공시, 부록 등으로 구성된다. 부록은 용어의 정의, 적용 보충 기준 등으로 구성되며 기준서의 일부를 구성하지는 않지만 기준서를 적용함에 있어 편의를 제공하기 위한 실무지침으로써 결론 도출 근거, 적용사례, 실무적용지침 등을 제공한다.

기업회계기준해석서(Interpretations)는 기업회계기준서에서 명시적으로 언급되지 않은 새롭게 인식된 재무보고 문제에 대하여 지침을 제공한다. 또한 구체적인 지침이 없는 경우, 잘못 적용될 수 있는 내용에 대한 권위 있는 지침을 제공한다.

'재무보고를 위한 개념체계'는 K-IFRS의 일부를 구성하지 아니하나, 외부 이용자를 위한 재무제표의 작성·표시에 있어 기초가 되는 개념을 정립해주는 역할을 제공한다.

(3) 한국채택국제회계기준 제정 절차

우리나라의 경우에는 정부와 IBRD 사이에 독립된 민간 회계기준 제정기구 설립 합의(1998년 10월)에 따라 한국회계기준원(1999년 9월)을 설립하고, 금융위원회는 회계처리기준 제·개정 업무를 한국회계기준원에 위탁(2000년 7월)하고 있다.

즉, 우리나라는 IASB에서 제정 또는 개정 완료된 기준서, 해석서를 다음과 같은 절차를 거쳐 한국채택국제회계기준에 반영하고 있다.

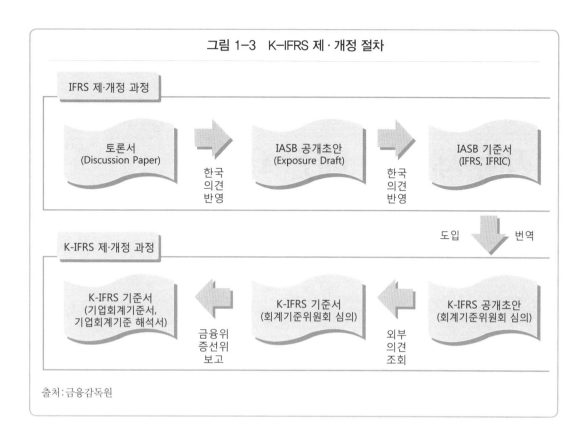

그림 1-3   K-IFRS 제 · 개정 절차

IFRS 제·개정 과정

토론서
(Discussion Paper)

한국
의견
반영

IASB 공개초안
(Exposure Draft)

한국
의견
반영

IASB 기준서
(IFRS, IFRIC)

도입   번역

K-IFRS 제·개정 과정

K-IFRS 기준서
(기업회계기준서,
기업회계기준 해석서)

금융위
증선위
보고

K-IFRS 기준서
(회계기준위원회 심의)

외부
의견
조회

K-IFRS 공개초안
(회계기준위원회 심의)

출처:금융감독원

chapter 02

재무제표에 대한 이해

section 01 | 재무제표의 상호 연관성

　기업이 작성하는 재무제표는 재무상태표, 포괄손익계산서, 자본변동표, 현금흐름표와 주석 등으로 구성된다. 재무제표의 구성요소들은 동일한 거래나 그 밖의 사건을 대상으로 서로 각각 다른 측면을 반영하고 있으므로 상호 연관성이 있다. 각각의 재무제표는 그 밖의 재무제표와 차별적인 정보를 제공하지만 어떤 하나의 재무제표도 단일 목적만을 충족시키거나 이용자의 특정한 정보수요를 충족시키는 데 필요한 모든 정보를 제공하지 못할 가능성이 높다. 예를 들면, 포괄손익계산서는 재무상태표와 자본변동표를 동시에 이용하지 않는다면 경영성과에 대한 완전한 정보를 제공하지 못한다.

　주석에는 재무제표 작성 근거와 사용한 구체적인 회계정책에 대한 정보, 한국채택국제회계기준에서 요구하는 정보나 재무제표 본문에 표시되지 않는 정보, 재무제표 어느 곳에도 표시되지 않지만 재무제표를 이해하는 데 목적 적합한 정보가 포함된다.

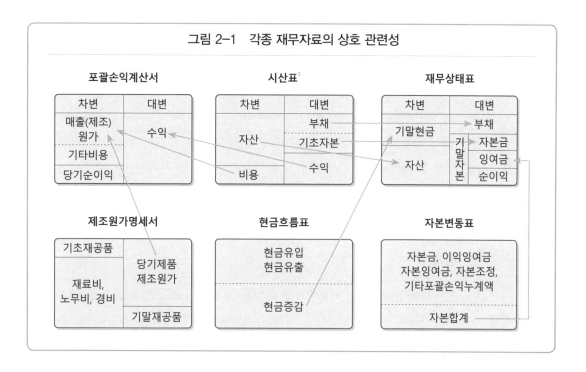

그림 2-1　각종 재무자료의 상호 관련성

포괄손익계산서	
차변	대변
매출(제조)원가	수익
기타비용	
당기순이익	

시산표[1]	
차변	대변
자산	부채
	기초자본
비용	수익

재무상태표		
차변	대변	
기말현금	부채	
자산	가 말 자 본	자본금
		잉여금
		순이익

제조원가명세서	
기초재공품	당기제품 제조원가
재료비, 노무비, 경비	
	기말재공품

현금흐름표
현금유입 현금유출
현금증감

자본변동표
자본금, 이익잉여금 자본잉여금, 자본조정, 기타포괄손익누계액
자본합계

section 02　재무제표 작성 및 표시를 위한 고려사항

한국채택국제회계기준 제1001호 재무제표 표시에서는 재무제표 작성 및 표시를 위한 고려사항을 다음과 같이 기술하고 있다.

(1) 공정한 표시

재무제표는 기업의 재무상태, 재무성과 및 현금흐름을 공정하게 표시해야 한다. 공정한 표시를 위해서는 '개념 체계'에서 정한 자산, 부채, 수익 및 비용에 대한 정의와 인식 요건에 따라 거래, 그 밖의 사건과 상황의 효과를 충실하게 표현해야 한다.

1　시산표란 재무제표를 작성하기 위한 계정과목별 집계표를 의미한다.

(2) 계속기업

경영진은 재무제표를 작성할 때 계속기업으로서의 존속 가능성을 평가해야 한다. 경영진이 기업을 청산하거나 경영활동을 중단할 의도를 가지고 있지 않거나, 청산 또는 경영활동의 중단 외에 다른 현실적 대안이 없는 경우가 아니면 계속기업을 전제로 재무제표를 작성한다.

계속기업으로서의 존속능력에 유의적인 의문이 제기될 수 있는 사건이나 상황과 관련된 중요한 불확실성을 알게 된 경우, 경영진은 그러한 불확실성을 공시하여야 한다. 재무제표가 계속기업의 기준하에 작성되지 않는 경우에는 그 사실과 함께 재무제표가 작성된 기준 및 그 기업을 계속기업으로 보지 않는 이유를 공시하여야 한다.

(3) 발생기준 회계

기업은 현금흐름 정보를 제외하고는 발생기준 회계를 사용하여 재무제표를 작성한다. 발생기준 회계를 사용하는 경우, 각 항목이 '개념 체계'의 정의와 인식 요건을 충족할 때 자산, 부채, 자본, 광의의 수익 및 비용(재무제표의 요소)으로 인식한다.

(4) 중요성과 통합 표시

유사한 항목은 중요성 분류에 따라 재무제표에 구분하여 표시한다. 상이한 성격이나 기능을 가진 항목은 구분하여 표시한다. 다만 중요하지 않은 항목은 성격이나 기능이 유사한 항목과 통합하여 표시할 수 있다.

(5) 상계

원칙적으로 한국채택국제회계기준에서 요구하거나 허용하지 않는 한 자산과 부채 그리고 수익과 비용은 상계하지 않고 구분하여 표시한다. 상계표시로 거래나 그 밖의 사건의 실질이 반영되는 경우를 제외하고는, 재무상태표, 포괄손익계산서에서의 상계표시는 발생한 거래, 그 밖의 사건과 상황을 이해하고 기업의 미래 현금흐름을 분석할 수 있는 재무제표 이용자의 능력을 저해한다. 재고자산에 대한 재고자산평가충당금과 매출채권에 대한 대손충당금과 같은 평가충당금을 차감하여 관련 자산을 순액으로 측정하는 것은 상계 표시에 해당하지 아니한다.

(6) 보고 빈도

전체 재무제표(비교정보를 포함)는 적어도 1년마다 작성한다. 보고기간 종료일을 변경하여 재무제표의 보고기간이 1년을 초과하거나 미달하는 경우에는 보고기간이 1년을 초과하거나 미달하게 된 이유 등을 추가로 공시한다.

(7) 비교정보

당기 재무제표에 보고되는 모든 금액에 대해 전기 비교정보를 표시한다. 당기 재무제표를 이해하는 데 목적 적합하다면 서술형 정보의 경우에도 비교정보를 포함한다. 최소한, 두 개의 재무상태표와 두 개의 포괄손익계산서, 두 개의 현금흐름표, 두 개의 자본변동표 그리고 관련 주석을 표시해야 한다.

어떤 경우에는 전기(또는 이전의 여러 기)의 재무제표에서 제공된 서술형 정보가 당기에 계속 관련될 수 있다. 예를 들어, 기업은 그 결과가 전기 말에 불확실하였고 지금까지도 결정되지 않은 법률 분쟁의 세부사항들을 당기에 공시한다. 전기말에 불확실성이 존재하였다는 정보의 공시와 당기에 그 불확실성을 해결하기 위하여 수행된 절차에 관한 정보의 공시로부터 이용자들은 효익을 얻을 수 있다.

(8) 표시의 계속성

재무제표 항목의 표시와 분류는 사업내용의 유의적인 변화나 재무제표를 검토한 결과 다른 표시나 분류방법이 더 적절한 것이 명백한 경우 등 외에는 매기 동일하여야 한다.

예를 들어, 유의적인 인수나 매각, 또는 재무제표의 표시에 대해 검토한 결과 재무제표를 다른 방법으로 표시할 필요가 있을 수 있다. 기업은 변경된 표시방법이 재무제표 이용자에게 신뢰성 있고 더욱 목적 적합한 정보를 제공하며, 변경된 구조가 지속적으로 유지될 가능성이 높아 비교 가능성을 저해하지 않을 것으로 판단할 때에만 재무제표의 표시방법을 변경한다. 표시방법을 변경할 때에는 비교정보를 재분류한다.

(9) 재무제표의 식별

재무제표는 동일한 문서에 포함되어 함께 공표되는 그 밖의 정보와 명확하게 구분되고 식별되어야 한다.

재무상태표

1 재무상태표의 개념

재무상태란 기업이 영업활동 등을 위해서 보유하는 자산과 이러한 자산을 취득하기 위한 자기자본(자본) 또는 타인자본(부채)의 원천과 현황을 의미한다. 이러한 재무상태표는 일정 시점 현재 기업이 보유하고 있는 경제적 자원인 자산과 경제적 의무인 부채, 그리고 자본에 대한 정보를 제공하는 재무보고서로서 정보이용자들이 기업의 유동성, 재무적 탄력성, 수익성과 위험 등을 평가하는 데 유용한 정보를 제공한다.

아래 사례는 금융감독원 전자공시시스템[2]에서 추출한 A기업의 20×1년말 재무상태표이다. 20×1년 12월 31일 기준 A기업 총자산은 1,174억 원이며 부채 285억 원과 자기자본 889억 원으로 조달되었음을 보여 주고 있다. 자산내역은 현금·예금·매출채권, 재고자산 등의 유동자산 394억 원, 유형자산 등의 비유동자산 779억 원으로 구성되어 있음을 알 수 있다. 부채는 매입채무·단기차입금 등 유동부채 269억 원, 사채 등 비유동부채 158억 원이며, 자본은 자본주들이 투자한 자본금 9억 원 및 주식발행초과금 44억 원과 이익잉여금 887억 원 등으로 이루어져 있다.

---

2 dart.fss.or.kr

A기업 재무상태표

20×1년 12월 31일 현재

(단위:천 원)

Ⅰ. 유동자산	39,496,344	Ⅰ. 유동부채	26,969,912
1. 현금 및 현금성 자산	2,718,731	1. 매입채무	6,983,494
2. 단기금융상품	11,269,481	2. 단기차입금	4,259,170
3. 단기 매도가능 금융자산	655,969	3. 미지급금	6,509,234
4. 매출채권	15,216,204	4. 기타유동부채	9,218,014
5. 미수금	1,580,639	Ⅱ. 비유동부채	1,585,186
6. 선급금	958,714	1. 사채	83,045
7. 선급비용	1,121,674	2. 장기미지급금	697,705
8. 재고자산	5,451,432	3. 퇴직급여채무	277,083
9. 기타유동자산	523,500	4. 장기충당부채	351,556
Ⅱ. 비유동자산	77,961,247	5. 기타비유동부채	175,797
1. 장기 매도가능 금융자산	2,969,023	부채총계	28,555,098
2. 지분법피투자회사 등	25,464,768	자본	
3. 유형자산	43,032,531	Ⅰ. 자본금	897,514
4. 무형자산	2,447,791	Ⅱ. 주식발행초과금	4,403,893
5. 보증금	349,454	Ⅲ. 이익잉여금	88,667,500
6. 장기선급비용	3,048,948	Ⅳ. 기타자본항목	(5,066,414)
7. 이연법인세자산 등	648,732	자본총계	88,902,493
자산총계	117,457,591	부채와 자본총계	117,457,591

이러한 재무상태표는 정보이용자들에게 유용한 정보를 제공함에도 불구하고 다음과 같은 고유의 한계점도 가지고 있다.

❶ 역사적 원가로 표시되어 있으므로 현재의 가치를 반영하지 못하는 단점이 존재함

❷ 추정이 사용되기 때문에 자의적인 해석이나 판단이 개입될 수 있음

❸ 인적자원, 이미지 등 계량화 할 수 없는 자산이 포함되지 아니함

2 재무상태표의 구성요소

재무상태의 측정에 직접 관련되는 요소는 자산, 부채 및 자본이다. 이러한 요소의 정의는 다음과 같다.

구분	요소의 정의
자산	과거 사건의 결과로 기업이 통제하고 있고 미래 경제적 효익이 기업에 유입될 것으로 기대되는 자원
부채	과거 사건에 의하여 발생하였으며 경제적 효익이 내재된 자원이 기업으로부터 유출됨으로써 이행될 것으로 기대되는 현재 의무
자본	기업의 자산에서 모든 부채를 차감한 잔여지분

1) 재무상태표에 표시되어야 하는 정보

기업회계기준서 제1001호는 재무상태표에 구분 표시하기 위해 성격이나 기능면에서 명확하게 상이한 18개 항목을 나열식으로 제시하고 있다.

❶ 유형자산(Property, Plants and Equipment)

❷ 투자부동산(Investment property)

❸ 무형자산(Intangibles)

❹ 금융자산(financial assets)

❺ 지분법에 따라 회계처리하는 투자자산

❻ 생물자산(biological assets)

❼ 재고자산(inventories)

❽ 매출채권 및 기타 채권(trade and other receivables)

❾ 현금 및 현금성 자산(cash and cash equivalents)

❿ 매각예정으로 분류된 자산과 매각예정으로 분류된 처분자산집단에 포함된 자산의 총계

⓫ 매입채무 및 기타 채무(trade and other payables)

⓬ 충당부채(provisions)

⓭ 금융부채(financial liabilities)

⓮ 당기법인세와 관련한 부채와 자산(liabilities & assets for current tax)

⑮ 이연법인세부채 및 이연법인세자산

⑯ 매각예정으로 분류된 처분자산집단에 포함된 부채

⑰ 자본에 표시된 비지배지분

⑱ 지배기업의 소유주에게 귀속되는 납입자본과 적립금(issued capital and reserves attributed to owners of the parent)

2) 재무상태의 표시방법

한국채택국제회계기준은 영업활동과 관련된 자산과 부채는 정상영업주기와 1년 중 장기를 기준으로 유동항목과 비유동항목을 분류하고, 영업활동과 무관한 자산과 부채는 1년 기준을 적용하여 유동항목과 비유동항목으로 분류한다.

■ 유동항목과 비유동항목 표시방법

❶ 유동성·비유동성법 : 자산은 유동자산과 비유동자산, 부채는 유동부채와 비유동부채로 구분표시하는 방법이다(순서는 자유로움).

❷ 유동성배열법 : 유동성 순서에 따라 자산과 부채를 표시하는 방법이다. 이 방법은 유동성 순서에 따른 표시방법이 더 신뢰성 있고 목적적합하다고 판단되는 경우에 사용된다.

❸ 혼합표시방법 : 자산과 부채의 일부는 유동성배열법으로, 일부는 유동성·비유동성법으로 표시하는 방법이다. 이 방법은 다양한 사업을 영위하는 기업의 경우에 유용할 수 있다.

3) 자산

자산에 내재된 미래 경제적 효익이란 직접적으로 또는 간접적으로 특정 기업의 현금 및 현금성 자산의 유입에 기여하게 될 잠재력을 말한다. 이러한 잠재력은 기업의 영업활동의 일부인 생산 및 판매와도 관련될 수 있으며, 대체적인 제조과정을 도입하여 생산원가가 절감되는 경우와 같이 현금유출을 감소시키는 능력일 수도 있다.

기업은 일반적으로 고객의 요구를 충족시킬 수 있는 재화나 용역의 생산에 자산을 이용한다. 고객은 재화나 용역의 제공에 따른 대가를 지불할 것이므로 이로 인해 기업의 현금흐름이 창출된다. 현금은 그 밖의 자원에 대한 구매력을 가지므로 그 자체로 기업에 효익을 제공한다.

자산에 내재된 미래 경제적 효익은 다양한 형태로 기업에 유입될 수 있다. 예를 들면, 다음과 같다.

❶ 자산은 기업이 판매하는 재화나 용역의 생산에 개별적으로 또는 그 밖의 자산과 복합적으로 사용된다.

❷ 자산은 다른 자산과 교환된다.

❸ 자산은 부채를 상환하는 데 사용된다.

❹ 자산은 기업의 소유주에게 배분된다.

(1) 자산의 일반적인 특성

가. 물리적 형태

유형자산을 포함한 많은 종류의 자산은 물리적 형태를 가지고 있다. 그러나 자산의 존재를 판단하기 위해서 물리적 형태가 필수적인 것은 아니다. 예를 들면, 특허권과 저작권도 미래에 경제적 효익이 창출되어 기업에 귀속되고 기업이 통제 가능하다면 자산이다.

나. 법률적 권리

수취채권과 부동산을 포함한 많은 종류의 자산은 소유권 등 법률적 권리와 관련되어 있다. 그러나 소유권이 자산의 존재를 판단함에 있어 필수적인 것은 아니다. 예를 들면, 기업이 리스계약에 따라 점유하고 있는 부동산으로부터 기대되는 경제적 효익을 통제할 수 있다면 그 부동산은 기업의 자산이다. 일반적으로는 경제적 효익에 대한 통제력은 법률적 권리의 결과이지만 경우에 따라서는 법률적 통제가 없어도 자산의 정의를 충족시킬 수 있다. 예를 들면, 기업이 개발활동에서 습득한 핵심지식은 이를 독점적으로 보유함으로써 그로부터 유입될 것으로 기대되는 경제적 효익을 통제할 수 있다면 자산의 정의를 충족할 수 있다.

다. 과거의 거래나 사건

기업의 자산은 과거의 거래나 그 밖의 사건에서 창출된다. 기업은 일반적으로 구매나 생산을 통하여 자산을 획득하지만 다른 거래나 사건도 자산을 창출할 수 있다. 그러한 예로는 지역의 경제성장을 장려하기 위한 정부의 프로그램에 따라 증여받은 자산이나 매장된 광물의 발견 등이 포함된다. 그러나, 미래에 발생할 것으로 예상되는 거래나 사건 자체만으로는 자산이 창출되지 아니한다. 예를 들면, 재고자산을 구입하고자 하는 의도 그 자체는 자산의 정의를 충족하지 못한다.

라. 지출의 발생이나 수증

일반적으로 지출의 발생과 자산의 취득은 밀접하게 관련되어 있으나 양자가 반드시 일치하는 것은 아니다. 따라서 기업이 지출을 한 경우 이는 미래 경제적 효익을 추구했다는 증거가 될 수는 있지만 자산의 정의를 충족시키는 확정적인 증거는 될 수 없다. 마찬가지로 관련된 지출이 없더라도 특정 항목이 자산의 정의를 충족할 경우 재무상태표의 인식대상이 되는 것을 배제하지는 못한다. 예를 들면, 증여받은 재화는 자산의 정의를 충족할 수 있다.

(2) 유동자산 및 비유동자산의 분류

자산은 다음의 경우에 유동자산으로 분류하되 그 밖의 모든 자산은 비유동자산으로 분류한다.

❶ 기업의 정상 영업 주기 내에 실현될 것으로 예상하거나, 정상 영업 주기 내에 판매하거나 소비할 의도가 있다.
❷ 주로 단기 매매목적으로 보유하고 있다.
❸ 보고기간 후 12개월 이내에 실현될 것으로 예상한다.
❹ 현금이나 현금성 자산으로서, 교환이나 부채 상환목적으로의 사용에 대한 제한기간이 보고기간 후 12개월 이상이 아니다.

표 2-1 **유동자산과 비유동자산의 구분**

구분	내용
유동자산	기업의 정상 영업 주기 내에 실현될 것으로 예상하거나, 정상 영업 주기 내에 판매하거나 소비할 의도로 보유한 과거사건의 결과로 기업이 통제하고 있고 미래 경제적 효익이 기업에 유입될 것으로 기대되는 자원으로 구성
비유동자산	미래 경제적 효익이 기업에 유입될 것으로 기대되는 자원으로 구성되었으나 기업의 정상 영업 주기를 초과하여 실현될 것으로 예상하거나, 보고기간 후 12개월을 초과하여 실현될 것으로 예상되는 자산

영업 주기는 영업활동을 위한 자산의 취득 시점부터 그 자산이 현금이나 현금성 자산으로 실현되는 시점까지 소요되는 기간이다. 정상 영업 주기를 명확히 식별할 수 없는 경우에는 그 기간이 12개월인 것으로 가정한다. 보고기간 후 12개월 이내에 실현될 것으로 예상되지 않는 경우에도 재고자산 및 매출채권과 같이 정상 영업 주기의 일부로서 판매, 소비 또는 실현되는

자산은 유동자산에 포함한다. 또한 유동자산은 주로 단기매매 목적으로 보유하고 있는 자산과 비유동금융자산의 유동성 대체 부분을 포함한다.

4) 부채

부채의 본질적 특성은 기업이 현재 의무를 갖고 있다는 것이다. 의무란 특정 방법으로 실행하거나 수행할 책무 또는 책임을 말한다. 의무는 구속력 있는 계약이나 법규에 따라 법률적 강제력이 있을 수도 있으며, 정상적인 거래 실무, 관행 또는 원활한 거래관계를 유지하거나 공평한 거래를 하려는 의도에서 발생할 수도 있다.

현재 의무와 미래의 약속은 구별되어야 한다. 미래에 특정 자산을 취득하겠다는 경영진의 의사결정 그 자체만으로는 현재 의무가 발생하지 아니한다. 의무는 일반적으로 그 자산이 인도되는 때 또는 기업이 자산 획득을 위한 취소불능 계약을 체결하는 때 발생한다. 후자의 경우에 속하는 취소불능 계약은 예를 들면, 의무불이행의 결과에 따른 상당한 위약금 때문에 거래 상대방에 대한 자원의 유출을 회피할 여지가 거의 없는 계약을 말한다.

기업이 거래 상대방의 요구에 따라 현재 의무를 이행하기 위해서는 일반적으로 미래 경제적 효익이 내재된 자원을 희생하게 된다. 현재 의무는 다양한 방법으로 이행될 수 있는데 그 예는 다음과 같다.

❶ 현금지급이나 다른 자산의 이전
❷ 용역의 제공이나 다른 의무로 대체
❸ 부채의 자본전환

(1) 부채의 일반적인 특성

가. 과거의 거래나 사건

부채는 과거의 거래나 그 밖의 사건에서 발생한다. 예를 들면, 재화를 구입하거나 용역을 제공받는 경우 매입채무가 발생하며, 은행대출을 받은 경우에는 상환의무가 발생한다. 또한 기업이 고객에 대한 연간 매출액에 따라 미래에 지급할 환불액(매출할인 등)을 부채로 인식할 경우 고객에 대한 과거의 매출이 부채를 발생시키는 거래가 된다.

나. 측정 가능성

일부 부채는 상당한 정도의 추정을 해야만 측정이 가능할 수 있다. 이러한 부채는 충당부채라고도 한다. 어떤 충당부채가 현재 의무를 수반하며 부채의 나머지 정의를 충족한다면 금액을 추정해야 하더라도 부채이다. 그러한 예로는 제품보증에 따른 충당부채와 퇴직금 지급의무에 대한 충당부채가 있다.

(2) 유동부채 및 비유동부채의 분류

부채는 다음의 경우에 유동부채로 분류하되 그 밖의 모든 부채는 비유동부채로 분류한다.

❶ 정상 영업 주기 내에 결제될 것으로 예상하고 있다.

❷ 주로 단기매매 목적으로 보유하고 있다.

❸ 보고기간 후 12개월 이내에 결제하기로 되어있다.

❹ 보고기간 후 12개월 이상 부채의 결제를 연기할 수 있는 무조건의 권리를 가지고 있지 않다. 계약 상대방의 선택에 따라, 지분상품의 발행으로 결제할 수 있는 부채의 조건은 그 분류에 영향을 미치지 아니한다.

매입채무 그리고 종업원 및 그 밖의 영업원가에 대한 미지급비용과 같은 유동부채는 기업의 정상 영업 주기 내에 사용되는 운전자본의 일부이다. 이러한 항목은 보고기간 후 12개월 이후에 결제일이 도래한다 하더라도 유동부채로 분류한다. 동일한 정상 영업 주기가 기업의 자산과 부채의 분류에 적용된다. 기업의 정상 영업 주기가 명확하게 식별되지 않는 경우 그 주기는 12개월인 것으로 가정한다.

기타유동부채는 정상 영업 주기 이내에 결제되지는 않지만 보고기간 후 12개월 이내에 결제일이 도래하거나 주로 단기매매 목적으로 보유한다. 이에 대한 예로는 단기매매 항목으로 분류된 일부 금융부채, 당좌차월, 비유동금융부채의 유동성 대체 부분, 미지급배당금, 법인세 및 기타지급채무 등이 있다. 장기적으로 자금을 조달하며 보고기간 후 12개월 이내에 만기가 도래하지 아니하는 금융부채는 비유동부채이다.

또한, 다음 모두에 해당하는 경우라 하더라도 금융부채가 보고기간 후 12개월 이내에 결제일이 도래하면 이를 유동부채로 분류한다.

❶ 원래의 결제기간이 12개월을 초과하는 경우

❷ 보고기간 후 재무제표 발행 승인일 전에 장기로 차환하는 약정 또는 지급기일을 장기로
재조정하는 약정이 체결된 경우

기업이 기존의 대출계약조건에 따라 보고기간 후 적어도 12개월 이상 부채를 차환하거나 연장할 것으로 기대하고 있고 그런 재량권이 있다면, 보고기간 후 12개월 이내에 만기가 도래한다 하더라도 비유동부채로 분류한다. 그러나 기업에게 부채의 차환이나 연장에 대한 재량권이 없다면(예를 들어, 차환 약정이 없는 경우), 차환 가능성을 고려하지 않고 유동부채로 분류한다.

보고기간 말 이전에 장기 차입약정을 위반했을 때 대여자가 즉시 상환을 요구할 수 있는 채무는 보고기간 후 재무제표 발행 승인일 전에 채권자가 약정 위반을 이유로 상환을 요구하지 않기로 합의하더라도 유동부채로 분류한다. 그 이유는 기업이 보고기간 말 현재 그 시점으로부터 적어도 12개월 이상 결제를 연기할 수 있는 무조건적 권리를 가지고 있지 않기 때문이다.

그러나 대여자가 보고기간 말 이전에 보고기간 후 적어도 12개월 이상의 유예기간을 주는데 합의하여 그 유예기간 내에 기업이 위반사항을 해소할 수 있고, 또 그 유예기간 동안에는 대여자가 즉시 상환을 요구할 수 없다면 그 부채는 비유동부채로 분류한다.

5) 자본

자본은 잔여지분으로 정의되지만 재무상태표에는 세분류하여 표시할 수 있다. 예를 들면, 주식회사의 경우 소유주가 출자한 자본, 이익잉여금, 이익잉여금 처분에 의한 적립금, 자본유지조정을 나타내는 적립금 등으로 구분하여 표시할 수 있다. 이러한 분류는 자본의 배당이나 그 밖의 활용에 대한 기업능력의 법률적 또는 기타의 제한을 표시함으로써 재무제표 이용자의 의사결정 목적에 적합할 수 있다. 또한 이러한 분류는 배당금 수령이나 자본의 환급과 관련하여 기업의 각 지분보유자들이 상이한 권리를 갖는다는 사실을 반영할 수도 있다.

때로는 손실의 영향으로부터 기업과 그 채권자를 보호하기 위한 추가 조치로서 정관이나 법규에서 적립금의 설정을 요구하는 경우가 있다. 또는 특정 적립금으로 전입되는 금액에 대해 세법상 면세 또는 감세 혜택이 부여되는 경우에 해당 적립금이 설정될 수도 있다. 법률, 정관 그리고 세무 목적에 따라 설정되는 적립금의 존재와 규모에 대한 정보는 이용자의 의사결정 목적에 적합한 정보이다. 이와 같은 적립금으로 전입되는 금액은 비용이 아니라 이익잉여금의 처분에 해당한다.

재무상태표에 표시되는 자본의 금액은 자산과 부채금액의 측정에 따라 결정된다. 일반적으

로 자본총액은 그 기업이 발행한 주식의 시가총액, 또는 순자산을 나누어서 처분하거나 계속 기업을 전제로 기업 전체를 처분할 때 받을 수 있는 총액과 우연한 경우에만 일치한다.

section 04 포괄손익계산서

1 포괄손익계산서의 개념

포괄손익계산서는 일정기간 동안의 기업의 경영성과 즉, 이익에 대한 정보를 제공하는 보고서이다. 이익은 흔히 성과의 측정치로 사용되거나 투자수익률이나 주당이익과 같은 측정치의 기초로 사용된다. 이익의 측정과 직접 관련된 요소는 수익과 비용이며, 수익과 비용은 다음과 같이 정의한다.

수익	자산의 유입이나 증가 또는 부채의 감소에 따라 자본의 증가를 초래하는 특정 회계기간 동안에 발생한 경제적 효익의 증가(지분참여자에 의한 출연과 관련된 것은 제외)
비용	자산의 유출이나 소멸 또는 부채의 증가에 따라 자본의 감소를 초래하는 특정 회계기간 동안에 발생한 경제적 효익의 감소(지분참여자에 대한 분배와 관련된 것은 제외)

경제적 의사결정에 목적 적합한 정보를 제공하기 위하여 포괄손익계산서에 수익과 비용을 다양한 방법으로 표시할 수 있다. 예를 들면, 기업의 정상 영업활동의 일환으로 발생하는 수익과 비용 항목 및 그렇지 않은 수익과 비용 항목을 구분하여 표시하는 것이 보통이다. 이와 같은 구분은 수익과 비용 항목의 원천이 기업의 미래 현금 및 현금성 자산의 창출 능력을 평가하는데 목적 적합한 정보라는 점에 근거한 것이다. 예를 들면, 장기 투자자산의 처분과 같은 부수적인 활동은 일상적으로 반복될 가능성이 낮을 것이다. 수익과 비용항목을 이와 같이 원천별로 구분할 때에는 기업과 그 경영활동의 성격을 고려할 필요가 있다. 어떤 기업에는 정상 영업활동에서 발생하는 항목이 다른 기업에는 정상 영업활동 이외에서 발생하는 항목일 수 있다.

포괄손익계산서는 이러한 유용성을 가지는 반면 다음과 같은 고유의 한계점도 가지고 있다.

❶ 포괄손익계산서는 발생주의에 의한 자원의 배분을 표시하므로 현금흐름을 반영하지 못함
❷ 실현주의, 수익비용 대응 등 다양한 원칙에 따라 표시되므로 인위적인 판단이 포함될 수 있음

2　포괄손익계산서의 구성요소

수익과 비용 항목을 구분하거나 다양하게 결합하면 기업의 성과를 여러 가지 측정치로 표시할 수 있다. 결과적으로 이 같은 측정치는 포괄하는 범위가 서로 다르다. 예를 들면, 포괄손익계산서는 매출총이익, 세전 정상영업손익, 세후 정상영업손익과 당기순손익으로 구분 표시될 수 있다.

분석의 첫 번째 형태는 성격별 분류이다. 당기손익에 포함된 비용은 그 성격(예 : 감가상각비, 원재료의 구입, 운송비, 종업원 급여와 광고비)별로 통합하며, 기능별로 재배분하지 않는다. 비용을 기능별 분류로 배분할 필요가 없기 때문에 적용이 간단할 수 있다. 비용을 성격별로 분류하여 표시한 포괄손익계산서의 예는 다음과 같다.

AA기업 포괄손익계산서

20×1년 1월 1일~20×1년 12월 31일

(단위:백만 원)

수익	×××
기타수익	×××
제품과 재공품의 변동	×××
원재료와 소모품의 사용액	×××
종업원 급여비용	×××
감가상각비와 기타상각비	×××
기타비용	×××
총비용	×××
법인세비용차감 전 순이익	×××
법인세비용	×××
당기순이익	×××

분석의 두 번째 형태는 기능별 분류법으로서, 비용을 매출 원가, 그리고 판매비와 관리비 등과 같이 기능별로 분류한다. 이 방법에서는 적어도 매출 원가를 다른 비용과 분리하여 공시한다. 이 방법은 성격별 분류보다 재무제표 이용자에게 더욱 목적 적합한 정보를 제공할 수 있지만 비용을 기능별로 배분하는데 자의적인 배분과 상당한 정도의 판단이 개입될 수 있다. 또한, 기업이 비용을 기능별로 분류한 경우에는 비용의 성격별 분류 내용을 추가 공시해야 한다. 비용을 기능별로 분류하여 표시한 포괄손익계산서의 예는 다음과 같다.

BB기업 포괄손익계산서

20×1년 1월 1일~20×1년 12월 31일

(단위:백만 원)

수익	×××
매출 원가	×××
매출총손익	×××
판매비	×××
관리비	×××
영업손익[3]	×××
기타영업외수익	×××
기타영업외비용	×××
금융수익	×××
금융비용	×××
법인세비용차감 전 순손익	×××
법인세비용	×××
당기순손익	×××

(1) 수익

광의의 수익의 정의에는 수익과 차익이 모두 포함된다. 수익은 기업의 정상 영업활동의 일환으로 발생하며 매출액, 수수료 수익, 이자수익, 배당수익, 로열티 수익 및 임대료 수익 등 다양한 명칭으로 구분된다. 차익은 광의의 수익의 정의를 충족하는 그 밖의 항목으로 기업의 정상 영업활동의 일환이나 그 이외의 활동에서 발생할 수 있다. 차익도 경제적 효익의 증가를 나타내므로 본질적으로 수익과 차이가 없다.

예를 들면, 차익은 비유동자산의 처분에서 발생한다. 차익을 손익계산서에 표시하는 경우

---

3 2012년 10월 회계기준원에서는 기업회계기준서 제1001호 '재무제표 표시'를 개정하여 수익에서 매출 원가 및 판매비와 관리비를 차감하여 영업손익을 표시하도록 하였다.

일반적으로 구분 표시하는데 의사결정자가 이를 알면 경제적 의사결정에 도움이 되기 때문이다. 차익은 흔히 관련 비용을 차감한 금액으로 보고된다. 또한 광의의 수익의 정의는 시장성 있는 유가증권의 공정가치평가나 토지의 재평가로 인한 장부금액 증가로 인한 미실현이익을 포함한다.

수익의 발생에 따라 다양한 자산이 수취되거나 증가될 수 있는데, 제공하는 재화나 용역의 대가로 받은 현금, 수취채권 및 재화나 용역이 그 예이다. 수익은 부채의 상환에 따라 발생할 수도 있는데 예를 들면, 기업이 차입금의 상환의무를 이행하기 위해 대여자에게 재화나 용역을 제공하는 경우가 이에 해당한다.

(2) 비용

광의의 비용의 정의에는 기업의 정상 영업활동의 일환으로 발생하는 비용뿐만 아니라 차손도 포함된다. 기업의 정상 영업활동의 일환으로 발생하는 비용은 예를 들면, 매출 원가, 급여 및 감가상각비 등이다. 비용은 일반적으로 현금 및 현금성 자산, 재고자산 또는 유형자산과 같은 자산의 유출이나 소모의 형태로 나타난다.

차손은 비용의 정의를 충족하는 그 밖의 항목으로 기업의 정상 영업활동의 일환이나 그 이외의 활동에서 발생할 수 있다. 차손도 경제적 효익의 감소를 나타내므로 본질적으로 다른 비용과 차이가 없다.

예를 들면, 차손은 화재나 홍수와 같은 자연재해 또는 비유동자산의 처분에서 발생한다. 차손을 손익계산서에 표시하는 경우 일반적으로 구분 표시하는데 의사결정자가 이를 알면 경제적 의사결정에 도움이 되기 때문이다. 차손은 흔히 관련 수익을 차감한 금액으로 보고된다.

또한 비용의 정의는 미실현손실도 포함하는데, 예를 들면 기업의 외화차입금에 관련된 환율 상승의 영향으로 발생하는 미실현손실이다.

(3) 포괄손익

포괄손익이란 총포괄손익 개념에 따라 주식발행, 배당금 지급, 자기주식 거래 등과 같은 주주와의 거래를 제외한 모든 거래로부터 발생한 자본의 변동액을 총포괄손익이라고 한다.

총포괄손익은 '당기순손익'과 '기타포괄손익'의 모든 구성요소를 포함한다.

한편, 수익과 비용의 어느 항목도 당기손익과 기타포괄손익을 표시하는 보고서 또는 주석에 특별손익 항목으로 표시할 수 없다.

표 2-2	총포괄손익과 기타포괄손익

구분	내용
총포괄손익	• 거래나 그 밖의 사건으로 인한 기간 중 자본의 변동. 단, 소유주로서의 자격을 행사하는 소유주와의 거래로 인한 자본의 변동 제외
기타포괄손익	• 유형자산과 무형자산에 대해서 재평가모형을 적용할 경우 발생하는 재평가잉여금의 변동 • 확정급여제도의 보험 수리적 손익 • 해외사업장의 재무제표 환산으로 인한 손익 • 매도가능 금융자산의 평가손익 • 현금흐름위험회피의 위험회피 수단의 평가손익 중 효과적인 부분

표 2-3	기능별로 분류된 단일의 포괄손익계산서	(단위 : 백만 원)

구분	20×1년	20×0년
수익	390,000	355,000
매출 원가	331,500	298,200
매출총이익	58,500	56,800
판매비	16,000	15,000
관리비	19,500	17,750
영업이익	23,000	24,050
기타영업외수익	19,000	17,000
기타영업외비용	4,000	1,000
금융수익	6,000	5,500
금융비용	15,000	18,000
관계기업의 이익에 대한 지분[4]	—	—
법인세비용차감전 순이익	29,000	27,550
법인세비용	6,380	5,235
당기순이익	22,620	22,316
기타포괄손익		
해외사업장 환산외환 차이	(24,000)	26,667
매도가능 금융자산 평가손익	(667)	4,000
현금흐름위험회피	933	3,367
자산재평가이익	667	1,333
확정급여제도의 보험 수리적 손익	400	(700)

---

4 관계기업의 소유주에게 귀속되는 관계기업의 당기손익에 대한 지분을 의미한다.

관계기업의 기타포괄손익에 대한 지분[5]	4,667	(9,334)
기타포괄손익 구성요소와 관련된 법인세[6]	3,960	3,960
법인세비용차감후 기타포괄손익	(14,040)	29,293
총포괄이익	8,580	51,609
총포괄이익의 귀속		
지배기업의 소유주	6,864	41,287
비지배지분	1,716	10,322

포괄손익계산서는 당기순손익과 기타포괄손익을 한 개의 보고서에 보여주는 방법과 각각 나누어서 두 개의 보고서에 보여주는 방법이 있다. 한국채택국제회계기준에서는 포괄손익계산서를 두 가지 방법 중 하나를 선택하여 표시할 수 있도록 규정하고 있다.

① 단일보고방법	② 별도보고방법
〈포괄손익계산서〉	〈손익계산서〉
매출액 170,000 (△)매출원가 90,000 ⋮ (△)법인세비용 15,000 당기순이익(A) 20,000 (＋)기타포괄이익(B) 700 (기타포괄손익－금융자산평가이익 등) 총포괄이익(C) 20,700	매출액 170,000 (△)매출원가 90,000 ⋮ (△)법인세비용 15,000 당기순이익(A) 20,000
당기순이익(A)＝실현(가능성이 높은)손익 기타포괄이익(B)＝미실현손익 총포괄이익(C)＝자본거래를 제외한 순자산총변동액(A＋B)	〈포괄손익계산서〉 당기순이익(A) 20,000 (＋)기타포괄이익(B) 700 (기타포괄손익－금융자산평가이익 등) 총포괄이익(C) 20,700

---

5   관계기업의 소유주에게 귀속되는 관계기업의 기타포괄손익에 대한 지분을 의미한다.
6   기타포괄손익의 각 구성요소와 관련된 법인세는 주석에 공시한다.

section 05 현금흐름표

현금흐름표란 기업의 현금흐름을 나타내는 표로서 일정기간에 기업의 현금의 변동내용을 영업활동으로 인한 현금흐름, 재무활동으로 인한 현금흐름, 투자활동으로 인한 현금흐름으로 구분하여 기업의 현금의 유입과 유출에 관한 정보를 제공할 목적으로 작성한 기본 재무제표 중의 하나이다. 상세한 내용은 'Chapter 5 현금흐름표'에서 설명하기로 한다.

section 06 자본변동표

자본변동표는 자본의 크기와 변동에 관련된 정보를 제공하는 보고서로서 상세한 내용은 'Chapter 6 자본변동표'에서 설명하기로 한다.

section 07 주석

주석은 다음의 정보를 제공한다.

❶ 재무제표 작성 근거와 재무제표 작성 시 사용한 구체적인 회계정책에 대한 정보
❷ 한국채택국제회계기준에서 요구하는 정보이지만 재무제표 어느 곳에도 표시되지 않는 정보
❸ 재무제표 어느 곳에도 표시되지 않지만 재무제표를 이해하는데 목적 적합한 정보

주석은 실무적으로 적용 가능한 체계적인 방법으로 표시한다. 재무상태표, 포괄손익계산

서, 손익계산서(표시하는 경우), 자본변동표 및 현금흐름표에 표시된 개별 항목은 주석의 관련 정보와 상호 연결시켜 표시한다.

주석은 재무제표 이용자가 재무제표를 이해하고 다른 기업의 재무제표와 비교하는데 도움을 줄 수 있도록 포괄손익계산서와 재무상태표의 항목순서를 따를 수 있다. 예를 들면 다음과 같다.

❶ 한국채택국제회계기준을 준수하였다는 사실
❷ 적용한 유의적인 회계정책의 요약
❸ 재무상태표, 포괄손익계산서, 별개의 손익계산서(표시하는 경우), 자본변동표 및 현금흐름표에 표시된 항목에 대한 보충 정보, 재무제표의 배열 및 각 재무제표에 표시된 개별 항목의 순서에 따라 표시한다.
❹ 다음을 포함한 기타 공시(우발부채와 재무제표에서 인식하지 아니한 계약상 약정사항, 비재무적 공시항목, 예를 들어 기업의 재무 위험관리 목적과 정책)

경우에 따라 주석 내 개별 항목 배열순서의 변경이 필요하거나 바람직 할 수 있다. 예를 들어, 금융상품의 공정가치 변동에 대한 정보는 당기손익과 기타포괄손익을 표시하는 보고서와 관련되어 있고, 금융상품의 만기에 대한 정보는 재무상태표와 관련되어 있다 하더라도, 이 두 정보를 금융상품의 만기정보에 통합하여 표시할 수 있다. 그럼에도 불구하고 주석의 체계적인 구조는 실무적으로 적용 가능한 한 유지하여야 한다.

chapter 03

재무상태표론

section 01 금융상품

1 금융상품에 대한 이해

1) 금융상품의 의미

금융상품이란 금융자산과 금융부채를 포괄하는 개념으로 현금 및 현금성 자산, 매출채권, 대여금 및 다른 기업의 지분증권 등의 금융자산과 매입채무, 차입금 및 파생상품 등의 금융부채를 의미한다. 한국채택국제회계기준 제1032호상(이하 '기업회계기준서'라 한다) 금융상품의 정의는 거래당사자 일방에게 금융자산을 발생시키고 동시에 다른 거래상대방에게 금융부채나 지분상품을 발생시키는 모든 계약을 말한다. 이하 기업회계기준서상 금융자산과 금융부채의 정의 및 이와 관련된 용어의 의미에 대해서 살펴보고자 한다.

재무상태표상 인식되는 금융상품의 발행자와 보유자의 관계

금융상품의 발행자는 금융상품의 발행을 통해 기업에 필요한 자금을 조달하는 것이므로 금융상품 계약의 성격에 따라 재무상태표상 부채 또는 자본을 인식한다. 반면, 금융상품의 보유자는 자금의 대여 또는 투자이므로 금융자산의 성격에 따라 당기손익인식 금융자산, 대여금 및 수취채권, 만기보유 금융자산 또는 매도가능 금융자산으로 인식한다.

〈금융상품 발행자〉		
자산	부채	
	자본	

금융상품

〈금융상품 보유자〉		
자산	부채	
	자본	

(1) 금융자산

금융자산은 다음의 자산을 말한다.

❶ 현금

❷ 다른 기업의 지분상품*

❸ 다음 중 하나에 해당하는 계약상 권리*

　ㄱ. 거래상대방에게서 현금 등 금융자산을 수취할 계약상 권리

　ㄴ. 잠재적으로 유리한 조건으로 거래상대방과 금융자산이나 금융부채를 교환하기로 한 계약상 권리*

❹ 기업 자신의 지분상품('자기지분상품')으로 결제되거나 결제될 수 있는 다음 중 하나의 계약

　ㄱ. 수취할 자기지분상품의 수량이 변동 가능한 비파생상품[1]

　ㄴ. 확정 수량의 자기지분상품에 대하여 확정 금액의 현금 등 금융자산을 교환하여 결제하는 방법이 아닌 방법으로 결제되거나 결제될 수 있는 파생상품. 이러한 목적상 자기지분상품에는 다음의 금융상품은 포함되지 않는다.

　　a. 지분상품으로 분류되는 풋(put)가능 금융상품[2]

---

* 이하 후술하는 (3) 금융자산·금융부채 관련 용어의 이해 참조

1 파생상품의 정의를 충족하지 못하는 금융상품으로 10절 '파생상품' 참조

2 금융상품의 보유자가 발행자에게 당해 금융상품의 환매(상환)을 요구하여 현금 등 금융자산을 수취할 권리가 부여된 금융상품

b. 발행자가 청산되는 경우에만 거래상대방에게 지분비율에 따라 발행자 순자산을 인도해야 하는 의무를 발행자에게 부과하는 금융상품으로서 지분상품으로 분류되는 금융상품

c. 자기지분상품을 미래에 수취하거나 인도하기 위한 계약인 금융상품

(2) 금융부채

금융부채는 다음의 부채를 말한다.

❶ 다음 중 하나에 해당하는 계약상 의무
  ㄱ. 거래상대방에게 현금 등 금융자산을 인도하기로 한 계약상 의무*
  ㄴ. 잠재적으로 불리한 조건으로 거래상대방과 금융자산이나 금융부채를 교환하기로 한 계약상 의무*
❷ 자기지분상품으로 결제되거나 결제될 수 있는 다음 중 하나의 계약
  ㄱ. 인도할 자기지분상품의 수량이 변동 가능한 비파생상품[3]
  ㄴ. 확정 수량의 자기지분상품에 대하여 확정 금액의 현금 등 금융자산을 교환하여 결제하는 방법이 아닌 방법으로 결제되거나 결제될 수 있는 파생상품. 기업이 동일 종류의 비파생 자기지분상품을 보유하고 있는 기존 소유주 모두에게 주식인수권, 옵션 또는 주식 매입권을 지분비율대로 비례하여 부여하는 경우, 어떤 통화로든 확정 금액으로 확정 수량의 자기지분상품을 취득하는 주식인수권, 옵션, 또는 주식 매입권은 지분상품이다. 또한 이러한 목적상 자기지분상품에는 다음의 금융상품은 포함되지 않는다.
    a. 지분상품으로 분류되는 풋가능 금융상품
    b. 발행자가 청산되는 경우에만 거래상대방에게 지분비율에 따라 발행자 순자산을 인도해야 하는 의무를 발행자에게 부과하는 금융상품으로서 지분상품으로 분류되는 금융상품
    c. 자기지분상품을 미래에 수취하거나 인도하기 위한 계약인 금융상품

---

3 파생상품의 정의를 충족하지 못하는 금융상품으로 10절 '파생상품' 참조

(3) 금융자산 · 금융부채 관련 용어의 이해

가. 지분상품

지분상품(자본)이란 기업의 자산에서 모든 부채를 차감한 후의 잔여지분을 나타내는 모든 계약을 의미한다. 기업이란 용어는 개인, 파트너십, 기업, 신탁 및 정부기관을 포괄하는 의미이다. 이러한 지분상품의 대표적인 예로는 보유자가 발행자에게 중도상환을 요구할 수 없는 보통주(일반적인 보통주)를 들 수 있다.

나. 계약상 권리 및 의무

모든 금융상품(금융자산 및 금융부채)은 계약에 따라 정의된다. 이 때 '계약' 및 '계약상'의 의미는 명확한 경제적 결과를 가지고 있고, 법적 구속력이 있기 때문에 당사자가 그러한 경제적 결과를 자의적으로 회피할 여지가 적은 둘 이상의 당사자 간 합의를 말한다. 금융상품을 포함하여 계약은 다양한 형태로 존재할 수 있으며, 반드시 서류로 작성되어야만 하는 것은 아니다.

따라서, 계약에 의하지 않은 부채나 자산은 금융부채나 금융자산이 아니다. 이러한 예로는 법적 요구사항에 따라 정부가 부과하여 발생하는 법인세와 관련된 부채를 들 수 있다.

또한, 계약상 권리를 행사할 능력이나 계약상 의무의 이행에 필요한 요건은 절대적일 수도 있으며, 미래 사건의 발생 여부에 연동될 수도 있다. 예를 들어, 금융보증은 자금차입자가 채무를 불이행하는 경우에 자금대여자가 보증인에게서 현금을 수취할 계약상 권리이며, 이에 대응하여 보증인이 자금대여자에게 지급할 계약상 의무이다. 이러한 자금대여자의 권리 행사와 보증인의 의무 이행 모두가 자금차입자의 채무불이행이라는 미래 사건의 발생을 조건으로 하고 있더라도, 보증의 부담이라는 과거 사건이나 거래의 결과로 존재한다. 따라서, 이러한 조건부 권리 또는 의무는 금융자산과 금융부채의 정의를 충족한다.

다. 잠재적으로 유리한 또는 불리한 조건에 의한 교환

일반적으로 이러한 정의에 부합하는 금융상품은 파생금융상품이다. 파생금융상품은 기초항목인 본원적 금융상품에 내재되어 있는 하나 이상의 금융위험을 거래 상대방에게 이전하는 효과가 있는 권리와 의무를 발생시킨다. 최초의 거래 시점에 파생금융상품은 거래 당사자 일방에게 잠재적으로 유리한 조건에 따라 금융자산이나 금융부채를 교환할 수 있는 계약상 권리를 부여하거나 잠재적으로 불리한 조건에 따라 금융자산이나 금융부채를 교환하는 계약상 의무를 부여한다. 파생금융상품의 최초 계약 시점에 교환의 조건이 결정되기 때문에 금융시장의 가격 변동에 따라 계약조건은 유리해질 수도 있고 불리해질 수도 있다.

조건부 결제 조건의 금융상품

조건부 결제 조건(주가지수 또는 이자율의 변동 등 금융상품의 발행자 또는 보유자 모두가 통제할 수 없는 조건)에 따라 결제 의무가 발생하는 경우에도 조건이 실질적으로 유효하지 않거나(현실에서 발생할 수 없는 조건) 발행자가 청산하는 경우에만 결제 의무가 발생하는 경우를 제외하고 금융부채이다.

2) 금융상품과 비금융상품의 비교

앞에서 살펴본 바와 같이 금융상품은 현금이나 다른 금융자산을 수취하거나 지급할 계약상 권리나 의무를 나타내므로 실물자산(예 : 재고자산 및 유형자산), 리스자산과 무형자산(예 : 특허권 및 상표권)은 금융자산이 아니다. 이러한 실물자산이나 무형자산에 대한 통제는 현금 등 금융자산이 유입될 기회를 제공하지만, 현금 등 금융자산을 수취할 현재의 권리를 발생시키지 않기 때문이다.

또한, 미래에 유입될 경제적 효익이 현금 등 금융자산을 수취할 권리가 아니라 재화나 용역의 수취인 자산(예 : 선급비용)은 금융자산이 아니다. 마찬가지로 선수수익과 대부분의 품질보증의무와 같은 항목도 현금 등 금융자산을 지급할 계약상 의무가 아니라 재화나 용역의 인도를 통하여 당해 항목과 관련된 경제적 효익이 유출될 것이므로 금융부채가 아니다.

3) 부채 및 자본

기업회계기준서에서는 부채와 자본을 구분하는 원칙만을 규정하고 있으며, 실무적으로 부채와 자본을 구분하기 위해서는 각 금융상품의 상세 계약조건을 검토해야 하므로 상당히 복잡할 수 있다. 그러나, 부채와 자본을 구분하는 가장 중요한 기준은 계약상 의무를 결제하기 위해서 현금 등 금융자산을 인도해야 하거나 잠재적으로 불리한 조건으로 거래상대방과 금융자산이나 금융부채를 교환하기로 한 계약상의 의무가 존재하는지 여부이다. 기업이 이러한 계약상의 의무를 회피할 수 있는 무조건적인 권리를 가지고 있지 않은 경우에는 부채로 분류한다. 이하 기업회계기준서상 자본의 정의를 살펴보면 다음과 같다.

(1) 다음의 계약상 의무를 포함하지 아니한다

❶ 거래상대방에게 현금 등 금융자산을 인도하기로 하는 계약상 의무
❷ 발행자에게 잠재적으로 불리한 조건으로 거래상대방과 금융자산이나 금융부채를 교환하는 계약상 의무

(2) 자기지분상품으로 결제되거나 결제될 수 있는 계약으로서, 다음 중 하나에 해당한다

❶ 변동 가능한 수량의 자기지분상품을 인도할 계약상 의무가 없는 비파생상품
❷ 확정 수량의 자기지분상품에 대하여 확정 금액의 현금 등 금융자산의 교환을 통해서만 결제될 파생상품. 이러한 목적상 자기지분상품에는 다음의 금융상품은 포함되지 않는다.
    ㄱ. 지분상품으로 분류되는 풋가능 금융상품[4]
    ㄴ. 자기지분상품을 미래에 수취하거나 인도하기 위한 계약인 금융상품

즉, 단순히 자기지분상품을 수취하거나 인도하게 된다고 해서 그러한 계약이 지분상품이 되는 것은 아니다. 자기지분상품과 관련된 계약의 경우에는 동 계약으로 인하여 인도되는 자기지분상품의 수량 및 이에 대한 대가로 수취한 현금 등의 금융자산 금액이 확정되어 있는지 여부에 따라 달라지게 되는데, 확정 금액의 현금 등 금융자산을 대가로 확정 수량의 자기지분상품을 인도하여 결제되는 계약의 경우에는 보유자가 동 계약으로 인하여 기업의 잔여 지분에 대한 위험과 효익을 부담하게 되므로 자본의 정의를 충족시킨다.

예를 들어, 100온스의 금과 동일한 공정가치에 해당하는 자기지분상품을 인도할 계약의 경우, 이러한 계약은 기업이 자기지분상품을 인도하여 당해 계약을 결제해야 하거나 결제할 수 있더라도 금융부채이다. 기업이 변동 가능한 수량의 자기지분상품을 계약의 결제수단으로 사용하는 경우, 동 금융상품의 보유자는 기업의 잔여 지분의 상승 또는 하락으로 인한 모든 위험과 효익을 부담하지 않으므로 동 계약은 자산에서 모든 부채를 차감한 후의 잔여지분을 나타내지 못한다.

---

4 금융상품의 보유자가 발행자에게 당해 금융상품의 환매(상환)을 요구하여 현금 등 금융자산을 수취할 권리가 부여된 금융상품이라고 할지라도 이러한 권리가 발행자의 청산 시 등에만 행사 가능할 경우 등 특정 요건을 충족하는 경우에는 자본으로 분류될 수 있다.

금융상품의 발행자는 기업회계기준서에 따라 금융상품의 발행 시점에 금융상품의 요소를 금융부채 또는 지분상품(자본)으로 분류하여야 한다. 물론 발행 이후 계약조건 등이 변경될 경우 금융상품의 재분류를 검토해야 한다.

금융상품의 발행자 입장에서 금융상품의 분류가 중요한 이유 중 하나는 금융부채는 매 보고기간 말 공정가치의 변동을 손익으로 인식해야 하나 자본으로 분류된 금융상품의 공정가치 변동은 재무제표에 인식하지 않는다는 점이다.

4) 부채 및 자본 분류 예시

(1) 우선주의 발행자가 특정 시점에 상환하기로 약정했거나 보유자의 선택에 의하여 상환하여야 하는 우선주 : 금융부채로 분류

발행자가 보유자에게 금융자산을 이전해야 할 의무가 있으므로 금융부채의 성격을 가지고 있다. 계약에 따라 상환이 청구되었을 때 발행자의 자금 부족, 법령의 제한 또는 불충분한 이익이나 적립금 등으로 인하여 우선주를 상환할 의무를 이행하지 못할 잠재적 가능성이 있더라도, 계약상 의무를 무효화하지는 않는다.

(2) 현금으로 상환할 수 있는 권리가 발행자에게 있는 우선주 : 지분상품(자본)으로 분류

발행자가 주식의 보유자에게 금융자산을 이전해야 할 현재의무가 없으므로 금융부채의 정의를 충족하지 못한다. 이러한 경우 발행자가 우선주의 상환 여부를 재량으로 결정할 수 있다. 그러나 우선주를 발행한 기업이 이러한 선택권을 행사하여 주주들에게 우선주를 상환하겠다는 의도를 통상 공식적으로 통지하게 되면 의무가 발생할 수 있다.

(3) 확정된 금액으로 확정된 수량의 자기지분상품을 발행하기로 한 워런트(Warrant) : 지분상품(자본)으로 분류

확정 수량의 자기지분상품에 대하여 확정 금액의 현금 등 금융자산의 교환을 통해서만 결제될 파생상품이므로 지분상품으로 분류된다.

5) 복합금융상품

(1) 복합금융상품의 정의

복합금융상품이란 자본요소와 부채요소를 모두 가지고 있는 파생상품이 아닌 비파생상품을 의미하며, 이러한 금융상품의 발행자는 금융상품의 조건을 평가하여 당해 금융상품의 자본요소와 부채요소를 분리해서 회계처리해야 한다.

(2) 복합금융상품 사례 예시

가. 발행자의 확정 수량의 보통주로 전환이 가능한 사채

만기 시 현금 등 금융자산을 인도해야 하는 계약(부채 요소)과 발행자의 확정 수량의 보통주로 전환할 수 있는 권리(자본 요소)로 구성되어 있음

나. 배당의 재량권은 발행자에게 있으나 상환의무가 있는 우선주

발행자에게 재량권이 있는 배당(자본 요소)과 상환의무가 있는 원금(부채 요소)으로 구성되어 있음

다. 영구적으로 의무배당을 해야 하는 참가적 우선주

영구적 의무배당(부채 요소)과 추가적으로 배당 받을 수 있는 권리(자본 요소)로 구성되어 있음

(3) 복합금융상품의 인식 및 후속측정

대표적인 복합금융상품인 전환사채의 경우, 전체 전환사채 금액에서 전환권이 없는 동일한 조건의 사채(부채 요소)의 공정가치를 차감한 금액(자본 요소)을 자본으로 분리한다.

금융부채(부채 요소)의 상환 또는 차환과 관련해서 발생하는 평가손익 등은 당기손익으로 반영하나, 자본의 상환 또는 차환은 당기손익이 아닌 자본의 변동으로 인식하며 자본으로 분류된 요소의 공정가치 변동은 재무제표에 인식하지 아니한다.

표 3-1 **전환사채와 신주인수권부사채 비교**

구분		전환사채	신주인수권부사채
자본요소		전환권 대가	신주인수권 대가
부채요소		발행금액 - 전환권 대가	발행금액 - 신주인수권 대가
권리행사 시		현금 납입이 없고 사채로 대환	신주인수금액을 납입
만기 상환액	권리행사분	없음	액면금액
	권리미행사분	액면금액 + 상환할증금[5]	액면금액 + 상환할증금

 예시 1

복합금융상품에서 자본요소의 분리

A기업은 20×1년 1월 1일 액면금액 1,000,000원의 3년 만기 전환사채를 990,000원에 발행하였으며, 투자자가 전환권을 행사하지 않는 경우 전환사채의 만기 시 액면금액의 10%를 상환할증금으로 지급하기로 하였다. 전환사채의 표시 이자율은 5%이고 이자는 매년 12월 31일에 지급하며 전환권이 없는 유사한 상품에 대한 유효이자율이 10%(10%에 대한 3년 현재가치 계수 0.7513/연금 현재가치 계수 2.4868)이라면 자본요소로 인식해야 하는 전환권 대가는?

(풀이)

1. 전환사채 현금흐름의 분석

구분	20×1.12.31	20×2.12.31	20×3.12.31
액면금액 상환	-	-	1,000,000
상환할증금 상환	-	-	100,000
이자비용 지급	50,000	50,000	50,000
계	50,000	50,000	1,150,000

2. 전환권이 없는 일반사채의 공정가치 계산 = 960,770원(836,430원 + 124,340원)

  ① 만기 시 지급액(액면금액 + 상환할증금)의 현재가치 = 836,430원(1,100,000원 × 0.7513)

  ② 이자비용의 현재가치 = 124,340원(50,000원 × 2.4868)

  ③ 전환권 대가의 계산

  전환사채 발행금액 - 전환권이 없는 일반사채의 공정가치 = 990,000원 - 960,770원 = 29,230원

---

5 상환할증금이란 전환사채 또는 신주인수권부사채의 보유자가 만기까지 전환권 또는 신주인수권을 행사하지 않아 만기에 상환해야 하는 경우에 사채 발행자가 보유자에게 일정 수준의 수익률을 보장하기 위해서 만기가액에 추가해서 지급하기로 한 약정액을 말한다.

신주인수권 행사에 따른 회계처리 사례

A기업이 발행한 신주인수권부사채의 신주인수권 행사 전 20×1년말 신주인수권부사채 관련 정보가 다음과 같고, 20×1년말 신주인수권부사채 액면 500,000원에 해당하는 신주인수권이 행사되었을 경우, 신주인수권 행사 시점의 A기업 회계처리를 하면 다음과 같다.

1. 20×1년말 신주인수권부 사채 관련 정보
    ① 액면가액 : 1,000,000원
    ② 행사비율 : 사채권면액의 100%
    ③ 행사가액 : 20,000원
    ④ 행사기간 : 20×1년말~20×2년말
    ⑤ 주당 액면가액 : 5,000원
    ⑥ 20×1년말 상환할증금 : 100,000원/신주인수권대가 : 40,000원

2. 신주인수권 행사 시점의 회계처리

차변	금액	대변	금액
현금	500,000	자본금	125,000
		주식발행초과금	375,000
신주인수권 대가	20,000	주식발행초과금	20,000
상환할증금	50,000	주식발행초과금	50,000

신주인수권부사채의 경우 전환사채와 달리 주금이 입금되고 주식이 발행되며, 신주인수권 대가 및 상환할증금 중 행사 비율만큼 주식발행초과금으로 대체된다.

6) 금융자산과 금융부채의 상계

기업회계기준서상 명시적으로 기술되어 있지 않으나 금융자산과 금융부채는 상계하지 않는 것이 원칙이다. 다만, 다음의 경우를 모두 충족하는 금융자산과 금융부채는 상계하고 재무상태표에 순액으로 인식한다.

❶ 인식한 자산과 부채에 대해 법적으로 집행 가능한 상계권리를 현재 보유하고 있다.
❷ 순액으로 결제하거나, 자산을 실현하는 동시에 부채를 결제할 의도를 가지고 있다.

1) 지분상품과 채무상품의 의의와 분류

(1) 유가증권의 의의

유가증권이란 재산적 권리를 표시하는 증권이나 증서로서 기업이 보유하는 유가증권은 지분증권과 채무증권으로 분류할 수 있다. 지분상품은 주식을, 채무상품은 채권을 의미한다고 보면 된다.

(2) 유가증권의 회계처리 특징

지분상품(주식)은 발행회사의 주요 의사결정에 참여하여 의결권을 행사할 수 있으며, 만기가 정해져 있지 않으며, 확정수익이 보장되지 않는다. 이에 반해 채무상품(채권)은 의결권은 없으나, 정해진 만기 동안 확정수익을 보장받는다. 이러한 특징에 의해 지분증권과 채무증권의 회계처리는 다음과 같은 부분에서 차이가 있다.

❶ 지분상품의 경우 의결권이 있기 때문에 경영권 행사목적이라는 개념이 적용될 수 있으나, 채무상품의 경우는 그러한 개념이 적용될 여지가 없다. 이런 이유로 투자목적이 아닌 경영권 지배목적으로 보유하는 지분상품의 경우에는 관계기업투자 또는 종속기업투자로 계정분류하고 지분법을 적용하여 회계처리를 하게 된다.

❷ 지분상품의 경우에는 확정수익이 보장되지 않지만 채무상품의 경우에는 확정수익이 보장된다. 따라서 채무상품의 경우에는 확정수익인 이자수익을 인식할 때 유효이자율법을 적용해야 한다.

❸ 채무상품의 경우 확정만기가 존재하지만, 지분상품의 경우에는 확정만기가 없다. 따라서 채무상품의 경우에는 만기보유목적이라는 개념이 존재할 수 있지만 지분상품의 경우에는 그러한 개념이 적용될 수 없다.

(3) 금융자산의 분류 및 측정

금융자산은 계약상 현금흐름 특성과 사업모형에 따라 분류 및 측정한다.

가. 계약상 현금흐름 특성

계약조건에 따라 원금과 이자 지급만의 현금흐름이 특정일에 생기는 특성으로 채무상품, 대여금, 수취채권 등은 계약상 현금흐름 특성을 갖지만, 주식과 같은 지분상품은 계약상 현금흐름 특성을 갖지 않는다.

나. 사업모형

사업모형은 다음의 3가지로 구분할 수 있다.

❶ 계약상 현금흐름을 수취하기 위해 금융자산을 보유하는 것이 목적인 사업모형
❷ 계약상 현금흐름의 수취와 금융자산의 매도 둘 다를 통해 목적을 이루는 사업모형
❸ 기타의 사업모형(예 : 금융자산의 매도를 통한 현금흐름 실현이 목적인 사업모형 등)

기준서의 금융상품 분류기준에 따른 지분상품과 채무상품의 분류 및 측정은 다음과 같이 정리될 수 있다. 한편, 파생상품자산은 위험회피 회계가 적용되는 경우가 아니라면 FVPL금융자산으로 분류한다.

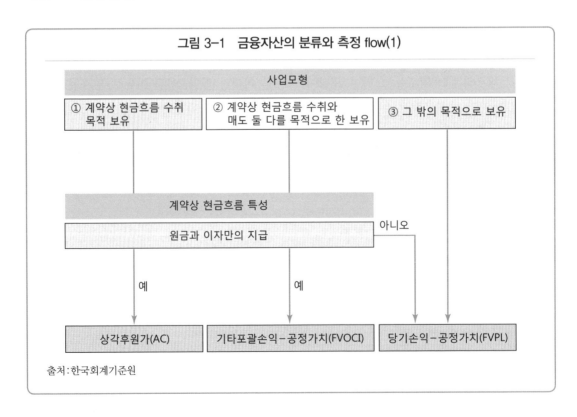

그림 3-1 금융자산의 분류와 측정 flow(1)

출처 : 한국회계기준원

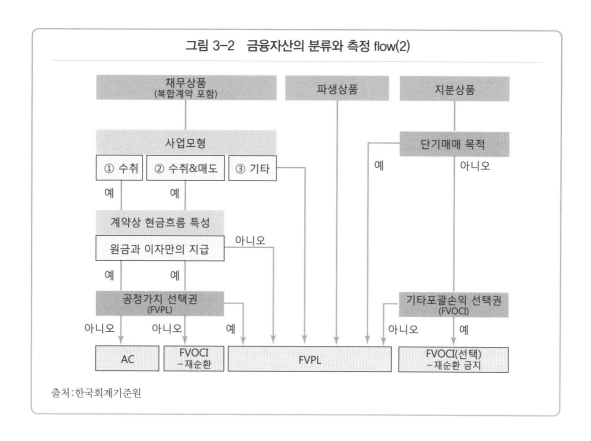

그림 3-2 금융자산의 분류와 측정 flow(2)

출처:한국회계기준원

표 3-2 지분상품의 분류 및 측정

구분	분류 요건 및 측정
FVPL금융자산	일반적 분류 : 지분상품은 일반적으로 현금흐름 특성을 가지고 있지 않고, 현금흐름의 수취는 부수적이고 금융자산의 매도가 필수적인 경우가 많으므로 이때에는 단기간의 매매 차익을 얻거나 금융자산이 공정가치 변동을 성과측정의 척도로 사용하는 경우가 많을 것이므로 공정가치로 평가하여 평가손익을 당기손익 처리하는 FVPL금융자산으로 분류된다
FVOCI(선택)금융자산	선택적 분류 : 지분상품 중 단기매매 목적도 아니고 조건부 대가 주도 아닌 보유일 경우 (대부분 장기투자 목적으로 지분을 보유하는 경우일 것임) 지분상품의 공정가치변동을 당기 손익으로 인식하면 당기순손익의 변동성이 증가하여 당기순손익이 기업의 성과 측정치로의 역할을 제대로 하지 못하는 경우 공정가치로 평가하나 평가손익을 기타포괄손익으로 처리하는 FVOCI금융자산으로 분류되도록 선택할 수 있다. 다만 이러한 선택은 최초 인식 시점에서만 가능하며, 이후에 취소할 수 없다.

표 3-3 채무상품의 분류 및 측정

구분	분류 요건 및 측정
AC금융자산	계약상 현금흐름 특성 조건을 충족하고, 현금흐름 수취 사업목적을 가지고 있는 채무상품은 금융자산의 공정가치의 정보가 유용하지 않을 것이므로, 공정가치의 변동을 인식하지 않고 상각후원가로 측정하는 AC금융자산으로 분류한다.
FVOCI금융자산	계약상 현금흐름 특성 조건을 충족하고, 현금흐름 수취와 매도차익 두 가지 모두의 사업목적을 갖고 있는 금융자산은 공정가치 변동정보가 유용할 것이므로, 공정가치로 평가하고, AC금융자산으로 분류한 것과 공정가치 변동이 당기손익에 미치는 영향이 차이가 없게 회계처리하기 위하여 평가손익을 기타포괄손익으로 처리하는 FVOCI금융자산으로 분류한다.
FVPL금융자산	계약상 현금흐름 특성 조건을 충족하나, 사업모형이 현금흐름의 수취도 아니고 현금흐름의 수취와 금융자산의 매도도 아닌 기타의 사업모형의 경우에는, 현금흐름의 수취는 부수적이고 금융자산의 매도가 필수적인 경우이므로 단기간의 매매차익을 얻거나 공정가치 변동을 성과측정의 척도로 사용하는 경우가 많을 것이기 때문에 금융자산의 공정가치 변동을 당기손익으로 인식하는 FVPL금융자산으로 분류한다.
FVPL(지정)금융자산	금융자산과 금융부채를 포함하는 금융집합이나 위험회피 회계를 적용하는 경우에 회계 불일치를 제거하거나 유의적으로 줄이기 위해서 AC금융자산 또는 FVOCI금융자산을 FVPL금융자산으로 지정할 수 있다. (그림 3-2에는 표시되어 있지 않음)

2) 지분상품의 회계처리

(1) FVPL금융자산

가. 최초 인식 및 측정 회계처리

FVPL금융자산은 계약 당사자가 되는 때에 재무상태표에 인식하며, 최초 인식 시 공정가치로 측정하고, 취득과 직접 관련된 거래 원가는 발생 즉시 당기비용으로 처리한다.

차변) FVPL금융자산 　　　　×××　　　대변) 현금　　　　　　　　×××
　　　 지급수수료 　　　　　　 ×××

FVPL금융자산의 단가를 산정할 때에는 종목별로 합리적인 방법을 적용한다. 이 경우 합리적인 방법이란 총평균법, 이동평균법, 선입선출법 등의 방법을 말한다. 실무적으로는 이동평균법을 가장 일반적으로 사용한다.

FVPL금융자산의 모든 거래나 후속 측정은 종목별로 이루어진다. 이 경우 종목 구분은 다음과 같이 한다.

❶ 보통주와 우선주는 별개의 종목으로 보고 회계처리한다.

❷ 지분상품 발행기업의 유상증자로 인하여 신주를 취득할 경우에는 증권시장의 분류 기준에 따른다. 따라서 증권시장에서 동일종목으로 취급하는 경우에는 동일종목으로 보며, 증권시장에서 신주와 구주가 별개의 종목으로 거래될 경우에는 별도 종목으로 구분한다. 다만, 이 경우에는 발행기업의 결산기말이 도래하면 동일종목으로 편입함에도 유의해야 한다.

❸ 발행기업이 무상증자나 주식배당을 하는 경우에는 구주와 동일한 종목으로 취급한다.

나. 보유기간 중 회계처리

FVPL금융자산의 보유기간 중 회계처리사항은 배당금 수령과 무상신주 수령이 있다. 배당금은 현금으로도 수령할 수 있고, 주식으로 수령할 수도 있다.

❶ 현금배당
  ㄱ. 배당 선언일에 「배당금 수익」 과목으로 하여 당기손익으로 반영하고 미수 배당금으로 인식한다.
  ㄴ. 배당금 수령 시 미수 배당금을 상계한다.

〈배당 선언일〉

| 차변) 미수 배당금 | ××× | 대변) 배당금 수익 | ××× |

〈배당금 수령일〉

| 차변) 현금 | ××× | 대변) 미수 배당금 | ××× |

❷ 주식배당과 무상증자 : 지분상품의 발행회사가 주식배당이나 무상증자를 실시하여 발행한 신주를 취득하는 경우에는 투자회사는 아무런 회계처리를 하지 않는다. 왜냐하면, 주

식배당이나 무상증자의 경우에는 지분상품을 발행한 회사의 자본 구성내용만 변동될 뿐, 발행회사의 순자산에 아무런 변동이 없기 때문에, 투자회사의 입장에서도 보유주식 수만 증가할 뿐 보유주식의 전체 가치는 아무런 변동이 없기 때문이다.

다만, 보유주식의 전체 가치는 변동이 없지만 보유주식수는 증가하기 때문에 증가한 주식수에 비례하여 기존 주식의 한주 당 장부금액을 감소시킨다.

다. 기말평가 회계처리

FVPL금융자산은 결산일 현재의 공정가치로 평가하고, 공정가치와 장부금액의 차액은 「FVPL금융자산평가손익」의 과목으로 하여 당기손익으로 처리한다.

〈공정가치＞장부금액〉

차변) FVPL금융자산	×××	대변) FVPL금융자산평가이익 (당기손익)	×××

〈공정가치＜장부금액〉

차변) FVPL금융자산평가 손실(당기손익)	×××	대변) FVPL금융자산	×××

FVPL금융자산을 공정가치로 평가하는 이유는 재무상태표의 자산을 공정가치로 표시함으로써, 처분 시점에 유입될 현금유입액에 대한 예측정보로서의 유용성을 강화시키기 위함이며, 평가손익을 당기손익에 반영하는 이유는 처분 시기 선택을 통한 이익조정 가능성을 사전에 배제하고, 당기순손익을 통한 미래 순이익이나 미래 현금흐름 예측정보로서의 유용성을 증대시킬 수 있기 때문이다.

라. 처분

❶ 처분금액과 장부금액과의 차액은 「FVPL금융자산처분손익」의 과목으로 하여 당기손익으로 인식한다.

❷ FVPL금융자산의 처분과 직접 관련하여 발생하는 거래 원가는 처분금액에서 차감한다.

> FVPL금융자산처분손익 = 금융자산의 처분금액 - 금융자산의 장부금액

(2) FVOCI(선택)금융자산

가. 최초 인식 및 측정 회계처리

FVOCI(선택)금융자산은 계약 당사자가 되는 때에 재무상태표에 인식하며, 최초 인식 시 공정가치로 측정하고, 취득과 직접 관련된 거래 원가는 최초 인식하는 FVOCI(선택)금융자산의 공정가치에 가산한다.

차변) FVOCI(선택)금융자산 (거래원가 포함)	××× 대변) 현금	×××

나. 보유기간 중 회계처리

FVOCI(선택)금융자산의 주식보유로 인한 기간 중 회계처리사항은 FVPL금융자산과 동일하다.

다. 기말평가 회계처리

❶ 결산기말의 공정가치로 재무상태표에 보고한다.
❷ 공정가치와 장부금액의 차액은 FVOCI(선택)금융자산평가손익(기타포괄손익)으로 인식한다.
❸ FVOCI(선택)금융자산평가손익은 차기 이후에 발생하는 FVOCI(선택)금융자산평가손익과 가감하여 재무상태표에 누계액이 자본항목으로 표시된다.

〈공정가치＞장부금액〉

차변) FVOCI(선택)금융자산	××× 대변) FVOCI(선택)금융자산평가	×××
	이익(기타포괄손익)	

〈공정가치＜장부금액〉

차변)	FVOCI(선택)	×××	대변)	FVOCI(선택)금융자산	×××
	금융자산평가손실				
	(기타포괄손익)				

라. 손상

손상은 기업이 계약상 이자와 원금흐름을 수취할 금융자산을 보유하고 있을 때, 당해 금융자산 발행자의 신용위험(credit risk)이 높아져서 계약상 현금흐름을 계약기간 동안 모두 수취하지 못할 가능성이 높아질 때 나타나므로, 지분상품은 계약상 현금흐름(즉, 이자 및 원금)이 발생하지 않기 때문에 손상규정을 적용하지 않는다.

마. 처분

❶ 처분금액과 장부금액과의 차액은 「FVOCI(선택)금융자산처분손익」의 과목으로 하여 당기손익으로 인식한다.

❷ FVOCI(선택)금융자산의 처분과 직접 관련하여 발생하는 거래 원가는 처분금액에서 차감한다.

> FVOCI(선택)금융자산처분손익 = 금융자산의 처분금액 − 금융자산의 장부금액

FVOCI(선택)금융자산을 처분하는 경우 과년도에 기타포괄손익으로 인식했던 평가손익은 당기손익으로 재분류하지 않는다. 이는 이미 FVOCI로 측정할 것을 선택함으로써 기업이 당기손익의 변동성을 줄일 수 있는 혜택을 받았는데, 당해 금융자산을 매도하면서 처분손익을 변동시킬 수 있도록 허용하는 것은 적절하지 않기 때문이다.

(3) 지분상품 회계처리 정리

구분	FVPL금융자산	FVOCI(선택)금융자산
취득 원가	'취득 당시의 공정가치' 단, 취득 부대원가는 발생 시점에 비용으로 인식한다.	'취득 당시의 공정가치' 단, 취득 부대원가는 공정가치에 가산한다.
단가산정	종목별로 합리적인 방법에 의한 단가를 적용한다.	
배당수익	현금배당은 배당과 관련된 권리와 금액이 확정되는 시점에서 수익을 인식하나 주식배당은 수익으로 인식하지 않는다.	
기말평가	① 기말 공정가치로 평가한다. ② FVPL금융자산평가이익(손실)은 당기손익에 반영한다.	① 기말 공정가치로 평가한다. ② FVOCI(선택)금융자산평가이익(손실)은 기타포괄손익에 반영한다.
처분손익	'처분금액－장부금액'을 당기손익에 반영한다.	

(4) 지분상품의 재분류

지분상품을 FVPL금융자산, FVOCI(선택)금융자산으로 분류하는 것은 최초 인식 시점에서만 가능하며, 이후에는 취소할 수 없다.

3) 채무상품의 회계처리

채무상품은 채무상품의 사업모형에 따라 AC금융자산, FVOCI금융자산 그리고 FVPL금융자산(FVPL(지정)금융자산 포함) 중 하나로 분류하여 회계처리 한다. 각각의 분류에 대한 회계처리를 구체적으로 살펴보면 다음과 같다.

(1) AC금융자산

가. 최초 인식 및 측정 회계처리

AC금융자산은 계약 당사자가 되는 때에 재무상태표에 인식하며, 최초 인식 시 공정가치로 측정하고, 취득과 직접 관련된 거래 원가는 최초 인식하는 AC금융자산의 공정가치에 가산한다.

| 차변) AC금융자산 | ××× | 대변) 현금 | ××× |
| (거래 원가 포함) | | | |

나. 보유기간 중 회계처리

AC금융자산의 채권 보유로 인한 기간 중 회계처리사항은 이자수익이 있다. 이자수익은 최초 투자 시의 유효이자율을 인식한다. 최초 투자 시의 유효이자율과 표시이자율이 같을 때(취득금액과 액면금액이 같을 때)에는 현금수취이자를 이자수익으로 인식하면 되나, 그렇지 않을 때에는 취득금액과 액면금액의 차이인 할인차금(또는 할증차금)을 당해 채무상품의 상환기간에 걸쳐 최초 취득 시 결정된 유효이자율에 따른 유효이자율법으로 상각하여 취득금액에 가산(또는 차감)하고 이자수익으로 인식한다.

<액면 취득 시>

| 차변) 현금 | ××× | 대변) 이자수익 | ××× |

<할인 취득 시>

| 차변) 현금 | ××× | 대변) 이자수익 | ××× |
| AC금융자산 | ××× | | |

<할증 취득 시>

| 차변) 현금 | ××× | 대변) 이자수익 | ××× |
| | | AC금융자산 | ××× |

다. 기말평가 회계처리

❶ AC금융자산은 원금과 이자를 수취할 목적으로 보유한다. 따라서 AC금융자산은 공정가치 변동을 인식하지 않고 원가로 평가한다.

❷ AC금융자산을 액면금액보다 할인취득(할증취득)하는 경우에는 할인차금(할증차금)을 채무

상품의 보유기간 동안 유효이자율법으로 상각하여 취득금액에 가산(차감)하고 이자수익에 가산(차감)한다. 이때, 취득금액에 상각액을 가산(또는 차감)한 후의 장부금액을 상각후원가라고 한다.

라. 손상과 회복

❶ 손상

　ㄱ. 신용위험의 유의적 증가로 인한 기대 신용손실 추정액을 손실충당금으로 인식한다.

차변) 손상차손	×××	대변) 손실충당금	×××

　ㄴ. 손상차손을 인식한 후 이자수익의 인식은 손실충당금 차감 후 금융자산의 상각후원가에 최초 인식 시 유효이자율을 적용하여 인식한다.

❷ 회복

　ㄱ. 손상인식 후 손상차손의 금액이 감소하고 그 감소가 손상을 인식한 후에 발생한 사건과 객관적으로 관련된 경우에는 이미 인식한 손상차손을 환입한다.

　ㄴ. 회복 후 장부금액은 당초 손상을 인식하지 않았다면 회복일 현재 인식하였을 상각후원가를 초과할 수 없으며 AC금융자산손상차손환입의 과목으로 하여 당기이익으로 인식한다.

차변) AC금융자산	×××	대변) AC금융자산손상차손환입	×××

　ㄷ. 손상차손환입 후 이자수익의 인식은 손실충당금 차감 후 금융자산의 상각후원가에 최초 인식 시 유효이자율을 적용하여 인식한다.

마. 처분

❶ 처분일까지의 이자수익을 유효이자법을 적용하여 인식한다.
❷ 처분으로 수취한 대가를 인식하고, AC금융자산의 장부가액(상각후원가)을 제거하고, 처분손익을 인식한다. 이때 처분과 직접 관련되어 발생하는 거래 원가는 AC금융자산의 처분손익에 가감하여 회계처리한다.

〈이자수익 인식(할인 취득 시 가정)〉

차변) 현금	×××	대변) 이자수익	×××
AC금융자산	×××		

〈처분 회계처리(처분이익 가정)〉

차변) 현금	×××	대변) AC금융자산	×××
		처분이익	×××

(2) FVOCI금융자산

가. 최초 인식 및 측정 회계처리

FVOCI금융자산은 계약 당사자가 되는 때에 재무상태표에 인식하며, 최초 인식 시 공정 가치로 측정하고, 취득과 직접 관련된 거래 원가는 최초 인식하는 FVOCI금융자산의 공정가치에 가산한다.

차변) FVOCI금융자산	×××	대변) 현금	×××
(거래 원가 포함)			

나. 보유기간 중 회계처리

FVOCI금융자산의 채권 보유로 인한 기간 중 회계처리사항은 AC금융자산과 동일하다. 따라서, AC금융자산이나 FVOCI금융자산이나 이자수익으로 인식되는 금액은 동일하다.

〈할인취득 가정〉

차변) 현금	×××	대변) 이자수익	×××
FVOCI금융자산	×××		

다. 기말평가 회계처리

❶ 결산기말의 공정가치로 재무상태표에 보고한다.
❷ 공정가치와 장부금액의 차액은 FVOCI금융자산평가손익(기타포괄손익)으로 인식한다.
❸ FVOCI금융자산평가손익은 차기 이후에 발생하는 FVOCI금융자산평가손익을 가감하여 그 누계액을 재무상태표의 자본항목으로 표시한다.

〈공정가치＞장부금액〉

차변) FVOCI금융자산 　　　×××　　　대변) FVOCI금융자산평가이익 　　×××
　　　　　　　　　　　　　　　　　　　　　　 (기타포괄손익)

〈공정가치＜장부금액〉

차변) FVOCI금융자산평가 　　×××　　　대변) FVOCI금융자산 　　　　×××
　　　손실(기타포괄손익)

라. 손상과 회복

❶ 손상
　ㄱ. 신용위험의 유의적 증가로 인한 기대 신용손실 추정액을 손실충당금으로 인식하지 않고, 기타포괄손익(FVOCI금융자산평가손익)에서 조정한다. 이와 같이 기타포괄손익으로 분류된 항목의 당기손익으로의 분류조정을 재분류조정이라고 한다.

〈FVOCI금융자산에 대한 평가손실 인식〉

차변) FVOCI금융자산평가 　　×××　　　대변) FVOCI금융자산 　　　　×××
　　　손실(기타포괄손익)

〈FVOCI금융자산에 대한 손상차손 인식〉

차변) 손상차손 　　　　　　×××　　　대변) FVOCI금융자산평가손실 　×××
　　　　　　　　　　　　　　　　　　　　　　 (기타포괄손익)

ㄴ. 손상차손을 인식한 후 이자수익의 인식은 평가손실을 가산한 금융자산의 상각후원
가에 최초 인식 시 유효이자율을 적용하여 인식한다.

❷ 회복

ㄱ. 손상인식 후 손상차손의 금액이 감소하고 그 감소가 손상을 인식한 후에 발생한 사
건과 객관적으로 관련된 경우에는 이미 인식한 손상차손을 환입한다.

ㄴ. 회복 후 장부금액은 당초 손상을 인식하지 않았다면 회복일 현재 인식하였을 상각
후원가를 초과할 수 없으며 FVOCI금융자산손상차손환입의 과목으로 하여 당기이
익으로 인식한다.

〈FVOCI금융자산에 대한 평가이익 인식〉

| 차변) FVOCI금융자산 | ××× | 대변) FVOCI금융자산평가손실 | ××× |
| | | FVOCI금융자산평가이익 | ××× |

〈FVOCI금융자산에 대한 손상차손환입 인식〉

| 차변) FVOCI금융자산평가손실 | ××× | 대변) 손상차손환입 | ××× |
| FVOCI금융자산평가이익 | ××× | | |

ㄷ. 손상차손환입 후 이자수익의 인식은 평가손실을 가산한 금융자산의 상각후원가에
최초 인식 시 유효이자율을 적용하여 인식한다.

마. 처분

❶ 처분일까지의 이자수익을 유효이자법을 적용하여 인식한다.

❷ 처분일 현재의 공정가치인 처분금액으로 공정가치 평가를 먼저 수행하고, 처분금액과
장부금액의 차액은 FVOCI금융자산평가손익의 과목으로 하여 기타포괄손익으로 인식
한다.

❸ 처분으로 수취한 대가를 인식하고, 처분금액으로 평가되어 있는 FVOCI금융자산을 제거
한다.

❹ 기타자본구성요소에 누적되어 있는 FVOCI금융자산평가손익 누적액을 당기손익으로 대
체한다(재분류조정). FVOCI금융자산의 재분류조정은 동일한 항목의 사업모형에 따른 분

류의 차이로 인한 전체 보유기간의 당기손익에 영향이 달라지지 않게 하고자 함이다.

a. 이자수익 인식

차변) 현금   ×××   대변) 이자수익   ×××
        FVOCI금융자산   ×××

b. 공정가치 평가

차변) FVOCI금융자산   ×××   대변) FVOCI금융자산평가이익   ×××

c. 처분

차변) 현금   ×××   대변) FVOCI금융자산   ×××

d. 재분류조정

차변) FVOCI금융자산평가이익   ×××   대변) FVOCI금융자산처분이익   ×××

상기와 같이 처분 시점에 처분가액으로 공정가치 평가를 먼저 수행하면 결국, 해당 FVOCI 금융자산의 최초 취득 시점부터 처분 시점까지의 공정가치 변동금액 중 상각으로 당기손익(이자수익)으로 인식된 금액을 제외한 나머지 금액만큼이 재무상태표상 자본항목에 FVOCI금융자산평가이익으로 누적되게 된다. 이렇게 누적된 FVOCI금융자산평가손익은 매도가능 금융자산의 처분 시점에 재분류조정의 방법을 통하여 FVOCI금융자산처분이익(당기손익)으로 대체된다. 따라서 채무상품인 FVOCI금융자산의 처분손익은 언제나 FVOCI금융자산의 처분금액과 처분 시점의 상각후원가의 차이와 동일하게 된다.

(3) FVPL금융자산(FVPL(지정)금융자산 포함)

가. 최초 인식 및 측정 회계처리

FVPL금융자산은 계약 당사자가 되는 때에 재무상태표에 인식하며, 최초 인식 시 공정가치로 측정하고, 취득과 직접 관련된 거래 원가는 발생 즉시 당기비용으로 처리한다.

차변) FVPL금융자산	×××	대변) 현금	×××
지급수수료	×××		

한편, 채무상품 취득 시에 유의할 점은 채무상품을 이자지급일 사이에 취득하는 경우에는 채무상품의 구입금액에는 직전 이자지급일로부터 취득일까지 발생한 표시이자(경과이자)가 포함되어 있기 때문에 경과이자는 별도로 미수이자로 인식하고, 경과이자를 제외한 순수 채무상품만의 구입금액만 FVPL금융자산으로 인식해야 하는 사항이다. 이는 모든 분류의 채무상품에 공통으로 적용된다.

차변) FVPL금융자산	×××	대변) 현금 등	×××
미수이자(경과이자)	×××		

나. 보유기간 중 회계처리

FVPL금융자산인 채권 보유로 인한 기간 중 회계처리사항은 이자수익이 있다.

❶ 채무상품의 이자수익은 보유기간에 해당하는 금액만 이자수익으로 인식한다. 따라서 취득일 이후 최초로 이자를 수령하는 경우 취득 당시 미수수익으로 인식한 금액을 차감한 금액을 이자수익으로 인식한다.

❷ 결산일에는 직전 이자지급일로부터 결산일까지 발생한 경과이자를 미수수익과 이자수익으로 인식한다.

<이자수령 시>

차변) 현금	×××	대변) 미수이자	×××
		이자수익	×××

〈결산일〉

> 차변) 미수이자   ×××   대변) 이자수익   ×××

다. 기말평가 회계처리

FVPL금융자산은 결산일 현재의 공정가치로 평가하고, 공정가치와 장부금액의 차액은 FVPL금융자산평가손익의 과목으로 하여 당기손익으로 처리한다. 한편, 이자지급일과 보고기간 말이 다른 경우 채무상품의 공정가치는 경과이자(직전 이자지급일로부터 보고기간 말까지 발생한 표시이자)를 제외한 순수한 채무상품만의 공정가치를 말한다.

〈공정가치＞장부금액〉

> 차변) FVPL금융자산   ×××   대변) FVPL금융자산평가이익   ×××
>   (당기손익)

〈공정가치＜장부금액〉

> 차변) FVPL금융자산평가손실   ×××   대변) FVPL금융자산   ×××
>   (당기손익)

라. 처분

❶ 처분금액과 장부금액과의 차액은 FVPL금융자산처분손익의 과목으로 하여 당기손익으로 인식한다.

❷ FVPL금융자산의 처분과 직접 관련하여 발생하는 거래 원가는 처분금액에서 차감한다.

> FVPL금융자산처분손익 = 금융자산의 처분금액 − 금융자산의 장부금액

❸ 채무상품을 이자지급일 사이에 처분하는 경우 채무상품의 처분대가 중에는 직전이자지급일부터 처분일까지의 경과이자는 처분금액에서 분리하여 이자수익으로 인식한다.

차변) 현금	×××	대변) FVPL금융자산	×××
		이자수익	×××
		FVPL금융자산처분이익	×××

마. 손상

FVPL금융자산은 신용위험의 증가가 공정가치 하락에 반영되어 평가손실을 당기손익으로 인식할 것이므로 별도로 손상차손을 인식하지 않는다.

(4) 채무상품 회계처리 정리

가. AC금융자산 및 FVOCI금융자산

구분	AC금융자산	FVOCI금융자산
취득 원가	공정가치(취득 부대비용 포함)	
이자수익	최초 인식 시 유효이자율을 적용한 유효이자를 이자수익으로 인식	
기말평가액	상각후원가	공정가치 평가손익은 기타포괄손익 처리
손상차손	기대손실 추정액을 손상차손처리하고 손실충당금처리	기대손실 추정액을 손상차손처리하고 기타포괄손익에서 조정함(재분류 조정)
손상차손 환입	기대손실 추정액 회복액을 환입하고 손실충당금을 감소시킴	기대손실추정액 회복액을 환입하고 기타포괄손익에서 조정함
손상차손 (환입 후) 이자수익	손실충당금을 차감한 상각후원가에 최초 인식 시 유효이자율로 계산한 이자수익 인식	공정가치에 기타포괄손익을 가산한 장부가액에 최초 인식 시 유효이자율로 계산한 이자수익 인식
처분손익	처분금액 − (상각후원가 + 발생이자)	처분금액 − (장부금액 + 발생이자) ± 관련 기타포괄손익누계액(재분류 조정)

나. FVPL금융자산 – 지분상품과 동일

(5) 채무상품의 재분류

가. 재분류 요건

❶ 채무상품은 사업모형을 변경하는 경우에만 금융자산의 재분류를 허용하고 있다.

❷ 사업모형의 변경은 사업계열의 취득, 처분, 종결과 같이 영업에 유의적인 활동을 시작하거나 중단하는 경우에만 발생할 것이다. 그러나 특정 금융자산과 관련된 의도의 변경(시장 상황이 유의적으로 변경되는 상황도 포함), 금융자산에 대한 특정 시장의 일시적 소멸, 서로 다른 사업모형을 갖고 있는 기업에서 부문 간 금융자산의 이전 등은 사업모형의 변경에 해당되지 않는다.

❸ 재분류하는 경우에는 그 재분류를 재분류일로부터 전진적으로 적용한다. 이때 재분류일이란 금융자산이 재분류를 초래하는 사업모형의 변경 후 첫 번째 보고기간의 첫 번째 날을 말한다.

나. 재분류 회계처리

재분류 전	재분류 후	회계처리
AC금융자산	FVPL 금융자산	재분류일의 공정가치로 측정하고, 재분류 전 상각후원가와 공정가치의 차이를 당기손익으로 인식
	FVOCI 금융자산	재분류일의 공정가치로 측정하고, 재분류 전 상각후원가와 공정가치의 차이를 기타포괄손익으로 인식. 재분류에 따라 유효 이자율과 기대 신용손실 측정치는 조정하지 않음
FVOCI금융자산	AC 금융자산	재분류일의 공정가치로 측정하고, 재분류 전에 인식한 기타포 괄손익누계액은 자본에서 제거하고 재분류일의 금융자산의 공정가치에서 조정. 재분류에 따라 유효이자율과 기대 신용손실 측정치는 조정하지 않음
	FVPL 금융자산	계속 공정가치로 측정. 재분류 전에 인식한 기타포괄손익누계액은 재분류일에 재분류조정으로 자본에서 당기손익으로 재분류
FVPL금융자산	AC 금융자산	재분류일의 공정가치가 새로운 총장부금액이 되며, 이를 기초로 유효이자율 계산
	FVOCI 금융자산	계속 공정가치로 측정하고, 재분류일의 공정가치에 기초하여 유효이자율 계산

한국채택국제회계기준은 금융부채의 보유목적과 특성을 고려하여 다음과 같이 크게 3 가지 범주로 분류하고, 범주별로 회계처리를 각각 다르게 규정하고 있다.

구분	분류 요건	평가방법	사례
FVPL 지정 금융부채	회계불일치의 제거 및 유의적 감소 등의 조건에 맞아 FVPL금융자산으로 지정된 경우	공정가치로 평가하고, 공정가치평가손익은 당기손익으로 인식	–
AC금융부채 이외의 금융부채	AC금융부채로 분류하지 않는 것이 적정한 금융부채		FVPL금융부채 금융보증계약 등
AC금융부채	상기의 분류가 아닌 경우	상각후원가로 평가	매입채무, 미지급금, 차입금, 사채 등

금융부채는 미래 현금의 유출이라는 특징과 더불어 정보이용자의 입장에서는 미래 지급되어야 할 현금유출금액과 시기의 파악이 유용한 정보이다. 따라서 당기손익인식의 금융부채가 아니고는 공정가치 평가가 필요하지 않으며, 미래 현금흐름 예측에 유용한 상각후원가 측정을 적용하고 있다.

상각후원가란 현재 시점에서 미래에 발생할 현금흐름을 금융부채의 최초 인식 시점에서 결정된 유효이자율로 할인한 현재가치를 말한다. 이에 반해 현재 시점에서 미래에 발생할 현금흐름을 현행 이자율로 할인한 현재가치는 현재 시점의 공정가치이다. 금융부채를 최초에 인식하는 시점에서 상각후원가와 공정가치는 동일하지만, 이후 현행 이자율의 변동으로 상각후원가와 공정가치는 달라지게 된다.

재고자산

1 재고자산의 이해

1) 재고자산의 정의

기업회계기준서 제1002호상 재고자산은 통상적인 영업 과정에서 판매를 위하여 보유 중인 자산, 통상적인 영업 과정에서 판매를 위하여 생산 중인 자산 및 생산이나 용역제공에 사용될 원재료나 소모품을 의미한다.

또한, 재고자산은 외부로부터 매입하여 재판매를 위해 보유하는 상품, 토지 및 기타 자산뿐만 아니라, 완제품과 생산 중인 재공품 및 생산에 투입될 원재료와 소모품도 포함한다.

2) 재고자산의 측정

재고자산은 취득 원가와 순실현 가능 가치 중 낮은 금액으로 측정된다.

> 재고자산 장부금액 = Min[취득 원가, 순실현 가능 가치]

(1) 취득 원가

매입 원가, 전환 원가 및 재고자산을 현재의 장소에 현재의 상태로 이르게 하는데 발생한 기타 원가로 구성되며, 매입 원가는 매입 가격에 수입관세와 제세금(과세당국으로부터 추후 환급 받을 수 있는 금액은 제외), 매입운임, 하역료 그리고 완제품, 원재료 및 용역의 취득 과정에 직접 관련된 기타 원가를 가산한 금액이다. 이때, 매입할인, 리베이트 및 기타 유사한 항목은 매입 원가를 결정할 때 차감한다. 전환 원가는 직접 노무 원가와 원재료를 완제품으로 전환하는데 발생하는 고정 및 변동 제조간접비의 체계적인 배부액을 포함한다.

다만, 다음의 원가들은 취득을 위하여 반드시 필요한 원가가 아니거나, 취득 이후에 발생하는 원가들이므로 취득 원가에 포함되지 않으며, 발생한 기간의 비용으로 인식하여야 한다.

❶ 재료 원가, 노무 원가 및 기타 제조 원가 중 비정상적으로 낭비된 부분
❷ 후속 생산단계에 투입하기 전에 보관이 필요한 경우 이외의 보관 원가
❸ 재고자산을 현재의 장소에 현재의 상태로 이르게 하는데 기여하지 않은 관리 간접 원가
❹ 판매 원가

(2) 순실현 가능 가치

통상적인 영업 과정에서 재고자산의 판매를 통해 실현할 것으로 기대하는 순 매각금액을 말한다. 예를 들면, 어떠한 제품의 판매단가는 1,000원이지만, 이 제품은 대리점을 통하여 판매되고 있으며 기업은 대리점에 판매 가격의 10%에 해당하는 금액을 판매수수료로 지불하고 있다면, 이 제품의 순실현 가능 가치는 900원(1,000원−1,000원×10%)이 된다.

예시

재고자산 장부금액의 산정(취득 원가와 순실현 가능 가치의 비교)

기업 A는 판매를 위하여 상품 B를 구입하는 과정에서 다음과 같은 비용이 발생하였다. 또한, 기업 A는 판매를 대리점에 위탁하고 있으며 위탁 판매에 따른 수수료는 20%이고 판매를 위한 운송비는 대리점이 부담하고 있다. 기업 A가 상품 B를 12,000원에 대리점에 판매한다면, 기업 A가 인식해야 하는 상품 B의 장부금액은?

정상매입금액	10,000	매입에누리	1,000
매입운임	500	제세금	300

(풀이)

재고자산의 장부금액은 취득 원가와 순실현 가능 가치 중 낮은 금액으로 측정된다.

취득 원가 : 10,000(정상매입금액)−1,000(매입에누리)+500(매입운임)+300(제세금)=9,800

순실현 가능 가치 : 12,000(판매단가)−2,400(판매수수료=12,000×20%)=9,600

따라서, 기업 A가 인식해야 하는 상품 B의 장부금액은 9,600이다.

1) 물량 흐름의 이해

  제조업을 가정할 경우, 기업은 원재료 매입, 제품의 생산, 판매의 순으로 기업활동이 이루어지며, 기초 제품과 당기에 제조한 제품 중에서 판매하고 남은 물량이 재고자산이 된다. 따라서, 이러한 흐름을 이해하는 것이 중요하며, 이러한 일련의 흐름을 T계정으로 나타내면 〈그림 3-3〉과 같다.

  재고자산은 기말 원재료, 기말 재공품 및 기말 제품을 모두 포함하는데, 기말 재고자산은 기초 재고자산과 매입(또는 제조) 및 투입(또는 완성품 및 매출 원가)에 의하여 종속적으로 결정된다. 따라서, 기말 재고자산을 평가하기 위해서는 기초 재고자산, 매입 및 투입금액이 어떻게 결정되는지를 알아야 한다. 기말 제품을 예로 들면, 기초제품이 100개, 당기 제조 수량이 900개이며, 당기에 판매된 수량이 800개일 때, 기말 재고수량은 200개가 된다는 것은 분명한 사실이다. 그러나, 물가의 변동, 구매조건 및 제조환경의 변화로 기초 제품(전기 생산)의 단가와 당기에 제조한 제품의 단가는 다를 것이다. 이때, 기말에 남아있는 제품 200개가 기초 제품 중에서 몇 개, 당기에 제조한 제품 중에서 몇 개로 이루어졌는지는 알 수 없기 때문에 일정한 가정이 필요하다. 대표적인 물량흐름의 가정은 개별법(Specific identification method), 선입선출법(First-In First-Out method, FIFO), 가중평균법(Weighted average method) 등이 있다.

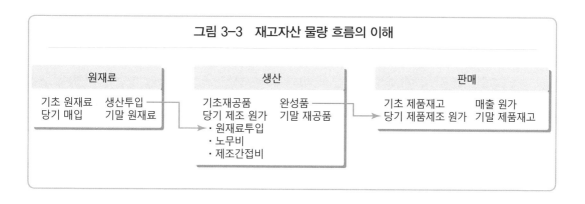

그림 3-3   재고자산 물량 흐름의 이해

원재료		생산		판매	
기초 원재료	생산투입	기초재공품	완성품	기초 제품재고	매출 원가
당기 매입	기말 원재료	당기 제조 원가	기말 재공품	당기 제품제조 원가	기말 제품재고
		· 원재료투입			
		· 노무비			
		· 제조간접비			

2) 물량 흐름의 가정

(1) 개별법(Specific identification method)

개별법은 식별되는 재고자산별로 특정한 원가를 부과하는 방법이다. 이 방법은 외부 매입이나 자가제조를 불문하고, 특정 프로젝트를 위해 분리된 항목에 적절한 방법이다. 그러나 통상적으로 상호 교환이 가능한 대량의 재고자산 항목에 개별법을 적용하는 것은 적절하지 아니하다. 그러한 경우에는 기말 재고로 남아있는 항목을 선택하는 방식을 이용하여 손익을 자의적으로 조정할 수도 있기 때문이다.

(2) 선입선출법(FIFO)

선입선출법은 먼저 매입 또는 생산된 재고자산이 먼저 판매되고 결과적으로 기말에 재고로 남아 있는 항목은 가장 최근에 매입 또는 생산된 항목이라고 가정하는 방법이다. 선입선출법은 실제 물량의 흐름과 유사하다는 특징이 있으며, 물량의 흐름에 순서가 정해져 있기 때문에 손익을 자의적으로 조정하기 어렵다. 또한, 기말 재고자산은 최근에 매입한 물량으로 구성되어 있으므로 현행 원가를 잘 반영한다. 이와는 반대로, 매출 원가는 예전의 원가로 구성되어 있기 때문에 현재의 매출과 대응이 잘 이루어지지 못하며, 물가가 상승하고 있는 경우에는 예전의 낮은 원가가 현재의 매출과 대응되므로 손익이 과대계상될 수 있다는 단점이 있다.

 예시

선입선출법의 이해

기업 A의 20×1년 상품재고 변동 현황이 다음과 같다면, 선입선출법에 의한 기말 재고자산 금액은 다음과 같이 계산된다.

일자	구분	수량	단가
20×1. 1. 1	기초 상품	100	@200
20×1. 3. 1	상품매입	200	@200
20×1. 5. 1	상품판매	(100)	
20×1. 8. 1	상품매입	300	@220
20×1. 10. 1	상품판매	(400)	
20×1. 12. 31	기말 상품	100	

선입선출법에 의하여 기말 재고 금액을 결정할 경우 기말 상품 100개는 20×1.8.1에 매입한 300개 중에 팔리지 않고 남아있는 것이다. 따라서, 기말 상품 금액은 22,000원(100개×220원)이다.

기업 A의 20×1년 동안 거래를 T계정으로 요약하면 다음과 같다.

기초상품(*1)	20,000	매출 원가(*3)	104,000
당기 매입(*2)	106,000	기말 상품	22,000
계	126,000	계	126,000

(*1) 기초상품 : 20,000원(100개×200원)
(*2) 당기 매입 : 106,000원(200개×200원 + 300개×220원)
(*3) 매출 원가 : 104,000원(기초상품 20,000원 + 당기 매입 106,000원 − 기말 상품 22,000원)

(3) 가중평균법(Weighted average method)

가중평균법은 기초 재고자산과 회계기간 중에 매입 또는 생산된 재고자산의 원가를 가중평균하여 재고항목의 단위 원가를 결정하는 방법이다. 이 경우 평균은 기업의 상황에 따라 주기적으로 계산하거나 매입 또는 생산할 때마다 계산할 수 있다. 주기적으로 계산하는 방법을 총평균법이라고 하며, 매입 또는 생산할 때마다 계산하는 방법을 이동평균법이라고 한다. 일반적으로 기업은 하나의 품목에 대해서도 다수의 제품을 생산하기 때문에 개별 물량의 흐름을 추적하기가 어려워 실무적으로는 가중평균법(특히, 총평균법)을 많이 사용하고 있다. 가중평균법은 실무적으로 적용이 용이하다는 장점이 있으나, 전기의 생산 원가가 당기의 생산 원가와 합쳐져서 평균단가가 구성되기 때문에, 수익비용의 대응이 잘 이루어지지 않는다는 단점도 있다.

 예시

총평균법의 이해

기업 A의 20×1년 상품재고 변동은 상기 선입선출법의 이해 예시와 동일하다면, 총평균법에 의한 기말 재고자산의 금액을 구하기 위해서는 다음과 같이 기초상품 및 당기 매입의 평균단가를 결정하여야 한다.

구분	수량	단가	금액
기초상품	100개	@200	20,000원
20×1. 3. 1 매입	200개	@200	40,000원
20×1. 8. 1 매입	300개	@220	66,000원
계	600개		126,000원

20×1년 총평균법에 의한 상품 단위당 매입원가는 210원(126,000원÷600개)이며, 기말 상품 금액은 21,000(100개×@210원)이다. 매출 원가는 105,000원(당기 판매 가능액 126,000원 – 기말 상품 21,000원)으로 계산된다.

후입선출법(LIFO, Last-In First-Out)

최근에 매입 또는 제조한 재고자산이 가장 먼저 출고(또는 판매)된다는 가정인데, 이는 현재의 판매 가격에 최근의 매입(또는 제조) 원가가 반영되기 때문에 수익비용 대응이 잘 이루어진다는 장점이 있다. 그러나, 기말에 남아있는 재고자산은 예전의 원가들로 구성되어 있기 때문에 현행 원가를 잘 반영하지 못한다는 단점이 있으며, 이러한 이유로 기업회계기준서(K-IFRS)에서는 후입선출법을 인정하지 않고 있다. 선입선출법 및 총평균법의 이해를 돕기 위한 예시에서 기말 상품 재고금액을 후입선출법으로 결정할 경우, 기말 상품 금액은 20,000원(100개×@200원)이며, 매출 원가는 106,000원(당기 판매 가능액 126,000원 – 기말 상품 20,000원)으로 계산된다. 물량 흐름 가정별 매출 원가 및 기말 재고를 요약하면 다음과 같다.

구분	선입선출법	총평균법	후입선출법
매출 원가	104,000원	105,000원	106,000원
기말재고	22,000원	21,000원	20,000원

3) 재고자산 평가

기업회계기준서 제1016호상 앞서 설명한 바와 같이 재고자산은 취득 원가와 순실현 가능 가치 중 낮은 금액으로 측정하는데, 이러한 평가방법을 저가법이라고 한다. 이는 재고자산으로부터 획득할 수 있는 금액이 취득 원가보다 낮은 상황을 말하는데 예를 들면 다음과 같다.

❶ 물리적으로 손상된 경우
❷ 완전히 또는 부분적으로 진부화 된 경우
❸ 판매 가격이 하락한 경우
❹ 완성하거나 판매하는 데 필요한 원가가 상승한 경우

(1) 저가법의 적용방법

저가법은 원칙적으로 항목별로 적용하여야 하는데, 경우에 따라서는 서로 유사하거나 관련 있는 항목들을 통합하여 적용하는 것이 적절할 수 있다. 이러한 경우로는 재고자산 항목이 유사한 목적 또는 용도를 갖는 동일한 제품군과 관련되고, 동일한 지역에서 생산되어 판매되며, 실무적으로 동일한 제품군에 속하는 다른 항목과 구분하여 평가할 수 없는 경우를 들 수 있다. 그러나 용역제공기업의 경우에는 일반적으로 용역대가가 청구되는 용역별로 원가를 집계하므로 각 용역은 별도의 항목으로 취급되어야 한다.

(2) 순실현 가능 가치의 추정

순실현 가능 가치를 추정할 때에는 재고자산으로부터 실현 가능한 금액에 대하여 추정일 현재 사용 가능한 가장 신뢰성 있는 증거에 기초하여야 한다. 또한 보고기간 후 사건이 보고기간 말 존재하는 상황에 대하여 추가적인 정보를 제공하여 주는 경우에는, 그 사건과 직접 관련된 가격이나 원가의 변동을 고려하여 추정하여야 한다.

완성될 제품이 원가 이상으로 판매될 것으로 예상되는 경우에는 그 생산에 투입하기 위해 보유하는 원재료 및 기타 소모품에 대해서는 저가법을 적용할 필요가 없다. 그러나 원재료 가격이 상승하여 제품의 원가가 순실현 가능 가치를 초과할 것으로 예상된다면 해당 원재료에 대해서 저가법을 적용해서 평가해야 한다. 이 경우 원재료의 현행 대체 원가는 순실현 가능 가치에 대한 최선의 이용 가능한 측정치가 될 수 있다.

(3) 순실현 가능 가치의 재평가

매 후속기간에 순실현 가능 가치를 재평가한다. 재고자산의 감액을 초래했던 상황이 해소되거나 경제상황의 변동으로 순실현 가능 가치가 상승한 명백한 증거가 있는 경우에는 최초의 장부금액을 초과하지 않는 범위 내에서 평가손실을 환입한다. 그 결과 새로운 장부금액은 취득 원가와 수정된 순실현 가능 가치 중 작은 금액이 된다. 판매 가격의 하락 때문에 순실현 가능 가치로 감액한 재고항목을 후속기간에 계속 보유하던 중 판매 가격이 상승한 경우가 이에 해당한다.

 예시

재고자산 평가손실의 회계처리
1. 평가손실이 발생한 경우

| 차변) 재고자산평가손실 | ××× | 대변) 재고자산평가충당금 | ××× |

2. 환입이 발생한 경우

차변) 재고자산평가충당금 × × × 대변) 재고자산평가충당금환입 × × ×

4) 재고자산 감모손실

앞서 설명한 바와 같이 기초제품과 당기 제조제품 원가의 합계는 매출 원가와 기말 재고자산의 합계와 일치하여야 한다. 그러나, 보유 중인 제품수량이 장부상의 수량에 미달하는 경우가 발생할 수 있는데, 이러한 경우에는 부족수량에 기말 제품 단가를 곱한 금액을 재고자산 감모손실로 반영하여야 한다.

section 03 유형자산

1 최초 인식

1) 유형자산의 인식

유형자산은 재화나 용역의 생산이나 제공, 타인에 대한 임대 또는 관리활동에 사용할 목적으로 보유하는 물리적 형태가 있는 자산으로서 한 회계기간을 초과하여 사용할 것이 예상되는 자산이다. 유형자산으로 인식되기 위해서는 다음의 인식기준을 모두 충족하여야 한다.

❶ 자산으로부터 발생하는 미래 경제적 효익이 기업에 유입될 가능성이 높다.
❷ 자산의 원가를 신뢰성 있게 측정할 수 있다.

예비부품, 대기성 장비 및 수선용구와 같은 항목은 유형자산의 정의를 충족하면 유형자산으로 분류하고, 그렇지 않다면 재고자산으로 분류한다.

2) 유형자산의 원가

유형자산과 관련된 모든 원가는 그 발생 시점에 인식 원칙을 적용하여 평가한다. 이러한 원가에는 유형자산을 매입하거나 건설할 때 최초로 발생하는 원가뿐만 아니라 후속적으로 증설, 대체, 수선 및 유지와 관련하여 발생하는 원가를 포함한다.

(1) 최초 원가

최초 원가는 유형자산을 취득하는 시점에 지급한 현금 또는 제공한 대가의 공정가치를 말한다. 안전 또는 환경상의 이유로 취득하는 유형자산은 그 자체로는 직접적인 미래 경제적 효익을 얻을 수 없지만, 다른 자산에서 미래 경제적 효익을 얻기 위하여 필요할 수 있다. 이러한 유형자산은 당해 유형자산을 취득하지 않았을 경우보다 관련 자산으로부터 미래 경제적 효익을 더 많이 얻을 수 있게 해주기 때문에 자산으로 인식할 수 있다. 예를 들면, 화학제품 제조업체가 위험한 화학물질의 생산과 저장에 관한 환경규제요건을 충족하기 위하여 새로운 화학처리공정설비를 설치하는 경우가 있다. 이때 이러한 설비 없이는 화학제품을 제조 및 판매할 수 없기 때문에 관련 증설 원가를 자산으로 인식한다.

(2) 후속 원가

후속 원가는 최초 원가 이후에 유형자산을 정상적으로 사용하기 위하여 추가로 발생하는 원가를 말하며, 일상적인 수선 및 유지와 관련하여 발생하는 원가는 해당 유형자산의 장부금액에 포함하여 인식하지 아니한다. 이러한 원가는 발생 시점에 당기비용으로 인식한다. 일상적인 수선 및 유지 과정에서 발생하는 원가는 주로 노무비와 소모품비로 구성되며 사소한 부품원가가 포함될 수도 있다.

일부 유형자산의 경우 주요 부품이나 구성요소의 정기적 교체가 필요할 수 있다. 예를 들면, 용광로의 경우 일정 시간 사용 후에 내화벽돌의 교체가 필요할 수 있으며, 항공기의 경우에도 좌석과 취사실 등의 내부설비를 항공기 동체의 내용연수 동안 여러 번 교체할 필요가 있을 수 있다. 또한 유형자산이 취득된 후 반복적이지만 비교적 적은 빈도로 대체(예 : 건물 인테리어 벽 대체)되거나 비반복적으로 대체되는 경우도 있다. 유형자산의 일부를 대체할 때 발생하는 원가가 인식 기준을 충족하는 경우에는 이를 해당 유형자산의 장부금액에 포함하여 인식하며, 대체되는 부분의 장부금액은 제거한다.

항공기와 같은 유형자산을 계속적으로 가동하기 위해서는 당해 유형자산의 일부가 대체되는지 여부와 관계없이 결함에 대한 정기적인 종합검사가 필요할 수 있다. 정기적인 종합검사과정에서 발생하는 원가가 인식 기준을 충족하는 경우에는 유형자산의 일부가 대체되는 것으로 보아 해당 유형자산의 장부금액에 포함하여 인식한다. 이 경우 직전에 이루어진 종합검사에서의 원가와 관련되어 남아 있는 장부금액(물리적 부분의 장부금액과는 구별됨)을 제거한다.

3) 원가 구성요소

기업회계기준서에서 예시하고 있는 유형자산의 원가를 구성하는 항목과 구성하지 않는 항목은 다음과 같다.

(1) 유형자산의 원가를 구성하는 항목의 예

❶ 관세 및 환급 불가능한 취득 관련 세금을 가산하고 매입할인과 리베이트 등을 차감한 구입가격
❷ 경영진이 의도하는 방식으로 자산을 가동하는 데 필요한 장소와 상태에 이르게 하는데 직접 관련되는 원가
　ㄱ. 유형자산의 매입 또는 건설과 직접적으로 관련되어 발생한 종업원 급여
　ㄴ. 설치장소 준비 원가
　ㄷ. 최초의 운송 및 취급 관련 원가
　ㄹ. 설치 원가 및 조립 원가
　ㅁ. 유형자산이 정상적으로 작동되는지 여부를 시험하는 과정에서 발생하는 원가. 단, 시험과정에 생산된 재화(예 : 장비의 시험과정에서 생산된 시제품)의 순 매각금액은 당해 원가에서 차감한다.
　ㅂ. 전문가에게 지급하는 수수료
❸ 자산을 해체, 제거하거나 부지를 복구하는 데 소요될 것으로 최초에 추정되는 원가(기업이 자산을 해체, 제거하거나 부지를 복구할 의무는 해당 유형자산을 취득한 시점 또는 해당 유형자산을 특정 기간 동안 재고자산 생산 이외의 목적으로 사용한 결과로서 발생한다.)

(2) 유형자산의 원가를 구성하지 않는 항목의 예

❶ 새로운 시설을 개설하는 데 소요되는 원가

❷ 새로운 상품과 서비스를 소개하는 데 소요되는 원가(예 : 광고 및 판촉활동과 관련된 원가)

❸ 새로운 지역에서 또는 새로운 고객층을 대상으로 영업을 하는 데 소요되는 원가(예 : 직원 교육훈련비)

❹ 관리 및 기타 일반 간접 원가

예시

유형자산의 취득 원가 계산
다음 각각 Case의 경우, 유형자산의 취득 원가는?

① 공장용 토지를 구입하고 구입대금 25,000,000원을 수표로 지급하였다. 중개수수료 75,000원, 등록세 및 취득세 150,000원, 건물 철거비 및 기타정지비용 600,000원을 현금으로 지급하였다. 또한, 공장용 토지에 대한 복구 예상비용은 1,000,000원이다.

② 기계장치를 구입하고 구입대금 2,000,000원과 운송비 50,000원, 설치비 15,000원, 시운전비 140,000원을 수표로 지급하였다. 또한, 기계장치의 설치 및 시운전 과정을 마치고 실제 가동을 한 결과, 일부 불량품이 발생하였는데 이러한 불량품의 발생으로 인한 손실은 300,000원이다.

③ 건물의 매입가액이 10,000,000이고, 불가피하게 매입한 채권 매입액이 1,500,000(현재가치는 1,000,000)원이다.

(풀이)
① 모든 비용이 토지를 취득하기 위한 비용이므로 토지의 취득 원가는 26,825,000원이다.

② 시운전 과정을 마치고 정상 운전에서 발생하는 가동손실은 기간비용으로 처리하므로 기계장치의 취득 원가는 2,205,000원이다.

③ 건물 취득과 관련하여 불가피하게 취득한 채권매입액과 현재가치의 차이는 건물의 취득 원가에 포함되므로 취득 원가는 10,500,000원이다.

4) 자산의 교환

하나 이상의 비화폐성자산 또는 화폐성자산과 비화폐성자산이 결합된 대가와 교환하여 하나 이상의 유형자산을 취득하는 경우가 있다. 유형자산의 원가는 다음 중 하나에 해당하는 경우를 제외하고는 공정가치로 측정한다.

❶ 교환거래에 상업적 실질이 결여된 경우
❷ 취득한 자산과 제공한 자산 모두의 공정가치를 신뢰성 있게 측정할 수 없는 경우

교환거래에서 제공한 자산을 즉시 제거할 수 없더라도 취득한 자산은 위와 동일한 방법으로 측정한다. 교환거래에 상업적 실질이 결여된 경우 등 취득한 자산을 공정가치로 측정할 수 없는 경우에는 제공한 자산의 장부금액으로 원가를 측정한다.

교환거래가 상업적 실질이 있는지 여부는 교환거래의 결과 교환된 자산의 미래 현금흐름이 얼마나 변동될 것인지를 고려하여 결정한다. 다음 ❶ 또는 ❷에 해당하면서 ❸을 충족하는 경우에 교환거래는 상업적 실질이 있는 것으로 본다.

❶ 취득한 자산과 관련된 현금흐름의 구성(위험, 유출입시기, 금액)이 제공한 자산과 관련된 현금흐름의 구성과 다르다.
❷ 교환거래의 영향을 받는 영업 부분의 기업특유가치가 교환거래의 결과로 변동한다.
❸ 위 ❶이나 ❷의 차이가 교환된 자산의 공정가치에 비하여 중요하다.

| 2 | 후속 측정 |

1) 측정방법

기업은 최초 인식 후에 원가모형이나 재평가모형 중 하나를 회계정책으로 선택하여 유형자산 분류별로 동일하게 적용하여야 한다.

원가모형의 장부금액	원가에서 감가상각누계액과 손상차손누계액을 차감한 금액
재평가모형의 장부금액	재평가일의 공정가치에서 이후의 감가상각누계액과 손상차손누계액을 차감한 금액

2) 원가모형

(1) 감가상각

가. 감가상각 대상의 구분

유형자산의 원가는 그 유형자산을 구성하고 있는 유의적인 부분에 배분하여 각 부분별로 감가상각한다. 예를 들면, 항공기를 소유하고 있는지 금융리스하고 있는지에 관계없이, 항공기 동체와 엔진을 별도로 구분하여 감가상각하는 것이 적절할 수 있다. 또한, 기업이 리스 제공자로서 운용리스 대상 유형자산을 취득하는 경우, 시장조건과 비교하여 상대적으로 유리하거나 불리한 조건에서 기인하는 금액이 그 항목의 원가에 반영되어 있다면 이를 별도로 감가상각하는 것이 적절할 것이다.

유형자산을 구성하고 있는 유의적인 부분에 해당 유형자산의 다른 유의적인 부분과 동일한 내용연수 및 감가상각방법을 적용하는 수가 있다. 이러한 경우에는 감가상각액을 결정할 때 하나의 집단으로 통합할 수 있다.

유형자산의 일부를 별도로 구분하여 감가상각하는 경우에는 동일한 유형자산을 구성하고 있는 나머지 부분도 별도로 구분하여 감가상각한다. 나머지 부분은 개별적으로 유의적이지 않은 부분들로 구성된다. 이러한 나머지 부분에 대해 다양한 기대치가 존재한다면 각 부분들의 소비형태나 내용연수를 충실하게 반영하는 방법으로 근사치를 이용하여 감가상각할 필요가 있을 것이다.

토지와 건물을 동시에 취득하는 경우에도 이들은 분리 가능한 자산이므로 별개의 자산으로 회계처리한다. 채석장이나 매립지 등을 제외하고는 토지는 내용연수가 무한하므로 감가상각하지 아니한다. 그러나 건물은 내용연수가 유한하므로 감가상각대상자산이다.

나. 감가상각 대상금액

감가상각 대상금액은 유형자산의 원가에서 잔존가치를 차감한 금액이다. 실무적으로 잔존가치는 경미한 경우가 많으므로 감가상각 대상금액을 계산할 때 중요하게 다루어지지 않는다.

다. 감가상각기간

유형자산의 감가상각은 자산이 사용 가능한 때부터 시작한다. 즉, 경영진이 의도하는 방식으로 자산을 가동하는 데 필요한 장소와 상태에 이른 때부터 시작한다. 감가상각은 자산이 매각 예정 자산으로 분류되는(또는 매각 예정으로 분류되는 처분자산집단에 포함되는) 날과 자산이 제거되는 날 중 이른 날에 중지한다. 따라서 유형자산이 운휴 중이거나 적극적인 사용상태가 아니어도, 감가상각이 완전히 이루어지기 전까지는 감가상각을 중단하지 않는다. 그러나 유형자산의 사용 정도에 따라 감가상각을 하는 경우에는 생산활동이 이루어지지 않을 때 감가상각액을 인식하지 않을 수 있다.

유형자산의 미래 경제적 효익은 주로 사용함으로써 소비하는 것이 일반적이다. 그러나 자산을 사용하지 않더라도 기술적 또는 상업적 진부화와 마모 또는 손상 등의 요인으로 인하여 자산에서 얻을 것으로 예상하였던 경제적 효익이 감소될 수 있다. 따라서 자산의 내용연수를 결정할 때에는 다음의 요소를 모두 고려하여야 한다.

❶ 자산의 예상 생산능력이나 물리적 생산량을 토대로 한 자산의 예상 사용 수준
❷ 자산을 교대로 사용하는 빈도, 수선 및 유지계획과 운휴 중 유지보수 등과 같은 가동요소를 고려한 자산의 예상 물리적 마모나 손상
❸ 생산방법의 변경, 개선이나 해당 자산에서 생산되는 제품 및 용역에 대한 시장수요의 변화로 인한 기술적 또는 상업적 진부화
❹ 리스계약의 만료일 등 자산의 사용에 대한 법적 또는 이와 유사한 제한

라. 감가상각방법

유형자산의 감가상각방법은 자산의 미래 경제적 효익이 소비될 것으로 예상되는 형태를 반영한다. 유형자산의 감가상각방법은 적어도 매 회계연도말에 재검토한다. 자산에 내재된 미래 경제적 효익의 예상되는 소비형태가 유의적으로 달라졌다면, 달라진 소비형태를 반영하기 위하여 감가상각방법을 변경한다.

유형자산의 감가상각 대상금액을 내용연수 동안 체계적으로 배부하기 위해 다양한 방법을 사용할 수 있다. 이러한 감가상각방법에는 정액법, 정률법과 생산량비례법 등이 있다. 감가상각방법은 해당 자산에 내재되어 있는 미래 경제적 효익의 예상 소비형태를 가장 잘 반영하는 방법에 따라 선택하고, 예상 소비형태가 변하지 않는 한 매 회계기간에 일관성 있게 적용한다.

❶ 정액법(Fixed installment method) : 정액법은 잔존가치가 변동하지 않는다고 가정할 때 자산의 내용연수 동안 매 기간 일정액의 감가상각액을 계상하는 방법이다.

$$연간\ 감가상각액 = \frac{(취득\ 원가 - 잔존가치^{6)})}{취득한\ 자산의\ 내용연수}$$

이 방법은 계산절차가 간단하고 매년 비용의 배분 및 제조 원가의 배부가 평균화된다는 장점이 있으나, 조업도의 변동 시에도 매년 동일한 감가상각비를 인식하므로 수익과 비용이 대응되지 않는 단점을 가지고 있다.

 예시

정액법에 의한 감가상각비의 계산

기업 A의 건물에 대한 정보가 다음과 같다면, 정액법에 따라 20×1년도에 인식해야 할 건물에 대한 감가상각비는?

건물 취득가액 1,000,000원	내용연수 20년	잔존가액 100,000원

(풀이)

20×1년도 정액법에 따른 감가상각비 = (1,000,000원 − 100,000원)/20 = 45,000원

❷ 정률법(Fixed percentage method) : 정률법은 감가상각액이 매년 점차적으로 체감하므로 일명 체감잔액법(Declining-balance method)이라고도 한다. 이 방법은 다음 산식에서 알 수 있는 바와 같이 취득 원가에서 상각누계액을 차감한 미상각잔액에 대하여 매기 일정률을 곱하여 산출한 금액을 그 기간의 감가상각액으로 하는 방법이다.

$$연간\ 감가상각액 = 미상각잔액 \times 정률(r)$$
$$정률(r) = 1 - \sqrt[내용연수]{(잔존가치 \div 취득\ 원가)}$$

이 방법의 장점은 초기에 많은 금액의 상각을 할 수 있어서 보수주의적인 경영이 가능하다고 할 수 있다. 왜냐하면, 일반적으로 비유동자산의 효율성은 초기에는 높으나 시간이 갈수록 낮아짐에 따라 수선유지비 지출이 많아지기 때문이다. 또한 기술혁신 등으로 종래의 비유동

---

6 자산이 이미 오래되어 내용연수 종료 시점에 도달하였다는 가정하에 자산의 처분으로부터 현재 획득할 금액에서 추정 처분 부대 원가를 차감한 금액의 추정치

자산이 구식화되는 경우 초기의 많은 상각이 예측 불가능한 손실을 방지해 준다. 그러나 잔존가치가 영(zero)인 자산이나 무형자산에는 사용할 수 없을 뿐만 아니라 계산이 복잡하다는 단점도 있다.

 예시

정률법에 의한 감가상각비의 계산
기업 A의 기계장치에 대한 정보가 다음과 같다면, 정률법에 따라 연도별에 인식해야 할 기계장치에 대한 감가상각비는?

기계장치 취득가액 100,000원	내용연수 5년	잔존가액 5,000원

(풀이)
기업A가 연도별 인식해야 할 감가상각비는 다음과 같다.
① 정률의 계산 : $0.451 = 1 - \sqrt[5]{(5{,}000 \div 100{,}000)}$
② 연도별 상각액의 계산

구분	감가상각비	미상각 잔액	감가상각비 계산 내역
1차 연도	45,100	54,900	$100{,}000 \times 0.451$
2차 연도	24,760	30,140	$54{,}900 \times 0.451$
3차 연도	13,593	16,547	$30{,}140 \times 0.451$
4차 연도	7,463	9,084	$16{,}547 \times 0.451$
5차 연도	4,084	5,000	$9{,}084 - 5{,}000$

❸ 생산량비례법(Productive-output method) : 자산의 예상 조업도 또는 예상생 산량에 근거하여 감가상각액을 계상하는 방법이다.

$$\text{연간 감가상각비} = (\text{취득금액} - \text{잔존금액}) \times \frac{\text{실제 생산량}}{\text{추정 총생산량}}$$

이 방법의 장점은 조업도 변화에 따라 비용을 인식할 수 있으므로 수익과 비용의 대응 측면에서 가장 논리적인 방법이라고 할 수 있다. 그러나 감가상각의 발생 원인이 주로 시간의 경과 혹은 기능적 퇴화에 있는 경우에는 적용하기 곤란하다는 단점이 있다.

예시

생산량 비례법에 의한 감가상각비의 계산

기업 A의 광산용 기계장치에 대한 정보가 다음과 같다면, 생산량 비례법에 따라 20×1년에 인식해야 할 광산용 기계장치에 대한 감가상각비는?

기계장치 취득가액 100,000원	추정 총 채굴량 200,000톤 20×1년 실제 채굴량 50,000톤	잔존가액 5,000원

(풀이)

기업 A가 20×1년 인식해야 할 감가상각비는 다음과 같다.

$$20\times1년\ 감가상각비 = (100,000 - 5,000) \times \frac{50,000}{200,000} = 23,750원$$

마. 감가상각의 표시방법

감가상각의 표시는 감가상각누계액을 관련 유형자산의 취득 원가에 차감하는 방식으로 표시한다. 예를 들어, 20×1년말 건물의 취득 원가는 1,000,000원이고, 감가상각누계액이 600,000원이라면 재무상태표에는 다음과 같이 표시한다.

건물	1,000,000
건물 감가상각누계액	(600,000)

(2) 제거

유형자산은 처분하거나, 관련 유형자산의 사용이나 처분을 통하여 미래 경제적 효익이 기대되지 않을 때 제거한다. 유형자산의 제거로 인하여 발생하는 손익은 자산을 제거할 때 당기손익으로 인식한다. 그러나 정상적인 활동과정에서 타인에게 임대할 목적으로 보유하던 유형자산을 판매하는 기업은 유형자산의 임대가 중단되고 판매목적으로 보유하게 되는 시점에 이러한 자산의 장부금액을 재고자산으로 대체하여야 한다. 이러한 자산의 판매대가는 수익으로 인식한다.

유형자산 항목의 일부에 대한 대체 원가를 자산의 장부금액으로 인식하는 경우(예를 들면, 주기적으로 교체가 필요한 주요 부품을 교체할 경우), 대체되는 부분이 별도로 분리되어 상각되었는지 여부와 관계없이 대체된 부분의 장부금액은 제거한다. 대체된 부분의 장부금액을 결정하는 것이 실무적으로 불가능한 경우에는, 대체된 부분을 취득하거나 건설한 시점의 원가를 추정하기 위한 지표로 그 대체 원가를 사용할 수도 있다.

유형자산의 제거로 인하여 발생하는 손익은 순 매각금액과 장부금액의 차이로 결정한다.

> ! 예시

유형자산 처분손익 인식 사례

기업 A는 사용 중이던 기계장치 C(취득 원가 1,000,000원, 감가상각누계액 700,000원)를 기업 B에게 400,000원에 처분하였다. 이때 기계장치의 운반비 50,000원은 기업 B가 부담하기로 하였을 경우, 기업 A가 기계장치의 처분으로 인식해야 할 유형자산 처분손익은?

(풀이)
순 매각액 = 400,000원(매각대금) − 운반비(0) = 400,000원
(*) 운반비는 기업 B가 부담하였으므로 고려하지 아니한다.
처분자산의 장부금 = 1,000,000원(취득 원가) − 700,000원(감가상각누계액) = 300,000원
처분이익 = 400,000원 − 300,000원 = 100,000원

(3) 손상

유형자산에 대한 손상은 '6절 자산손상'을 참조

3) 재평가모형[7]

재평가모형은 유형자산의 장부금액을 보고기간 말의 공정가치로 표시하는 방법이며, 재평가는 보고기간 말에 자산의 장부금액이 공정가치와 중요하게 차이가 나지 않도록 주기적으로 수행한다. 재평가의 빈도는 재평가되는 유형자산의 공정가치 변동에 따라 달라진다. 재평가된 자산의 공정가치가 장부금액과 중요하게 차이가 나는 경우에는 추가적인 재평가가 필요하다. 유의적이고 급격한 공정가치의 변동 때문에 매년 재평가가 필요한 유형자산이 있는 반면, 공정가치의 변동이 경미하여 빈번한 재평가가 필요하지 않은 유형자산도 있다. 즉, 매 3년이나 5년마다 재평가하는 것으로 충분한 유형자산도 있다.

유형자산을 재평가할 때, 재평가 시점의 감가상각누계액은 다음 중 하나의 방법으로 처리한다.

---

7 감가상각, 제거 및 손상에 관한 내용은 원가모형과 동일하므로 여기서는 원가모형과의 차이에 대해서만 설명함

총 장부금액을 비례적으로 수정하는 방법	자산의 장부금액이 재평가금액과 일치하도록 감가상각누계액과 총 장부금액을 비례적으로 수정
기존의 감가상각누계액을 수정하는 방법	총 장부금액에서 기존의 감가상각누계액을 제거하여 자산의 순장부금액이 재평가금액이 되도록 수정

 예시

재평가법 적용 시 감가상각누계액 인식 방법별 사례

기업 A는 20×1년말 취득 원가 500원, 감가상각누계액 300원인 건물을 재평가하였으며, 재평가된 금액은 300원이다. 따라서, 기업 A는 건물 장부금액을 200원에서 300원으로 조정하여야 하며, 재평가이익 100원을 기타포괄손익으로 인식한다. 이때, 장부금액 조정은 다음 중 선택할 수 있다.

1. 총장부금액을 비례적으로 수정하는 방법

건물의 장부금액은 재평가를 통하여 200원에서 300원으로 50% 평가증되었으므로, 취득 원가와 감가상각누계액을 각각 50%씩 증가시킨다.

구분	재평가 전	수정 비율	재평가 후
취득 원가	500원	50%	750원
감가상각누계액	300원	50%	450원
장부금액	200원	50%	300원

2. 기존의 감가상각누계액을 수정하는 방법

건물의 장부금액을 200원에서 300원으로 조정하기 위하여 감가상각누계액을 100원 감소시킨다.

구분	재평가 전	수정 금액	재평가 후
취득 원가	500원	–	500원
감가상각누계액	300원	(100원)	200원
장부금액	200원	100원	300원

특정 유형자산을 재평가하면, 해당 자산이 포함되는 유형자산 분류 전체를 재평가한다. 예를 들면, 기업이 보유하고 있는 여러 지역의 토지 중에서 특정 지역의 토지에 대해서만 재평가를 할 수는 없고, 보유하고 있는 토지 전체에 대하여 재평가를 해야 한다는 것이다. 이는 기업의 자의적인 손익 조정을 방지하기 위함이다.

(1) 재평가손익

자산 재평가에 따른 평가손익은 다음과 같이 처리한다.

장부금액 < 재평가금액	재평가잉여금(기타포괄이익)의 과목으로 자본에 가산. 단, 동일한 자산에 대하여 이전에 당기 손실로 인식한 재평가 감소액이 있다면 그 금액을 한도로 재평가 증가액만큼 당기손익으로 인식
장부금액 > 재평가금액	유형자산 재평가 손실(당기 손실)로 인식. 단, 동일한 자산에 대한 재평가 잉여금의 잔액이 있다면 그 금액을 한도로 재평가 감소액을 기타포괄손실로 인식

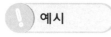 예시

재평가법에 따른 재평가 관련 손익 인식 사례

20×1년말 기업 A(회계정책으로 재평가법 채택)의 토지 B에 대한 자산 재평가 전 장부금액은 1,000,000원이었으며, 재평가 후 금액은 900,000원이었다. 5년 후인 20×6년말 기업 A는 토지 B에 대하여 다시 한번 재평가를 수행하였으며, 재평가금액은 1,200,000원이었다. 기업 A가 토지 재평가와 관련하여 20×1년말과 20×6년말에 인식해야 할 당기 손익 및 재평가잉여금은?

(풀이)

1. 20×1년말

토지 재평가금액(900,000원)이 장부금액(1,000,000원)에 미달하므로 차액을 당기 손실로 인식한다. 따라서 20X1년말 인식할 자산평가손실(당기손실)은 100,000원이다.

2. 20×6년말

원칙적으로 재평가금액이 장부금액을 초과할 경우 차액은 재평가잉여금(기타포괄이익)으로 처리하되 과거에 손실로 인식한 금액이 있다면 동 금액만큼 이익으로 인식한다. 즉, 상기 예시에서 과거에 손실로 인식했던 재평가 감소액(100,000원)을 당기이익으로 우선 인식하고 남은 금액은 재평가잉여금(기타포괄이익)으로 인식한다. 따라서, 20×6년말 인식할 금액은 자산재평가이익(당기손익) 100,000원 및 재평가잉여금(기타포괄손익누계액) 200,000원이다.

(2) 재평가잉여금의 이익잉여금 대체

어떤 유형자산 항목과 관련하여 자본에 계상된 재평가잉여금은 그 자산이 제거될 때 이익잉여금으로 직접 대체할 수 있다. 자산이 폐기되거나 처분될 때에 재평가잉여금 전부를 이익잉여금으로 대체하는 것이 그러한 경우에 해당될 수 있다. 그러나 기업이 그 자산을 사용함에 따라 재평가잉여금의 일부를 대체할 수도 있다. 이러한 경우 재평가된 금액에 근거한 감가상각액과 최초 원가에 근거한 감가상각액의 차이가 이익잉여금으로 대체되는 금액이 될 것이다. 재평가잉여금을 이익잉여금으로 대체하는 경우 그 금액은 당기손익으로 인식하지 않는다.

투자부동산에 대한 이해

투자부동산이란 임대수익이나 시세차익 또는 두 가지 모두를 얻기 위하여 보유하고 있는 부동산[토지, 건물(또는 건물의 일부분) 또는 두 가지 모두]을 말하며, 원칙적으로 유형자산과 보유 목적만 다를 뿐 광의의 유형자산의 범주에 속하므로 최초 인식은 유형자산과 동일하지만, 측정방법에서는 차이가 존재한다. 투자부동산의 측정은 원가모형과 공정가치 모형이 있는데, 공정가치 모형은 의미적으로는 유형자산의 재평가모형과 동일하다. 하지만, 회계처리 방법에서는 다음과 같은 차이가 있다.

구 분	재평가모형	공정가치 모형
평가적용 자산	유형자산	투자부동산
적용 분류	유형자산 분류별 선택 적용 (예 : 토지, 건물 등)	모든 투자부동산에 적용
장부금액과의 차이	재평가잉여금 (단, 평가손실은 당기 손익)	당기 손익
분류 시점	전진법	소급법

또한, 토지 및 건물 외 기계장치 등의 유형자산은 투자부동산으로 분류할 수 없는 점에 유의할 필요가 있다.

section 04 무형자산

1 최초 인식

1) 무형자산의 정의

기업회계기준서 제1038호상 무형자산은 물리적 실체는 없지만 식별 가능한 비화폐성 자산이다. 기업은 경제적 자원을 사용하거나 부채를 부담하여 과학적·기술적 지식, 새로운 공정이나 시스템의 설계와 실행, 라이선스, 지적재산권, 시장에 대한 지식과 상표(브랜드 등) 등의 무형자원을 취득, 개발, 유지하거나 개선한다. 이러한 예는 컴퓨터 소프트웨어, 특허권, 저작권, 어업권, 판매권 등이 있으나, 이러한 모든 항목이 무형자산의 정의를 충족하는 것은 아니다. 무형자산의 정의를 충족하기 위해서는 식별 가능성, 자원에 대한 통제 및 미래 경제적 효익의 요건이 모두 충족되어야 한다.

(1) 식별 가능성

무형자산을 영업권과 구분하기 위하여 무형자산이 식별 가능할 것을 요구하는데, 다음 중 하나에 해당하는 경우에는 식별 가능한 것이다.

❶ 자산이 분리 가능하다. 즉, 기업의 의도와는 무관하게 기업에서 분리하거나 분할할 수 있고, 개별적으로 또는 관련된 계약, 식별 가능한 자산이나 부채와 함께 매각, 이전, 라이선스, 임대, 교환할 수 있다.

❷ 자산이 계약상 권리 또는 기타 법적 권리로부터 발생한다. 이러한 경우에는 그러한 권리가 이전가능한지 여부 또는 기업이나 기타 권리와 의무에서 분리 가능한지 여부는 고려하지 아니한다.

(2) 자원에 대한 통제

기초가 되는 자원에서 유입되는 미래 경제적 효익을 확보할 수 있고 그 효익에 대한 제3자의 접근을 제한할 수 있다면 기업이 자산을 통제하고 있는 것이다. 무형자산의 미래 경제적 효익에 대한 통제능력은 일반적으로 법원에서 강제할 수 있는 법적 권리에서 나오며, 법적 권리가 없는 경우에는 통제 능력을 제시하기 어렵다. 그러나 다른 방법으로도 미래 경제적 효익을 통제할 수 있기 때문에 권리의 법적 집행 가능성이 통제의 필요조건은 아니다.

시장에 대한 지식과 기술적 지식에서도 미래 경제적 효익이 발생할 수 있다. 이러한 지식이 저작권, 계약상의 제약이나 법에 의한 종업원의 기밀유지의무 등과 같은 법적 권리에 의하여 보호된다면, 기업은 그러한 지식에서 얻을 수 있는 미래 경제적 효익을 통제하고 있는 것이다.

(3) 미래 경제적 효익

무형자산의 미래 경제적 효익은 제품의 매출, 용역수익, 원가절감 또는 자산의 사용에 따른 기타 다양한 형태의 효익으로 나타날 수 있다. 예를 들면, 제조과정에서 지적 재산을 사용하면 미래 수익을 증가시키기 보다는 미래 제조 원가를 감소시킬 수 있을 것이다.

2) 무형자산의 인식 기준

어떤 항목을 무형자산으로 인식하기 위해서는 그 항목이 다음의 무형자산의 인식 기준을 모두 충족해야 한다.

❶ 자산에서 발생하는 미래 경제적 효익이 기업에 유입될 가능성이 높다.
❷ 자산의 원가를 신뢰성 있게 측정할 수 있다.

미래 경제적 효익이 기업에 유입될 가능성은 무형자산의 내용연수 동안의 경제적 상황에 대한 경영자의 최선의 추정치를 반영하는 합리적이고 객관적인 가정에 근거하여 평가하여야 한다. 자산의 사용에서 발생하는 미래 경제적 효익에 대한 확실성 정도에 대한 평가는 무형자산을 최초로 인식하는 시점에서 이용 가능한 증거에 근거하며, 외부 증거에 비중을 더 크게 두어야 한다.

3) 무형자산의 취득

(1) 개별 취득

일반적으로 무형자산을 개별 취득하기 위하여 지급하는 가격은 그 자산이 갖는 미래 경제적 효익이 기업에 유입될 기대를 반영한다. 즉, 기업은 유입의 시기와 금액이 불확실하더라도 미래 경제적 효익의 유입이 있을 것으로 기대한다. 개별 취득하는 무형자산의 원가는 일반적으로 신뢰성 있게 측정할 수 있으며, 다음으로 구성되어 있다.

❶ 구입 가격(매입할인과 리베이트를 차감하고 수입관세와 환급 받을 수 없는 제세금을 포함한다)
❷ 자산을 의도한 목적에 사용할 수 있도록 준비하는 데 직접 관련되는 원가(예 : 자산을 사용 가능한 상태로 만드는데 직접적으로 발생한 종업원 급여, 전문가 수수료, 검사비용 등)

그러나, 새로운 제품이나 용역에 대한 홍보 원가, 새로운 지역에서 또는 새로운 계층의 고객을 대상으로 사업을 수행하는데서 발생하는 원가(교육훈련비 포함), 관리 원가 및 기타 일반경비 원가는 무형자산의 원가에 포함되지 않는다. 또한, 무형자산 원가의 인식은 그 자산을 경영자가 의도하는 방식으로 운용될 수 있는 상태에 이르면 중지한다. 따라서 무형자산을 사용하거나 재배치하는 데 발생하는 원가는 무형자산의 장부금액에 포함되지 않으며, 이러한 예를 들면, 다음과 같다.

❶ 경영자가 의도하는 방식으로 운용될 수 있으나 아직 사용하지 않고 있는 기간에 발생한 원가
❷ 자산의 산출물에 대한 수요가 확립되기 전까지 발생하는 손실과 같은 초기 영업손실

(2) 사업결합으로 인한 취득

사업결합으로 취득하는 무형자산의 취득 원가는 취득일의 공정가치로 하며, 사업결합 전에 그 자산을 피취득자가 인식하였는지 여부에 관계없이, 취득자는 취득일에 피취득자의 무형자산을 영업권[8]과 분리하여 인식한다. 즉, 피취득자가 진행하고 있는 연구 및 개발 프로젝트가 무형자산의 정의를 충족한다면 취득자가 영업권과 분리하여 별도의 자산으로 인식하는 것을 의미한다.

(3) 정부보조에 의한 취득

정부보조를 통해 무형자산을 무상이나 낮은 대가로 취득할 수 있다. 예를 들면, 정부가 공항 착륙권, 라디오나 텔레비전 방송국 운영권, 수입면허 또는 수입할당이나 기타 제한된 자원을 이용할 수 있는 권리를 기업에게 이전하거나 할당하는 경우이다. 무형자산과 정부보조금 모두를 최초에 공정가치로 인식할 수 있으며, 최초에 자산을 공정가치로 인식하지 않기로 선택하는 경우에는, 자산을 명목상 금액과 자산을 의도한 용도로 사용할 수 있도록 준비하는 데 직접 관련되는 지출을 합한 금액으로 인식한다.

(4) 자산의 교환[9]

무형자산을 비화폐성 자산 또는 화폐성 자산이 비화폐성 자산이 결합된 대가와 교환하여 취득하는 경우, 무형자산의 원가는 다음 중 하나에 해당하는 경우를 제외하고는 공정가치로 측정한다.

---

8   영업권에 대한 내용은 후술하는 'chapter 7 연결재무제표 2절 사업결합 회계처리' 참조
9   전술한 유형자산의 교환으로 인한 취득 내용과 동일함

❶ 교환거래에 상업적 실질이 결여된 경우
❷ 취득한 자산과 제공한 자산의 공정가치를 둘 다 신뢰성 있게 측정할 수 없는 경우

교환거래에서 제공한 자산을 즉시 재무상태표에서 제거할 수 없더라도 취득한 자산은 위의 방법으로 측정한다. 취득한 자산을 공정가치로 측정하지 않는 경우에는 원가는 제공한 자산의 장부금액으로 측정한다.

(5) 내부적으로 창출한 영업권

내부적으로 창출한 영업권은 자산으로 인식하지 않는다. 내부적으로 창출한 영업권은 원가를 신뢰성 있게 측정할 수 없고 기업이 통제하고 있는 식별 가능한 자원이 아니기 때문에 (즉, 분리 가능하지 않고 계약상 또는 기타 법적 권리로부터 발생하지 않기 때문에) 자산으로 인식하지 아니한다.

(6) 내부적으로 창출한 무형자산

내부적으로 창출한 무형자산이 인식 기준을 충족하는지를 평가하기 위해서 무형자산의 창출과정을 연구단계와 개발단계로 구분한다. 연구단계에서 발생한 원가는 당기비용으로 회계처리하고, 개발단계에서 발생한 원가는 동 무형자산을 사용하거나 판매하기 위해 그 자산을 완성할 수 있는 기술적 실현 가능성을 입증하는 등 특정 요건을 충족하는 경우에만 무형자산의 취득 원가에 포함한다.

가. 연구단계(예)

❶ 새로운 지식을 얻고자 하는 활동
❷ 연구결과나 기타 지식을 탐색, 평가, 최종 선택, 응용하는 활동
❸ 재료, 장치, 제품, 공정, 시스템이나 용역에 대한 여러 가지 대체 안을 탐색하는 활동
❹ 새롭거나 개선된 재료, 장치, 제품, 공정, 시스템이나 용역에 대한 여러 가지 대체 안을 제안, 설계, 평가, 최종 선택하는 활동

나. 개발단계(예)

❶ 생산이나 사용 전의 시제품과 모형을 설계, 제작, 시험하는 활동
❷ 새로운 기술과 관련된 공구, 지그, 주형, 금형 등을 설계하는 활동

❸ 상업적 생산 목적으로 실현 가능한 경제적 규모가 아닌 시험공장을 설계, 건설, 가동하는 활동

❹ 신규 또는 개선된 재료, 장치, 제품, 공정, 시스템이나 용역에 대하여 최종적으로 선정된 안을 설계, 제작, 시험하는 활동

| **2** | **후속 측정** |

1) 측정방법

기업은 최초 인식 후에 원가모형이나 재평가모형[10] 중 하나를 회계정책으로 선택하여 무형자산 분류별로 동일하게 적용하여야 한다.

2) 원가모형

(1) 내용연수가 유한한 무형자산

가. 감가상각

❶ 내용연수 : 무형자산의 내용연수는 경제적 요인과 법적 요인의 영향을 받는다. 경제적 요인은 자산의 미래 경제적 효익이 획득되는 기간을 결정하고, 법적 요인은 기업이 그 효익에 대한 접근을 통제할 수 있는 기간을 제한한다. 내용연수는 이러한 요인에 의해 결정된 기간 중 짧은 기간으로 한다.

> 무형자산 내용연수 = Min[경제적 내용연수, 통제 가능 기간]

❷ 상각방법 : 무형자산의 상각방법은 자산의 경제적 효익이 소비될 것으로 예상되는 형태를 반영한 방법이어야 한다. 다만, 그 형태를 신뢰성 있게 결정할 수 없는 경우에는 정

---

10 유형자산의 내용과 동일하다.

액법을 사용한다. 또한, 미래 경제적 효익의 예상되는 소비형태가 변동하지 않는다면 매 회계기간에 일관성 있게 적용하여야 하며, 상각액은 일반적으로 당기손익으로 인식한다.

❸ 잔존가치 : 내용연수가 유한한 무형자산의 잔존가치는 내용연수 종료 시점에 제3자가 자산을 구입하기로 한 약정이 있거나 무형자산의 활성시장이 있고 그 활성시장에 기초하여 잔존가치를 결정할 수 있는 경우를 제외하고는 영(0)으로 본다.

나. 제거

무형자산은 처분하거나 사용 또는 처분으로부터 미래 경제적 효익이 기대되지 않을 때 재무상태표에서 제거한다. 무형자산의 제거로 인하여 발생하는 이익이나 손실은 순 매각가액과 장부금액의 차이로 결정하며, 동 금액은 자산을 제거할 때 당기손익으로 인식한다.

(2) 내용연수가 비한정인 무형자산

내용연수가 '비한정'이라는 의미는 내용연수가 '무한'하다는 것이 아니라 기업이 예상하는 자산의 사용방식과 동 자산이 경영진에 의하여 얼마나 효율적으로 관리될 수 있는지 여부 등의 분석에 의해서 특정 자산이 순현금유입을 창출할 것으로 기대되는 기간에 대하여 예측 가능한 제한이 없다는 것이다.

따라서, 내용연수가 비한정인 무형자산은 상각하지 아니하나, 매 보고기간 말 및 손상을 시사하는 징후가 있을 때마다 회수 가능액과 장부금액을 비교하여 손상검사를 수행하여야 한다.

또한, 사건과 상황이 그 자산의 내용연수가 비한정이라는 평가를 계속하여 정당화하는지를 매 회계기간에 검토한다. 사건과 상황이 그러한 평가를 정당화하지 않는 경우에는 비한정 내용연수를 유한 내용연수로 변경하되 회계 추정의 변경[11]으로 회계처리를 한다.

---

11 보고기간 말 현재 재무제표의 항목을 합리적으로 추정하였으나 추정의 근거가 되었던 상황이 변동하여 재무제표의 항목을 변경해야 하는 경우 이는 회계추정의 변경이며, 동 효과를 소급하여 과거 재무제표를 수정하는 것이 아니라 전진적으로 인식한다.

3) 재평가모형[12]

재평가모형은 자산을 원가로 최초에 인식한 후에 적용한다. 따라서 재평가모형을 적용하는 경우에도 이전에 자산으로 인식하지 않은 무형자산의 재평가는 허용하지 않는다. 그러나 일부 과정이 종료될 때까지 인식기준을 충족하지 않아서 무형자산의 원가의 일부만 자산으로 인식한 경우에는 그 자산 전체에 대하여 재평가모형을 적용할 수 있다. 또한 정부보조를 통하여 취득하고 명목상 금액으로 인식한 무형자산에도 재평가모형을 적용할 수 있다.

무형자산을 재평가하는 경우에 재평가일의 상각누계액은 다음 중 하나로 처리한다.

총장부금액을 비례적으로 수정하는 방법	자산의 장부금액이 재평가금액과 일치하도록 감가상각누계액과 총장부금액을 비례적으로 수정
기존의 감가상각누계액을 수정하는 방법	총 장부금액에서 기존의 감가상각누계액을 제거하여 자산의 순장부금액이 재평가금액이 되도록 수정

재평가한 무형자산과 같은 분류 내의 무형자산을 그 자산에 대한 활성시장이 없어서 재평가할 수 없는 경우에는 원가에서 상각누계액과 손상차손누계액을 차감한 금액으로 표시한다. 재평가한 무형자산의 공정가치를 더 이상 활성시장을 기초로 하여 측정할 수 없는 경우에는 자산의 장부금액은 활성시장을 기초로 한 최종 재평가일의 재평가금액에서 이후의 상각누계액과 손상차손누계액을 차감한 금액으로 한다.

(1) 재평가손익

자산 재평가에 따른 평가손익은 다음과 같이 처리한다.

장부금액 < 재평가금액	재평가잉여금(기타포괄이익)의 과목으로 자본에 가산. 단, 동일한 자산에 대하여 이전에 당기 손실로 인식한 재평가감소액이 있다면 그 금액을 한도로 재평가증가액만큼 당기 손익으로 인식
장부금액 > 재평가금액	무형자산 재평가 손실(당기 손실)로 인식. 단, 동일한 자산에 대한 재평가잉여금의 잔액이 있다면 그 금액을 한도로 재평가감소액을 기타포괄손익으로 인식

비상각자산과 상각자산에 대한 재평가모형 적용 시 관련 손익처리 내용을 도식화하면 다음과 같다.

---

12 재평가모형을 적용한 경우에도, 내용연수가 유한한 무형자산에 대한 감가상각 및 내용연수가 비한정인 무형자산에 대한 손상검토 내용은 '2) 원가모형'과 동일하게 적용됨

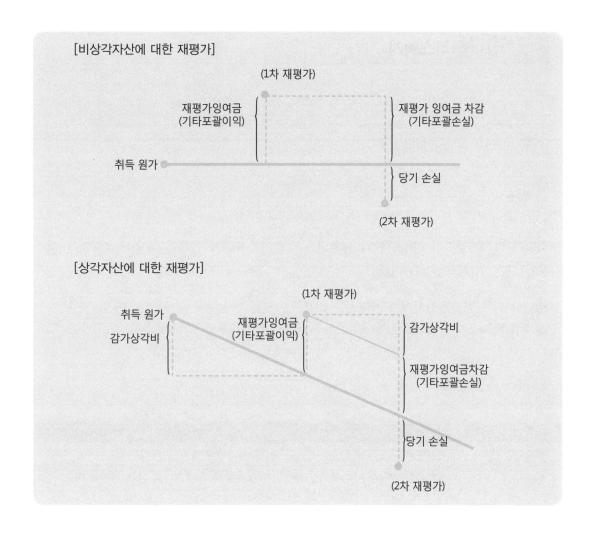

(2) 재평가잉여금의 이익잉여금 대체

자본에 포함된 재평가잉여금 누계액은 그 잉여금이 실현되는 시점에 이익잉여금으로 직접 대체할 수 있다. 일반적으로 자산의 폐기나 처분 시점에 전체 잉여금이 실현될 수 있으며, 일부 잉여금은 자산을 사용하면서 실현될 수 있다. 이러한 경우에 실현된 잉여금은 재평가된 장부금액을 기초로 한 상각액과 자산의 역사적 원가를 기초로 하여 인식하였을 상각액의 차이가 된다. 재평가잉여금을 이익잉여금으로 대체하는 경우 그 금액은 당기 손익으로 인식하지 않는다.

리스회계

1 리스의 일반개념[13]

1) 리스의 의의

리스란 리스제공자가 특정자산의 사용권을 리스이용자에게 이전하고 그 사용대가를 리스이용자로부터 수취하는 계약이다.

❶ 형식적 측면 : 자산임대차 계약
❷ 실질적 측면 : 자산사용을 위한 차입성격의 물적 금융계약

2) 리스 관련 용어의 정리

구분	정의
리스약정일	리스계약일과 리스의 주요사항에 대한 계약당사자들의 합의일 중 이른 날.
리스개시일	리스계약조항에 따라 리스자산의 사용권을 행사할 수 있게 된 날. 모든 권리와 의무의 개시일이며 회계처리의 기준이 되는 날.
리스기간	리스기간이란 리스이용자가 특정자산을 리스하기로 약정을 맺은 기간을 말하며, 해지불능기간과 다음 기간을 포함하여 산정한다. ① 리스이용자가 리스 연장선택권을 행사할 것이 확실한 경우에 그 선택권의 대상 기간 ② 리스이용자가 리스 종료선택권을 행사하지 않을 것이 확실한 경우에 그 선택권의 대상 기간
리스료	리스계약에 따라 지급하기로 한 다음의 금액을 합한 금액이다. ① 고정리스료 ② 지수나 요율(이율)에 따라 달라지는 변동리스료 ③ 잔존가치보증에 따라 리스이용자가 지급할 것으로 예상되는 금액(단, 리스제공자 입장에서의 리스료에는 리스이용자의 특수관계자, 리스제공자와 특수관계에 있지 않고 보증의무를 이행할 재무적 능력이 있는 제3자가 리스제공자에게 제공하는 보증 금액을 추가적으로 포함한다.)

---

13 기존 기준서 제1017호 '리스'는 2019.1.1.부터는 제1116호 '리스'(2017.5.22. 제정 의결)로 대체된다. 본 교재에서는 새로운 기준서의 내용으로 설명한다.

	④ 리스이용자가 매수선택권을 행사할 것이 상당히 확실한 경우 그 매수선택권의 행사가격 ⑤ 리스기간이 리스이용자의 종료선택권 행사를 반영하는 경우에 그 리스를 종료하는데 드는 위약금 ※ 리스자산과 직접 관련된 보험료, 세금과공과 등을 리스료와 별도로 지급하기로 약정한 경우 동 금액은 리스료에서 제외된다. ※ 리스자산을 설치하면서 발생한 부대시설비(관세, 운임, 설치비 등)를 리스이용자가 부 담한 경우에도 그 금액은 리스료에서 제외된다.
무보증잔존가치	리스기간 종료시 추정잔존가치 중 리스이용자가 보증하지 아니한 금액을 말한다.
리스개설 직접원가	리스의 협상 및 계약과 직접적으로 관련되어 발생하는 증분원가를 말한다. 다만, 제조업 자 또는 판매업자인 리스제공자에 의하여 발생하는 원가는 제외한다.
내재이자율	리스약정일 현재 리스료 및 무보증잔존가치와 기초자산의 공정가치 및 리스제공자의 리 스개설직접원가의 합계액과 동일하게 하는 할인율
리스순투자	리스료와 무보증잔존가치를 내재이자율로 할인한 현재가치 금액

2　리스의 자본화논쟁과 회계처리의 분류

1) 리스의 자본화논쟁

리스의 회계처리에 대해서는 상반된 견해가 제기되어 왔다. 리스는 미이행계약이므로 리스이용자는 리스개시 시점에 아무런 자산이나 부채도 인식하지 않아야 한다는 주장과 리스의 실질이 자산의 할부구입과 유사하므로 리스이용자는 리스개시 시점에 관련된 자산과 부채를 인식해야 한다는 주장이 그러한 주장이다.

2) 리스회계처리의 분류[14]

(1) 리스이용자의 회계처리

리스이용자는 리스기간 종료 시 리스자산의 반환여부에 관계없이 리스를 통해서 일정 기간

---

14 종전의 기준서는 리스이용자와 리스제공자가 리스의 실질기준에 따라 금융리스 또는 운용리스의 분류를 같이하여, 대칭적인 회계처리를 하도록 하였으나, 리스당사자들의 다양한 편법으로 운용리스로 억지로 분류하는 회계처리가 만연하게 되어, 새로운 기준서의 경우에는 리스이용자는 무조건 기존의 금융리스의 회계처리를 하도록 하였으며, 리스제공자는 기존의 기준서와 동일하게 실질을 판단하여 금융리스와 운용리스의 회계처리를 나누도록 하였다. 이에 따라 새로운 기준서는 리스이용자와 리스제공자가 특정 리스에 대해서 더 이상 대칭적인 회계처리를 하지 않는다.

동안 특정 자산을 사용하여 경제적효익을 얻을 수 있는 권리를 보유하므로 이를 '사용권자산'으로 인식하고, 자산 사용에 대한 대가를 미래에 지급해야 할 의무를 부담하므로 이를 '리스부채'로 인식하고, 리스료 지급 시 원금과 이자지급으로 구분하여 회계처리하고 사용권자산에 대하여 감가상각비를 계상한다.

(2) 리스제공자의 회계처리

리스제공자는 자산의 소유에 따른 위험과 보상의 대부분을 계속 보유하고 있다면 '운용리스'로 분류하고, 자산의 소유에 따른 위험과 보상의 대부분을 리스이용자에게 이전하면 '금융리스'로 분류하여 회계처리 한다.

❶ 운용리스의 의의와 회계처리 : 리스자산의 보유에 따른 위험과 보상이 리스이용자에게 이전되지 않는 임대차계약이면 운용리스로 분류하고, 리스개시일에 자산을 '운용리스자산'으로 대체하고 리스료 수취 시 '리스료수익'으로 회계처리하며 운용리스자산의 '감가상각비'도 계상한다.

❷ 금융리스의 의의와 회계처리 : 리스자산 보유에 따른 위험과 보상의 대부분이 리스이용자에게 이전되는 리스계약 형태이며 법적 소유권 이전여부와 관계없이 실질적인 자금차입(또는 자금대여) 형태이면 금융리스로 분류하고, 리스개시일에 리스순투자와 동일한 금액을 '금융리스채권'으로 인식하고 리스료 회수 시 유효이자율법을 적용하여 원금과 이자를 회수하는 회계처리를 한다.

---

3   리스이용자의 회계처리

리스이용자는 자금을 차입하여 리스자산을 취득한 개념으로 회계처리 한다.

❶ 리스기간개시일 : 리스료의 현재가치를 사용권자산과 리스부채로 기록한다.

| 차) 사용권자산 | ××× 대) 리스부채 | ××× |

사용권자산과 리스부채는 일반적으로 같은 금액이지만, 선급한 리스료(또는 받은 리스 인센

티브), 리스이용자가 부담하는 리스개설직접원가, 원상복구에 소요될 원가 추정치가 있는 경우에는 사용권자산이 큰 금액이 될 수도 있다(리스 인센티브가 있는 경우에는 작은 금액이 될 수도 있음). 리스료의 현재가치를 산정할 때, 할인율은 리스제공자의 내재이자율을 적용하며, 이를 알 수 없는 경우에는 리스사용자의 증분차입이자율을 사용한다.

❷ 리스료의 지급 : 유효이자율법을 적용하여 원금과 이자비용으로 구분하여 회계처리한다.

차) 리스부채	×××	대) 현금	×××
이자비용	×××		

❸ 사용권자산 상각비 계상 : 자산의 소유권이전가능성이 높을 경우 자산 내용연수에 걸쳐 상각하고 소유권이전가능성이 낮을 경우 리스기간과 내용연수 중 짧은 기간에 걸쳐 상각

❹ 자본적 지출 : 사용권자산의 자본적 지출에 해당하는 금액은 「사용권개량자산」으로 하여 사용권자산과 동일하게 상각비를 계상한다.

❺ 기타비용 : 리스료에 포함되지 않은 사용권자산과 관련한 수선비, 세금과공과, 보험료 등의 발생비용은 당기비용으로 회계처리한다.

 예시

리스이용자의 회계처리

㈜○○리스는 갑사와 공정가치 ₩1,000,000인 리스자산에 대하여 ×1년 1월 1일이 리스기간 개시일인 금융리스계약을 체결하였다. 리스료는 3년간 매년 12월 31일에 ₩343,700을 지급하며, 리스기간이 종료된 후에 리스자산은 반환한다. 반환시 잔존가치는 ₩200,000으로 예상되며, 추정 잔존가치 중 갑사가 보증한 잔존가치 지급예상액은 ₩140,000이다. 리스의 계약 및 협상과 관련하여 발생한 원가는 ㈜○○리스가 ₩5,000, 갑사가 ₩2,000이다. 리스자산의 내용 연수는 5년, 감가상각방법은 정액법을 채택하고 있으며, 감가상각비는 지급할 것으로 예상되는 보증잔존가치를 차감하는 방식으로 회계처리한다. ㈜○○리스의 내재이자율은 10%이다, 단, 현가(3년, 10%)는 0.7513이며, 연금현가(3년, 10%)는 2.4869이다.

물음 1) 사용권자산 및 리스부채금액은?
물음 2) 리스이용자의 ×1년 이자비용은?
물음 3) 리스이용자의 ×1년 감가상각비는?

풀이 1) 사용권자산 및 리스부채는 리스료의 현재가치이다.

리스료의 현재가치 = ₩343,700 × 2.4869 + ₩140,000 × 0.7513 = ₩959,930

풀이 2) ×1년 이자비용

상각표	이자비용	지급리스료	리스부채상환액	리스부채잔액
×1. 1. 1.				959,930
×1. 12. 31.	95,993	343,700	247,707	712,223
×2. 12. 31.	71,222	343,700	272,478	439,745
×3. 12. 31	43,955	343,700	299,745	140,000

풀이 3) 리스이용자 ×1년 감가상각비 = (₩961,930 − 140,000) ÷ min[3, 5] = ₩273,977

i) 감가상각대상금액 : 사용권자산취득원가

ii) 감가상각기간 : Min[리스기간, 사용권자산의 내용연수]

4 리스제공자의 회계처리

1) 금융리스 분류기준[15]

구분	내용
원칙	기초자산보유에 따른 위험과 보상의 전가여부를 기준으로 판단함
구체적 조건	① 소유권이전약정이 있거나 ② 염가매수약정이 있거나 ③ 리스기간(재리스기간을 포함)이 경제적 내용연수의 상당부분(75% 이상)을 차지하거나 ④ 리스료의 현재가치가 기초자산 공정가치의 대부분(90% 이상)이거나 ⑤ 범용성이 없는 자산인 경우
추가적 조건	① 리스이용자가 리스를 해지할 경우 해지로 인한 리스제공자의 손실을 리스이용자가 부담하는 경우 ② 잔존자산의 공정가치 변동에 따른 손익이 리스이용자에게 귀속되는 경우 ③ 리스이용자가 시장가격보다 현저하게 낮은 가액으로 리스를 갱신할 능력(염가갱신선택권)이 있는 경우

---

15 원칙에 따라 분류하며, 구체적 조건은 금융리스로 분류될 수 있는 예시로 보면 된다. 또한 구체적 조건에 해당되지 않더라도 추가적 조건을 충족하면 금융리스로 분류된다. 다만, 구체적 조건과 추가적 조건을 만족하더라도 원칙에 맞지 않는다면 금융리스로 분류하지 않는다.

2) 운용리스 회계처리

운용리스는 단순히 자산을 임대차한 것으로 다음과 같이 회계처리 한다.

❶ 기조자산의 취득 시 : 취득원가(=자산구입가격+매입부대원가)를 선급리스자산으로 기록한다.

❷ 리스기간 개시일 : 선급리스자산을 운용리스자산으로 대체한다.

❸ 리스료의 수익인식 : 최소리스료는 매기 균등하게 배분된 금액을 수익·비용으로 인식한다. 다만, 수익획득 과정을 보다 잘 나타내는 방법이 있는 경우에는 당해 방법을 인정한다.

❹ 기초자산의 감가상각비와 자산손상 : 유사한 자산과 일관성 있게 감가상각비를 계상하고 매 결산기말에 손상차손을 검토한다.

3) 금융리스 회계처리

금융리스는 자금을 대여하고 원금과 이자수익을 리스료로 회수하는 개념으로 다음과 같이 회계처리 한다.

❶ 리스기간개시일 : 리스자산의 공정가치에 리스개설직접원가를 가산한 금액을 리스채권으로 인식한다.

차) 리스채권	×××	대) 선급리스자산	×××

리스채권은 리스료와 무보증잔존가치[16]를 합계한 금액을 내재이자율로 할인한 현재가치인 리스순투자금액이다(리스개설직접원가가 있다면, 리스개설직접원가를 포함함). 이는 리스기간 개시일 현재 기초자산의 공정가치에 리스개설직접원가를 가산한 금액과 같다. 이는 리

---

[16] 금융리스계약을 통한 미래현금흐름의 내용은 계약조건에 따라 다음과 같이 나눌 수 있다.

구분	조건	리스제공자	리스이용자
소유권 이전 ○	소유권이전약정이나 염가구매 선택권약정이 있는 경우	정기리스료+소유권이전가액 (또는 염가구매약정액)	정기리스료+소유권이전가액 (또는 염가구매약정액)
소유권 이전 ×	소유권이전약정이나 염가구매 선택권약정이 없는 경우	정기리스료+보증잔존가치 +무보증잔존가치	정기리스료+보증잔존가치

스제공자 입장에서 리스기간동안 창출되는 현금흐름을 통해 내재이자율만큼의 금융수익을 얻고자 하는 리스계약에서는 당연한 결론이 된다. 이를 정리하면 다음과 같다.

> 금융리스채권 = (리스료 + 무보증잔존가치)의 현재가치(내재이자율 사용)
>
>   = 기초자산의 공정가치 + 리스개설직접원가
>
>   = 신규취득자산의 취득금액 + 리스개설직접원가

❷ 리스료의 수취 : 유효이자율법을 적용하여 원금과 이자수익을 구분하여 인식한다.

차) 현금	×××	대) 리스채권	×××
		이자수익	×××

 예시

리스제공자의 회계처리

㈜○○리스는 갑사와 공정가치 ₩1,000,000인 리스자산에 대하여 ×1년 1/1이 리스기간 개시일인 금융리스계약을 체결하였다. 리스료는 3년간 매년 12월 31일에 ₩343,700을 지급하며, 리스기간이 종료된 후에 리스자산은 반환한다. 반환 시 잔존가치는 ₩200,000으로 예상되며, 갑사는 리스기간 종료시점 잔존가치의 70%를 보증하였다. 리스의 계약 및 협상과 관련하여 발생한 원가는 ㈜○○리스가 ₩5,000, 갑사가 ₩2,000이다. 리스자산의 내용연수는 5년이며, 감가상각방법은 정액법이다. ㈜○○리스의 내재이자율은 10%이다. 단, 현가(3년, 10%)는 0.7513이며, 연금현가(3년, 10%)는 2.4869이다.

물음 1) 리스채권금액은?
물음 2) 리스제공자의 ×1년 이자수익은?
물음 3) 실제잔존가치가 ₩120,000일 때 잔존가치보증손실은?

풀이 1) 리스채권 = (리스료 + 무보증잔존가치)의 현재가치
　　　　 ₩343,700 × 2.4869 + ₩200,000 × 0.7513 = ₩1,005,000
　　　　 = 리스자산공정가치 + 리스개설직접원가 = ₩1,000,000 + 5,000 = ₩1,005,000

풀이 2) ×1년 이자수익

상각표	연간리스료	이자수익	원금회수액	리스채권잔액
×1. 1. 1.				1,005,000
×1. 12. 31.	343,700	100,500	243,200	761,800
×2. 12. 31.	343,700	76,180	267,520	494,280
×3. 12. 31	343,700	49,420	294,280	200,000

풀이 3) 실제잔존가치가 ₩120,000이므로 리스이용자는 보증잔존가치에 미달되는 ₩20,000만큼 현금으로 지급해야 한다. 따라서 리스제공자는 보증하지 않은 잔존가치(₩200,000－140,000＝₩60,000)만큼의 잔존가치보증손실을 기록하게 된다.

5   판매형리스 회계처리

판매형리스는 제조자 또는 판매자가 자신이 제조하거나 구매한 자산을 금융리스계약의 형태로 판매하는 리스계약을 말한다. 이 경우 리스제공자는 일반판매할 때 발생하는 매출 손익과 리스기간 동안의 이자수익이 발생한다. 판매형리스는 경제적실질이 장기할부판매의 성격이므로 이와 유사하게 회계처리한다.

리스제공자가 인식할 매출액과 매출원가는 다음과 같다.

㉠ 매출액＝Min[기초자산의 공정가치, 리스료의 현재가치*]
㉡ 매출원가＝기초자산의 취득원가－무보증잔존가지의 현재가치*

  * 시장이자율로 할인

1) 매출

판매형리스에서 리스제공자가 인식할 매출액은 자산의 공정가치와 시장이자율로 할인한 리스료의 현재가치 중 작은 금액으로 한다. 리스제공자의 미래현금흐름은 리스료와 무보증잔존가치의 합계액이지만 무보증잔존가치는 리스이용자로부터 회수되는 금액이 아니므로 매출액 산정에서 제외한다.

또한, 리스제공자는 고객을 유치하기 위하여 인위적으로 낮은 이자율을 제시하기도 하는

데, 이 경우 거래 전체 이익의 상당부분이 매출로 인식되는 결과를 초래하게 된다. 따라서 리스료의 현재가치 산정 시 할인율은 리스제공자의 내재이자율이 아닌 시장이자율을 적용한다.

2) 매출원가

판매형리스에서 기초자산의 매출원가는 기초자산의 취득원가에서 무보증잔존가치의 현재가치를 금액으로 인식한다. 매출원가에서 무보증잔존가치를 차감하는 이유는 매출액 계산 시 무보증잔존가치를 제외하였으므로 무보증잔존가치에 해당하는 금액을 매출원가에서도 차감하는 것이다.

3) 리스개설직접원가

제조자 또는 판매자인 리스제공자의 리스 협상 및 계약 시 발생하는 원가는 리스기간개시일에 비용으로 인식한다.

6 판매후리스 회계처리

판매후리스거래란 기업이 보유하는 자산을 상대방에게 판매하고, 그 자산을 즉시 리스하여 계속 사용하는 거래를 말한다.

판매후리스거래는 판매거래와 리스거래로 분리하여, 판매거래에 대해서는 기준서 제1115호 '고객과의 계약에서 생기는 수익'을 준용하여 판매에 해당하는 경우에는 판매 관련 손익을 인식하고, 판매에 해당되지 않는 경우에는 자산의 판매에 대한 회계처리를 하지 않도록 하며, 리스거래는 기준서 제1116호 '리스'에 따라 회계처리를 하도록 한다.

1) 자산 이전이 판매인 경우

자산 이전이 판매인 경우 판매자이자 리스이용자의 회계처리(자산의 판매금액이 자산의 공정가치와 동일하고, 판매한 자산을 토지로 가정)를 제시하면 다음과 같다.

토지를 판매하였더라도 이를 다시 리스하여 사용하기 때문에 사용권자산을 인식하는데, 인식금액은 판매자산의 공정가치 중 리스료의 현재가치가 차지하는 비율만큼 가중한 판매 자산의 장부금액이 된다. 이는 판매자산의 일부만을 리스하는 경우까지도 포함한 것으로 판단하면 된다. 즉, 판매자산의 공정가치 중 리스료의 현재가치가 차지하는 비율이 1인 경우는 판매자산의 장부금액 총액이 사용권자산이 되는 것이므로 판매한 자산 전체를 리스한 것으로 볼 수 있는 것이다.

이전된 권리에 대한 차익은 기본적으로 판매자산의 공정가치와 장부금액의 차이로 인식되는데 계산식을 보면, 판매자산 공정가치와 장부금액의 차이에 [(판매자산 공정가치−리스료의 현재가치)/판매자산 공정가치]를 곱하도록 되어 있다. 만약 자산을 판매만 하고 리스를 하지 않았다면 리스료의 현재가치가 0이 되므로 [(판매자산 공정가치−리스료의 현재가치)/판매자산 공정가치]는 1이 되어 판매자산의 공정가치와 장부금액 차이 전체를 차익으로 인식할 것이나 판매한 자산을 리스하게 되면 [(판매자산 공정가치−리스료의 현재가치)/판매자산 공정가치]가 1보다 작아져 차익을 일부만 인식하게 된다. 따라서 [(판매자산 공정가치−리스료의 현재가치)/판매자산 공정가치]는 판매한 자산을 다시 리스할 경우 자산의 처분손익 중 리스 부분과 관련된 금액을 인식하지 않도록 한다고 이해하면 될 것이다.

자산 판매대가의 공정가치가 그 자산의 공정가치와 다르거나, 리스료가 시장요율이 아니라면 그 차이를 조정하여야 한다. 예를 들어, 판매대가의 공정가치가 이전자산의 공정가치보다 크다면 이는 판매자이자 리스이용자가 구매자이자 리스제공자로부터 차액을 차입한 것으로 처리하며, 판매대가의 공정가치가 이전자산의 공정가치보다 작다면 판매자이자 리스이용자가 차액을 리스료로 선급한 것으로 회계처리한다.

2) 자산 이전이 판매가 아닌 경우

자산 이전이 판매가 아닌 경우에는 판매자이자 리스이용자는 자산을 이전하였더라도 계속 장부에 자산을 인식하고, 이전 대가로 받은 금액은 금융부채로 인식한다. 한편 구매자이자 리스제공자는 자산을 이전받았더라도 자산을 취득한 것이 아니므로 자산 이전과 관련해서는 아무런 회계처리를 하지 않으며, 이전 대가로 지급한 금액은 금융자산으로 인식한다.

---

section 06 자산손상

---

1 개요

1) 적용범위

기업회계기준서 제1036호상 자산손상은 다음을 제외한 모든 자산의 손상에 적용하며, 일반적으로 유형자산 및 무형자산이 그 대상이 된다.

❶ 재고자산
❷ 기업회계기준서 제1115호 '고객과의 계약에서 생기는 수익'에 따라 인식하는 계약자산과 계약을 체결하거나 이행하기 위해 둔 원가에서 생기는 자산
❸ 이연법인세자산
❹ 종업원 급여에서 발생한 자산
❺ 금융상품의 적용범위에 포함되는 금융자산
❻ 공정가치로 측정되는 투자부동산
❼ 공정가치에서 추정 처분 부대 원가를 차감한 금액(순공정가치)으로 측정되는 농림어업활동과 관련된 생물자산
❽ 보험계약에 의한 보험자의 계약상 권리에서 발생한 무형자산

⑨ 매각 예정으로 분류되는 비유동자산

2) 손상 가능성이 있는 자산의 식별

자산의 장부금액이 회수 가능액을 초과할 때 자산은 손상된 것이며, 손상을 나타내는 징후는 다음과 같다. 이 중 하나라도 해당된다면 회수 가능액을 측정하여야 한다.

(1) 외부정보

❶ 회계기간 중에 자산의 시장가치가 시간의 경과나 정상적인 사용에 따라 하락할 것으로 기대되는 수준보다 유의적으로 더 하락하였다는 관측 가능한 징후가 있다.
❷ 시장에서 기업에 불리한 영향을 미치는 유의적 변화가 회계기간 중에 발생하였거나 가까운 미래에 발생할 것으로 예상된다.
❸ 시장이자율이 회계기간 중에 상승하여 자산의 사용가치를 계산하는데 사용되는 할인율에 영향을 미쳐 자산의 회수 가능액을 중요하게 감소시킬 가능성이 높다.
❹ 기업의 순자산 장부금액이 당해 시가총액보다 많다.[17]

(2) 내부정보

❶ 자산이 진부화되거나 물리적으로 손상된 증거를 얻을 수 있다.
❷ 기업에 불리한 영향을 미치는 유의적 변화가 자산의 사용범위 및 사용방법에서 발생하였거나 가까운 미래에 발생할 것으로 예상된다. 이러한 변화에는 자산의 유휴화, 영업부문의 중단 또는 구조조정 계획 등을 포함한다.
❸ 자산의 경제적 성과가 기대 수준에 미치지 못하거나 못할 것으로 예상되는 증거를 내부 보고를 통해 얻을 수 있다.
❹ 종속기업 또는 관계기업 등에 대한 투자의 경우, 그 투자로부터 수취한 배당금이 종속기업 또는 관계기업 등의 배당이 선언된 기간의 총포괄이익을 초과한다.

---

17 상장법인의 경우, PBR(Price on Book value ratio)을 의미하며, PBR이 1미만인 경우에는 손상의 징후에 해당한다.

2 회수 가능액의 측정

회수 가능액은 자산 또는 현금창출 단위의 처분가액에서 처분 부대 원가를 차감한 공정가치(이하 '순공정가치'라 함)와 사용가치 중 많은 금액이다.

> 회수 가능액 = Max[순공정가치, 사용가치]

손상은 순공정가치와 사용가치가 모두 해당 자산의 장부금액 미만일 경우에 인식하기 때문에 순공정가치나 사용가치 중 하나의 금액이 장부금액을 초과한다면 자산이 손상되지 않았으므로 다른 금액을 추정할 필요는 없다.

개별 자산의 현금유입이 다른 자산이나 자산집단에서의 현금유입과 거의 독립적으로 창출된다면 회수 가능액은 개별 자산별로 결정한다. 만약 독립적으로 창출되지 않는다면 회수 가능액을 당해 자산이 속한 현금창출 단위별[18]로 결정한다.

내용연수가 비한정인 무형자산, 아직 사용할 수 없는 무형자산(예 : 개발 중인 제품에 대한 개발비) 및 사업결합으로 취득한 영업권에 대해서는 손상을 시사하는 외부 또는 내부 징후가 있는지 여부와 관계없이 최소한 매년 회수 가능액과 장부금액을 비교하여 손상검사를 한다.

1) 순공정가치

순공정가치는 측정일에 시장참여자 사이의 정상거래에서 자산을 매도할 때 받거나 부채를 이전할 때 지급하게 될 가격에서 처분 부대 원가를 차감한 금액이다. 처분 부대 원가는 법률원가, 인지세 및 이와 유사한 거래세, 자산 제거 원가, 자산을 매각 가능한 상태로 만드는 과정과 직접 관련된 증분 원가 등을 말한다. 그러나 자산처분에 따르는 사업의 축소나 조직변경과 관련된 해고 급여 및 그 밖의 원가는 자산처분과 직접 관련된 증분 원가가 아니다.

---

18 본절 4 현금창출 단위와 영업권에 대한 손상 검토 참조

2) 사용가치

자산의 사용가치는 해당 자산에서 창출될 것으로 기대되는 미래 현금흐름의 현재가치를 의미한다. 미래 현금흐름의 현재가치를 계산하기 위해서는 미래 현금흐름을 추정하고 이를 적절한 할인율로 할인하여 계산한다.

(1) 미래 현금흐름

미래 현금흐름을 추정할 때에는 자산의 지속적인 사용으로 인해 발생하는 현금유입과 그러한 현금유입을 창출시키기 위하여 필수적으로 발생하는 현금유출과 동 자산에 직접 귀속되거나 합리적이고 일관된 기준에 따라 배분될 수 있는 현금유출 및 내용연수 말에 당해 자산의 처분으로 수취될 순현금흐름이 포함되어야 한다.

일반적으로 인플레이션에 대한 일관된 가정을 미래 현금흐름과 할인율의 추정치에 반영해야 한다. 따라서 할인율에 인플레이션 효과가 반영될 경우 미래 현금흐름은 명목금액으로 추정하고, 할인율에 인플레이션 효과가 반영되지 않을 경우에는 미래 현금흐름은 실질금액으로 추정한다. 다만, 미래 현금흐름이 실질금액으로 추정되는 경우에도 인플레이션과 관계없는 자산의 실질 가격의 등락은 미래 현금흐름 추정치에 고려한다.

미래 현금흐름의 추정은 자산의 현재 상태를 근거로 추정하여야 한다. 따라서, 아직 확약되지 않은 미래의 구조조정 때문에 발생할 것으로 예상하는 미래 현금유출이나 미래 현금유입 등은 고려하지 않아야 한다. 또한, 미래 현금흐름을 추정할 때에는 할인율 산정 방법과 일관된 가정을 사용해야 하므로 재무활동에서 생기는 현금유입이나 현금유출이나 법인세환급액이나 법인세납부액을 포함하지 아니한다.

내용연수 말에 자산을 처분하여 받을(또는 지급할) 순현금흐름의 추정치는 합리적인 판단력과 거래의사가 있는 독립된 당사자 사이의 거래에서 자산을 매각하여 받을 것으로 예상되는 금액에서 추정 처분 부대 원가를 뺀 금액이다.

(2) 할인율

할인율은 화폐의 시간가치와 미래 현금흐름 추정치에 조정하지 아니한 자산의 특유한 위험에 대한 시장의 평가를 반영한 세전할인율로 한다. 이러한 할인율은 투자자들이 그 자산이 창출할 것으로 기대되는 현금흐름의 크기, 발생시기 및 위험이 동일한 투자안을 선택하는 경우 요구하는 수익률과 같으며, 유사한 자산에 대해 현행 시장 거래에서 형성되는 내재이자율, 또는 용역 잠재력이나 위험의 측면에서 평가대상 자산과 유사한 단일의 자산(또는 자산의 포트폴리오)을 보유하고 있는 상장기업의 가중평균 자본비용을 이용하여 추정한다.

3 손상차손의 인식

손상차손은 자산의 회수 가능액이 장부금액에 미달하는 경우, 자산의 장부금액에서 회수 가능액을 차감한 금액이다.

$$손상차손 = 장부금액 - 회수 가능액$$

손상차손은 발생 즉시 당기 손익으로 인식하되, 재평가모형[19]에 따라 재평가금액을 장부금액으로 하는 자산에서 손상차손이 발생하였을 경우에는 과거에 발생한 재평가잉여금에 해당하는 금액까지는 동 재평가잉여금에서 직접 감소(기타포괄손실로 인식)시키고 재평가잉여금을 초과하는 손상차손은 당기손익으로 인식한다.

4 현금창출 단위와 영업권에 대한 손상 검토

1) 현금창출 단위

현금창출 단위란 다른 자산이나 자산집단에서의 현금유입과는 거의 독립적인 현금유입을 창출하는 식별 가능한 최소 자산집단을 의미하며, 전술한 바와 같이 자산의 손상을 시사하는 징후가 있을 경우 개별 자산별로 회수가능 가액을 추정하는 것이 원칙이나, 개별 자산별로 회수가능 가액을 추정할 수 없는 경우 현금창출 단위로 회수가능 가액을 결정한다.

---

19 유형자산 및 무형자산 등에 대한 후속측정 방법으로 재평가모형을 선택한 경우

(1) 현금창출 단위의 식별

자산의 현금창출 단위를 식별하기 위해서는 판단이 필요하며, 거의 독립적인 현금유입을 창출하는 최저 수준의 자산집단을 식별해야 한다.

 예시

현금창출 단위의 식별

1. Case 1

A기업은 채광활동을 지원하기 위해 사설철로를 소유하고 있다. 이 사설철로는 폐기물가치로만 매각될 수 있고, 광산의 다른 자산이 창출하는 현금유입과 거의 독립적인 현금유입을 창출하지는 않는다. 동 사설철로는 현금창출 단위인가?

(풀이)

이 사설철로 개별 자산의 회수 가능액은 추정할 수 없다. 왜냐하면 사설철로의 사용가치를 개별적으로 결정할 수 없고 그 사용가치가 폐기물가치와 다를 가능성이 높기 때문이다. 따라서 기업 A는 사설철로를 포함하는 현금창출 단위, 즉 광산 전체의 회수 가능액을 추정해야 한다.

2. Case 2

기업 A는 시청과의 계약에 의해 시내버스 운송서비스를 제공하고 있다. 이 계약에 의하면 기업는 다섯 개 노선에 대해 최소한 일정 수준 이상의 서비스를 제공하여야 한다. 각 노선에 투입된 자산과 각 노선에서 창출되는 현금흐름은 개별적으로 식별 가능하다. 그런데 이중 하나의 노선에서 유의적인 손실이 발생하고 있다. 이 경우 각 노선은 현금창출 단위인가?

(풀이)

기업 A는 각 노선에 대해 최소한 일정 수준 이상의 서비스를 제공하여야 하므로 다섯 개 노선 중 어느 하나를 폐지할 수 있는 선택권을 갖고 있지 않다. 따라서 다른 자산이나 자산집단의 현금유입과 거의 독립적이고 식별 가능한 현금유입의 최저 수준은 다섯 개 노선이 함께 창출하는 현금유입이 된다. 따라서 각 노선에 대한 현금창출 단위는 기업 A 전체가 된다.

현금창출 단위는 동일 자산이나 동일 유형의 자산에 대해서는 변경할 정당한 사유가 없는 한 매 회계기간마다 일관되게 식별한다.

(2) 현금창출 단위의 회수 가능액과 장부금액

현금창출 단위의 회수 가능액은 개별 자산의 회수 가능액 측정과 동일하게 순공정가치와 사용가치 중 큰 금액으로 한다. 현금창출 단위의 장부금액은 현금창출 단위의 회수 가능액을 결정하는 방법과 일관되게 결정하며, 다음을 고려한다.

❶ 현금창출 단위에 직접 귀속되거나 합리적이고 일관된 기준에 따라 배분될 수 있고, 현금 창출 단위의 사용가치를 결정하는데 사용되는 미래 현금유입을 창출하는 자산의 장부금 액을 포함한다.

❷ 현금창출 단위의 장부금액에는 이미 인식된 부채의 장부금액을 포함하지 아니한다.

2) 영업권을 포함하는 현금창출 단위

(1) 영업권의 배분

손상검사 목적상 사업결합으로 취득한 영업권은 취득일로부터 사업결합으로 인한 시너지 효과가 발생할 것으로 기대되는 각 현금창출 단위나 현금창출 단위 집단에 배분된다. 영업권 이 배분된 현금창출 단위 내의 영업을 처분하는 경우, 처분되는 영업과 관련된 영업권은 처분 손익을 결정할 때 그 영업의 장부금액에 포함하며, 일반적으로 현금창출 단위 내에 존속하는 부분과 처분되는 부분의 상대적인 가치를 기준으로 영업권을 배분한다.

> **예시**
>
> **영업권의 배분**
>
> 기업 A는 영업권이 배분된 현금창출 단위에 포함되는 영업의 일부를 100원에 매각하였다. 배분된 영업권은 자의적인 기준에 의하지 않는 한 당해 현금창출 단위보다 더 낮은 수준의 자산집단과 관련 하여 식별할 수 없다. 매각 후 존속하는 현금창출 단위의 회수 가능액은 300원이다. 이 경우, 동 매각 거래와 관련하여 최초 현금창출 단위에 배분된 영업권 중 얼마를 제거해야 하는가?
>
> **(풀이)**
>
> 현금창출 단위에 배분된 영업권을 자의적인 기준에 의하지 않는 한 당해 현금창출 단위보다 더 낮 은 수준의 자산집단과 관련하여 식별할 수는 없으므로, 처분되는 영업과 관련된 영업권은 현금창출 단위 내에 존속하는 영업과 처분되는 영업의 상대적인 가치를 기준으로 측정한다. 따라서 현금창출

단위에 배분된 영업권 중 25%는 매각된 영업의 장부금액에 포함한다.

(2) 손상차손의 인식

영업권과 관련되어 있지만 영업권이 배분되지 않은 현금창출 단위에 대해서는 손상을 시사하는 징후가 있을 때마다 영업권을 제외한 현금창출 단위의 장부금액과 회수 가능액을 비교하여 손상검사를 한다. 그러나, 영업권이 배분된 현금창출 단위에 대해서는 매년 그리고 손상을 시사하는 징후가 있을 때마다 영업권을 포함한 현금창출 단위의 장부금액과 회수 가능액을 비교하여 손상검사를 한다.

현금창출 단위의 회수 가능액이 장부금액(영업권이 배분된 경우 배분된 영업권 금액 포함)을 초과하는 경우에는 그 현금창출 단위와 배분된 영업권에 대해서는 손상차손이 발생하지 아니한 것으로 본다. 그러나 현금창출 단위의 장부금액이 회수 가능액을 초과하는 경우에는 우선적으로 영업권을 감소시키며, 남은 손상차손이 있을 경우에는 현금창출 단위에 속하는 자산의 장부금액 비율대로 안분한다.

---

5 손상차손의 환입

1) 손상차손 환입의 징후

매 보고기간 말에 영업권을 제외한 자산에 대해 과거기간에 인식한 손상차손이 더 이상 존재하지 않거나 감소된 것을 시사하는 징후가 있는지를 검토한다. 징후가 있는 경우 당해 자산의 회수 가능액을 추정한다. 손상차손이 더 이상 존재하지 않거나 감소된 것을 시사하는 징후가 있는지를 검토할 때에는 최소한 다음을 고려하여야 한다.

(1) 외부정보

❶ 자산의 시장가치가 회계기간 중에 유의적으로 상승하였다는 관측 가능한 징후가 있다.
❷ 시장에서 당해 기업에 유리한 영향을 미치는 유의적 변화가 회계기간 중에 발생하였거나 가까운 미래에 발생할 것으로 예상된다.
❸ 시장이자율이 회계기간 중에 하락하여 자산의 사용가치를 계산하는 데 사용되는 할인율

에 영향을 미쳐 자산의 회수 가능액을 중요하게 증가시킬 가능성이 있다.

(2) 내부정보

❶ 기업에 유리한 영향을 미치는 유의적 변화가 자산의 사용범위 및 사용방법에서 회계기간 중에 발생하였거나 가까운 미래에 발생할 것으로 예상된다.
❷ 자산의 경제적 성과가 기대 수준을 초과하거나 초과할 것으로 예상되는 증거를 내부 보고를 통해 얻을 수 있다.

2) 개별 자산의 손상환입

영업권을 제외한 자산의 손상차손환입으로 증가된 장부금액은 과거에 손상차손을 인식하기 전 장부금액의 감가상각 또는 상각 후 잔액을 초과할 수 없으며, 동 금액은 즉시 당기 손익으로 인식한다. 다만, 재평가모형에 따라 재평가금액을 장부금액으로 하는 자산에서 손상차손환입이 발생하였을 경우에는 과거에 당기 손실로 인식한 손상차손 부분까지는 손상차손환입액을 당기 손익으로 인식하되 동 금액을 초과하여 발생한 손상차손환입은 재평가잉여금을 증가시키고 기타포괄손익으로 인식한다.

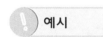 예시

유형자산의 손상차손 인식

A기업이 보유하고 있는 기계장치에 대한 정보가 다음과 같다면, 매년 말 재무제표에 인식되는 감가상각비와 기계장치의 장부금액은 얼마인가?

취득 원가	내용연수	잔존가치
10,000	10년	없음

단, 기계장치는 20×1년 1월 1일에 취득하였으며, 정액법에 의해 상각한다.

1. 1차 연도말(20×1년 12월 31일)
   감가상각비 : 1,000((10,000 − 0) ÷ 10년)
   기계장치 장부금액 : 9,000(10,000 − 1,000)

2. 2차 연도말(20×2년 12월 31일) : 기계장치의 회수가능 가액이 6,400원인 경우

감가상각비 : $1,000((10,000-0)\div10년)$

손상차손 인식 전 기계장치 장부금액 : $8,000(10,000-2,000)$

손상차손 인식액 : $1,600(8,000(2차 연도말 장부금액)-6,400(회수가능 가액))$

기계장치 장부금액 : $6,400(8,000-1,600)$

3. 3차 연도말(20×3년 12월 31일)

감가상각비 : $800((6,400-0)\div8년)$

기계장치 장부금액 : $5,600(6,400-800)$

4. 4차 연도말(20X4년 12월 31일) : 기계장치의 회수가능 가액이 7,000원으로 회복된 경우

감가상각비 : $800((6,400-0)\div8년)$

손상차손환입 인식 전 기계장치 장부금액 : $4,800(6,400-1,600)$

손상차손환입액 : $1,200 = \text{MIN}\,[\,2,200(7,000(회수가능\ 가액)-(4,800)(4차\ 연도말\ 장부금액)),\ 1,200((6,000(10,000-1,000\times4)^{20}-4,800(4차\ 연도말\ 장부금액))$

기계장치 장부금액 : $6,000(4,800+1,200)$

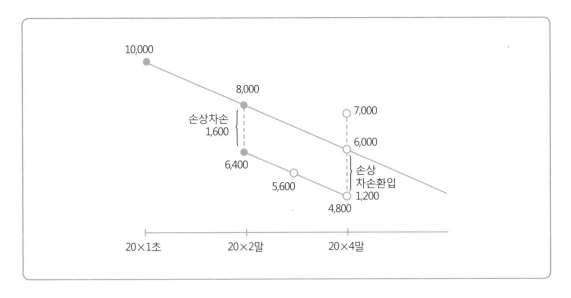

───────────

20 손상차손을 인식하지 아니하고 정상적으로 감가상각하여 왔더라면 산출되었을 장부금액

충당부채, 우발부채 및 우발자산

1) 충당부채, 우발부채 및 우발자산의 개념

(1) 충당부채

기업회계기준서 제1037호상 충당부채는 과거사건에 의하여 발생하였으며 경제적 효익을 갖는 자원이 기업으로부터 유출됨으로써 이행될 것으로 예상되는 현재의 의무이나, 자원의 지출의 시기 또는 금액이 불확실한 부채를 의미한다.

이때, 현재의 의무란 보고기간 종료일 현재 의무의 이행을 회피할 수 없는 법적 의무 또는 의제 의무를 말하며, 의무 발생사건은 이러한 현재 의무를 발생시킨 과거의 사건을 의미한다.

법적 의무는 명시적 또는 묵시적 계약이나 법률 또는 기타 법적 효력에 의해 발생하는 의무를 뜻하며, 의제 의무는 기업이 발표한 경영방침 또는 구체적이고 유효한 약속 등을 통하여 특정 책임을 이행할 것이라는 정당한 기대를 상대방에게 가지게 하는 경우 발생하는 의무를 말한다.

충당부채와 기타부채의 비교

충당부채는 미래 지출의 시기 또는 금액의 불확실성이 존재하는 부채이나, 매입채무와 미지급비용과 같은 기타부채는 지급해야 하는 금액이 확정(매입채무)되어 있거나 지급시기 또는 금액을 추정할 필요는 있으나(미지급비용) 충당부채보다는 그 불확실성이 훨씬 적으므로 충당부채와 기타부채는 재무상태표상 별도로 구분되어 보고된다.

(2) 우발[21]부채 및 우발자산

우발부채란 다음에 해당하는 잠재적인 부채를 말한다.

---

[21] 기업회계기준서상 '우발'이라는 용어는 기업이 전적으로 통제할 수 없는 하나 이상의 불확실한 미래사건의 발생 여부에 의해서만 부채나 자산의 존재가 확인되기 때문에 재무상태표상 부채나 자산으로 인식할 수 없는 경우에 한정하여 사용한다.

❶ 과거사건에 의하여 발생하였으나, 기업이 전적으로 통제할 수 없는 하나 이상의 불확실한 미래사건의 발생 여부에 의해서만 그 존재가 확인되는 잠재적인 의무

❷ 과거사건이나 거래의 결과로 발생한 현재의 의무이나, 그 의무를 이행하기 위해서 경제적 효익을 갖는 자원이 유출될 가능성이 높지 않거나, 또는 그 가능성은 높으나 당해 의무를 이행하여야 할 금액을 신뢰성 있게 측정할 수 없는 경우

한편, 우발자산이란 과거의 사건에 의하여 발생하였으나 기업이 전적으로 통제할 수 없는 하나 이상의 불확실한 미래사건의 발생 여부에 의해서만 그 존재가 확인되는 잠재적인 자산을 말한다.

2) 충당부채, 우발부채 및 우발자산의 인식

(1) 충당부채

충당부채는 다음의 요건을 모두 충족하는 경우에 인식한다.

❶ 과거사건의 결과로 현재 의무(법적 의무 또는 의제 의무)가 존재한다.
❷ 당해 의무를 이행하기 위하여 경제적 효익을 갖는 자원이 유출될 가능성이 높다.[22]
❸ 당해 의무의 이행에 소요되는 금액을 신뢰성 있게 측정할 수 있다.

(2) 우발부채 및 우발자산

우발부채 또는 우발자산은 재무상태표상 부채 또는 자산으로 인식하지 않는다. 다만, 우발부채의 경우에는 의무를 이행하기 위하여 경제적 효익을 갖는 자원의 유출 가능성이 아주 낮지 않은 한 우발부채로 공시[23]하며, 우발자산의 경우에는 경제적 효익의 유입 가능성이 높은 경우에만 주석으로 기재한다.

이러한 충당부채, 우발부채 및 우발자산의 인식 조건을 정리하면 다음과 같다.

---

22 자원의 유출 가능성이 50%를 초과하는 경우
23 재무적 영향의 추정금액, 자원의 유출금액 및 시기와 관련된 불확실성 정도 및 제3자에 의한 변제의 가능성을 공시하여야 함

표 3-4 충당부채 및 우발부채의 인식

구분		금액의 추정 가능성	
		신뢰성 있게 추정 가능	추정 불가능
자원의 유출 가능성	높음	충당부채 인식	우발부채로 주석 공시
	높지 않음	우발부채로 주석 공시	
	거의 없음	주석 공시하지 아니함	

표 3-5 우발자산의 인식

구분		금액의 추정 가능성	
		신뢰성 있게 추정 가능	추정 불가능
자원의 유입 가능성	매우 높음	우발자산으로 주석 공시	
	매우 높지 않음	주석 공시하지 아니함	

 예시

충당부채 인식(계류 중인 소송 사건)

A기업은 예식장 부근에서 대형 음식점을 경영하고 있다. 20×1년 ×월 ×일에 음식물 영향인지는 확실하지 않으나 결혼식 직후 10명이 식중독에 걸렸다. A기업은 20×1년말 현재, 고객이 제소한 손해배상청구 소송의 피고로 재판을 받고 있으며 책임이 있는지의 여부에 대해 원고와 다투고 있다. 20×1년 12월 31일로 종료되는 회계연도의 재무제표가 승인되는 시점까지 A기업의 법률고문이 기업이 법적 의무를 질 가능성이 높다고 조언한 경우와 법적 의무를 질 가능성이 높지 않다고 조언한 경우에 따른 기업 A의 충당부채 인식 내용은 다음과 같다.

1. 법적 의무를 질 가능성이 높다고 조언한 경우

   ① 과거의 의무 발생사건의 결과로 현재 의무가 있는가?

      : 이용 가능한 증거에 의하면 현재의무가 있다.

   ② 의무이행을 위한 자원의 유출 가능성이 높은가?

      : 가능성이 높다.

   결론 : 기업 A는 의무를 이행하기 위한 금액에 대한 최선의 추정치를 충당부채로 인식함.

2. 법적 의무를 질 가능성이 높지 않다고 조언한 경우

   ① 과거의 의무 발생사건의 결과로 현재 의무가 있는가?

      : 이용 가능한 증거에 의하면 현재 의무가 있다.

   ② 의무이행을 위한 자원의 유출 가능성이 높은가?

: 가능성이 높지 않다.

결론 : 기업 A는 현재의 의무가 존재하나 높지 않으므로 충당부채를 인식할 필요는 없으나, 금액을 합리적으로 추정할 수 있는 경우에는 금액을 포함하여 주석에 공시함.

3) 충당부채의 측정[24]

충당부채로 인식하는 금액은 현재 의무를 보고기간 말에 이행하기 위하여 소요되는 지출액에 대한 최선의 추정치여야 한다. 이러한 최선의 추정치는 보고기간 말에 의무를 이행하거나 제3자에게 이전시키는 경우에 합리적으로 지급하여야 하는 금액이다.

또한, 충당부채로 인식해야 하는 금액과 관련된 불확실성 및 위험을 고려해야 하며 화폐의 시간가치가 중요한 경우에는 현재의 의무를 이행하기 위하여 예상되는 지출액을 세전 할인율로 할인하여 현재가치로 평가한다.

 예시

충당부채 측정

A기업은 판매 후 첫 6개월 이내에 기업의 결함으로 인하여 발생하는 수선비용을 보장하는 B제품을 판매하고 있다. 과거 경험상 판매한 B제품의 결함 수준에 따라 하기와 같은 수선비용이 발생하며, 20×1년 판매한 B제품 중 보고기간 말 현재 보장대상인 B제품의 판매 수량이 총 1,000개라고 가정할 때, 20×1년 기업이 인식해야 할 충당부채 금액은? (단, 상기 거래는 충당부채의 인식요건을 충족한다고 가정한다.)

구분	판매분 중 보장기간 내 결함 발생 확률	개당 예상 수선비용
사소한 결함	20%	1,000원
중대한 결함	5%	5,000원
무결함	75%	–

(풀이)

상기 예시에서 보장기간 내에 있는 B제품의 판매수량이 1,000개이며, 이 중 20%는 사소한 결함이, 5%를 중대한 결함이 발생할 가능성이 있으므로 A기업이 보고기간 말 인식해야 할 충당부채금액은 다음과 같이 계산된다.

충당부채 금액 = 450,000원(1,000개 × 20% × 1,000원 + 1,000개 × 5% × 5,000원)

---

24 우발자산 및 우발부채는 재무상태표에 인식하지 않으므로 측정할 필요가 없음.

4) 충당부채의 변제, 사용 및 변동

충당부채에 대하여 제3자가 변제할 것이 거의 확실한 경우에는 변제금액을 별도의 자산으로 인식한다. 다만, 자산으로 인식하는 금액은 관련 충당부채금액을 초과해서는 안 된다. 또한, 기업은 충당부채와 관련된 지출이 발생할 경우 충당부채를 우선적으로 제거하되 매 보고기간 말마다 충당부채의 잔액을 검토하여 보고기간 말 현재 최선의 추정치를 반영하여 조정한다. 이 경우, 의무이행을 위하여 경제적 효익을 갖는 자원이 유출될 가능성이 더 이상 높지 않은 경우에는 관련 충당부채를 환입한다.

---

section 08 | 주식기준 보상

1) 주식기준 보상의 의미

기업회계기준서 제1102호상 주식기준 보상 거래란 기업이 재화나 용역을 제공받은 대가로 기업의 지분상품(주식 선택권 등)을 부여하거나, 기업이 재화나 용역을 제공받는 대가로 주식이나 다른 지분상품의 가격에 기초한 금액만큼 부채를 부담하는 거래를 말한다.

많은 기업들이 이러한 주식보상 거래를 통해서 임직원에게 높은 수준의 동기를 부여할 뿐만 아니라 능력있는 임직원을 유지하는 방법으로 이용하고 있다.

주식기준 보상 거래는 가득 조건이 충족되는 경우 기업이 재화나 용역을 제공받는 대가로 무엇을 지급하는지에 따라 다음의 세 가지 범주 중 하나로 구분할 수 있다.

주식결제형 주식기준 보상 거래	재화나 용역을 제공받는 대가로 지분상품을 부여하는 방법
현금결제형 주식기준 보상 거래	재화나 용역을 제공받는 대가로 기업의 주식이나 다른 지분상품의 가격에 기초한 금액만큼의 현금을 지급하는 방법
주식결제형과 현금결제형의 선택형 주식기준 보상 거래[23]	기업 또는 재화나 용역의 공급자가 주식 또는 현금을 선택할 수 있는 방법

---

25 선택형 주식기준 보상 거래의 내용은 본서의 목적에서 벗어나므로 다루지 아니함

2) 주식기준 보상 관련 용어의 이해

주식기준 보상 거래를 이해하기 위해서는 우선 하기의 주요 용어의 의미를 이해할 필요가 있다.

가득 기간	주식기준 보상 약정에서 지정하는 가득 조건이 충족되어야 하는 기간		
가득 조건	주식기준 보상 약정에 따라 거래 상대방이 현금, 그 밖의 자산 또는 기업의 지분상품을 받을 권리를 획득하게 하는 용역을 기업이 제공받는지를 결정짓는 조건으로 용역 제공조건과 성과조건이 있음		
	용역제공조건	거래상대방이 특정 기간의 용역을 제공하여야 부여된 지분상품이 가득되는 조건	
	성과조건	시장조건	지분상품의 행사 가격, 가득 또는 행사 가능성을 좌우하는 것으로 기업의 지분상품의 시장 가격과 관련된 조건(목표 주가의 달성 등)
		비시장조건	기업의 지분상품의 시장 가격과 관련되지 않은 조건(매출액 달성, 당기순이익 달성 및 주당순이익 달성 등)
보상 원가	기업이 주식기준 보상 거래를 통해서 거래 상대방으로부터 제공받는 재화나 용역의 원가		

3) 주식기준 보상 거래의 인식

주식기준 보상 거래에서 기업은 재화나 용역을 제공받는 날에 인식한다. 기업의 입장에서 제공받는 재화나 용역(보상 원가)이 재고자산, 유형자산 또는 무형자산 등의 자산 인식 요건을 충족할 경우에는 자산으로, 이러한 요건을 충족하지 못하는 경우에는 비용으로 처리한다.

반면, 기업이 그러한 재화나 용역의 대가를 지급하는 경우에 주식결제형 주식기준 보상 거래에서는 자본의 증가로 인식하고 현금결제형 주식기준 보상 거래에서는 부채의 증가로 인식한다.

4) 주식결제형 주식기준 보상 거래

(1) 보상 원가의 최초 측정

기업이 제공받는 보상 원가는 원칙적으로 기업이 제공받는 재화나 용역의 공정가치로 측정하나 종업원으로부터 제공받은 용역의 공정가치는 일반적으로 신뢰성 있게 측정할 수 없으므로 부여한 지분상품의 공정가치에 기초하여 측정한다.

표 3-6 **주식결제형 주식기준 보상 거래에서 보상 원가 측정**

구분	원칙	종업원으로부터 용역 제공 시
보상 원가 인식	제공받은 재화 및 용역의 공정가치	부여한 지분상품의 공정가치
공정가치 측정일	재화나 용역을 제공받은 날	지분상품 부여일

(2) 보상 원가의 가득 기간별 인식

기업이 종업원과 근로계약을 체결하면서 이후 근무 기간과 관계없이 주식 선택권을 지급하였다면 이는 종업원 입장에서 가득 요건을 충족한 것이므로 지분상품 부여일의 지분상품 공정가치를 전액 비용으로 인식한다.

하지만, 종업원에게 주식 선택권을 부여하는 경우 가득 조건 및 용역 제공 기간을 약정하는 것이 일반적이므로 이러한 경우에는 가득 조건에 따라 가득 기간에 걸쳐 배분하여 인식한다. 즉, 보고기간 종료일 현재 가득 조건에 따라 합리적으로 추정된 누적 보상 원가에서 직전 보고기간 종료일 현재 누적 보상 원가를 차감하여 인식한다.

표 3-7 **보상 원가의 가득 기간별 인식액**

당기 인식할 보상 원가	= 당기말 누적 보상 원가 - 전기말 누적 보상 원가
누적 보상 원가	= 지분상품의 공정가치×지분상품 부여 수량×경과된 가득 기간 비율

❶ 용역 제공조건 : 거래상대방이 특정 기간의 용역을 제공하여야 부여된 지분상품이 가득된다면, 지분상품의 대가에 해당하는 용역을 미래 가득 기간에 제공받는 것으로 본다. 예를 들어, 종업원에게 3년간 근무하는 조건으로 주식 선택권을 부여하는 경우, 주식 선택권의 대가에 해당하는 근무용역을 미래 3년의 가득 기간에 걸쳐 제공받는 것으로 본다.

❷ 성과조건 : 성과조건이 시장 조건인지 또는 비시장 조건인지 여부에 따라 보상 원가 산정 시 고려해야 할 요소가 다음과 같이 달라진다.

구분	지분상품의 공정가치	지분상품 부여 수량	미래 가득 기간
시장조건	가득 조건을 공정가치 측정 시 고려함	수량을 조정하지 아니함	미래 가득 기간에 걸쳐 배분하여 인식하되 미래 가득 기간 조정하지 아니함
비시장조건	가득 조건을 공정가치 측정 시 고려하지 아니함	가득 기간 종료 시에 가득 조건을 충족시킬 것으로 예상되는 수량을 고려하여 조정함	지분상품 부여일 현재 가장 실현 가능성이 높은 성과조건의 결과에 기초하여 추정한 미래 가득 기간에 걸쳐 배분. 이 경우 미래 가득 기간은 추정의 결과에 따라 변동 가능함

예시

비시장조건 주식결제형 기준 보상 거래

기업 A는 20×1년 1월 1일에 최고경영자에게 공정가치 100원(행사 가격 50원)인 주식 선택권 1,000개를 3년의 용역제공기간을 조건으로 부여하였다. 추가적으로 연평균 매출액 성장률이 10% 이상이 될 경우 동일한 조건의 주식 선택권을 100개 더 행사할 수 있을 경우 매년 기업이 인식해야 할 보상 원가는? 단, 가득 기간 중 각 회계연도별 실제 이익성장률과 차년도 성과 달성 가능성에 대한 예측은 다음과 같다.

구분	실제 이익성장율	차년도 성과 달성 가능성	주식 선택권의 공정가치
20×1년말	12%	가능	110
20×2년말	11%	가능	115
20×3년말	8%	불가능	90

(풀이)

비시장조건이 부여된 주식결제형 기준 보상 거래의 보상 원가 계산 시에는 지분상품의 공정가치의 변동은 고려하지 아니하나 가득 기간 종료 시 가득 조건을 충족시킬 경우 변동되는 수량은 고려한다. 따라서 각 연도 인식할 보상 원가는 다음과 같이 계산된다.

구분	성과 달성 여부	지분상품 공정가치	행사가능 수량	가득 기간	누적 보상 원가	당기 보상 원가
20×1년말	가능	100원	1,100	1/3년	36,667	36,667
20×2년말	가능	100원	1,100	2/3년	73,333	36,666
20×3년말	불가능	100원	1,000	3/3년	100,000	26,667

(3) 가득 기간 이후 권리의 행사

기업은 가득 기간 동안 보상 원가(비용)를 인식함과 동시에 주식 선택권(자본)을 인식하게 된다. 가득 기간 이후 종업원이 권리를 행사하는 경우에, 기업은 신주를 발행하거나 보유하고 있던 자기주식을 교부할 수 있으며, 권리가 소멸하는 경우에는 기존에 인식한 주식 선택권(자본)을 계속 자본항목으로 인식한다. 동 거래를 요약하면 다음과 같다.

구분		주식 선택권(자본)
권리행사 시	신주 발행	자본금 또는 주식발행초과금으로 대체
	자기주식 교부	자기주식 처분손익으로 대체
권리미행사 시		계속 자본항목으로 분류

5) 현금결제형 주식기준 보상 거래

(1) 보상 원가의 최초 측정

현금결제형 주식기준 보상 거래의 대표적인 예는 행사 가격과 공정가치의 차액을 현금으로 지급하는 경우이다. 이 경우 보상 원가는 기업이 제공받는 재화나 용역의 대가로 부담하는 부채의 공정가치로 측정한다.

(2) 보상 원가의 가득 기간별 인식

가득 기간별 보상 원가는 최초 인식한 부채가 결제될 때까지 매 보고기간 말(결제일 포함)에 부채의 공정가치를 재측정해서 인식하며, 이러한 공정가치 변동액은 당기 손익으로 반영한다.

(3) 가득 기간 이후 권리의 행사

기업은 가득 기간 동안 보상 원가(비용)를 인식함과 동시에 부채를 인식하게 된다. 가득 기간 이후 종업원이 권리를 행사하는 경우에는 기업이 종업원에게 현금을 지급하면서 동 의무가 해소되게 된다.

 예시

주식결제형 / 현금결제형 주식 보상기준의 비교
기업 A는 20×3년 12월 31일에 임원 A에게 직전 1년간 제공한 용역의 대가로 보통주(액면금액

@1,000원/공정가치 @2,000원) 100주를 1,500원(행사 가격)에 매입할 수 있는 주식 선택권을 부여하였고, 임원 B에게 동일한 조건으로 시장 가격과 행사 가격의 차이를 현금으로 지급하는 현금결제형 주식 선택권을 부여하였을 경우 20×3년 12월 31일의 회계처리는 다음과 같다.

주식기준 보상 거래	차변	대변
주식결제형	주식기준 보상비용 200,000	주식 선택권(자본) 200,000
현금결제형	주식기준 보상비용 50,000	장기미지급비용(부채) 50,000

직전 1년간 제공한 용역의 대가이므로 가득 조건은 이미 충족되었으며, 주식결제형의 경우에는 지분상품의 공정가치로, 현금결제형의 경우에는 현금지급차액을 인식한다.

차입 원가 자본화

1) 차입 원가 자본화의 의미

기업회계기준서 제1023호상 차입 원가란 자금의 차입과 관련하여 발생하는 이자 및 기타 원가를 의미한다. 차입 원가는 일반적으로 기간비용으로 처리하나 의도된 용도로 사용하거나 판매 가능한 상태가 될 때까지 상당한 기간을 필요로 하는 자산(적격 자산)의 취득을 위하여 자금을 차입한 경우 자산과 관련된 수익은 없으나 금융비용만 발생하는 경우가 발생하므로 회계상 비용을 수익에 합리적으로 대응시키기 위해서 일정 요건을 충족하는 경우에는 자본화하도록 하고 있다.

2) 차입 원가 자본화 관련 주요 용어의 이해

(1) 적격 자산[26]

의도된 용도로 사용하거나 판매 가능한 상태에 이르게 하는 데 상당한 기간을 필요로 하는 자산으로 유형자산뿐만 아니라 재고자산, 제조설비자산, 전력생산설비, 무형자산 및 투자부동

---

26 금융자산은 적격 자산에 해당하지 아니한다.

산 등이 포함된다.

(2) 자본화 가능 차입 원가

자본화 가능한 차입 원가는 적격 자산의 취득, 건설 또는 생산과 직접 관련된 차입 원가로 당해 적격 자산과 관련된 지출이 발행하지 아니하였다면 부담하지 않았을 차입 원가이다. 이러한 자본화 가능 차입 원가에는 특정 적격 자산 취득목적의 특정 차입금 관련 차입 원가와 일반차입금 관련 차입 원가로 구분된다.

(3) 자본화 기간

가. 자본화의 개시

자본화 가능 차입 원가는 자본화 개시일에 적격 자산의 원가로 처리하며, 자본화 개시일은 최초로 다음 조건을 모두 충족시키는 날이다.

❶ 적격 자산에 대하여 지출한다.
❷ 차입 원가를 발생한다.
❸ 적격 자산을 의도된 용도로 사용하거나 판매 가능한 상태에 이르게 하는 데 필요한 활동을 수행한다.[27]

나. 자본화의 중단

적격 자산에 대한 적극적인 개발활동을 중단한 기간에는 차입 원가의 자본화를 중단한다. 단, 자산을 의도된 용도로 사용하거나 판매 가능한 상태에 이르기 위한 과정에 있어 일시적인 지연이 필수적인 경우에는 자본화를 중단하지 아니한다.

다. 자본화의 종료

적격 자산을 의도된 용도로 사용하거나 판매 가능한 상태에 이르게 하는 데 필요한 대부분의 활동이 완료된 시점에 차입 원가 자본화를 종료한다. 만약 적격 자산이 일시에 완성되지 않고 여러 부분으로 나누어 완성되고 그 완성된 부분이 사용 가능하다면 완성된 부분에 대해서는 자본화를 종료한다.

---

27 당해 자산의 물리적인 제작뿐만 아니라 그 이전단계에서 이루어진 기술 및 관리상의 활동(예 : 각종 인허가 활동)도 포함된다.

3) 차입 원가 자본화 금액의 산정

(1) 특정 차입금 관련 차입 원가

회계기간 중 자본화 기간에 해당되는 기간 동안 특정 차입금으로부터 실제 발생한 차입 원가에서 당해 차입금의 일시적 운용에서 생긴 투자 수익을 차감한 금액을 자본화 가능 차입 원가로 결정한다.

(2) 일반차입금 관련 차입 원가

일반차입금 관련 차입 원가 중 자본화할 금액은 특정 차입금 관련 차입 원가보다 다소 복잡한데, 산정 방식을 간략히 요약하면 다음과 같다.

> 일반차입금과 관련하여 자본화할 차입 원가[28] = (적격 자산 연평균 순지출액[29] − 특정 차입금 지출액) × 자본화 이자율
>
> 자본화 이자율 = 일반차입금에 대한 연평균 차입 원가 ÷ 일반차입금의 연평균 차입액

 예시

차입 원가 자본화 사례

12월 결산법인인 A기업은 수년전부터 보유하고 있던 토지에 사옥을 건설하기 위하여 20×1. 1. 1. B건설과 도급계약을 체결하였다. 사옥은 20×2회계연도 6. 30. 준공 예정이고 A기업은 사옥건설을 위해 다음과 같이 지출하였다.

지출일	지출금액
20×1. 1. 1	40,000
20×1. 7. 1	80,000
20×1. 10. 1	60,000
20×2. 1. 1	70,000
계	250,000

A기업의 20×1년도의 차입금은 다음과 같으며, 20×2년도에 신규로 조달한 차입금은 없다.

---

28 일반차입금의 자본화할 차입 원가는 당해 기간 동안 실제 발생한 차입 원가를 초과할 수 없음
29 순지출액이란 현금의 지급, 다른 자산의 제공, 이미 자본화된 차입 원가 포함 등에 따른 지출액에서 정부보조금 등이 있을 경우 차감한 금액을 의미한다.

차입금	차입일	차입금액(원)	상환일	이자율	이자지급 조건
a	20×1. 1. 1	50,000	20×2. 6. 30	12%	단리 매년말 지급
b	20×0. 1. 1	60,000	20×2. 12. 31	10%	단리 매년말 지급
c	20×0. 1. 1	70,000	20×3. 12. 31	12%	단리 매년말 지급

이들 차입금 중 차입금 a는 사옥건설 목적을 위하여 개별적으로 차입(특정 차입금)되었으며, 이 중 10,000은 20×1. 1. 1~6. 30 동안 연 9%(단리)이자지급조건의 정기예금에 예치하였다. 차입금 b, c는 일반 목적으로 차입(일반차입금)되었다.

이 예시에 대하여 20×1회계연도에 자본화한 차입 원가가 12,000원이라고 가정할 경우, 20×2회계연도에 발생된 차입 원가를 기간비용으로 회계처리하는 경우와 자본화하는 경우로 나누어 건물의 취득 원가를 예시하면 다음과 같다.

① 20×2회계연도에 발생된 차입 원가를 기간비용으로 인식하는 경우[30]

차입 원가 자본화와 관련된 회계처리가 없으므로 건물의 취득 원가는 262,000원(도급공사비 지출액 250,000원 + 20×1년도에 자본화한 차입 원가 12,000원)임

② 20×2회계연도에 발생된 차입 원가를 자본화 하는 경우

1. 건물에 대한 평균 지출액의 계산

20×2년의 자본화 대상 기간이 6개월(20×2. 1. 1~20×2. 6. 30)이므로 6개월간의 지출액과 20×1년의 자본화한 차입 원가가 12,000원을 고려한다.

지출일	지출금액	자본화대상기간	평균지출액
20×1. 1. 1	40,000	6/12	20,000
20×1. 7. 1	80,000	6/12	40,000
20×1. 10. 1	60,000	6/12	30,000
20×2. 1. 1	70,000	6/12	35,000
전년도 자본화 금액	12,000	6/12	6,000
합계	262,000		131,000

2. 자본화 이자율의 계산

특정 차입금을 제외하고 일반적으로 차입되어 사용된 사옥건설 관련 차입금에 대하여 적용할 자본화 이자율은 다음과 같이 산정한다.

---

30 기업회계기준서상 차입 원가 자본화는 의무사항이므로 20X2년도 발생된 차입 원가를 기간비용으로 처리할 수 없으나, 차입 원가 자본화와 비교목적으로 제시한 사례임

차입금	연평균 차입액(원)	이자율	연평균 차입 원가	자본과 이자율*
b	60,000	10%	6,000	
c	70,000	12%	8,400	
계	130,000		14,400	11.08%

*연평균 차입 원가/연평균 차입액

3. 특정 차입금에 대한 자본화 대상 차입 원가의 계산

자본화 대상 차입 원가 : 3,000원(50,000원×12%×6/12)

4. 일반차입금에 대한 자본화 대상 차입 원가의 계산

자본화 대상 차입 원가 : 11,745원

(131,000원(평균 지출액) − 50,000원×6/12(특정 차입금))×11.08%(자본화 이자율)

일반차입금과 관련된 자본화 대상 차입 원가(11,745원)는 당기 한도(14,400원) 이내이므로 전액 자본화가 가능하다.

5. 건물의 취득 원가

건물의 취득 원가는 276,745원(도급공사비 지출액 250,000원 + 20×1년도에 자본화한 차입 원가 12,000원 + 20×2년도에 자본화한 차입 원가 14,745원)임

파생상품

1 파생상품 회계

1) 파생상품의 정의

기업회계기준서 제1109호상 파생상품이란 다음의 요건을 모두 충족하는 금융상품 또는 이와 유사한 계약을 말한다.

❶ 기초변수의 변동에 따라 가치가 변동한다. 기초변수는 이자율, 금융상품 가격, 일반상품 가격, 환율, 가격 또는 비율의 지수, 신용등급이나 신용지수 또는 기타 변수를 말한다. 다만, 비금융변수의 경우에는 계약의 당사자에게 특정되지 아니하여야 한다.[31]

❷ 최초 계약 시 순투자금액이 필요하지 않거나 시장요소의 변동에 유사한 영향을 받을 것으로 기대되는 다른 유형의 계약보다 적은 순투자금액이 필요하다.

❸ 미래에 결제된다.

기초변수

기초변수는 해당 파생상품의 결제를 결정하기 위한 변수이며, 일반적으로 다음 중 하나 또는 결합이나 아래 항목에 국한되지 않는다.

금융변수	비금융변수
이자율 및 환율	
주가 또는 주가지수	지진손실지수, 온도지수, 강수량 등의 비금융변수
금융(일반)상품 가격 또는 금융(일반)상품 가격지수	
신용등급 또는 신용등급지수	

2) 파생상품의 종류

(1) 선도거래

선도거래(Forward)는 미래 일정 시점에 약정된 가격에 의하여 계약상의 특정 대상을 사거나 팔기로 계약 당사자 간의 합의한 거래이다. 선도거래는 거래대상에 따라 통화선도거래(환율)와 선도금리계약(이자율)으로 구분된다. 통화선도거래는 선물환 거래라고도 하며 미래의 일정 시점에 통화를 미리 약정된 환율로 서로 매매하기로 현시점에서 약속하고 약정한 기일이 도래하면 약정된 환율로 통화를 매매하는 거래방식을 말한다. 선도금리계약은 거래대상이 환율이 아닌 이자율일뿐 다른 사항은 통화선도거래와 동일하다.

---

31 공정가치가 해당 자산의 사장 가격(금융 변수)의 변동뿐만 아니라 보유하고 있는 특정 비금융자산의 상태(비금융변수)를 반영한다면, 당해 비금융자산의 공정가치 변동은 소유자에게 특정되어 있는 것이다.

(2) 선물거래

선물거래란 수량, 규격, 품질 등 표준화된 대상에 대해 현재 가격으로 미래에 인수·인도하려는 계약으로 조직화된 시장에서 정해진 방법으로 거래되는 것을 말한다. 선도거래와 비교시 계약 시점에 미래의 약정일에 일정한 자산을 인수·인도한다는 측면에서는 유사하나 선물거래는 거래내용과 조건을 표준화하여 공식적인 시장에서 거래되므로 다수의 수요자와 공급자간에 대량의 거래가 이루어질 수 있고 증거금 제도와 일일정산제도를 통해서 선도거래보다 가격 변동의 위험을 회피하는 데 보다 효과적인 방법이라고 할 수 있다.

(3) 옵션거래

옵션거래란 계약 당사자 간에 일정기간 내 미리 정해진 가격으로 외화나 유가증권을 매매할 수 있는 권리에 대한 계약을 말한다. 이러한 옵션은 위험을 회피하고자 하는 대상에 따라 상품옵션과 금융옵션으로 나눌 수 있으며, 금융옵션은 다시 통화옵션, 금리옵션, 주가지수옵션 및 주식옵션으로 세분화 해 볼 수 있다. 콜옵션은 매입할 수 있는 권리가 옵션 매입자에게 부여되어 있고 풋옵션은 매도할 수 있는 권리가 옵션 매도자에게 부여되어 있다.

(4) 스왑거래

스왑거래는 물물교환의 의미로 특정 기간 동안에 발생하는 일정한 현금흐름을 다른 현금흐름과 교환하는 것을 말한다. 스왑거래는 외환거래를 통하지 않고 금융시장에서 장기외화차입에 따르는 환위험 및 금리변동 위험을 헷지하여 금융비용을 줄일 수 있는 기업으로 활용되고 있다. 스왑대상에 따라 이자율스왑과 통화스왑으로 구분되며 통화스왑은 상이한 통화로 차입한 자금의 원리금 상환을 상호 교환하는 거래이며 이자율스왑은 변동금리를 고정금리로, 또는 고정금리를 변동금리로 바꾸는 거래를 말한다.

3) 내재파생상품

(1) 내재파생상품 분리 요건

내재파생상품은 파생상품이 아닌 주계약을 포함하는 복합상품의 구성요소이며, 복합상품의 현금흐름 중 일부를 독립적인 파생상품의 경우와 유사하게 변동시킨다. 이러한 내재파생상품은 다음의 요건을 모두 충족하는 경우 주계약과 분리한다.

❶ 내재파생상품의 경제적 특성 및 위험이 주계약의 경제적 특성 및 위험과 밀접하게 관련되어 있지 않다.

❷ 내재파생상품과 동일한 조건을 가진 별도의 금융상품 등이 파생상품의 정의를 충족한다.

❸ 복합상품의 공정가치 변동이 당기 손익으로 인식되지 아니한다. (당기 손익 공정가치 측정 금융부채에 내재된 파생상품은 분리하지 아니한다.)

(2) 주계약의 경제적 특성 및 위험과의 관련성 판단

실무적으로 파생상품을 내재하고 있는 주계약은 지분상품의 경제적 특성, 채무상품의 경제적 특성 또는 매입/매출 등의 미이행계약의 특성 등의 유형을 가질 수 있다.

주계약에 만기가 명시되거나 예정되어 있지 않고 주계약이 순자산에 대한 잔여지분의 성격을 나타낸다면, 당해 주계약의 경제적 특성과 위험은 지분상품의 경제적 특성과 위험을 가지고 있다고 볼 수 있다.

반면, 주계약이 지분상품은 아니지만 금융상품의 조건을 충족한다면 주계약의 경제적 특성과 위험은 채무상품의 경제적 특성과 위험이 된다.

따라서, 주계약의 경제적 특성을 먼저 파악한 후 내재파생상품의 특성을 판단하여 주계약의 특성과 밀접하게 관련되어 있지 않은 경우에는 분리하여야 한다.

 예시

내재파생상품의 사례 및 분리 여부[32]

금융상품	주계약	내재파생상품	분리 여부
주식 가격에 기초하여 분기마다 이자를 지급하는 채무증권	채무증권	주식 가격에 기초한 분기별 이자지급선도계약	채무증권에 영향을 미치는 이자율과 주식 가격은 밀접한 관계가 없으므로 분리함
전환사채	채무증권	지분증권 매입 Call option	지분증권의 매입 Call option은 주계약인 채무증권과 밀접한 관계가 없으므로 분리함
기능통화가 Euro인 프랑스 판매자와 독일의 구매자 사이에 US$로 체결한 2년간의 확정구매수량 계약	구매계약	통화선도계약	구매계약과 통화선도계약은 밀접한 관계가 없으며, 유사한 통화선도계약이 파상생품의 정의를 충족하므로 분리함

---

32 내재파생상품의 분리 여부는 실무적으로도 매우 어렵고 고도의 전문적인 판단력이 필요한 부분이므로 참고목적으로만 제시하였음

(3) 내재파생상품의 인식

분리 요건을 충족하는 내재파생상품은 분리된 내재파생상품의 공정가치를 신뢰성 있게 측정할 수 있는지 여부에 따라 다음과 같이 구분하여 인식된다.

구분	신뢰성 있게 측정 가능	신뢰성 있게 측정 불가능
내재파생상품	공정가치 측정	복합상품 취득금액 − 주계약의 공정가치
주계약	복합상품 취득금액 − 내재파생상품의 공정가치	공정가치 측정

2 위험회피 회계

1) 위험회피 회계의 정의

위험회피 회계는 위험회피 대상항목[33]과 위험회피 수단 사이에 위험회피 관계를 설정하여 이러한 위험회피 활동이 재무상태에 적절히 반영될 수 있도록 하는 것이다. 이러한 위험회피는 공정가치 위험회피, 현금흐름 위험회피 및 해외사업장 순투자의 위험회피로 구분할 수 있다.

(1) 공정가치 위험회피

특정 위험으로 인한 자산, 부채 및 확정계약의 공정가치 변동 위험을 상계하기 위하여 파생상품 등[34]을 이용하는 것이다.

 예시

공정가치 위험회피의 위험회피 대상 및 수단

계약의 내용	위험회피 대상	위험회피 수단
A사는 B자재 1,000개를 100,000달러에 20×1년 9월 30일에 구매하는 계약을 맺었다. 동시에 기업은 환율 변동으로 인한 위험을 회피하기 위해 20×1년 9월 30일에 100,000달러를 달러당 1,100원에 매입하는 선도계약을 체결하였다.	확정 구매계약	통화 선도계약

---

33 위험회피 대상항목으로는 개별 자산, 부채, 미인식 확정계약, 발생 가능성이 매우 높은 예상 거래 또는 해외사업장 순투자가 될 수 있다.

34 원칙적으로 파생상품이어야 하나 환율 변동 위험을 회피하기 위한 경우에는 비파생금융자산 및 금융부채도 가능하다.

20×1년 9월 1일에 A사는 3년 만기에 6%의 고정이자를 지급하는 조건으로 A은행으로부터 5,000,000달러를 차입하였다. 동시에 기업은 이자율 변동 위험을 회피하기 위하여 6%이자를 받고 Libor+3% 이자를 지급하는 SWAP계약을 체결하였다.	미래의 고정 이자지급	이자율 스왑

(2) 현금흐름 위험회피

특정 위험으로 인한 자산, 부채 및 예상 거래의 미래 현금흐름 변동 위험을 상계하기 위하여 파생상품 등을 이용하는 것이다.

 예시

현금흐름 위험회피의 위험회피 대상 및 수단

계약의 내용	위험회피 대상	위험회피 수단
A사는 자동차 100대를 20×2년 3월 말에 B사에 인도하는 협상을 진행 중이며 타결이 거의 확실한 것으로 판단하고 있다. 매각대금은 600,000달러이며 인도와 동시에 매각금액을 회수할 예정이다. 동시에 기업은 환율 변동으로 인한 현금흐름 변동 위험을 회피하기 위하여 20×2년 3월말에 600,000달러를 달러당 1,100원에 매각하는 선도계약을 체결하였다.	변동 가능한 현금유입	통화 선도계약
20×1년 12월 31일에 기업은 3년 만기에 Libor+2%의 이자지급조건으로 A은행으로부터 5,000,000달러를 차입하였다. 기업은 Libor+2%이자율로 받고 6%의 고정이자를 지급하는 SWAP계약을 체결하였다.	미래의 변동 이자지급	이자율 스왑

(3) 해외사업장 순투자의 위험회피

해외사업장의 순자산에 대한 기업의 지분 해당 금액에 대하여 환율 변동에 따른 현금흐름 변동 위험을 회피하고자 파생상품 등을 이용하는 것이다.

2) 위험회피 회계의 요건

다음 조건을 모두 충족하는 위험회피 관계에 대해서만 위험회피 회계를 적용한다.

❶ 위험회피의 개시 시점에 위험회피 관계, 위험관리 목적 및 위험회피 전략을 공식적으로 지정하고 문서화해야 한다.

❷ 회피대상 위험(공정가치 또는 현금흐름의 변동)으로부터 높은 위험회피 효과를 기대할 수 있어야 한다.

❸ 현금흐름 위험회피의 경우 관련 현금흐름의 발생 가능성이 매우 높아야 한다.

❹ 위험회피 효과를 신뢰성 있게 측정할 수 있어야 한다.[35]

❺ 위험회피 기간 동안 실제로 높은 위험회피 효과가 있었는지 입증해야 한다.[36]

3) 위험회피 회계의 요건 충족 시 회계처리

(1) 공정가치 위험회피

위험회피 수단으로 지정된 파생상품의 공정가치 변동액과 회피 대상 위험의 변동으로 인한 위험회피 대상항목의 공정가치 변동액을 당기손익으로 인식한다.

(2) 현금흐름 위험회피

현금흐름 위험회피의 경우에는 공정가치 위험회피와 달리 위험회피 수단의 공정가치 변동액 중 위험회피에 효과적인 부분은 기타포괄손익으로 인식하고, 비효과적인 부분은 당기 손익으로 인식한다.

위험회피 대상항목인 예상 거래에 따라 향후 금융자산이나 금융부채를 인식한다면, 위험회피에 효과적인 부분으로 판단하여 기타포괄손익으로 인식하였던 금액은 위험회피 대상 예상 현금흐름이 당기 손익에 영향을 미치는 회계기간에 당기 손익으로 재분류된다. 다만, 예상 거래가 발생하지 않을 것으로 판단되는 경우에는 즉시 당기 손익으로 재분류한다.

(3) 해외사업장순투자의 위험회피

현금흐름 위험회피와 동일하게 처리하며, 위험회피 수단의 공정가치 변동 중 위험회피에 효과적으로 판단하여 기타포괄손익으로 인식한 부분은 해외사업장을 처분하는 시점에 당기 손익으로 인식한다.

---

[35] 위험회피 효과를 측정하는 방법에는 Critical terms method(주요 조건비교법), Dollar offset method(금액상계법) 및 Regression Analysis(회귀분석법) 등이 있다.

[36] 높은 위험회피 효과의 의미는 위험회피 효과의 실제 결과(위험회피 대상 손익의 절대값/위험회피 수단 손익의 절대값)가 80%~125%의 범위에 있는 것을 의미한다.

표 3-8 위험회피 회계의 인식

구분	위험회피 대상의 공정가치 변동	위험회피 수단의 공정가치 변동		위험회피 효과 인식 시점
		효과적	비효과적	
공정가치 위험회피	당기 손익 인식	당기 손익 인식		매 평가 시
현금흐름 위험회피	해당사항 없음[35]	기타포괄손익 인식	당기 손익 인식	위험회피 현금흐름의 발생 시
해외사업장 순투자 위험회피	해당사항 없음			해외사업장 처분 시

4) 위험회피 회계의 중단

위험회피 회계는 다음 중 하나에 해당하는 경우 중단하며, 전진적[38]으로 중단한다.

❶ 위험회피 수단의 소멸 · 매각 · 청산 · 행사된 경우
❷ 위험회피의 적용 요건을 더 이상 충족하지 못하는 경우
❸ 예상 거래가 더 이상 발생하지 않을 것으로 예상되거나 위험회피 수단의 지정을 철회하는 경우

이와 같이 중단 사유가 발생하는 경우에는 현금흐름 위험회피와 해외사업장 순투자 위험회피의 경우에는 회계처리의 변동이 없으나, 공정가치 위험회피의 경우에는 위험회피 대상항목이 채무상품인 경우에만 공정가치 평가로 인해서 조정된 장부금액을 유효이자율법으로 잔여 만기에 걸쳐 상각한다.

⬤ **예시 1**

매매목적의 통화선도 거래

12월 결산법인인 기업 A는 원화의 평가절하를 예상하고 다음과 같은 통화선물거래계약을 체결하였다. 동 파생거래가 위험회피 요건을 충족하지 못하는 경우 다음의 계약조건 및 환율 정보에 의하여 통화선도거래가 20×1년 당기 손익에 미치는 영향을 구하면 다음과 같다. 단, 1년은 360일로 가정한다.

---

37 위험회피 대상이 미래에 예상되는 현금흐름이므로 공정가치의 변동과는 무관하며, 예상 현금흐름이 발생하는 시점에 위험회피 수단의 효과적인 부분(기타포괄손익)을 당기 손익으로 인식하여 위험을 회피함
38 전진적의 의미는 중단된 시점 이후로 위험회피 회계를 적용하지 않는다는 것이며, 이와 반대의 의미는 소급적용으로 마치 처음부터 위험회피 회계를 적용하지 않은 것처럼 회계처리하는 것이다.

1. 계약조건

① 통화선도거래계약 체결일 : 20×1년 10월 1일

② 계약기간 : 20×1년 10월 1일부터 20×2년 2월 28일(5개월)

③ 계약조건 : 100 US\$를 약정 통화선도 환율 @1,200원/1 US\$로 매입하기로 함

2. 환율 정보

일자	현물환율	통화선도 환율(1₩/1US$)
20×1년 10월 1일	1,180	1,200(만기 5개월)
20×1년 12월 31일	1,190	1,210(만기 2개월)

20×1년 12월 31일 현재 선도 환율에 대한 적절한 할인율은 6%이며 현재가치 계산은 단리를 가정한다.

3. 20×1년 당기 손익에 미치는 영향의 산출

통화선도거래의 공정가치는 잔여만기가 동일한 통화선도 환율을 기준으로 하여 산정하며, 공정가치는 해당 통화선도 환율 변동액을 잔여만기에 대하여 적절한 이자율로 할인하여 산정한다. 다시 말해서, 선도 환율 변동액은 만기 시점의 현금흐름이므로 현재 시점의 공정가치를 구하기 위해서는 이를 적절한 할인율로 할인해야 한다.

① 통화선도 미수금 변동액 $= \$100 \times (1,210 - 1,200) = 1,000$

② 20×1년 통화선도 평가이익 $= 1,000 \div (1 + 0.06 \times 60 \div 360) = 990$

예시 2

공정가치 위험회피 목적의 통화선도거래

12월 결산법인인 기업 A는 20×1년 10월 1일 100 US\$ 상품을 수출하고 대금은 5개월 후에 받기로 하였다. 한편, A사는 수출대금의 원화에 대한 환율 변동을 회피하기 위하여 다음과 같은 통화선도거래계약을 체결하였다. 동 파생거래가 공정가치 위험회피 적용요건을 충족하는 경우 다음의 계약조건 및 환율 정보에 의하여 통화선도거래가 20×1년 당기 손익에 미치는 영향을 구하면 다음과 같다. 단, 1년은 360일로 가정한다.

1. 계약조건

① 통화선도거래계약 체결일 : 20×1년 10월 1일

② 계약기간 : 20×1년 10월 1일부터 20×2년 2월 28일(5개월)

③ 계약조건 : 100 US$를 약정 통화선도 환율 @1,200원/1 US$에 매도하기로 함

2. 환율 정보

일자	현물환율	통화선도 환율(1₩/1US$)
20×1년 10월 1일	1,180	1,200(만기 5개월)
20×1년 12월 31일	1,190	1,210(만기 2개월)
20×2년 2월 28일	1,150	

20×1년 12월 31일 현재 선도 환율에 대한 적절한 할인율은 6%이며 현재가치 계산은 단리를 가정한다.

3. 20×1년 당기 손익에 미치는 영향의 산출

동 거래가 공정가치 위험회피 회계의 적용 요건을 충족하므로 위험회피 대상항목(외화매출채권) 및 위험회피 수단(통화선도계약)의 공정가치 변동을 모두 당기손익으로 인식한다. 각 거래 일자별 공정가치 변동 금액을 산출하면 다음과 같다.

일자	20×1년 10월 1일	20×1년 12월 31일	공정가치 변동
외화매출채권	118,000원	119,000원	1,000원
통화선도계약	–	(985)(*)	(985)
계			15

(*) 통화선도 평가손실＝1,000원÷(1+0.06×90÷365)=985원

4. 위험회피 효과의 측정

동 예시에서 위험회피 효과를 측정해보면, 위험회피 효과는 101.5%(1,000(위험회피 대상손익의 절대값)/985(위험회피 수단 손익의 절대값))로 계산되고 125% 이하이므로 높은 위험회피 효과가 있다고 할 수 있다.

 예시 3

현금흐름 위험회피 회계

12월 결산법인인 기업 A는 제조공정에 사용하기 위한 금을 시장을 통하여 매입하고 있는데, 향후 예상 매출액을 고려했을 때, 금 10Kg을 20×2년 2월 28일에 매입할 것이 거의 확실하다. 기업 A는 20×2년 2월 28일에 매입할 금의 시장 가격 변동에 따른 미래 현금흐름 위험을 회피하기 위하여 다음과 같은 조건으로 장외시장에서 금선도계약을 체결하였다. 동 파생거래가 현금흐름 위험회피 적

용요건을 충족할 경우 다음의 계약조건 및 금 가격 정보에 의하여 동 파생거래가 20×1년 당기손익에 미치는 영향을 구하면 다음과 같다. 단, 금선도 가격 변동액에 대한 현재가치는 고려하지 아니한다.

1. 계약조건
① 금선도계약 체결일 : 20×1년 9월 1일
② 계약기간 : 20×1년 9월 1일부터 20×2년 2월 28일(6개월)
③ 계약조건 : 결제일에 금 1kg의 선도거래 계약금액과 결제일 시장 가격과의 차액을 현금으로 수수함(금선도 계약 가격은 310,000원/1량)

2. 금의 현물 가격, 선도 가격 및 선도 계약의 공정가액에 대한 자료

일자	현물 가격(원/1kg)	선도 가격(원/1kg)
20×2년 9월 1일	300,000	310,000(만기 6개월)
20×2년 12월 31일	304,000	315,000(만기 2개월)

3. 20X1년 당기 손익에 미치는 영향의 산출
동 거래가 공정가치 위험회피 회계의 적용 요건을 충족하므로 위험회피 수단(금선도계약)의 공정가치 변동 중 효과적인 부분은 기타포괄손익으로, 효과적이지 않은 부문을 당기 손익으로 인식한다. 각 거래 일자별 금선도계약의 공정가치 변동 금액을 산출하면 다음과 같다.

일자	예상 현금흐름		현금흐름 변동
	20×1. 9. 1	20×1. 12. 31	
재고자산	(3,000,000)	(3,040,000)	(40,000)
금선도계약	3,100,000	3,150,000	50,000
계			10,000

금선도계약의 누적평가이익은 50,000원이나, 위험회피 대상 재고자산 구입 거래에 따른 현금흐름 변동액은 40,000원이므로 40,000원만 기타포괄이익으로 인식하고 나머지는 당기 이익으로 처리한다. 이후 거래가 종료되는 시점에 기타포괄이익으로 인식된 40,000원은 당기 이익으로 반영 된다.

chapter 04

포괄손익계산서

포괄손익계산서는 특정 기간 동안 기업의 경영성과에 대한 정보를 제공하는 재무보고서이다. 따라서, 포괄손익계산서는 기업이 경영활동 등을 통해 획득하는 수익과 이러한 수익을 창출하기 위해 필요한 비용이 포함된다. 이렇게 기업의 경영성과에 대한 정보를 제공하는 포괄손익계산서는 다음과 같은 일반적인 작성기준에 따라 작성되어야 비교 가능성을 높일 수 있다.

표 4-1 포괄손익계산서 작성기준

구분	내용
발생주의	포괄손익계산서에 포함되는 수익과 비용 등의 모든 항목은 현금의 지급 또는 수취시점에 비용이나 수익을 인식하는 것이 아니라 수익의 획득 가능한 시점과 비용이 발생한 시점에 이를 인식하는 방법임. 이를 통해 경영성과 측정 시에 과거의 현금유·출입 외에도 향후 발생할 수익이나 비용에 대한 정보를 포함하여 정보를 제공할 수 있음
실현주의	수익의 인식을 위해서는 수익을 창출하기 위한 활동이 완료되거나 거의 완료되었으며 이를 통해 획득하는 수입의 금액을 측정할 수 있는 경우에 인식함

수익 비용 대응의 원칙	특정 거래와 관련하여 발생한 수익과 비용은 동일한 회계기간에 인식하여야 함
총액주의	포괄손익계산서 등 재무제표는 일반적으로 발생한 항목을 서로 상계하지 아니하고 각각 총액으로 기재하는 것을 원칙으로 함
구분계산의 원칙	포괄손익계산서는 업종이나 기업의 원칙에 따라 작성하는 방법이 상이함. 이는 기업의 활동을 구분하여 주된 활동 등을 고려한 경영성과를 적절하게 이해하기 위함으로 볼 수 있음

포괄손익계산서의 양식은 'chapter 2 재무제표에 대한 이해 4절 포괄손익계산서 **2** 포괄손익계산서의 구성요소'를 참조하기 바란다.

section 02 수익

1 개요

매출은 기업이 일정기간 동안 창출한 경영성과 중 제품, 상품, 용역 등에서 발생된 수익을 일컫는다. 제품을 판매하는 회사의 수익은 제품매출이며 상품을 판매하는 회사는 상품매출일 것이다. 이와 유사하게 금융기관의 매출은 이자수익 등이 될 것이다.

기업회계기준서상 수익은 자본 참여자의 출자 관련 증가분을 제외한 자본의 증가를 수반하는 것으로서 회계기간의 정상적인 활동에서 발생하는 경제적 효익의 총유입이라고 정의하고 있다. 일반적으로 수익은 재화의 판매, 용역의 제공 및 기업자산을 타인에게 사용하게 함으로써 발생할 수 있는데, 기업자산을 타인에게 사용하게 함으로써 발생하는 수익의 유형은 다음과 같다.

이자수익	현금이나 현금성 자산 또는 수취할 금액의 사용대가
로열티수익	특허권, 상표권, 저작권 및 컴퓨터 소프트웨어와 같은 장기성 자산의 사용대가
배당수익	지분상품의 보유자가 특정 종류의 자본의 보유비율에 따라 받는 이익의 분배금

용역의 제공은 일반적으로 계약상 합의된 과업을 합의한 기간에 수행하는 것을 말한다. 용역은 하나의 회계기간 내에 제공될 수도 있으며, 둘 이상의 회계기간에 걸쳐 제공될 수도 있다. 공사관리와 설계용역의 계약과 같이 건설 계약과 직접 관련된 용역제공 계약에서 발생하는 수익에 대해서는 '**6** 건설 계약'에서 상세하게 설명하기로 한다.

2　수익의 인식 과정

2014년 5월 국제회계기준위원회(IASB)는 현행 수익회계 기준서[1] 및 해석서[2]를 대체하는 IFRS 15 '고객과의 계약에서 생기는 수익'을 제정하였다.

IASB와 미국회계기준위원회(FASB)는 종전 규정의 비일관성과 취약점을 없애고 수익 정보를 충실히 공시하도록 하기 위해 2002년부터 기준 합치를 위한 공동 프로젝트를 시작하여 광범위한 거래와 산업에 적용되는 하나의 통합된 수익 기준서를 개발하였다. IFRS 15는 FASB의 Topic 606과 합치하는 기준서(converged standard)이다. 국내에서도 2015년 11월 새로운 수익기준인 K-IFRS 제1115호가 제정되어 2018년부터 이를 도입하였다.

과거에는 재화의 판매, 용역의 제공, 이자수익, 로열티수익, 배당수익, 건설 계약 등 거래 유형별로 수익인식 기준을 제시하고 있어 일관성이 부족하고, 복잡하거나 진화하는 거래에는 적용하기 어려웠다. 따라서 모든 유형의 계약에 공통 적용되는 새로운 수익인식 모형을 제시할 필요가 있었다. 새로운 수익인식 기준인 K-IFRS 제1115호는 고객과의 모든 유형의 계약에 적용되는 5단계 수익인식 모형을 제시하여 재무제표의 비교 가능성과 수익인식의 일관성을 제고하고 있다.

고객과의 계약에서 생기는 수익을 인식할 때는 다음의 단계를 거쳐야 한다. 이를 '수익인식의 5단계'라고 한다.

❶ 고객과의 계약을 식별 : 고객과의 계약인지를 확인함

❷ 수행 의무를 식별 : 고객에게 수행할 의무가 무엇인지를 확인함

❸ 거래 가격을 산정 : 고객에게 받을 대가를 측정함

1　제1018호(수익), 제1011호(건설 계약)

2　제2031호(수익 : 광고용역의 교환거래), 제2113호(고객충성제도), 제2115호(부동산건설약정), 제2118호(고객으로부터의 자산이전)

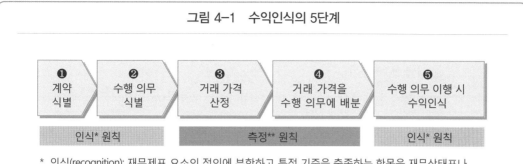

그림 4-1 수익인식의 5단계

❶ 계약 식별	❷ 수행 의무 식별	❸ 거래 가격 산정	❹ 거래 가격을 수행 의무에 배분	❺ 수행 의무 이행 시 수익인식
인식* 원칙		측정** 원칙		인식* 원칙

* 인식(recognition): 재무제표 요소의 정의에 부합하고 특정 기준을 충족하는 항목을 재무상태표나 포괄손익계산서에 반영하는 과정
** 측정(measurement): 재무상태표와 포괄손익계산서에 인식되고 평가되어야 할 재무제표 요소의 화폐금액을 결정하는 과정

출처 : 금융감독원

❹ 거래 가격을 계약 내 수행 의무에 배분 : 거래 가격을 수행 의무별로 배분함
❺ 수행 의무 이행 시 수익의 인식 : 수행 의무의 이행에 따라 수익을 인식함

수익의 인식은 명쾌하고 분명한 것으로 생각되어질 수 있으나, 실무적인 내용을 검토하면 체계적인 인식단계가 없을 경우, 기간 경영성과나 재무상태의 자의적 배분 및 왜곡이 일어날 수 있는 개연성이 있음을 알 수 있다. 따라서 수익인식의 체계적 단계를 기준서에서는 요청하고 있다.

 예시

수익인식의 5단계

HS통신사는 통상적인 경우 고객에게 휴대폰을 1,000원에 판매하고 통신서비스를 월 60원씩 24개월 약정으로 1,440원에 판매하여 2,440원의 총수익으로 회계처리하고 있다고 하자. HS통신사는 휴대폰과 통신서비스를 묶어서 240원을 할인한 2,200원의 가격으로 고객에게 결합상품을 판매하기로 하고 휴대폰 가격의 할인을 원하는 고객과 통신요금의 할인을 원하는 고객을 위해 두 가지 상품을 제공하기로 하였다.

❶ 휴대폰 보조금 240원 지급하는 상품
❷ 통신요금을 240원 할인해주는 상품

이를 수익인식의 단계별로 적용해 보면 다음과 같다.

❶ 계약의 식별 : 휴대폰과 통신서비스를 대가와 교환하여 획득하기로 계약한 당사자가 고객이므로 고객과의 계약이다.

❷ 수행 의무의 식별 : 휴대폰의 인도와 통신서비스를 제공하여야 하므로 고객에게 재화나 용역을 이전하기로 한 약속이 확인된다.

❸ 거래 가격의 산정 : 기업이 궁극적으로 인식할 거래 가격은 2,200원이다.

❹ 거래 가격의 배분 : 거래 가격 2,200원을 개별 판매 가격인 휴대폰 판매 가격 1,000원과 24개월 통신서비스 1,440원의 개별 판매 가격에 비례하여 배분하면 휴대폰 판매 가격에는 902원$(=2,200 \div (1,000+1,440) \times 1,000)$, 통신서비스 제공의 대가에는 1,298원이 배분된다.

❺ 수익의 인식 : 수행 의무의 이행에 따라 수익을 인식하므로, 휴대폰 판매대가 902원은 휴대폰을 인도할 때, 통신서비스 제공의 대가 1,298원은 매월 54원$(=1,298 \div 24)$씩을 24개월간 수익으로 인식한다.

이하에서는 수익인식의 5단계에 따른 단계별 세부내용을 검토한다.

1) 고객과의 계약을 식별

다음의 기준을 모두 충족하는 때에만 고객과의 계약으로 회계처리한다.

❶ 계약 당사자들이 계약을 승인하고 각각의 의무를 수행하기로 확약한다.

❷ 이전할 재화나 용역과 관련된 각 당사자의 권리를 식별할 수 있다.

❸ 이전할 재화나 용역의 지급조건을 식별할 수 있다.

❹ 계약에 상업적 실질이 있다.

❺ 고객에게 이전할 재화나 용역에 대하여 받을 권리를 갖게 될 대가의 회수 가능성이 높다.

(1) 계약의 승인

계약집행의 명확성을 위해 계약 당사자들의 승인이 필요하다. 계약은 집행 가능한 권리와 의무가 생기게 되는 합의로서 서면, 구두, 또는 사업관행에 따라 승인될 수 있다.

(2) 권리의 식별

재화나 용역의 이전을 판단하기 위하여 재화나 용역에 대한 각 당사자의 권리가 식별되어야 한다.

(3) 지급조건의 식별

거래 가격을 산정하기 위해 재화나 용역의 대가로 받는 지급조건이 식별되어야 한다.

(4) 상업적 실질

상업적 실질이 있다는 것은 계약의 결과로 기업의 미래 현금흐름의 위험, 시기, 금액이 변동될 것으로 예상되는 경우를 말하며, 상업적 실질 조건이 없다면 기업은 수익을 부풀리기 위해 상업적 실질 없이 재화나 용역을 서로 주고 받을 수 있으므로 계약식별 기준으로 요청된다.

(5) 대가의 회수 가능성

계약이 유효한지를 판단하기 위해서는 고객이 약속한 대가를 지급할 능력 및 의도가 있는지를 판단하여야 하므로 대가의 회수 가능성이 높지 않다면 고객과의 계약은 식별할 수 없는 것으로 하여야 한다.

2) 수행 의무를 식별

계약 개시 시점에 고객과의 계약에서 약속한 재화나 용역을 검토하여, 그 재화나 용역들이 구별된다면 이들을 별도로 회계처리해야 한다. 구별 판단의 조건으로 아래 2개 기준을 동시에 충족해야 한다.

❶ 그 재화와 용역이 독립적으로 구분 가능하다(고객이 재화나 용역에서 스스로 손쉽게 효익을 얻을 수 있는 경우).
❷ 그 재화와 용역이 계약 내의 다른 재화와 용역과 별도로 구별될 수 있다(한 계약 내에 여러 가지 재화와 용역이 복수로 포함되어 있는 경우).

3) 거래 가격을 산정

거래 가격은 다음의 사항이 미치는 영향을 모두 고려하여 산정한다.

❶ 변동 대가
❷ 변동 대가 추정치의 제약
❸ 비현금대가
❹ 계약에 있는 유의적인 금융 요소
❺ 고객에게 지급할 대가

(1) 변동 대가

❶ 계약에서 약속한 대가에 변동금액이 포함된 경우에 거래 가격은 고정된 금액이 아니기 때문에 거래 가격을 추정해야 한다.
❷ 대가는 할인(discount), 리베이트, 환불, 공제(credit), 가격 할인(price concessions), 장려 금 (incentives), 성과 보너스, 위약금이나 그 밖의 비슷한 항목 때문에 변동될 수 있다.
❸ 기업이 대가를 받을 권리가 미래 사건의 발생 여부에 달려 있는 경우에도 약속한 대가는 변동될 수 있다(예 : 반품권을 부여한 판매, 특정 단계에 도달하는 경우 고정금액의 성과 보너스를 주기로 한 약속).
❹ 변동 대가는 ① 기대값 ② 가능성이 가장 높은 금액 중 기업이 받을 권리를 갖게 될 대가를 더 잘 예측할 것으로 예상하는 방법을 사용하여 추정한다.

(2) 변동 대가 추정치의 제약

❶ 일부 변동 대가의 추정치가 너무 불확실하거나, 기업이 고객에게 재화나 용역을 이전하고 그 대가로 받을 권리를 갖게 될 금액을 충실하게 나타내지 못하는 경우에는 이를 거래 가격에 포함시키지 않는다. 이를 변동 대가 추정치의 제액이라고 하며, 변동 대가가 추정치를 제약하면 그만큼 수익을 인식하지 않는다.
❷ 변동 대가와 관련된 불확실성이 해소될 때, 이미 인식한 누적 수익 금액 중 유의적인 부분을 되돌리지 않을 가능성이 매우 높은(highly probable) 정도까지만 추정된 변동 대가의 일부나 전부를 거래 가격에 포함한다. 이는 나중에 불확실성이 해소될 때 이미 인식한

누적 수익금액 중 유의적으로 되돌릴 것으로 예상되는 금액이 있다면 처음부터 이를 거래 가격에 포함시키지 말라는 의미이다.

❸ 각 보고기간 말의 상황과 보고기간의 상황 변동을 충실하게 표현하기 위하여 보고기간 말마다 추정 거래 가격을 새로 수정한다.

4) 거래 가격을 계약 내 수행 의무에 배분

거래 가격을 배분하는 목적은 기업이 고객에게 약속한 재화나 용역을 이전하고 그 대가로 받을 권리를 갖게 될 금액을 나타내는 금액으로 각 수행 의무에 거래 가격을 배분하는 것이다. 단일의 수행 의무만 있는 계약의 경우에는 거래 가격의 배분이 필요하지 않으나, 수행 의무가 여러 개일 경우 거래 가격을 각 수행 의무에 배분해야 한다. 이때 상대적 개별 판매 가격을 기준으로 거래 가격을 계약에서 식별된 각 수행 의무에 배분한다.

재화나 용역의 개별 판매 가격을 직접 관측할 수 없다면 개별 판매 가격을 추정한다. 추정 방법은 다음과 같은 방법이 사용가능하다.

❶ 시장 평가 조정 접근법 : 기업이 재화나 용역을 판매하는 시장을 평가하여 그 시장에서 고객이 그 재화나 용역에 대해 지급하려는 가격을 추정

❷ 예상 원가 이윤 가산 접근법 : 수행 의무를 이행하기 위한 예상 원가를 예측하고, 여기에 그 재화나 용역에 대한 적절한 이윤을 더하는 방법

❸ 잔여접근법 : 총 거래 가격에서 계약에서 약속한 그 밖의 재화나 용역의 관측 가능한 개별 판매 가격의 합계를 차감하여 추정

5) 수익의 인식

고객에게 약속한 재화나 용역, 즉 자산을 이전하여 수행 의무를 이행할 때 또는 기간에 걸쳐 이행하는 대로 수익을 인식한다. 자산은 고객이 그 자산을 통제할 때 또는 기간에 걸쳐 통제하게 되는 대로 이전된다.

자산에 대한 통제란 자산을 사용하도록 지시하고 자산의 나머지 효익의 대부분을 획득할 수 있는 능력을 말한다. 통제에는 다른 기업이 자산의 사용을 지시하고 그 자산에서 효익을

획득하지 못하게 하는 능력이 포함된다.

따라서 수익은 기간에 걸쳐 수행 의무를 이행하면 기간에 걸쳐 인식하고, 한 시점에 수행 의무를 이행하면 한 시점에 인식한다. 좀 더 구체적으로 살펴보면 아래와 같다.

(1) 수익인식 시점과 자산에 대한 통제

기업은 고객에게 약속한 재화나 용역(자산)을 이전하여 수행 의무를 이행하며, 자산은 고객이 그 자산을 통제하는 때에 이전된다.

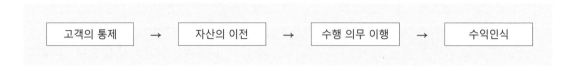

통제란 자산(재화·용역)을 사용하도록 지시하고 그 자산의 나머지 효익의 대부분을 획득할 수 있는 능력을 의미하며 다른 기업이 자산의 사용을 지시하거나 자산의 효익을 획득하지 못하게 하는 능력이 포함된다.

다음 지표를 참고하여 고객이 자산을 통제하는지를 판단해야 한다.

❶ 기업의 대금 지급청구권(고객의 대금 지급의무)
❷ 자산의 법적 소유권(legal title) 이전
❸ 자산의 물리적 점유(physical possession) 이전
❹ 자산의 소유에 따른 유의적인 위험과 보상(significant risks and rewards of ownership)의 이전
❺ 고객의 자산 인수(acceptance)

(2) 수익인식 시점

수행 의무는 어느 한 시점에 또는 일정기간에 걸쳐 이행되며 수행 의무의 진행률을 합리적으로 측정(산출법·투입법)할 수 있는 경우에만, 기간에 걸쳐 이행되는 수행 의무에 관한 수익을 진행기준으로 인식한다.

이러한 진행기준은 다음 중 어느 하나를 충족해야 하며 나머지는 어느 한 시점에 이행되는 수행 의무이며, 고객이 자산(재화·용역)을 통제하게 되는 시점에 수익을 인식한다.

❶ 고객은 기업이 업무를 수행하는 대로 효익을 동시에 얻고 소비(예 : 청소 용역, 케이블TV 용역)

❷ 기업이 만들거나 가치를 높이는 대로 그 자산을 고객이 통제(예 : 고객의 소유지에서 제작하는 자산)

❸ 기업이 업무를 수행하여 만든 자산은 그 기업 자체에는 대체 용도가 없고, 지금까지 업무수행을 완료한 부분에 대해서는 집행 가능한 대금 지급청구권이 있음(예 : 주문 제작 자산)

(3) 재매입 약정

재매입 약정이란 기업이 자산을 판매하고, 같은 계약이나 다른 계약에서 그 자산을 다시 사기로 약속하거나 살 수 있는 선택권을 갖는 계약을 의미하며 재매입 약정은 일반적으로 콜옵션, 선도계약, 풋옵션의 형태를 취한다.

기업이 판매한 자산에 대한 콜옵션[3] · 선도계약[4]이 있는 경우에 고객은 자산을 통제하지 못하므로 수익 인식이 불가하다.

표 4-2 **콜옵션 · 선도계약이 있는 경우 회계처리**

판매 가격과 재매입 가격의 관계	회계처리
판매 가격 > 재매입 가격	리스계약
판매 가격 ≤ 재매입 가격	금융약정

풋옵션[5]의 경우 고객이 옵션을 행사할 경제적 유인이 유의적인지, 행사 가격과 판매 가격, 예상 시장가치를 비교하여 계약 개시 시점에 판단해야 한다.

---

3 자산을 다시 살 수 있는 기업의 권리
4 자산을 다시 사야 하는 기업의 의무
5 고객이 요청하면 자산을 다시 사야 하는 기업의 의무

일반기업회계기준 제16장 '수익'에서 재화의 판매로 인한 수익은 다음 조건이 모두 충족될 때 인식한다.

❶ 재화의 소유에 따른 유의적인 위험과 보상이 구매자에게 이전된다.
❷ 판매자는 판매된 재화의 소유권과 결부된 통상적 수준의 지속적인 관리상 관여를 하지 않을 뿐만 아니라 효과적인 통제를 할 수 없다.
❸ 수익금액을 신뢰성 있게 측정할 수 있다.
❹ 거래와 관련된 경제적 효익의 유입 가능성이 높다.
❺ 거래와 관련하여 발생했거나 발생할 원가를 신뢰성 있게 측정할 수 있다.

(1) 위험과 보상의 이전

소유에 따른 유의적인 위험과 보상이 구매자에게 이전되는 시점을 결정하기 위해서는 거래 상황을 분석하여야 한다. 대부분의 경우, 소유에 따른 위험과 보상의 이전은 일반적으로 법적 소유권의 이전이나 재화의 물리적 이전과 동시에 이루어진다. 그러나 경우에 따라서는 소유에 따른 위험과 보상의 이전 시점이 법적 소유권의 이전 시점이나 재화의 물리적 이전 시점과 다를 수 있다.

판매자가 소유에 따른 유의적인 위험을 부담하는 경우에는 당해 거래를 판매로 보지 아니하며, 수익을 인식하지 아니한다. 판매자는 여러 가지 방식으로 소유에 따른 유의적인 위험을 부담할 수 있으며, 사례는 다음과 같다.

❶ 인도된 재화의 결함에 대하여 정상적인 품질보증범위를 초과하여 책임을 지는 경우
❷ 판매대금의 회수가 구매자의 재판매에 의해 결정되는 경우
❸ 설치 조건부 판매에서 계약의 중요한 부분을 차지하는 설치가 아직 완료되지 않은 경우
❹ 구매자가 판매계약에 명시된 사유에 따라 구매를 취소할 권리가 있고, 해당 재화의 반품 가능성을 예측하기 어려운 경우

판매자가 부담하는 소유에 따른 위험이 중요하지 않은 경우에는 해당 거래를 판매로 보아

수익을 인식한다. 예를 들어, 판매자가 판매대금의 회수를 확실히 할 목적만으로 해당 재화의 법적 소유권을 계속 가지고 있더라도 소유에 따른 유의적인 위험과 보상이 이전되었다면 해당 거래를 판매로 보아 수익을 인식한다. 또 다른 예로 고객이 만족하지 않는 경우에 판매대금을 반환하는 소매판매를 들 수 있는데, 그 경우 과거의 경험과 기타 관련 요인에 기초하여 미래의 반환금액을 신뢰성 있게 추정할 수 있다면, 판매 시점에 수익을 인식하고 추정 반환금액은 부채로 인식한다.

(2) 수익금액의 유입과 측정 가능성

수익은 거래와 관련된 경제적 효익의 유입 가능성이 높은 경우에만 인식한다. 판매대가를 수취하거나 불확실성이 해소되기 전까지 거래와 관련된 경제적 효익의 유입 가능성이 높지 않을 수도 있다. 예를 들어, 해외 판매 시 판매대금의 송금에 대한 외국 정부의 허가 여부가 불확실한 경우에는 송금이 허가되어 불확실성이 제거된 때에 수익을 인식한다. 그러나 이미 수익으로 인식한 금액에 대해서는 추후에 회수 가능성이 불확실해지는 경우에도 이미 인식한 수익금액을 조정하지 아니하고, 회수 불가능한 금액이나 회수 가능성이 높다고 볼 수 없는 금액을 대손비용으로 인식한다.

동일한 거래나 사건에 관련된 수익과 비용은 동시에 인식한다. 이러한 과정을 보통 수익과 비용의 대응이라고 한다. 일반적으로 재화의 인도 이후 예상되는 품질보증비와 기타비용은 다른 수익인식 요건들이 충족되는 시점에 신뢰성 있게 측정할 수 있다. 그러나 관련된 비용을 신뢰성 있게 측정할 수 없다면 수익을 인식할 수 없다. 이 경우에 재화의 판매로 이미 받은 대가는 선수금 등의 부채로 인식한다.

유형	수익인식
미인도청구판매	• 다음 조건 충족 시 구매자가 소유권을 가지는 시점에 인식가능 * 재화가 인도될 가능성이 높음 * 판매자가 해당 재화를 보유하고, 재화가 식별되며, 구매자에게 인도될 준비가 되어 있음 * 통상적인 대금지급 조건을 적용함
제한적인 반품권이 부여된 판매	• 공식적으로 재화의 선적을 수락한 시점이나 재화를 인도 받은 후 반품기간이 종료된 시점
위탁판매	• 위탁자는 수탁자가 제3자에게 재화를 판매한 시점에 수익을 인식
완납 인도 예약 판매	• 일부 예외를 제외하고 재화를 인도하는 시점에만 수익을 인식
판매 후 재매입 약정[6] (스왑거래는 제외)	• 계약조건에 따라 다름. 즉, 소유에 따른 위험과 보상이 구매자에게 실질적으로 이전되었는지 등에 대한 검토 후 인식
재판매를 목적으로 하는 기타 상인 등과 같은 중간상에 대한 판매	• 수익은 소유에 따른 위험과 보상이 구매자에게 이전되는 시점에 인식
출판물 및 이와 유사한 품목의 구독	• 해당 품목의 가격이 매기 비슷한 경우에는 발송기간에 걸쳐 정액기준으로 인식 • 품목의 가액이 기간별로 다른 경우에는 발송된 품목의 판매 가격이 구독 신청을 받은 모든 품목의 추정 총판매 가격에서 차지하는 비율에 따라 수익을 인식
대가가 분할되어 수취되는 할부판매	• 이자 부분을 제외한 판매 가격에 해당하는 수익을 판매 시점에 인식

5 용역의 제공

(1) 진행기준

일반기업회계기준 제6장 '수익'에서 용역의 제공으로 인한 수익은 보고기간 말에 용역 제공 거래의 결과를 신뢰성 있게 추정할 수 있을 때 그 거래의 진행률에 따라 인식하며, 다음 조건

---

6 판매자가 판매와 동시에 해당 재화를 나중에 재매입 할 것에 동의하거나 재매입 할 수 있는 콜옵션을 보유하거나 구매자가 판매자에게 재매입을 요구할 수 있는 풋옵션이 있는 약정

이 모두 충족되는 경우에는 용역 제공거래의 결과를 신뢰성 있게 추정할 수 있는 것으로 본다.

❶ 수익금액을 신뢰성 있게 측정할 수 있다.
❷ 거래와 관련된 경제적 효익의 유입 가능성이 높다.
❸ 보고기간 말에 그 거래의 진행률을 신뢰성 있게 측정할 수 있다.
❹ 이미 발생한 원가 및 거래의 완료를 위한 원가를 신뢰성 있게 측정할 수 있다.

거래의 진행률에 따라 수익을 인식하는 방법을 진행기준이라 한다. 진행기준에 따른 수익은 용역이 제공되는 회계기간에 인식하게 되며, 특정 회계기간의 용역활동과 성과의 정도에 대한 유용한 정보를 제공한다.

(2) 용역수익의 인식

용역수익은 거래와 관련된 경제적 효익의 유입 가능성이 높은 경우에만 인식한다. 그러나 이미 수익으로 인식한 금액에 대해서는, 추후에 회수 가능성이 불확실해지는 경우에도 이미 인식한 수익금액을 조정하지 아니하고, 회수 불가능한 금액이나 더 이상 회수 가능성이 높다고 볼 수 없는 금액을 비용으로 인식한다.

거래상대방과 다음 모든 사항에 대하여 합의한 경우에는 일반적으로 수익금액을 신뢰성 있게 추정할 수 있는 것으로 본다.

❶ 수수되는 용역과 관련한 거래당사자들의 법적 구속력이 있는 권리
❷ 용역제공의 대가
❸ 결제방법 및 결제조건

거래의 진행률은 다양한 방법으로 결정할 수 있다. 기업은 수행된 용역을 신뢰성 있게 측정할 수 있는 방법을 사용하여야 한다. 거래의 성격에 따라 다음과 같은 방법 등으로 진행률을 결정할 수 있다.

❶ 작업 수행 정도의 조사
❷ 총 예상 용역량 대비 현재까지 수행한 누적 용역량의 비율
❸ 총 추정 원가 대비 현재까지 발생한 누적 원가의 비율

용역제공이 특정 기간 내에 불특정 다수의 활동에 의하여 수행되는 경우, 그 진행률을 더 잘 나타낼 수 있는 다른 방법이 없다면 실무적 편의를 위하여 정액기준으로 특정 기간에 걸쳐 수익을 인식할 수 있다. 다만, 특정 활동이 다른 활동에 비해 특히 유의적 일 때에는 그 활동이 수행될 때까지 수익의 인식을 연기한다.

(3) 용역제공의 신뢰성 있는 추정

용역 제공거래의 성과를 신뢰성 있게 추정할 수 없는 경우에는 인식된 비용의 회수 가능한 범위 내에서의 금액만을 수익으로 인식한다.

거래의 초기 단계에서는 용역 제공거래의 성과를 신뢰성 있게 추정할 수 없는 경우가 자주 있다. 그러한 경우에도 발생한 원가의 회수 가능성은 높을 수 있다. 따라서, 발생 원가의 회수 가능한 범위 내에서의 금액만을 수익으로 인식한다. 즉, 용역 제공거래의 성과를 신뢰성 있게 추정할 수 없기 때문에 이익은 인식하지 아니한다.

용역 제공거래의 성과를 신뢰성 있게 추정할 수 없고 발생한 원가의 회수 가능성이 높지 않은 경우에는 수익은 인식하지 아니하고 발생한 원가만을 비용으로 인식한다. 거래의 성과를 신뢰성 있게 추정하는 것을 어렵게 하였던 불확실성이 해소된 경우에는 용역의 제공으로 인한 수익은 용역 제공거래의 결과를 신뢰성 있게 추정할 수 있을 때 보고기간 말에 그 거래의 진행률에 따라 수익을 인식한다.

(4) 용역의 제공의 수익인식 유형

유형	수익인식
설치수수료	• 재화의 판매에 부수되는 설치의 경우를 제외하고는 설치의 진행률에 따라 수익으로 인식
제품 판매 가격에 포함된 용역수수료	• 제품 판매 가격에 판매 후 제공할 용역에 대한 식별 가능한 금액이 포함되어 있는 경우에는 그 금액을 이연하여 용역수행기간에 걸쳐 수익으로 인식
광고수수료	• 광고 매체수수료는 광고 또는 상업방송이 대중에게 전달될 때 인식 • 광고 제작수수료는 광고제작의 진행률에 따라 인식
보험대리 수수료	• 보험대리인이 추가로 용역을 제공할 필요가 없는 경우, 받았거나 받을 수수료를 해당 보험의 효과적인 개시일 또는 갱신일에 수익으로 인식 • 대리인이 보험계약기간에 추가로 용역을 제공할 가능성이 높은 경우에는 수수료의 일부 또는 전부를 이연, 보험계약기간에 걸쳐 수익으로 인식
입장료	• 행사가 개최되는 시점에 인식

강의료	•강의기간에 걸쳐 수익으로 인식
프랜차이즈 수수료	•설비 등 자산 : 해당 자산을 인도하거나 소유권을 이전할 때 제공하는 자산의 공정가치에 기초한 금액을 수익으로 인식 •창업 지원용역과 운영 지원용역의 제공은 용역제공에 따라 수익인식 •프랜차이즈 운영지원 수수료 : 권리를 사용하는 시점이나 용역을 제공하는 시점에 수익으로 인식

6 건설 계약

1) 건설 계약의 이해

건설 계약은 단일 자산의 건설이나 설계, 기술 및 기능 또는 그 최종 목적이나 용도에 있어서 밀접하게 상호 연관되거나 상호의존적인 복수 자산의 건설을 위해 구체적으로 협의된 계약을 말한다.

건설 계약은 교량, 건물, 댐, 파이프라인, 도로, 선박 또는 터널과 같은 단일 자산을 건설하기 위하여 체결할 수 있으며, 설계, 기술 및 기능 또는 그 최종 목적이나 용도에 있어서 밀접하게 상호 연관되거나 상호의존적인 복수 자산을 대상(예 : 정제시설과 복합 생산설비)으로 할 수도 있다. 또한, 일반기업회계기준상 건설형 공사계약은 다음 계약형태를 포함한다.

❶ 공사감리나 설계용역의 계약과 같이 자산의 건설에 직접 관련된 용역 제공계약
❷ 자산의 철거나 원상회복 그리고 자산의 철거에 따르는 환경복구에 관한 계약
❸ 청약을 받아 분양하는 아파트 등 예약 매출에 의한 건설공사 계약

건설 계약에 따른 활동의 성격으로 인해 계약활동이 시작되는 날과 종료되는 날은 보통 다른 회계기간에 귀속된다. 그러므로 건설 계약의 회계처리에 대한 핵심사항은 계약 수익과 계약 원가를 건설공사가 수행되는 회계기간에 배분하는 것이다.

(1) 계약 수익

계약 수익은 수령하였거나 수령할 대가의 공정가치로 측정한다. 이러한 계약 수익의 측정은 미래사건의 결과와 관련된 다양한 불확실성에 의해 영향을 받으며, 다음 항목으로 구성된다.

❶ 최초에 합의한 계약금액

❷ 공사변경, 보상금 및 장려금에 따라 추가되는 금액으로서 수익으로 귀결될 가능성이 높고, 금액을 신뢰성 있게 측정할 수 있는 것

가. 계약 수익의 변경

계약 수익의 추정치는 후속사건이 발생하거나 불확실성이 해소됨에 따라 자주 수정될 필요가 있다. 따라서, 계약 수익은 다음과 같은 사유로 인해서 기간별로 증가하거나 감소할 수 있다.

❶ 건설사업자와 발주자가 계약이 최초로 합의된 회계기간의 후속기간에 계약 수익을 증가 또는 감소시키는 공사내용의 변경이나 보상금에 합의하는 경우

❷ 물가연동 조항에 따라 정액 계약의 수익금액이 증가되는 경우

❸ 건설사업자가 자신의 귀책사유로 완공시기가 지연됨에 따라 위약금을 부담한 결과 계약 수익금액이 감소되는 경우

❹ 정액 계약이 산출물 단위당 고정 가격에 기초하여 정해진 경우 또는 산출량이 증가함에 따라 계약 수익이 증가하는 경우

나. 보상금

보상금은 건설사업자가 계약금액에 포함되어 있지 않은 원가를 발주자나 다른 당사자에게서 보상받으려는 금액이다. 예를 들어 발주자에 의하여 공사가 지체되거나, 제시한 사양이나 설계에 오류가 있거나, 공사변경과 관련하여 분쟁이 있는 경우 보상금이 발생할 수 있다. 보상금에 따른 수익금액은 측정하는데 불확실성이 높으며 협상의 결과에 따라 달라질 수 있다.

다. 장려금

장려금은 특정 성과기준을 충족하거나 초과하는 경우 건설사업자에게 지급되는 추가 금액이다. 예를 들어 공사계약의 조기완료에 대하여 건설사업자에게 계약상 정해진 장려금이 지급될 수 있다.

표 4-3	보상금 및 장려금의 계약 수익 포함 조건
구분	계약 수익에 포함되기 위한 조건
보상금	• 협상이 상당히 진전되어 발주자가 보상금의 청구를 수락할 가능성이 높다. • 발주자가 수락할 가능성이 높은 금액을 신뢰성 있게 측정할 수 있다.
장려금	• 계약이 충분히 진행되어 특정 성과기준을 충족하거나 초과할 가능성이 높다. • 장려금을 신뢰성 있게 측정할 수 있다.

(2) 계약 원가

계약 원가는 계약 체결일로부터 계약의 최종 완료일까지의 기간에 당해 계약에 귀속될 수 있는 원가를 포함한다. 계약 원가는 특정 계약에 직접 관련된 원가와 계약 활동 전반에 귀속될 수 있는 공통 원가로 구분된다.

가. 특정 계약에 직접 관련된 원가

❶ 현장감독을 포함한 현장인력의 노무 원가

❷ 건설에 사용된 재료 원가

❸ 계약에 사용된 생산설비와 건설장비의 감가상각비

❹ 생산설비, 건설장비 및 재료를 현장으로 운반하거나 현장에서 운반하는 데 소요되는 원가

❺ 생산설비와 건설장비의 임차 원가

❻ 계약과 직접 관련된 설계와 기술지원 원가

❼ 예상 하자보수 원가를 포함한 복구 및 보증공사의 추정 원가

❽ 제3자의 보상금 청구

이러한 원가는 계약 수익에 포함되지 않은 부수적 이익의 발생으로 인해서 차감될 수 있다. 이러한 부수적 이익의 예로 잉여자재를 판매하거나 계약 종료 시점에 생산설비와 건설장비를 처분하여 발생하는 이익을 들 수 있다.

나. 계약활동 전반에 귀속될 수 있는 공통 원가로서 특정 계약에 배분할 수 있는 원가

❶ 보험료

❷ 특정 계약에 직접 관련되지 않은 설계와 기술지원 원가

❸ 건설 간접 원가

이러한 원가는 체계적이고 합리적인 방법에 따라 배분하며, 유사한 성격의 모든 원가에 일관되게 적용한다. 원가 배분은 건설활동의 정상조업도 수준에 기초한다. 건설 간접 원가에는 건설인력의 급여지급에 대한 사무처리 원가를 포함한다. 계약활동 전반에 귀속될 수 있는 공통 원가로서 특정 계약에 배분할 수 있는 원가에는 차입 원가도 포함한다.

그러나, 계약활동에 귀속될 수 없거나 특정 계약에 배분할 수 없는 원가는 건설 계약의 원가에서 제외한다. 이러한 원가에는 다음이 포함된다.

❶ 계약에 보상이 명시되어 있지 않은 일반관리 원가
❷ 판매 원가
❸ 계약에 보상이 명시되어 있지 않은 연구개발 원가
❹ 특정 계약에 사용하지 않는 유휴생산설비나 건설장비의 감가상각비

❗ 예시

계약 수익 인식금액

A기업은 국토해양부로부터 독도와 울릉도를 연결하는 교량건설을 100억 원에 수주하고 20×1년 11월 1일에 계약을 체결하였다. 20×1년 11월 2일 회사는 국토해양부로부터 계약금액 중 10%를 선수금으로 수령하였으며 이중 절반을 협력업체인 B에게 지급하였다.

20×1년 공사 진행과정에서 기존의 설계에 따른 교량연결이 어려운 것이 확인되어 설계변경을 하였으며, 추가적으로 약 20억 원의 공사비가 발생할 것으로 예상되었다. 동 추가 비용은 국토해양부에 공식적으로 요청하여 20×1년 12월 중에 승인 받을 예정이다.

또한, A기업은 교량건설과 관련하여 환경단체로부터 항의를 받았으며 이와 관련하여 일부 비용을 환경단체에 지급할 계획이다. 동 비용은 최소 1억 원에서 최대 10억 원으로 예상된다.

이 경우 A기업이 동 교량건설과 관련해서 인식할 총 계약 수익은?

(풀이)

A기업이 인식할 계약 수익은 총 120억 원으로 다음과 같이 계산된다.

구분	계약 수익 인식액	계약 수익 인식 근거
계약금액	100억 원	최초 합의된 계약금액
공사 변경금액	20억 원	발주처와 합의에 따라 수익으로 계상될 수 있으며 금액을 신뢰성 있게 측정할 수 있음
보상금	–	금액을 신뢰성 있게 측정할 수 없으며 발주처의 합의 여부도 불분명함
계	120억 원	

2) 계약 수익과 비용의 인식

(1) 계약 수익의 인식

건설 계약은 계약금액의 결정방법에 따라 다음과 같이 구분되며, 건설 계약의 결과를 신뢰성 있게 추정할 수 있는 경우 계약의 진행률을 기준으로 수익과 비용을 인식할 수 있는데, 이렇게 수익을 인식하는 방법을 진행기준이라고 한다. 진행기준에 의할 경우 계약 수익은 특정 진행률에 도달하기까지 발생한 계약 원가에 대응되며, 그 결과로 공사진행률에 비례하여 수익, 비용 및 이익이 보고된다. 이 방법은 특정 기간의 계약활동과 성과에 대하여 유용한 정보를 제공한다.

구분	내용
정액 계약	• 계약금액을 정액으로 하거나 산출물 단위당 가격을 정액으로 하는 건설 계약이다. • 경우에 따라서는 물가연동조항을 포함한다.
원가보상계약	• 원가의 일정 비율이나 정액의 수수료를 원가에 가산하여 보상받는 건설 계약이다. • 이 경우 원가는 당사자 간에 인정되거나 계약서에 정의된 원가를 말한다.

(2) 진행기준의 적용 요건

앞서 언급한 바와 같이 건설 계약의 결과를 신뢰성 있게 추정할 수 있는 경우, 건설 계약과 관련한 계약 수익과 계약 원가는 보고기간 말 현재 계약활동의 진행률을 기준으로 각각 수익과 비용으로 인식한다. 각 계약별 건설 계약의 결과를 신뢰성 있게 추정할 수 있는 요건은 다음과 같다.

구분	건설 계약의 결과를 신뢰성 있게 추정할 수 있는 요건
정액 계약	• 총 계약 수익을 신뢰성 있게 측정할 수 있다. • 계약과 관련된 경제적 효익이 건설사업자에게 유입될 가능성이 높다. • 계약을 완료하는 데 필요한 계약 원가와 보고기간 말 현재의 계약 진행률을 신뢰성 있게 측정할 수 있다. • 특정 계약에 귀속될 수 있는 계약 원가를 명확히 식별할 수 있고 신뢰성 있게 측정할 수 있어 실제 발생한 계약 원가를 이전 추정치와 비교할 수 있다.
원가보상계약	• 계약과 관련된 경제적 효익이 건설사업자에게 유입될 가능성이 높다. • 특정 계약에 귀속될 수 있는 계약 원가(보상이 특정되어 있는지에 관계없이)를 명확히 식별할 수 있고 신뢰성 있게 측정할 수 있다.

(3) 진행기준의 결정

기업회계기준서상 계약의 진행률은 다양한 방식[7]으로 결정될 수 있으며, 건설사업자는 일반적으로 수행한 공사를 신뢰성 있게 측정할 수 있는 방법인 누적 발생 계약 원가 기준으로 측정한다.

> 누적 발생 계약 원가 기준 = 수행한 공사에서 발생한 누적 계약 원가 ÷ 추정 총 계약 원가

진행률을 누적 발생 계약 원가 기준으로 결정하는 경우에는 수행한 공사를 반영하는 계약 원가만 누적 발생 원가에 포함한다. 진행률 산정을 위한 누적 발생 원가에서 제외되는 원가의 예는 다음과 같다.

❶ 현장에 인도되었거나 계약상 사용을 위해 준비되었지만 아직 계약공사를 위해 설치, 사용 또는 적용이 되지 않은 재료의 원가와 같은 계약상 미래 활동과 관련된 계약 원가. 단, 재료가 계약을 위해 별도로 제작된 경우는 제외한다.
❷ 하도급계약에 따라 수행될 공사에 대해 하도급자에게 선급한 금액
❸ 발주자에게서 수령한 기성금

또한, 진행기준은 매 회계기간마다 누적기준으로 계약 수익과 계약 원가의 현행 추정치에 적용한다. 따라서 계약 수익이나 계약 원가의 추정치 변경의 효과나 계약 결과의 추정치 변경의 효과는 회계추정의 변경으로 회계처리한다. 변경된 추정치는 변경이 이루어진 회계기간과 그 후 기간의 당기 손익으로 인식되는 수익과 비용의 금액 결정에 사용한다.

예시

계약의 진행률 및 계약 수익과 계약 비용의 인식시기를 결정하는 방법

건설사업자 A는 9,000원에 교량을 건설하는 정액 계약을 체결하였다. 최초에 합의한 계약 수익은 9,000원이며, 최초에 사업자가 추정한 계약 원가는 8,000원이다. 교량의 건설에는 3년이 소요될 것이다.

1차 연도 중 발생한 계약 원가는 2,093원이며, 1차 연도말에 건설사업자가 추정한 계약 원가는 8,050원으로 증가하였다.

---

7 수행한 공사의 측량 또는 계약공사의 물리적 완성비율 등

2차 연도에 발주자가 공사 변경을 승인하여 계약 수익이 200원만큼 증가하고, 추가적으로 계약 원가의 추정액이 150원만큼 증가하였다. 2차 연도에 발생한 계약 원가는 4,075원이며 발생한 원가에는 3차 연도에 공사 완료를 위해 사용할 100원만큼의 현장보관 표준자재가 포함되어 있다.

2차 연도 이후, 3차 연도에 계약 수익 및 추정 계약 원가에 변동은 없었다. 건설사업자 A는 수행한 공사에 대하여 발생한 누적 계약 원가를 추정 총 계약 원가로 나눈 비율을 계산하여 계약의 진행률을 결정한다.

이 경우 건설사업자 A가 기간별로 인식하는 계약 수익, 계약 원가와 이에 따른 계약 이익은?

(풀이)

기간별로 인식되는 계약 수익, 계약 원가 및 계약 이익

구분	1차 연도	2차 연도	3차 연도
① 누적 발생 계약 원가	2,093	6,068(*1)	8,200(*2)
② 총 계약 원가	8,050	8,200	8,200
③ 누적진행율(①÷②)	26%	74%	100%
④ 총 계약 수익	9,000	9,200	9,200
⑤ 누적 계약 수익(④×③)	2,340	6,808	9,200
⑥ 당기 계약 수익(*3)	2,340	4,468	2,392
⑦ 누적 계약 이익(⑤－①)	247	740	1,000
⑧ 당기 계약 이익(*4)	247	493	260

(*1) 3차 연도 발생한 현장보관 표준자재 비용은 제외하여 진행률을 계산한다. 전기 발생 원가 2,093＋당기 발생 원가 4,075－3차 연도 비용 100으로 산정하며 100원은 2차 연도 기말 재무상태표의 자산으로 남는다.
(*2) 3차 연도에 발생한 비용은 2,032원이나 전년도에 지출한 현장보관 표준자재 비용을 포함하여 계산한다.
(*3) 당기 누적 계약 수익－전기 누적 계약 수익
(*4) 당기 누적 계약 이익－전기 누적 계약 이익

(4) 진행기준을 적용하기 어려운 경우

계약 수익으로 이미 인식한 금액의 회수 가능성에 불확실성이 발생한 경우, 회수 불가능한 금액이나 더 이상 회수 가능성이 높다고 볼 수 없는 금액은 계약 수익을 조정하기보다는 당기비용으로 인식한다. 이 경우 계약 수익은 회수 가능할 것으로 기대되는 발생 원가를 한도로 인식하며, 계약의 결과를 신뢰성 있게 추정할 수 없으므로 이익은 인식하지 않는다.

예를 들어, 상기 예시에서 1차 연도에 발생한 계약 원가는 2,093원이었으나 회수 가능한 금액이 2,000원이라면 계약 수익은 2,340원이 아닌 2,000원이며 계약 원가는 2,093원이 되어 당

기 계약 손실 93원이 발생하게 되는 것이다.

표 4-4 건설 계약의 결과에 따른 계약 수익의 인식방법

건설 계약의 결과	수익인식방법	인식금액
신뢰성 있게 측정가능	진행기준	계약금액 × 진행률
신뢰성 있게 측정할 수 없는 경우	회수 가능 기준	계약 수익은 회수 가능할 것으로 기대되는 발생 원가를 한도로 인식

(5) 누적 발생 계약 원가 기준이 아닌 타 기준에 따른 진행률 적용

누적 발생 계약 원가기준이 아닌 타 기준에 따른 진행률을 적용할 경우에는 계약 수익은 총 계약금액에서 진행기준에 따라 산정되나 계약 원가는 발생 원가가 아닐 수 있다.

 예시

타 기준에 따른 진행률 적용 사례

A사는 B건설사의 아파트 건축공사에 베란다 창을 제공하는 건설공사계약을 체결하였다. 동 공사와 관련하여 계약금액은 총 10억 원이다. 회사는 약 2년에 걸쳐 공사가 진행될 것으로 추정하고 있으며 과거 경험상 아파트 호수별로 베란다 창이 설치되는 기준(물량기준)으로 진행기준을 인식하고 있다. 2개년의 계약 원가와 각각의 설치되는 물량이 다음과 같다면, A기업이 인식해야 하는 계약 수익 및 계약 이익은?

1. 계약 수익
10억 원이며 공사 종료 시점에 청구되어 회수되는 것을 가정함.

2. 계약 원가 및 물량기준

구분	1차 연도	2차 연도	합계
발생 계약 원가	3억 원	5억 원	8억 원
물량기준 설치량	400세대	100세대	500세대

(풀이)

구분	1차 연도	2차 연도	합계
진행기준	80%＝400세대÷500세대	100%＝500세대÷500세대	
물량기준 설치량	400세대	100세대	500세대
누적 계약 원가	3억 원	8억 원	8억 원
누적 계약 수익	8억 원＝10억 원×80%	10억 원＝10억 원×100%	10억 원
계약 이익	5억 원＝8억 원－3억 원	(3억 원)2억 원－5억 원	2억 원

3) 건설 계약 기타

(1) 건설 계약 전 지출

계약 원가는 계약 체결일로부터 계약의 최종 완료일까지의 기간에 당해 계약에 귀속될 수 있는 원가를 포함한다. 그러나 계약에 직접 관련되며 계약을 체결하는 과정에서 공사계약 체결 전에 발생한 원가 중 개별적으로 식별이 가능하며, 신뢰성 있게 측정할 수 있고, 계약의 체결가능성이 높은 경우에는 계약 원가의 일부로 포함한다.

이러한 공사계약 체결 전에 발생하는 원가의 대표적인 예는 견적서 작성비용 및 수주를 위한 지출비용 등이 있다. 이러한 수주비용은 계약 체결 전에 발생하는 비용으로서 공사수행에 따라 발생하는 원가는 아니므로 진행기준 계산 시 계약 원가에는 포함되지 않는다. 그러나, 계약에 직접 관련되며 계약을 체결하는 과정에서 공사계약 체결 전에 발생한 원가이므로 공사진행 과정에서 공사수익에 대응하는 계약 원가로 처리한다.

(2) 건설 계약 후 지출

건설 계약은 공사 종료와 더불어 모든 의무가 종료되기보다는 일정기간 동안 공사에서 발생하는 하자를 무상으로 보수하는 의무가 포함되어 있는 것이 일반적이다. 예를 들어, 아파트 신축공사 후 입주자들은 1년 혹은 2년까지 하자보수를 신청하고 이를 무상으로 건설회사가 수리해 주는 경우가 있다.

이러한 하자보수 금액은 건설공사와 관련하여 발생하는 것으로 일반적으로 계약 원가에 포함하여 계산하도록 하고 있다. 다만, 하자보수 예상액은 공사 종료 이후에 발생하는 것이고 공사 수행과는 무관하므로 진행기준의 계산 시 계약 원가에는 포함하지 않는 것이 일반적이다. 따라서, 하자보수 의무가 있고 이러한 금액을 합리적으로 추정할 수 있는 경우에는 공사 진행기준에 따라 해당 하자보수비를 계약 원가로 처리하여야 한다.

 예시

계약의 진행률 및 계약 수익과 계약 비용의 인식시기를 결정하는 방법

기본적인 내용은 예시(p. 158)와 동일하다. 다만, 계약서상 하자보수와 관련하여 공사 종료 후 2개년 동안 하자보수를 무상으로 수행하도록 하고 있다. 과거 회사의 경험상 이러한 공사에서 발생하는 하자보수는 다음과 같이 예상하였다. 공사 종료 후 1차 연도 50원, 2차 연도 30원이며 상기 추정 계약 원가에는 예상 하자보수비가 포함되지 않았다.

건설사업자 A가 기간별로 인식해야 하는 계약 수익, 계약 원가와 이에 따른 계약 이익은?

(풀이)

구분	1차 연도	2차 연도	3차 연도
① 누적 발생 계약 원가	2,093	6,068	8,200
② 총 계약 원가(*1)	8,050	8,200	8,200
③ 누적진행률(①÷②)	26%	74%	100%
④ 총 계약 수익	9,000	9,200	9,200
⑤ 누적 계약 수익(④×③)	2,340	6,808	9,200
⑥ 당기 계약 수익	2,340	4,468	2,392
⑦ 누적 계약 이익(⑤－①)(*2)	226	681	920
⑧ 당기 계약 이익(*2)	226	455	239

(*1) 하자보수비는 진행률 산정이 되는 총 계약 원가에는 포함되지 않는다.
(*2) 기간별 계약 이익은 다음과 같이 하자보수비를 진행률만큼 계약 원가에 포함하여 산정한다.

구분	하자보수비 누적반영액	계산내역
1차 연도	20.8	80×26%
2차 연도	59.2	80×74%
3차 연도	80	80×100%

(3) 공사계약의 병합과 분할

건설공사계약은 일반적으로 건설 계약별로 적용한다. 그러나 어떤 경우에는 계약이나 복수계약의 실질을 반영하기 위하여 단일계약에 대해 개별적으로 식별 가능한 구성단위별로 또는 복수계약을 하나의 계약으로 보아 진행기준을 적용해야 할 필요가 있다.

표 4-5 계약의 병합과 분할

구분	적용 요건
별개의 건설 계약 (모든 조건 충족 시)으로 구분하는 경우	• 각 자산에 대하여 별개의 공사제안서가 제출된다. • 각 자산에 대하여 개별적 협상이 이루어졌으며, 건설사업자와 발주자는 각 자산별로 각 자산과 관련되는 계약조건을 수락하거나 거부할 수 있다. • 각 자산별로 원가와 수익의 식별이 가능하다.
단일 건설 계약으로 구분하는 경우	• 복수계약이 일괄적으로 협상된다. • 복수계약이 상호 밀접하게 연관되어 사실상 전체로서의 목표이윤을 추구하 는 단일 프로젝트의 일부이다. • 복수계약이 동시에 진행되거나 계속하여 순차적으로 수행된다.

예를 들어, 어떠한 기업이 아파트와 상가를 짓는 계약을 100억 원에 수주하였다 하더라도 아파트와 상가의 추정 계약 원가가 상이할 수 있으며 계약 원가의 투입시기도 상이할 수 있으므로 하나의 계약으로 보아 진행기준을 인식하는 경우(병합)와 각각의 건설공사계약으로 보아 진행기준을 인식하는 경우(분할)의 수익인식은 달라질 수 있다.

(4) 손실이 예상되는 건설 계약

건설 계약은 장기간에 걸쳐 이루어지는 경우가 많으므로 총 계약 원가의 추정에 많은 어려움이 있다. 예를 들어, 10억 원의 계약 원가를 예상한 도로공사를 15억 원에 수주하여 계약을 진행하던 중 예상치 못한 토지 지반 공사비용이나 문화재 발굴에 따른 비용 등이 발생할 수 있으며 이를 계약 수익으로 반영하지 못하는 경우에는 총공사손실이 발생할 수 있다. 총 계약 원가가 총 계약 수익을 초과할 가능성이 높은 경우, 예상되는 손실을 즉시 비용으로 인식하도록 하고 있다.

4) 재무제표의 표시

재무상태표에는 미청구공사총액은 자산으로, 초과청구공사총액은 부채로 표시한다.

표 4-6 미청구공사 및 초과 청구 공사의 산정

구분	발생조건	측정
미청구공사	누적 발생 원가 + 인식한 누적이익(손실 일 경우 차감)금액 > 공사대금 청구액	누적 발생 원가와 인식한 이익의 합계금액 − 인 식한 손실과 공사대금 청구액의 합계금액
초과청구공사	누적 발생 원가 + 인식한 누적이익(손실 일 경우 차감)금액 < 공사대금 청구액	인식한 손실과 공사대금 청구액의 합계금액 − 누적 발생 원가와 인식한 이익의 합계금액

미청구공사/초과 청구 공사의 인식

A건설 20×1기 건설 정보

도급금액(20×1기초부터 공사 시작 가정)	100원
추정 총 계약 원가	80원
20×1기말 누적 발생 원가	40원(공사진행률 50%)
20×1기 매출액	50원(100원×50%)
20×1기 매출 원가	40원

① 건설의 공사대금 청구액이 40원인 경우 → 미청구공사 10원 자산으로 인식

　미청구공사(10) = 누적 발생 원가(40) + 누적이익(10) − 공사대금 청구액(40)

② 청구금액이 60인 경우 → 초과 청구 공사 10원을 부채로 인식

　초과 청구 공사(10) = 공사대금 청구액(60) − 누적 발생 원가(40) − 누적이익(10)

5) 자체분양 공동주택의 회계처리

　2011년 5월 한국회계기준원 질의 회신 '자체분양공동주택의 수익인식 방법'에 따라 한국의 아파트 자체분양공사는 '건설 계약'의 정의를 충족하지 못하여, 진행기준이 아닌 인도기준으로 수익을 인식해야 하나, 해석서 제2115호 '부동산 건설약정'에 따라 '건설이 진행됨에 따라 미성공사에 대한 통제와 유의적인 위험과 보상이 매수자에게 이전'되는 재화의 판매로 보아 진행기준으로 수익을 인식하도록 하고 있다. 이는 한국채택국제회계기준에만 적용되는 사항으로 국제회계기준으로 전환할 경우에는 수정해야 하는 항목이다.

　이에 따라, 자체공사도 계약 원가와 누적 계약 원가 등을 고려한 진행기준에 따라 수익인식을 하고 관련 용지 등은 진행률에 따라 계약 원가로 회계처리 한다.

 예시

자체분양 공동주택의 수익인식

　A건설사업자는 20×1년 11월말 아파트 100채를 건설하여 분양하기 위해 토지를 지방자치단체로부터 100억 원에 구입하였다. 또한, 해당 지방자치단체의 승인을 얻어 총분양가 300억 원에 분양 승인을 득하고 분양을 하였다. 20×1년에는 분양계약이 이루어지지 않았으나 20×2년과 20×3년에 각

각 50%씩 분양계약을 체결하여 분양이 완료되었다.

A 건설은 공사기간이 3년, 총공사비는 80억 원으로 20×1년에 20억 원, 20×2년에 30억 원 및 20×3년에 30억 원이 발생할 것으로 예상되었다. 단, 하자보수비는 발생하지 않는 것으로 가정한다.

A건설사업자가 기간별로 인식하는 분양수익, 분양 원가와 이에 따른 분양이익을 계산하라.

(풀이)

(단위:억 원)

	1차 연도	2차 연도	3차 연도
누적 발생 분양 원가(A)	20	50	80
총 분양 원가(B)	80	80	80
누적진행률(A÷B)	25%	63%	100%
분양률	–	50%	100%
누적 분양 수익	–	94.5	300
누적 분양 원가	–	56.5	180
재고자산	120	93.5	–
당기 계약 이익	–	38	120

1차 연도	분양이 이루어지지 않으므로 투입원가는 없으며, 모두 재고자산임. 즉, 공사비 20억 원 + 용지 100억 원 등 총 120억 원을 재고자산으로 계상
2차 연도	누적 분양 원가 = (누적 발생 분양 원가 50억 원×분양률 50%) + 용지 100억 원×누적진행률(63%)×분양률(50%)) = 56.5억 원 투입 원가는 총 150억 원(누적 발생 분양 원가 50억 원 + 용지 100억 원)이며, 누적 분양 원가는 56.5억 원이므로 93.5억 원은 재고자산으로 분류
3차 연도	누적 분양 원가 = (누적 발생 분양 원가 80억 원×분양률 100%) + 용지 100억 원×누적진행률(100%)×분양률(100%) = 180억 원

1　매출 원가

매출 원가란 제품, 상품 등의 매출액에 대응되는 원가로서 판매된 제품이나 상품에 대한 제조 원가 또는 매입 원가를 말한다. 이러한 매출 원가는 당기 매출액에 대응되어야 하므로 수익비용의 대응 원칙이 가장 중요하다.

일반적인 제조업체의 매출 원가 표시는 다음의 방법에 따른다.

구분	금액	비고
기초상품(제품) 재고액	1,000,000	①
당기 상품매입액(제품제조원가)	4,000,000	②
기말 상품(제품) 재고액	2,000,000	③
매출 원가	3,000,000	① + ② - ③

제품 제조 원가는 제품 등의 생산과 직간접으로 관련하여 발생한 재료비, 노무비 및 경비의 총액을 말한다. 따라서, 생산이나 제조와 관련 없는 판매비 등은 제외된다.

제조 원가 명세서는 기업마다 일부 차이는 있으나 제품 제조를 위한 원재료비, 해당 제조공정에 투입되는 인원의 노무비, 일부 공정을 외주업체에게 위탁하는 경우 발생하는 외주가공비 및 각종 제조활동과 관련하여 발생하는 연료비, 유형자산 상각비 및 수도광열비 등이 포함되는 제조경비로 구분된다.

이러한 재료비, 노무비, 외주가공비 및 제조경비 등 당기 투입비용의 합계에서 기말 재공품 원가(재공품은 제조과정에서 완성되지 아니한 제품을 지칭함)를 차감하고 제조과정 외에 타 계정으로 대체된 금액(예를 들어, 재고자산을 직원복리후생으로 사용하거나 판촉물로 사용하는 경우)을 제외한 금액이 제품제조 원가로 구성된다. 하기 제조 원가 명세서의 사례를 통해 주로 어떠한 항목이 포함되는지 자세히 살펴보도록 한다.

AA기업 제조 원가 명세서

20×0년 1월 1일에서 20×0년 12월 31일까지

(단위:천 원)

구분		금액
Ⅰ. 재료비(1+2−3)		2,000,000
1. 기초원재료 재고액	1,000,000	
2. 당기 원재료 매입액	4,000,000	
계(1+2)	5,000,000	
3. 당기말 원재료 재고액	3,000,000	
Ⅱ. 노무비		500,000
Ⅲ. 외주가공비		1,000,000
Ⅳ. 제조경비		2,000,000
Ⅴ. 당기 총제조비용(Ⅰ+Ⅱ+Ⅲ+Ⅳ)		5,500,000
Ⅵ. 기초재공품 원가		500,000
Ⅶ. 합계(Ⅴ+Ⅵ)		6,000,000
Ⅷ. 당기말 재공품 원가		1,500,000
Ⅸ. 타 계정대체액		1,000,000
Ⅹ. 당기 제품 제조 원가(Ⅶ−Ⅷ−Ⅸ)		3,500,000

2 판매비와 관리비

판매비와 관리비는 제품, 상품, 용역의 판매 및 제공과 관련한 판매활동과 기업의 유지 관리를 위해 발생하는 비용을 지칭한다.

기업회계기준서에서는 판매비와 관리비 항목을 예시하고 있지 않으나 일반적으로 사용되는 계정과 성격은 다음과 같이 분류할 수 있다. 다만, 이러한 항목은 예시이며 계정의 성격에 좀 더 부합할 경우 새로운 계정을 활용할 수 있다.

항목	구분
급여	일반적으로 임직원에게 지급되는 급여와 상여, 제수당을 포함
퇴직급여	근로자의 계속적인 고용의 종료에 대해 지급하는 항목으로 구성
복리후생비	임직원에게 직접 지급되는 급여, 상여, 퇴직금과 달리 근로환경의 개선이나 근로의욕의 향상을 위해 지급되는 법정 혹은 후생의 복리비
임차료	토지, 건물, 기계장치 등의 자산을 타인으로부터 임차함으로써 소유자에게 지급하는 비용

접대비	사업상의 필요로 지출된 비용
감가상각비	유형자산의 물리적, 경제적 가치 하락에 따른 효용의 감소를 감가상각비로 계상
무형자산상각비	유형자산의 감가상각과 마찬가지로 무형의 자산에 대한 원가의 기간배분
세금과공과	국가 또는 지자체 등에게 납부하는 공과금, 벌금 등
광고선전비	상품 또는 제품 등의 판매촉진을 목적으로 불특정 다수인에게 선전효과를 얻기 위해 지출하는 비용
연구비	연구 등의 목적과 관련하여 발생하거나 지출된 성격의 비용
경상개발비	생산 또는 사용 전 계획이나 설계에 적용하기 위해 발생하는 비용
대손상각비(*)	영업활동 등의 과정에서 발생하는 채권의 회수불능에 따른 비용

(*) 대손충당금환입이 발생한 경우, (−)금액으로 표시한다.

---

3 기타손익과 금융손익

(1) 기타손익

기업의 주된 활동이 아닌 다른 활동에서 발생하는 수익과 비용을 의미한다. 이러한 기타수익과 비용의 예로는 배당금수익, 외화환산손익 및 유·무형자산 처분손익 등이 있다. 배당금수익 및 유·무형자산 처분손익 등은 앞서 'Chapter 3, 4'를 참조하기 바라며 외화환산손익에 대해서는 "Chapter 7 연결재무제표 5절 '환율 변동 효과'"에서 자세히 알아보기로 한다.

(2) 금융손익

기업이 보유한 금융자산이나 상환 또는 지급 의무를 가진 금융부채에서 발생하는 수익과 비용을 의미한다. 이러한 금융수익과 금융비용의 예로는 이자수익과 비용, 금융자산 및 부채에서 발생하는 외화환산손익 등으로 구성된다.

이자수익과 관련하여 주의할 점은 이자부 투자자산을 취득하기 전에 수취하지 않은 이자가 존재하는 경우, 취득 후 처음 받은 이자에 대해서는 취득 이전 기간과 취득 이후 기간으로 배분하여 취득 이후 기간에 해당하는 이자만을 수익으로 인식한다는 점이다. 취득 전 이자금액은 이미 투자자산의 취득금액에 포함되어 있기 때문이다.

4 종업원 급여

1) 개요

기업회계기준서 제1019호상 종업원 급여란 종업원이 제공한 근무용역과 교환하거나 종업원을 해고하면서 기업이 제공하는 모든 종류의 대가로서 다음 4가지 범주로 나눌 수 있다.

단기 종업원 급여	종업원이 관련 근무용역을 제공하는 보고기간 말 이후 12개월 이전에 전부 결제될 것으로 예상되는 급여(해고 급여 제외)
퇴직 급여	퇴직 이후에 지급하는 종업원 급여(해고 급여와 단기 종업원 급여는 제외)
해고 급여	해고 시 지급하는 급여
기타 장기 종업원 급여	단기 종업원 급여, 퇴직 급여, 해고 급여를 제외한 종업원 급여

2) 단기 종업원 급여

(1) 인식과 측정

단기 종업원 급여는 보고기간 말 이후 12개월 이내에 전부 결제될 것으로 예상되는 급여로서 다음의 급여가 포함된다.

❶ 임금, 사회보장 분담금
❷ 단기 유급휴가(유급 연차휴가와 유급병가)
❸ 이익분배제도 및 상여금제도
❹ 현직 종업원을 위한 비화폐성 급여(예 : 의료, 주택, 자동차, 무상 또는 일부 보조로 제공되는 재화나 용역)

단기 종업원 급여는 종업원이 회계기간에 근무용역을 제공한 때 근무용역과 교환하여 지급이 예상되는 단기 종업원 급여의 할인되지 않은 금액을 다음과 같이 인식한다.

지급한 금액 > 해당 급여의 할인되지 않은 금액	선급비용
지급한 금액 < 해당 급여의 할인되지 않은 금액	미지급비용

(2) 단기 유급휴가

기업은 연차휴가, 병가, 단기 장애휴가, 출산·육아휴가, 배심원 참여 및 병역 등과 같은 여러 가지 이유로 생기는 종업원의 휴가에 대하여 보상할 수 있으며, 이러한 유급휴가는 누적 유급휴가와 비누적 유급휴가로 구분한다.

누적 유급휴가는 당기에 사용되지 않으면 이월되어 차기 이후에 사용되는 유급휴가를 말한다. 이러한 누적 유급휴가는 가득[8]되거나 가득되지 않을 수 있다. 기업의 채무는 종업원이 미래 유급휴가에 대한 권리를 증가시키는 근무용역을 제공함에 따라 발생한다. 유급휴가가 아직 가득되지 않은 경우에도 관련 채무는 존재하므로 그 채무를 인식하여야 한다. 다만, 채무를 측정할 때에는 가득되지 않은 누적 유급휴가를 사용하기 전에 종업원이 퇴사할 가능성을 고려하여야 한다. 이러한 누적 유급휴가의 예상 원가는 보고기간 말 현재 미사용 유급휴가가 누적된 결과 기업이 지급할 것으로 예상되는 추가 금액으로 측정한다.

> ! **예시**
>
> **누적 유급휴가 인식 사례**
>
> 기업 A는 100명의 종업원에게 1년에 5일의 근무일수에 해당하는 유급병가를 제공하고 있고, 미사용 유급병가는 다음 1년 동안 이월하여 사용할 수 있으며, 미사용 시 하루에 100원을 보상한다. 유급병가는 당해 연도에 부여된 권리가 먼저 사용된 다음 직전연도에서 이월된 권리가 사용되는 것으로 본다(후입선출법). 20×1년 12월 31일 현재 미사용 유급병가는 종업원당 평균 2일이고, 경험에 비추어 볼 때 20×2년도 중에 종업원 92명이 사용할 유급병가일수는 7일, 나머지 8명이 사용할 유급병가일수는 평균적으로 5.5일이 될 것으로 예상된다. 이 경우 기업 A가 20×1년 2월 31일에 인식해야 하는 부채는?
>
> **(풀이)**
>
> 20×1년 12월 31일 현재 누적된 미사용 유급병가로 인해 추가로 12일(1.5일×8명)분의 병가급여 1,200원을 지급해야 할 것으로 예상되므로, 기업은 12일분의 유급병가에 상응하는 부채를 인식하여야 한다.

비누적적 유급휴가는 이월되지 않으므로 당기에 사용되지 않은 유급휴가는 소멸되며 관련

---

8 종업원이 퇴사하는 경우 미사용 유급휴가에 상응하는 현금을 수령할 수 있는 자격이 있음

종업원이 퇴사하더라도 미사용 유급휴가에 상응하는 현금을 수령할 자격이 없다. 이러한 경우는 주로 유급병가(미사용 유급병가가 미래에 부여될 유급병가에 대한 권리를 증가시키지 않는 경우에 한함), 출산·육아 휴가와 유급 배심원 참여·병역 등에서 찾아 볼 수 있다. 이 경우 종업원이 근무용역을 제공하더라도 관련 급여를 증가시키지 않기 때문에 종업원이 실제로 유급휴가를 사용하기 전에는 부채나 비용을 인식하지 아니한다.

(3) 이익분배제도 및 상여금제도

종업원이 특정 기간 계속 근무하는 것을 조건으로 이익을 분배 받을 수 있는 이익분배제도가 있을 수 있다. 이러한 제도에서는 종업원이 특정 시점까지 계속 근무할 경우 근무용역을 제공함에 따라 기업이 지급할 금액이 증가하므로 기업에 의제 의무가 발생한다. 이러한 의제의무를 측정할 때에는 일부 종업원이 이익분배금을 받지 못하고 퇴사할 가능성을 고려하여야 한다.

 예시

이익분배제도에 따른 부채인식 사례
기업 A는 회계연도 당기순이익의 일정 부분을 해당 회계연도에 근무한 종업원에게 지급하는 이익분배제도를 두고 있다. 해당 회계연도에 퇴사자가 없다고 가정하면 이익분배금 총액은 당기순이익의 3%가 될 것이지만, 일부 종업원이 퇴사함에 따라 실제로 지급될 이익분배금 총액은 당기순이익의 2.5%로 감소할 것으로 예상한다. 이 경우 기업 A가 인식해야 하는 부채는?

(풀이)
기업 A는 당기순이익의 2.5%에 상당하는 금액을 부채와 비용으로 인식한다.

기업이 별도의 상여금을 지급해야 할 법적 의무가 없는데도 관행적으로 상여금을 지급하는 경우가 있다. 이러한 경우에 기업은 상여금을 지급하는 것 외에 다른 현실적인 대안이 없으므로 의제 의무를 부담하게 된다. 상여금 지급에 대한 의제 의무를 측정할 때에도 일부 종업원이 상여금을 받지 못하고 퇴사할 가능성을 고려하여야 한다.

이익분배제도 및 상여금제도에 따라 기업이 부담하는 의무는 종업원이 제공하는 근무용역에서 발생하는 것이며 주주와의 거래에서 발생하는 것이 아니다. 따라서 이익분배제도 및 상여금제도와 관련된 원가는 이익분배가 아니라 당기비용으로 인식한다. 이익분배금 또는 상여금이 종업원이 관련 근무용역을 제공하는 보고기간 이후 12개월 이전에 전부 결제될 것으로 예상되지 않는다면 기타 장기 종업원 급여에 해당된다.

3) 퇴직 급여

퇴직 급여는 퇴직 이후에 지급하는 종업원 급여(해고 급여와 단기 종업원 급여 제외)를 말하며, 퇴직금(퇴직 연금 또는 퇴직 일시금) 및 기타퇴직급여(퇴직 후 생명보험, 퇴직 후 의료급여 등)를 말한다.

퇴직급여제도는 제도의 주요 규약에서 도출되는 경제적 실질에 따라 확정급여제도 또는 확정기여제도로 분류되며, 이를 간단히 비교하면 다음과 같다.

확정기여제도	확정급여제도
• 기업이 별개의 기금에 고정된 기여금을 납부하는 퇴직급여제도 • 기금이 당기와 그 이전에 제공된 종업원 근무용역과 관련한 모든 종업원 급여를 지급할 수 있을 정도로 충분한 자산을 보유하고 있지 못한 경우에도 기업에게는 추가로 기여금을 납부해야 하는 의무가 없음 • 종업원이 은퇴 후 받을 퇴직급여액은 기업과 종업원이 퇴직급여제도나 보험회사에 출연한 기여금과 그 기여금에서 발생하는 투자수익에 따라 결정됨	• 확정기여제도를 제외한 모든 퇴직급여제도를 확정급여제도로 분류함 • 기업이 약정한 급여를 전직 또는 현직 종업원에게 지급하는 퇴직급여제도 • 보험 수리적 위험[9]과 투자위험은 기업이 부담 • 투자실적이 예상보다 저조하다면 기업의 의무기여금액이 증가할 수 있음

(1) 확정급여제도

가. 확정급여제도의 의의

확정급여제도는 종업원에게 지급할 퇴직급여금액이 일반적으로 종업원의 임금과 근무연수에 기초하는 산정식에 의해 결정되는 퇴직급여제도이다. 확정급여제도는 기금이 별도로 적립되지 않는 경우도 있으나, 기업이 법률적으로 별개인 실체(기금)에 기여금을 납부함으로써(경우에 따라서는 종업원도 기여금의 일부를 분담할 수 있음) 전부 또는 부분적으로 기금이 적립되는 경우도 있다. 기금이 적립되는 확정급여제도의 경우에는 그 기금에서 종업원 급여가 지급된다. 또 지

---

9 확정급여제도는 미래 지급할 종업원 급여를 여러 가정(임금인상률, 투자수익률 등)을 기초로 추정하는바 동 가정이 변동될 위험을 보험 수리적 위험이라고 한다.

급기일이 도래한 급여의 지급 가능성은 기금의 재무상태와 투자성과뿐만 아니라 기금자산의 부족분을 보전할 수 있는 기업의 능력과 의도에도 달려 있다. 따라서 기업이 실질적으로 제도와 관련된 보험 수리적 위험과 투자위험을 부담한다.

나. 인식 및 측정

확정급여제도에 의한 채무와 비용의 측정은 보험 수리적 가정이 요구되고 보험 수리적 손익이 발생할 가능성이 있기 때문에 상당히 복잡하다. 또한 확정급여채무는 종업원이 관련 근무용역을 제공한 후 오랜 기간이 지나서야 결제될 수 있으므로 할인된 금액으로 측정한다.

확정급여제도의 궁극적인 원가는 퇴직 전 최종 임금, 종업원 이직률과 사망률 등 여러 가지 변수의 영향을 받을 수 있으며, 확정급여채무의 현재가치와 관련 당기 근무 원가를 측정하기 위해서는 1단계로 보험 수리적 평가방법을 적용하고 2단계로 퇴직급여액을 종업원의 근무기간에 걸쳐 배분한다.

예시 1

보험 수리적 가정의 이해

보험 수리적 가정은 퇴직급여의 궁극적인 원가를 결정하는 여러 가지 변수들에 대한 최선의 추정을 반영하는 것으로서 편의가 없어야 하며, 양립 가능해야 한다. 보험 수리적 가정은 다음으로 구성된다.

1. 인구통계학적 가정 예
   ① 종업원의 사망률
   ② 종업원의 이직률, 신체장애율 및 조기퇴직률

2. 재무적 가정 예
   ① 할인율 : 퇴직급여채무(기금이 적립되는 경우와 적립되지 않는 경우 모두 포함)를 할인하기 위해 사용하는 할인율은 보고기간 말 현재 우량회사채의 시장수익률을 참조하여 결정한다. 만약 그러한 회사채에 대해 거래층이 두터운 시장이 없는 경우에는 보고기간 말 현재 국공채의 시장수익률을 사용한다.
   ② 급여 수준과 미래의 임금(임금인상률) : 임금상승률은 물가상승률, 연공, 승진 및 그 밖의 관련성 있는 요소(예 : 고용시장의 수요와 공급 등)를 고려하여 추정한다.

❶ 보험 수리적 평가 : 확정급여채무의 현재가치와 당기 근무 원가를 결정하기 위해서는 예측 단위 적립방식('근무기간에 비례하는 발생 급여방식' 또는 '급여/근무연수방식'이라고도 함)을 사용하며, 예측 단위 적립방식에서는 매 근무기간에 추가적인 퇴직급여수급권 단위가 발생한다고 보며, 궁극적인 확정급여채무액을 결정하기 위하여 각 퇴직급여수급권 단위를 별도로 측정한다.

❷ 근무기간의 배분 : 확정급여채무의 현재가치와 관련 당기 근무 원가를 결정할 때에는 제도에서 정하고 있는 급여산정식에 따라 종업원의 근무기간에 걸쳐 정액법으로 급여를 배분한다.

　　예측 단위 적립방식에 따르면 당기 근무 원가를 결정하기 위해 급여를 당기에 배분하며, 확정급여채무의 현재가치를 결정하기 위해 확정급여제도의 급여를 당기와 과거기간에 배분한다. 급여는 기업이 퇴직급여를 지급하여야 할 채무가 발생하는 기간에 배분한다. 이러한 채무는 종업원이 근무용역을 제공할 때 발생하며, 그 근무용역은 기업이 미래 보고기간에 지급할 것으로 예상하는 퇴직급여의 대가이다. 확정급여채무를 측정할 때 보험 수리적 기법을 사용하면 충분한 신뢰성을 가지고 부채의 인식을 정당화할 수 있다.

예시 2

보험 수리적 평가 사례

기업 A는 종업원이 퇴직한 시점에 일시불 퇴직급여를 지급하며, 일시불 퇴직급여는 종업원의 퇴직 전 최종 임금의 1%에 근무연수를 곱하여 산정된다. 종업원의 연간 임금은 1차 연도에 10,000원이며 향후 매년 7%(복리)씩 상승하는 것으로 가정한다. 또 연간 할인율은 10%라고 가정한다. 다음 표에서는 보험 수리적 가정에 변화가 없다고 할 때 5차 연도말에 퇴직하는 종업원과 관련하여 확정급여채무가 결정되는 방식을 보여 주고 있다. 편의상 이 사례에서는 종업원이 당초 예상보다 일찍 또는 늦게 퇴직할 가능성은 없다고 가정한다.

1. 5년 차말 종업원이 퇴직할 경우 지급할 것으로 예상되는 퇴직급여

   $10,000 \times (1 + 7\%)^{4년} \times 5년 \times 1\% = 655원$

2. 1년씩 근무를 할 때마다 명목상 인식해야 되는 퇴직급여

   $655원 \div 5년 = 131원$

3. 1년씩 근무를 할 때마다 인식해야 하는 퇴직급여의 현재가치(당기 근무 원가)

	1	2	3	4	5
명목상 인식해야 하는 퇴직급여	131	131	131	131	131
명목상 인식해야 하는 퇴직급여 누적액	131	262	393	524	655
기초 확정급여채무	–	89	196	324	476
이자 원가(*1)	–	9	20	33	48
당기 근무 원가(*2)	89	98	108	119	131
기말 확정급여채무(*3)	89	196	324	476	655

(*1) 기초 확정급여채무에 할인율 10%를 곱한 금액이다.
(*2) 당해 연도에 귀속되는 명목상 퇴직급여의 현재가치를 말한다. 1차 연도 당기 근무 원가 89원는 131원/$(1+10\%)^{4년}$이며, 2차 연도 당기 근무 원가 98원은 131원/$(1+10\%)^{3년}$이다.
(*3) 기말 확정급여채무는 당해 연도와 과거 연도에 귀속되는 급여의 현재가치를 말한다.

상기 사례에서 포괄손익계산서상 인식되는 퇴직급여는 이자 원가와 당기 근무 원가의 합계이다.

다. 재무제표 표시

❶ 순확정급여부채 : 확정급여제도에서 기업은 종업원의 퇴직과 관련하여 미래에 부담할 금액의 현재가치(A)를 부채로 계상한다. 다만, 퇴직급여를 지급할 미래 의무를 충족하기 위해 사용자와는 구별된 실체(기금)에 적립한 자산이 있다면 이러한 자산의 공정가치(B)를 차감한 순액을 재무상태표에 표시한다.

확정급여채무의 현재가치(A)	×××
사외적립자산의 공정가치(B)	(×××)
순확정급여부채(A－B)	×××

이때, 보고기간 말 확정급여채무의 현재가치는 다음과 같이 산출된다.

기초 확정급여채무	×××	
(＋)당기 근무 원가	×××	당기손익으로 인식
(＋)이자 원가	×××	당기손익으로 인식
(－)퇴직금 지급액	(×××)	
(＋)보험 수리적 손실(이익)	×××	포괄손익으로 인식
기말 확정급여채무의 현재가치	×××	

당기 근무 원가는 당기에 종업원이 근무용역을 제공하여 발생한 확정급여채무 현재가치의 증가분을 말하며, 이자 원가는 기초 확정급여채무에 할인율을 곱한 금액으로서 퇴직 예상 시점에서 한 회계기간에 가까워짐에 따른 확정급여채무 증가분이다. 사외적립자산의 기대수익은 기초 사외적립자산에 확정급여채무의 할인에 적용한 동일한 할인율을 곱한 금액이며, 보험 수리적 손익은 전기에 가정한 요소들이 변동함에 따른 확정급여채무 변동분이다.

사외적립자산의 공정가치는 일반적으로 금융기관에 예치한 금융자산의 기말 평가액으로서 다음과 같이 산출된다.

기초 사외적립자산	×××	
(+)기대수익	×××	당기손익으로 인식
(+)추가 불입액	×××	
(−)퇴직금 인출액	(×××)	
(+)보험 수리적 이익(손실)	×××	포괄손익으로 인식
기말 사외적립자산의 공정가치	×××	

포괄손익계산서상 퇴직급여는 확정급여채무의 당기 근무 원가와 순이자원가(이자원가−사외적립자산의 기대수익)의 합계이며, 사외적립자산에 대한 보험 수리적 손익은 기대수익 산정에 적용한 할인율과 사외적립자산에서 발생한 실제 이자수익률의 차이에 따른 사외적립자산 변동분이다. 예를 들면, 사외적립자산의 기대수익 산정 시 적용한 이자율은 4%이나 실제로 사외적립자산에 대한 이자율이 5%일 경우 1%만큼 사외적립자산이 더 증가하기 때문에 보험 수리적 이익이 발생한다. 반대로 실제 이자율이 3%라면 1%만큼 보험 수리적 손실이 발생한다.

❷ 확정급여원가의 구성요소 : 당기손익으로 인식되는 항목은 포괄손익계산서에서 퇴직급여를 구성한다. 기타포괄손익에 인식되는 보험 수리적 손익은 후속기간에 당기손익으로 재분류되지 않으며, 재무상태표상 이익잉여금으로 직접 반영된다.

(2) 확정기여제도

가. 확정기여제도 의의

확정기여제도는 기업이 별개의 실체(기금)에 고정기여금을 납부하여야 하고, 그 기금이 당기와 과거기간에 제공된 종업원 근무용역과 관련된 모든 종업원 급여를 지급할 수 있을 정도로 충분한 자산을 보유하지 못하더라도 기업에게는 추가로 기여금을 납부해야 하는 법적 의무나 의제 의무가 없는 퇴직급여제도를 말한다.

확정기여제도에서 기업의 법적 의무나 의제 의무는 기업이 기금에 출연하기로 약정한 금액으로 한정된다. 따라서 종업원이 받을 퇴직급여액은 기업과 종업원이 퇴직급여제도나 보험회사에 출연하는 기여금과 그 기여금에서 발생하는 투자수익에 따라 결정된다. 그 결과 종업원이 보험 수리적 위험(급여가 기대 이하일 위험)과 투자위험(투자한 자산이 기대급여액을 지급하는 데 충분하지 못하게 될 위험)을 실질적으로 부담한다.

나. 인식과 측정

일정기간 종업원이 근무용역을 제공하였을 때 기업은 그 근무용역과 교환하여 확정기여제도에 납부해야 할 기여금을 다음과 같이 인식한다.

기 납부한 기여금 > 근무용역 제공에 따라 납부해야 하는 기여금	선급비용
기 납부한 기여금 < 근무용역 제공에 따라 납부해야 하는 기여금	미지급비용

확정기여제도는 각 기간에 대한 기업이 부담하는 채무가 당해 기간의 기여금으로 결정되기 때문에 채무나 비용을 측정하기 위해 보험 수리적 가정을 세울 필요가 없고 그 결과 보험 수리적 손익이 발생할 가능성도 없다. 또 기여금 전부나 일부의 납부기일이 종업원이 관련 근무용역을 제공하는 보고기간 말 이후 12개월 이전에 전부 결제될 것으로 예상되지 않는 경우를 제외하고는 할인되지 않은 금액으로 채무를 측정한다.

(3) 기타 장기 종업원 급여 및 해고 급여

가. 기타 장기 종업원 급여

일반적으로 기타 장기 종업원 급여를 측정할 때 나타나는 불확실성은 퇴직급여를 측정할 때 나타나는 불확실성에 비하여 크지 않다. 따라서, 기타 장기 종업원 급여는 확정급여채무와 동일하게 보험 수리적 평가를 적용해서 산출하되 보험 수리적 손익은 기타포괄손익이 아닌 당기손익으로 인식한다.

나. 해고 급여

해고 급여는 채무를 발생시키는 사건이 종업원의 근무가 아니라 해고이기 때문에 종업원 급여와는 성격이 다르다. 기업의 제안이 아닌 종업원의 요청으로 인한 해고나 의무적인 퇴직 규정으로 인하여 발생하는 종업원 급여는 해고 급여가 아닌 퇴직급여이다.

해고 급여는 종업원을 해고하는 기업의 결정이나 해고에 대한 대가로 기업이 제안하는 급여를 종업원이 수락함으로써 발생하며, 해당 금액은 해고로 인해 퇴직급여 보다 더 많이 지급된 급여금액이다.

해고 급여는 다음 중 이른 날에 부채와 비용을 인식한다.

❶ 기업이 해고 급여의 제안을 더 이상 철회할 수 없을 때
❷ 기업이 해고 급여의 지급을 수반하는 구조조정에 대한 원가를 인식할 때

해고 급여가 인식되는 보고기간 말 이후 12개월 이전에 해고 급여가 모두 결제될 것으로 예상되는 경우 단기 종업원 급여와 동일하게 처리하며, 그렇지 않은 경우에는 기타 장기 종업원 급여와 동일하게 처리한다. 해고 급여는 근무용역에 대한 대가로 제공되는 것은 아니기 때문에, 급여를 근무제공기간에 배분하지는 않는다.

예시

해고 급여 산출 사례

기업 A는 10개월 이내에 한 공장을 폐쇄하고, 폐쇄 시점에 그 공장에 남아있는 모든 종업원을 해고하는 것을 계획하고 있다. 기업 A는 다음과 같은 해고 계획을 발표하였다.

'공장의 폐쇄 시점까지 남아서 근무용역을 제공하는 각 종업원은 해고일에 30,000원을 지급받을 것이다. 공장의 폐쇄 시점 전에 퇴사하는 종업원은 10,000원을 지급받을 것이다.'

공장에는 120명의 종업원이 있다. 해고 계획의 발표 시점에, 기업은 전체 종업원 중 20명이 공장 폐쇄 전에 퇴사할 것으로 예상한다. 따라서 해고 계획에 따라 예상되는 총현금유출액은 3,200,000원 (즉, 20명×10,000원+100명×30,000원)이다. 기업은 해고에 대한 대가로 제공하는 급여를 해고 급여로 처리하고 근무용역에 대한 대가로 제공하는 급여를 단기 종업원 급여로 회계처리한다. 이 경우 해고 급여와 근무용역(급여)는?

(풀이)

1. 해고 급여

해고에 대한 대가로 지급되는 급여는 10,000원이다. 이는 종업원이 공장의 폐쇄 시점까지 남아서 근무용역을 제공하거나 공장폐쇄 전에 퇴사하느냐에 상관없이 해고로 인해 기업이 지급하여야 할 금액이다. 종업원이 공장의 폐쇄 시점 전에 퇴사할 수 있지만, 모든 종업원을 해고하는 것은 공장을 폐쇄하고 종업원을 해고하는 기업의 결정으로 인한 것이다(즉, 공장이 폐쇄될 때에는 종업원이 모두 퇴사할 것이다). 따라서 기업은 해고 계획이 발표되는 시점과 공장폐쇄와 관련된 구조조정 원가를 인식하는 시점 중 이른 날에 종업원 급여제도에 따라 제공되는 해고 급여인 1,200,000원(즉, 120명×10,000원)을 부채로 인식한다.

2. 근무용역에 대한 대가

종업원이 10개월 동안 근무용역을 제공하는 경우 종업원이 수취할 증분 급여는 그 기간동안 제공된 근무용역에 대한 대가로 제공된다. 기업은 보고기간 말 이후 12개월 이내에 이 급여를 결제할 것으로 예상하기 때문에 이 급여를 단기 종업원 급여로 회계처리한다. 따라서 200,000원(즉, 2,000,000원÷10)을 10개월의 근무용역 제공기간에 걸쳐 각 1개월의 비용으로 인식하며, 동 금액만큼 부채의 장부금액을 증가시킨다.

5 법인세회계

1) 법인세회계의 이해

(1) 법인세비용

법인세비용은 법인세비용차감전 순이익에 법인세율을 적용한 금액을 말하며, 만일 법인세비용차감전 순손실이 발생한 경우에는 법인세수익이 발생한다. 예를 들면, 법인세율이 20%이며 20×1년 및 20×2년에 법인세비용차감전 순이익 및 손실이 10,000원씩 발생하였을 경우 법인세비용 및 수익은 다음과 같다.

	20×1	20×2
법인세비용차감전 순이익(손실)	10,000	(10,000)
법인세수익(비용)	(2,000)	2,000
당기순이익(손실)	8,000	(8,000)

이처럼 법인세비용 또는 수익은 단순히 법인세비용차감전 순손익에 법인세율만 적용하면 간단하게 계산되지만, 실제로 대부분 기업의 손익계산서를 보면 그렇지 않다. 그 이유는 법인세율을 적용하는 대상이 손익계산서상 법인세비용차감전 순손익이 아니라 법인세법에 따른 과세소득[10]이기 때문이다.

(2) 회계이익과 과세소득

회계이익이란 기업회계기준에 의한 손익계산서상 법인세비용차감전 순손익을 의미하며, 과세소득이란 과세당국이 제정한 법규에 따라 납부할(환급 받을) 법인세를 산출하는 대상이 되는 회계기간의 이익(손실)을 말한다. 회계이익과 과세소득은 적용 받는 기준 또는 법규가 다르기 때문에 동일한 경영성과에 대해서 회계이익과 과세소득은 달라질 수 있다.

간단한 예로, A라는 기업이 20×1년 7월 1일에 1년 만기 정기예금을 가입하였는데, 관련 이자는 10,000원이며 예금 만기일인 20×2년 6월 30일에 수령한다고 가정하자. 기업회계기준은 발생주의에 의해서 수익을 인식하기 때문에 이자수익 10,000원이 20×1년과 20×2년에 5,000원씩 인식하는 반면, 세법은 이자소득에 대하여 수령한 시점에 과세하기 때문에 20×2년에 10,000원의 이자소득을 인식한다.

	회계이익	과세소득
20×1년	5,000원	–
20×2년	5,000원	10,000원

이처럼 하나의 사건에 대해서 동일한 기간의 회계이익과 과세소득은 달라질 수 있으나, 20×1년과 20×2년 두 회계기간을 놓고 보면, 회계이익과 과세소득은 10,000원으로 동일하다.

만일, 기업 A와 동일하게 20×1년과 20×2년에 각각 5,000원의 회계이익을 달성한 기업 B가 있는데, 기업 B의 회계이익과 과세소득은 동일하며, 법인세율은 20%라고 가정하자. 법인세는 세무상 이익에 대하여 부과되므로 기업 A와 기업 B의 법인세비용은 다음과 같다.

---

10 실제로 법인세 산출구조상 법인세율을 적용하는 대상은 과세표준이지만 이해를 돕기 위하여 이월결손금, 비과세소득 및 소득공제는 없다고 가정하고 과세소득에 법인세율을 적용하는 것으로 설명함

	기업 A	기업 B
20×1년	–	1,000원
20×2년	2,000원	1,000원

　　기업 A와 기업 B는 20×1년과 20×2년에 동일한 경영성과를 달성했음에도 불구하고, 회계와 세법의 차이에 의해서 20×1년과 20×2년의 당기순이익이 달라지게 된다. 이러한 비교 가능성 문제를 해결하기 위하여 이연법인세가 도입되었다. 즉, 이연법인세는 법인세비용을 수익·비용 대응의 원칙에 따라 이연하여 인식하는 제도이다.

(3) 법인세 납부세액의 산출구조

　　법인세회계를 이해하기 위해서는 법인세 납부세액이 산출되는 구조를 이해하여야 하며, 다음 표를 통하여 간단하게 설명하기로 한다.

법인세비용차감전 순손익	×××
(+)익금산입·손금불산입	×××
(−)손금산입·익금불산입	(×××)
과세소득	×××
(−)이월결손금	(×××)
비과세소득	(×××)
소득공제	(×××)
과세표준	×××
법인세율	%
산출세액	×××
(−)세액공제	(×××)
결정세액	×××
(−)기납부세액	(×××)
납부세액	×××

　　납부세액을 산출하는 과정은 기업회계기준에 의하여 산출되는 법인세비용차감전 순이익에서 시작하여 차이항목을 가산 또는 차감하는 형식으로 이루어진다.

익금산입·손금불산입은 회계상 이익에 반영되지 않은 금액을 가산하거나 회계상 비용으로 인정된 금액을 부인하는 것이며, 손금산입·익금불산입은 회계상 비용에 반영되지 않은 금액을 추가하거나 회계상 이익에 포함된 금액을 차감하는 것이다. 이러한 과정을 세무조정이라고 하는데 세무조정이 발생하는 원인은 수익과 비용에 대해서 회계와 세법 간의 귀속시기 차이 또는 세법이 인정하지 않는 항목으로 인한 차이로 나눌 수 있다. 전자를 일시적 차이, 후자를 영구적 차이라고 하며, 일시적 차이는 차기 이후 회계기간에 해소되는 차이로서 이연법인세를 계산하는 대상이다. 반면 영구적 차이는 여러 회계기간이 지나도 영구히 해소되지 않는 차이로서 이연법인세 대상이 아니다.

과세표준에 법인세율은 적용하면 산출세액이 계산되며, 여기에 세액공제 및 기납부세액을 차감하면 납부세액이 결정된다. 납부세액이 (−)금액이면 미수법인세가 되며, (＋)금액이면 미지급법인세 금액이 된다.

2) 이연법인세 자산·부채의 인식

법인세비용은 당기법인세 및 이연법인세로 구성된다. 당기법인세는 회계기간의 과세소득(세무상 결손금)에 대하여 납부할(환급 받을) 법인세액을 말하며, 이연법인세는 가산할 일시적 차이 및 차감할 일시적 차이와 관련하여 미래 회계기간에 납부할(차감할) 법인세 금액을 말한다.

(1) 가산할 일시적 차이

가산할 일시적 차이는 당기 회계이익에서는 차감하지만 차기 이후 회계기간의 회계이익에 가산되어 미래 납부세액을 늘려주는 차이를 말한다. 따라서, 가산할 일시적 차이는 미래 납부세액을 증가시키기 때문에 이연법인세부채를 계산하는 대상이다. 이연법인세부채를 계산하기 위해서는 가산할 일시적 차이가 실현되는 시점을 예상하여야 하며, 그 실현 시점의 예상 세율을 적용하여 이연법인세부채를 계산한다.

이연법인세부채의 계산

기업 A의 20×1년 회계이익은 100,000원이며, 세무조정 결과 가산할 일시적 차이 30,000원이 발생하였다. 가산할 일시적 차이는 20×2년부터 3년 동안 10,000원씩 소멸되며, 당기 법인세율은 20%이나, 20×3년 이후 예상 법인세율은 25%이다.

	20×2년	20×3년	20×4년	계
가산할 일시적 차이	10,000원	10,000원	10,000원	30,000원
법인세율(%)	20%	25%	25%	
이연법인세부채	2,000원	2,500원	2,500원	7,000원

20×1년말에 기업 A가 인식할 이연법인세부채는 7,000원이다.

모든 가산할 일시적 차이에 대하여서는 이연법인세부채를 인식한다. 다만, 다음의 경우에 발생하는 이연법인세부채는 인식하지 아니한다.

❶ 영업권을 최초로 인식할 때
❷ 자산 또는 부채가 최초로 인식되는 거래가 사업결합거래가 아니고, 거래 당시 회계이익이나 과세소득(세무상 결손금)에 영향을 미치지 아니하는 거래

이연법인세부채가 인식되는 가산할 일시적 차이의 예는 다음과 같다.

❶ 이자수익은 발생기준으로 기간 경과 시 회계이익에 포함하지만, 법인세법은 현금이 수취될 때 과세소득에 포함한다. 재무상태표에 인식한 이러한 미수수익의 세무상 금액은 영(0)이다. 이는 당해 미수수익이 현금으로 수취되기 전까지 과세소득에 영향을 주지 않는다.
❷ 고정자산에 대하여 기업이 결정한 감가상각방법 및 내용연수가 법인세법에서 정한 내용과 다를 경우(즉, 재무상태표의 고정자산 장부금액과 세무상 장부금액이 다를 경우) 일시적 차이가 발생한다. 세무상 감가상각누계액이 회계상 감가상각누계액보다 더 큰 경우, 이연법인세부채를 초래하는 가산할 일시적 차이가 발생한다(회계상 감가상각누계액이 세무상 감가상각누계액보다 더 크다면 이연법인세자산을 초래하는 차감할 일시적 차이가 발생한다).

❸ 개발 원가는 회계이익을 결정할 때 자본화하여 미래 회계기간에 걸쳐 상각될 수 있지만, 과세소득을 결정할 때에는 해당 개발 원가가 발생한 기간에 공제될 수 있다. 이러한 개발 원가는 과세소득에서 이미 공제되었으므로, 당해 세무기준액은 영(0)이다. 따라서 그 일시적 차이는 개발 원가의 장부금액과 영(0)인 세무기준액의 차이가 된다.

(2) 차감할 일시적 차이

차감할 일시적 차이는 가산할 일시적 차이와 반대로 당기 회계이익에는 가산하지만, 차기 이후 회계기간의 회계이익에서 차감되어 미래 납부세액을 줄여주는 차이를 말한다. 따라서, 차감할 일시적 차이는 미래 납부세액을 감소시키기 때문에 이연법인세자산을 계산하는 대상이다. 이연법인세자산의 계산은 가산할 일시적 차이와 동일하게 차감할 일시적 차이가 실현되는 시점의 예상세율을 적용한다.

차감할 일시적 차이는 미래 회계기간에 과세소득에서 차감되는 형태로 소멸된다. 그러나 법인세납부액이 감소되는 형태의 경제적 효익은 공제가 상쇄될 수 있는 충분한 과세소득을 획득할 수 있는 경우에만 기업에 유입될 것이다. 따라서, 차감할 일시적 차이가 사용될 수 있는 과세소득의 발생 가능성이 높은 경우에만 이연법인세자산을 인식한다.

동일 과세당국 및 동일 과세대상 기업과 관련하여 차감할 일시적 차이의 소멸이 예상되는 기간과 동일한 회계기간에 소멸이 예상되는 충분한 가산할 일시적 차이가 있을 때, 차감할 일시적 차이가 사용될 수 있는 과세소득의 발생 가능성이 높은 경우가 된다.

 예시

이연법인세자산의 실현 가능성 검토 사례

기업 A는 20×1년에 가산할 일시적 차이 30,000원과 차감할 일시적 차이 90,000원이 발생하였다. 가산할 일시적 차이 및 차감할 일시적 차이의 예상 소멸시기 및 금액은 다음과 같으며, 법인세율은 20%로 변동 없을 것으로 예상된다(단, 20×5년 이후 예상 과세소득은 없다고 가정한다).

	20×2년	20×3년	20×4년	계
예상 회계이익	20,000	20,000	10,000	50,000
가산할 일시적 차이	10,000	10,000	10,000	30,000
차감할 일시적 차이	(30,000)	(30,000)	(30,000)	(90,000)

가산할 일시적 차이 30,000원에 대해서는 이연법인세부채 6,000원(30,000원×20%)을 인식하지만, 차감할 일시적 차이에 대해서는 실현 가능성을 검토하여야 한다. 20×2년 및 20×3년에는 각각 차감할 일시적 차이 30,000원을 소멸시킬 수 있는 과세소득이 있으나, 20×4년에는 회계이익 및 가산할 일시적 차이의 합계가 20,000원이기 때문에 20×4년에 소멸될 것으로 예상되는 차감할 일시적 차이 30,000원 중 10,000원은 실현 가능성이 없다. 따라서, 기업 A는 20×1년말에 이연법인세자산 16,000원(80,000원×20%)을 인식한다.

이연법인세자산이 인식되는 차감할 일시적 차이의 예는 다음과 같다.

❶ 퇴직급여 원가는 회계이익을 결정할 때에는 종업원이 근무용역을 제공하는 시점에 차감되지만, 과세소득을 결정할 때에는 퇴직연금기금에 출연하는 시점이나 퇴직급여를 지급하는 시점에 공제될 수 있다. 당해 부채의 세무기준액이 일반적으로 영(0)이므로 부채의 장부금액과 세무기준액 사이에 일시적 차이가 존재한다. 이러한 차감할 일시적 차이는 출연하는 시점이나 퇴직급여를 지급하는 시점에 과세소득에서 차감됨으로써 경제적 효익이 기업에 유입되므로 이연법인세자산을 초래한다.

❷ 연구원가는 회계이익을 결정할 때 발생한 회계기간에 비용으로 인식하지만, 과세소득(세무상 결손금)을 결정할 때에는 이후 기간에 공제될 수도 있다. 과세당국이 미래 회계기간에 공제하도록 한 금액인 연구원가의 세무기준액과 영(0)인 장부금액의 차이는 이연법인세자산을 초래하는 차감할 일시적 차이이다.

❸ 일부 자산은 세무상으로 인정되지 않지만 공정가치로 장부에 기록되거나 재평가될 수 있다. 당해 자산의 세무기준액이 장부금액을 초과하는 경우 차감할 일시적 차이가 발생한다.

(3) 이연법인세자산과 이연법인세부채의 상계

기업이 당기 법인세 자산과 당기 법인세 부채를 상계할 수 있는 법적으로 집행 가능한 권리(동일 과세기업 및 동일 과세당국 등)를 가지고 있는 경우에만 이연법인세자산과 이연법인세부채를 상계한다.

3) 이연법인세의 인식

(1) 당기손익으로 인식되는 항목

당기 법인세 및 이연법인세는 기타포괄손익이나 자본에 직접 인식되는 거래나 사건 등을 제외하고는 수익이나 비용으로 인식하여 당기손익에 포함한다.

 예시

당기손익으로 인식되는 항목 사례

기업 A의 20×1년 납부세액(당기 법인세)은 50,000원이며, 가산할 일시적 차이 30,000원이 있다. 현재 및 미래 법인세율은 20%이다. 이 경우, 기업 A는 납부세액 50,000원 및 이연법인세부채 6,000원 (30,000원×20%)에 대하여 법인세비용(당기손익)으로 56,000원을 인식한다.

(2) 당기손익 이외로 인식되는 항목

동일 회계기간 또는 다른 회계기간에 당기손익 이외에 기타포괄손익이나 자본에 직접 인식되는 항목과 관련된 당기 법인세와 이연법인세는 기타포괄손익이나 자본에 직접 인식한다.

 예시

당기손익 이외로 인식되는 항목 사례

기업 A는 20×1년말에 보유하고 있던 매도가능 증권에 대하여 10,000원의 매도가능 증권평가이익을 인식하였으며 현재 및 미래 법인세율은 20%이다. 이는 가산할 일시적 차이이며, 매도가능 증권 평가이익은 기타포괄이익이므로 이연법인세 2,000원에 대하여 당기손익이 아닌 관련 기타포괄손실 (기타포괄이익 2,000원 차감)로 인식한다.

4) 기타 사항

(1) 미사용 세무상 결손금과 세액공제

미사용 세무상 결손금과 세액공제가 사용될 수 있는 미래 과세소득의 발생 가능성이 높은 경우 그 범위 안에서 이월된 미사용 세무상 결손금과 세액공제에 대하여 이연법인세자산을 인식한다.

이월된 미사용 세무상 결손금과 세액공제로 인한 이연법인세자산의 인식 조건은 차감할 일시적 차이로 인한 이연법인세자산의 인식 조건과 동일하다. 그러나 미사용 세무상 결손금이 존재한다는 것은 미래 과세소득이 발생하지 않을 수 있다는 강한 증거가 된다. 따라서 기업이 최근 결손금 이력이 있는 경우, 충분한 가산할 일시적 차이가 있거나 미사용 세무상 결손금 또는 세액공제가 사용될 수 있는 충분한 미래 과세소득이 발생할 것이라는 설득력 있는 기타 증거가 있는 경우에만 그 범위 안에서 미사용 세무상 결손금과 세액공제로 인한 이연법인세자산을 인식한다.

미사용 세무상 결손금 또는 세액공제가 사용될 수 있는 과세소득의 발생 가능성을 검토할 때 다음의 판단기준을 고려한다.

❶ 동일 과세당국과 동일 과세대상 기업에 관련된 가산할 일시적 차이가 미사용 세무상 결손금이나 세액공제가 만료되기 전에 충분한 과세대상 금액을 발생시키는지의 여부
❷ 미사용 세무상 결손금이나 세액공제가 만료되기 전에 과세소득이 발생할 가능성이 높은지의 여부
❸ 미사용 세무상 결손금이 다시 발생할 가능성이 없는 식별 가능한 원인으로부터 발생하였는지의 여부
❹ 미사용 세무상 결손금이나 세액공제가 사용될 수 있는 기간에 과세소득을 창출할 수 있는 세무정책을 이용할 수 있는지의 여부

미사용 세무상 결손금이나 세액공제가 사용될 수 있는 과세소득이 발생할 가능성이 높지 않은 범위까지는 이연법인세자산을 인식하지 아니한다.

(2) 인식되지 않은 이연법인세자산의 재검토

매 보고기간 말에 인식되지 않은 이연법인세자산에 대하여 재검토한다. 미래 과세소득에 의해 이연법인세 자산이 회수될 가능성이 높아진 범위까지 과거 인식되지 않은 이연법인세자산을 인식한다.

기업회계기준서 제1033호에서는 기업의 보통주나 잠재적 보통주가 공개된 시장에서 거래되고 있거나 공개된 시장에서 보통주를 발행하기 위해서 재무제표를 증권감독기구나 다른 규제기관에 제출하였거나 제출하는 과정에 있는 경우 주당 이익을 공시하도록 규정하고 있다.

기업(연결 재무제표의 경우 지배기업)의 보통주에 귀속되는 당기순손익에 대하여 기본 주당 이익을 계산한다. 기본 주당 이익은 기업의 보통주에 귀속되는 특정 회계기간의 당기순손익(분자)을 그 기간에 유통된 보통주식수를 가중평균한 주식수(분모)(이하 '가중평균 유통 보통주식수')로 나누어 계산한다.

또한, 기업의 보통주에 귀속되는 당기순손익에 대하여 희석 주당 이익을 계산한다. 희석주당이익을 계산하기 위해서는 모든 희석효과가 있는 잠재적 보통주(이하 '희석성 잠재적 보통주'라 한다)의 영향을 고려하여 기업의 보통주에 귀속되는 당기순손익 및 가중평균 유통 보통주식수를 조정[11]한다. 기업회계기준서에서 예시하고 있는 희석증권의 예는 다음과 같다.

표 4-7 **주당순이익의 산출방법**

구분	산출방법
기본 주당순이익(손실)	기본 당기순이익(손실) ÷ 가중평균 유통 보통주식수(*1)
희석주당순이익(손실)	희석 당기순이익(손실)(*2) ÷ (가중평균 유통 보통주식수 + 희석증권(*3)수)

(*1) 유통 보통주식수 : 발행 보통주식수를 유통기간으로 가중평균하여 산정한다. 당기 중에 유상증자 또는 신주인수권 및 옵션의 행사로 보통주가 발행된 경우에는 유통 보통주식수를 당해 주식의 납입일을 기준으로 기간 경과에 따라 가중평균하여 조정한다.

(*2) 기본 당기순이익(손실)에 희석증권이 발행되지 않았더라면 발생하지 않았을 비용을 가감하여 산정한다.

(*3) 희석증권이란 보통주 청구 가능증권으로서 당해 증권의 소유자가 보통주의 발행을 청구하는 경우 주당 계속사업이익 또는 주당순이익이 감소되는 금융상품 또는 계약을 말한다.

---

11 보통주 당기순손익에 지배기업의 당기순손익 계산 시 차감한 배당금수익, 잠재적 보통주와 관련하여 인식한 이자비용 등 잠재적 보통주가 보통주로 전환하였을 경우 고려되는 수익이나 비용과 이에 대한 법인세 효과를 반영하여 금액만큼 조정

① 옵션과 주식 매입권

② 전환금융상품

③ 조건부발행 보통주

④ 보통주나 현금으로 결제할 수 있는 계약

⑤ 매입옵션

⑥ 매도풋옵션

 예시

주당손익 산출 사례

A기업의 당기순이익과 발행주식 자료가 다음과 같다면, 동 자료를 토대로 하여 기본 주당순손익과 희석주당순손익을 산출하라.

1. 20×1년 당기순이익 : 1,000,000원

2. 20×1년 발행주식수의 변동

구분	사건	발행주식수	자기주식수	유통주식수
20×1년 1월 1일		2,000	300	1,700
20×1년 5월 31일	유상증자	800	–	2,500
20×1년 12월 1일	자기주식[12] 취득	–	250	2,250
20×1년 12월 31일		2,800	550	2,250

3. 희석주식수

20×1년 보통주 1주의 평균시장 가격	20원
20×1년 옵션이 행사될 경우 발행된 가중평균 보통주식수	100주
20×1년 옵션의 행사 가격	15원

(풀이)

1. 가중평균 유통 보통주식수의 계산

$(1,700 \times 12/12) + (800 \times 7/12) - (250 \times 1/12) = 2,146$주

---

12 기업이 자신의 주식을 재취득하여 보유하고 있는 지분상품

2. 기본 주당순손익 및 희석 주당순이익의 산출

구분	이익	주식수	주당 이익
20×1년 보통주에 귀속되는 이익	1,000,000		
20×1년 가중평균 유통 보통주식수		2,146	
기본 주당 이익			466
옵션이 행사될 경우 발행될 가중평균 보통주식수		100	
평균시장 가격으로 발행되었을 경우의 가중평균 보통주식수		(75)(*2)	
희석 주당 이익	1,000,000(*1)	2,171	461

(*1) 대가없이 발행된 것으로 간주되는 주식수 25만큼만 총주식수에 가산하므로 이익은 증가하지 않는다.
(*2) 75＝(100×15원)÷20원

chapter 05

현금흐름표

현금흐름표의 개요

1 **현금흐름표의 의의**

1) 현금흐름표의 개념

기업회계기준서 제1007호에서 현금흐름표란 기업의 현금흐름을 나타내는 표로서 일정기간
에 기업의 현금의 변동내용을 영업활동으로 인한 현금흐름, 재무활동으로 인한 현금흐름 및
투자활동으로 인한 현금흐름으로 구분하여 기업의 현금의 유입과 유출에 관한 정보를 제공할
목적으로 작성한 기본 재무제표 중의 하나이다.

현금흐름표에서 설명하고자 하는 현금의 범위는 재무상태표에 표시하는 현금 및 현금성 자
산을 말한다.

❶ 현금 : 보유 현금과 요구불예금

❷ 현금성 자산 : 유동성이 매우 높은 단기 투자자산으로서 확정된 금액의 현금으로 전환이 용이하고 가치 변동의 위험이 경미한 자산

현금성 자산은 투자나 다른 목적이 아닌 단기의 현금수요를 충족하기 위한 목적으로 보유하는 것으로 한정하기 때문에, 투자자산이 현금성 자산으로 분류되기 위해서는 확정된 금액의 현금으로 전환이 용이하고, 가치 변동의 위험이 경미해야 한다. 따라서 투자자산은 일반적으로 만기일이 단기에 도래하는 경우(예 : 취득일로부터 만기일이 3개월 이내인 경우)에만 현금성 자산으로 분류된다.

은행 차입은 일반적으로 재무활동으로 간주된다. 그러나 금융회사의 요구에 따라 즉시 상환해야 하는 당좌차월은 기업의 현금관리의 일부를 구성하므로 현금 및 현금성 자산의 구성요소에 포함된다.

2) 현금흐름표의 중요성과 한계

(1) 현금흐름의 의미

현금과 현금흐름은 의미가 다르다. 현금은 정태적인 개념인 데 반하여, 현금흐름은 동태적인 개념으로서 현금흐름의 방향에 따라 현금유입과 유출로 나눌 수 있다. 현금흐름이란 보고기간 동안 기업의 영업활동, 투자활동 및 재무활동으로 인한 현금유입(cash in flow)의 총량과 현금유출(cash out flow)의 총량을 뜻한다.

순현금흐름 = 현금유입의 총량 − 현금유출의 총량

(2) 현금흐름표의 중요성

일반투자자 뿐만 아니라 기업경영자들은 다음과 같은 정보의 필요성 등으로 인해 회계상 총재무자원이나 순운전자본보다 현금과 예금 중심의 회계를 지향하는 추세이다. 이러한 현실적인 관점에 맞추어 최근의 국제적인 회계조류도 현금흐름을 중시하는 기조로 나아가고 있는 중이다.

가. 미래 현금흐름 창출 능력에 대한 정보

증권투자분석이나 신용분석에서는 기업의 미래 현금흐름을 예측하여 투자나 대출에 따른 결과가 어떻게 될 가능성이 있는가를 평가하고자 한다. 현금흐름표는 기업의 매출액과 영업활동으로부터의 현금흐름 창출 능력을 가장 자세하고 쉽게 알려주는 기본 재무제표 중 하나이다.

나. 이익의 질에 대한 정보

기업의 본업을 나타내는 영업이익과 기간 경영성과의 결과인 순이익은 미래의 기업사업을 암시하여 준다. 그러나 발생주의에 의한 손익계산을 하는 과정에는 많은 가정과 추정 그리고 평가가 수반되지만, 현금흐름 수치에는 그러한 영향을 많이 받지 않는다. 다시 말해서 발생주의에 의한 매출액이나 이익은 회계분식에 의하여 조작을 쉽게 할 수 있지만, 현금흐름 수치에는 이러한 것의 상당 부분이 자동 조정되어 표시된다. 따라서 발생주의에 의한 기업의 이익과 현금흐름 이익의 정(+)의 상관관계가 높을수록 이익의 질의 우수함을 증명하는 것이 된다.

다. 영업활동 수행능력에 관한 정보

영업활동능력이란 기업의 영업활동을 일정한 수준 이상으로 유지할 수 있는 능력을 말한다. 기업이 현재의 영업활동을 유지할 수 있고, 미래에 성장할 수 있으며, 배당금을 지급할 수 있는지의 여부는 기업의 현금흐름 창출 능력에 달려 있다. 따라서 기업이 충분한 현금을 확보하지 못하면 종업원에 대한 급여의 지급, 채권자에 대한 이자비용 지급, 배당금 지급, 비유동자산의 구입 등이 이루어질 수가 없다. 현금흐름표는 현금이 어디에서 나오고 어떻게 사용되는가를 나타내고 기업의 현금흐름을 보여 주는 재무제표이기 때문에 종업원은 물론 채권자, 주주, 거래처 등은 현금흐름표에 특별한 관심을 갖게 되는 것이다.

라. 재무탄력성과 유동성에 대한 평가

지급능력이란 만기일에 상환하기로 약정한 부채의 원리금을 변제할 수 있는 기업의 재무적인 능력을 의미한다. 그리고 현금흐름표는 이 능력을 구성하는 유동성과 재무탄력성을 평가하는 데 유용한 정보를 제공한다. 여기서 유동성이란 자산을 현금으로 전환하기까지 또는 부채를 상환하기까지 소요될 것으로 예상되는 시간의 길이를 나타내는 의미로 사용되며, 재무탄력성이란 예기하지 못한 자금의 필요에 대비할 수 있도록 현금의 크기와 시기를 효과적으로 변경할 수 있는 기업이 능력, 즉 기업이 미리 예상하지 못한 우발적인 상황에 대처할 수 있는 능력을 말한다.

마. 투자활동 및 재무활동 거래가 재무상태에 미치는 영향에 관한 정보

현금흐름표는 다음과 같은 사항뿐만 아니라 투자활동과 재무활동으로 유입된 현금과 유출된 현금의 흐름의 결과가 기업의 재무상태에 미치는 영향까지도 분석할 수 있는 자세한 기본정보를 제공한다.

❶ 당기순이익(손실)에도 불구하고 어떻게 현금이 감소(증가)하였는가?

❷ 사채발행을 통해 조달한 자원은 어떻게 사용되었는가?

❸ 당기에 차입한 규모는 얼마나 되며, 현금차입을 한 이유는 무엇인가?

❹ 시설투자에 필요한 자금이 어떻게 조달되었는가?

❺ 포괄손익계산서상의 당기순이익 규모와 현금주의에 의한 순이익 규모는 얼마나 차이가 나며, 그 이유는 무엇인가?

다시 말해서, 이 분석의 결과에 따라 주가와 채권의 회수 가능성에 영향을 미치게 되는 등 정보이용자들에게 유용한 정보를 제공한다.

(3) 현금흐름표의 한계

현금흐름표는 여러 가지 중요한 정보를 제공하기도 하지만, 다음과 같은 한계점도 지적되고 있으므로, 이 점에 유의하면서 이용하여야 할 것이다.

❶ 오늘날의 기업회계는 발생주의를 원칙으로 하고 있으나, 현금흐름표만 현금주의로 작성되고 있다.

❷ 미래의 현금흐름 전망을 평가하는 데 불완전한 기준을 제공한다. 현금흐름표는 보통 기업실체의 현금수입과 지출에 대하여 많은 정보를 제공해 주고 있지만, 특히 영업활동에 의한 현금수입은 과거 활동의 기간으로부터 유입된 것도 많은 실정이다. 또한 현재의 현금지출은 현재가 아닌 미래 현금 유입이 기대되거나 예상되어 투자한 것이지만, 이러한 미래의 현금흐름 전망이 현재의 시점에서는 부(−)의 영향으로 나타날 가능성이 크다는 점이다.

❸ 현금 개념보다 순운전자본이나 총재무자원 개념이 더 유용할 수도 있다. 현금 개념에 의

한 현금흐름표는 순운전자본, 총재무자원 개념에 의한 것보다 안정적이지 못하고 장기적인 영업활동을 평가하는 데 한계가 있다. 왜냐하면, 현금 개념은 목전의 현실에 입각한 단기적인 자금 개념이지만, 순운전자본 개념 등은 기업활동을 전체적으로 그리고 장기적으로 파악하는 개념이기 때문이다.

그러나 이러한 문제점이 있음에도 불구하고 현금흐름 분석정보를 많이 이용하는 금융실무에서는 최소한 3년 이상의 재무자료를 다음 표와 같이 관련 재무비율 등과 시계열적 및 실수분석기법을 결합시켜 현금흐름표의 문제점을 보완하면서 많이 활용하고 있는 실정이다.

분석항목	분석기간	제12기	제13기	제14기	제15기 (추정)
실수	① 현금영업이익(직접법 : 백만 원)	5,431	3,636	6,060	4,243
	② 순현금이익(백만 원)	3,102	3,271	3,194	3,134
	③ 유동성장기금융부채상환후이익(백만 원)	2,839	3,028	3,015	2,726
비율과 회전기간	① 현금보상비율(%)	294.6	198.8	291.4	284.9
	② 단기차입금상환능력비율(%)	313.3	73.5	497.8	202.0
	③ 중장기금융부채상환계수(배)	3.8	4.3	4.6	4.2
	① 유동비율(%)	132.9	149.7	156.3	164.0
	② 부채비율(%)	202.0	160.2	144.2	134.6
	③ 매출채권회전기간(일)	49.0	51.5	56.4	55.5
	④ 재고자산회전기간(일)	57.9	52.1	46.2	42.4
	⑤ 매입채무회전기간(일)	44.2	40.7	38.3	36.6
	① 매출액증가율(%)	27.3	23.3	17.6	22.7
	② 매출 원가구성비율(%)	77.4	77.4	76.6	77.2
	③ 일관관리판매비구성비율(%)	13.6	13.7	15.1	15.7

3) 현금흐름표의 재무제표 본문 표시

❶ 현금흐름표는 회계기간 동안 발생한 현금흐름을 영업활동, 투자활동, 재무활동으로 구분하여 표시하고 이에 기초 현금 및 현금성 자산과 외화표시 현금 및 현금성 자산의 변동효과를 반영하여 기말 현금 및 현금성 자산을 산출한다.

❷ K-IFRS 제1007호에서는 구체적인 현금흐름표 양식을 예시하고 있지 않다.

❸ 영업활동 현금흐름은 총현금유입과 총현금유출을 주요 항목별로 구분하여 표시하는 직

접법과 당기순이익에 당기순이익 조정항목, 즉 포괄손익계산서 조정항목과 재무상태표 조정항목(영업활동으로 인한 자산 또는 부채의 변동)을 가감하여 표시하는 간접법이 있는데, 기업은 두 가지 방법 중 하나의 방법을 선택 적용하여 작성 보고해야 한다. 그러나 영업활동 현금흐름을 보고하는 경우에는 직접법을 사용할 것을 권장한다.

❹ 특히 현금흐름표에 보는 바와 같이 일반적으로 이자의 수취 및 지급에 따른 현금흐름과 배당금 수취 관련 현금흐름, 법인세 납부 관련 현금흐름은 영업활동 현금흐름에서 별도로 구분 표시한다.

❺ 그러나 투자활동 현금흐름과 재무활동 현금흐름의 표시방법은 직접법과 간접법이 동일하다.

❻ 현금 및 현금성 자산의 환율 변동 효과는 영업활동 현금흐름, 투자활동 및 재무활동 현금흐름과 별도로 구분하여 표시한다.

2 현금흐름의 분류

1) 당기순이익과 순현금흐름의 차이

(1) 차이원인

기업의 현금유입 및 현금유출은 다음과 같은 두 가지 이유로 포괄손익계산서상의 수익 및 비용과 차이가 있다.

❶ 포괄손익계산서상의 수익 및 비용은 발생주의 입장에서 회계처리되었으므로 포괄손익계산서상의 당기순이익은 그대로 순현금흐름이 될 수 없다.

❷ 유상증자, 사채발행이나 상환, 금융회사에서 차입하거나 상환, 자산을 취득하거나 매각하는 등 기업의 수익획득을 위한 영업활동과는 직접 관련이 없는 재무거래나 투자활동에 의해서도 현금거래가 발생하지만, 이러한 거래는 포괄손익계산서에 반영되지 않기 때문에 포괄손익계산서상 당기순이익과 순현금흐름은 같을 수 없다.

(2) 현금 유·출입이 없는 손익항목

포괄손익계산서상의 당기순이익은 매출에서 매출 원가를 비롯한 제비용을 차감한 것으로서 대부분의 기업에서 주된 현금원천이 된다. 그러나 감가상각비 등과 같이 포괄손익계산서상에는 비용으로 차감되지만 현금지출이 수반되지 않으므로 현금지출 계산 시에는 차감하여야 한다. 이러한 항목들은 감가상각비 이외에도 퇴직급여, 대손상각비, 재고자산평가손실, 판매보증비, 단기투자증권평가손실, 외화환산손실, 사채할인발행차금상각비 등이 있다.

반면, 대손충당금 환입처럼 포괄손익계산서에는 수익으로 가산되지만, 현금유입을 수반하지 않기 때문에 현금유입 계산 시 차감하여야 하는 항목들도 있다. 이러한 현금유입이 없는 수익에는 대손충당금환입 이외에 판매보증충당금 환입, 외화환산이익 등이 있다.

표 5-1 현금 유·출입이 없는 손익항목

현금유출이 없는 비용	현금유입이 없는 수익
감가상각비 퇴직급여 대손상각비 재고자산평가손실 판매보증비 외화환산손실 사채할인발행차금상각비 등	대손충당금 환입 재고자산평가충당금 환입 판매보증충당금 환입 외화환산이익 등

2) 현금흐름의 구분

현금흐름은 기업의 활동을 영업활동, 투자활동 및 재무활동 등 세 가지로 나누어 분석한다.

(1) 영업활동

영업활동은 기업의 주요 수익창출과 관련되는 활동을 의미한다. 따라서 영업활동으로 인한 현금흐름은 포괄손익계산서 항목과 관련되어 나타나며, 당기순이익의 결정에 관련되는 현금흐름이다. 예를 들면, 매출채권의 회수, 매입채무 지급, 종업원 급여 지급, 관세환급, 법인세 지급, 이자수령액, 배당금수령액 등 다양한 항목이 포함된다.

(2) 투자활동

투자활동은 장래의 이익과 현금흐름을 창출할 목적으로 하는 장·단기투자증권, 투자부동산, 다른 기업 등에 대한 투자와 관련된 활동과 현금의 대여 또는 대여금의 회수, 유·무형자산의 취득과 처분, 현금성 자산에 해당되지 아니하는 투자자산의 매입 및 처분활동 등을 말한다.

(3) 재무활동

재무활동이란 자금의 차입 및 상환활동, 신주발행과 배당금 지급 등의 소유지분 항목과 관련되는 활동이다. 재무활동은 주로 기업에 자금을 제공하는 자가 미래 현금흐름에 대한 청구권을 예측하는 데 유용하기 때문에 이를 구분하여 공시하는 것이다.

표 5-2 각 활동별 대표적인 현금 유·출입 항목

구분	현금유입 항목	현금유출 항목
영업활동	• 매출액 현금회수 • 이자수입 • 수입배당금 • 운전자본 감소 등	• 제품제조 및 구입대금 지급 • 인건비, 관리비 등 지급 • 법인세 지급 • 운전자본 증가 등
투자활동	• 유·무형 자산의 처분 • 투자자산 처분 등	• 유·무형 자산의 취득 • 투자자산 취득 등
재무활동	• 차입금의 증가 • 사채 발행 • 유상증자 등	• 배당금의 지급 • 차입금의 상환 • 사채 상환 등

3) 재무상태표 계정과 활동의 구분

기업의 활동을 영업활동, 투자활동 및 재무활동으로 정확하게 구분할 수 있어야 정확한 현금흐름표를 작성할 수 있다. 업종이나 기업의 사정 등에 따라 활동이 달라질 수 있으나, 분류원칙을 매년 계속 적용하여 기간 간에 비교가 가능하도록 하여야 한다.

일반적인 제조업을 가정할 경우, 재무상태표 계정을 현금흐름을 활동별로 구분하면 다음과 같다.

표 5-3 일반적인 계정과목별 활동 구분

계정과목	영업	투자	재무	계정과목	영업	투자	재무
자산				부채			
현금 및 현금성 자산				매입채무	○		
단기금융상품		○		단기차입금			○
매출채권	○			미지급금	○		
재고자산	○			선수금	○		
장·단기 투자증권		○		미지급비용, 선수수익	○		
장·단기 대여금	○	○		퇴직급여채무	○		
미수금	○			장기차입금 및 사채			○
미수수익, 선급비용	○			자본			
선급금	○			자본금			○
유형자산		○		자본잉여금			○
무형자산		○		당기순이익	○		
보증금	○	○		배당금			○
				자본조정			○

현금흐름표의 작성

1) 직접법과 간접법

영업활동으로 인한 현금흐름을 표시하는 방법에는 직접법과 간접법이 있다.

(1) 직접법

직접법이란 현금흐름을 동반하는 수익과 비용을 총액으로 표시하되, 현금유입액과 현금유출액을 그 원천별로 또는 용도별로 나타내는 방법이다. 다시 말해서 직접법은 포괄손익계산서상의 수익과 비용항목들을 현금주의로 전환하여 영업활동으로 인한 현금흐름을 계산하는 방법으로, 일명 포괄손익계산서법이라고도 한다.

표 5-4   직접법에 의한 영업활동으로 인한 현금흐름 계산방법 예시표

Ⅰ. 영업활동으로 인한 현금흐름
  1. 매출 등 수익활동으로부터의 유입액
    가. 매출액
      (−) 매출채권 증가(+감소)
      (+) 선수금 증가(−감소)
      (−) 장기성매출채권 증가(+감소)
  2. 매입 및 종업원에 대한 유출액
    가. 매출 원가
    나. 판매비와 관리비(PL상)
      (+) 재고자산 증가(−감소)
      (−) 매입채무 증가(+감소)
      (−) 미지급비용 증가(+감소)
      (+) 선급비용 증가(−감소)
      (−) 감가상각비
      (−) 퇴직급여 등
      (−) 대손상각비

  6. 법인세비용 유출액
    가. 법인세비용
      (−) 미지급법인세 증가(+감소)
      (−) 법인세추납액

  3. 이자수익 유입액
    가. 이자수익
      (−) 미수이자 증가(+감소)
      (+) 선수이자 증가(−감소)
      (−) 장기성매출채권에 대한 현재가치할인
        차금상각분
  4. 배당금수익 유입액
    가. 배당금수익
      (−) 매수배당금 증가(+감소)
  5. 이자비용 지급액
    가. 이자비용
      (−) 미지급이자 증가(+감소)
      (+) 선급이자 증가(−감소)
      (−) 사채할인발행차금상각분
      (−) 장기성매입채무에 대한 현재가치할인
        차금상각분

  7. 기타

이 방법은 당기순이익과 현금흐름의 관계를 보다 잘 나타내 줌으로써, 재무정보이용자들이 과거의 현금흐름을 이해하고 미래의 현금흐름을 예측하는 데 보다 유용하다는 장점이 있다. 그러나 발생주의 회계에 익숙한 정보이용자들에게는 약간의 혼동이 있을 수도 있을 것이다.

(2) 간접법

간접법은 포괄손익계산서상의 당기순이익을 중심으로 현금주의로 전환하여 영업활동으로 인한 현금흐름을 조정하는 방법으로, 일명 조정법이라고도 한다.

간접법은 당기순손익에서 조정항목(현금의 유출이 없는 비용 등의 가산 및 현금의 유입이 없는 수익 등을 차감)과 영업활동으로 인한 자산·부채의 변동을 가산하여 영업에서 창출된 현금흐름을 산출한 뒤에 이자수취, 이자지급, 배당금수취 및 법인세 납부액을 가감하여 표시하는 방법이다.

표 5-5 간접법에 의한 영업활동으로 인한 현금흐름 계산방법 예시표

Ⅰ. 영업활동으로 인한 현금흐름
  1. 영업에서 창출된 현금흐름
    가. 당기순이익(손실)
    나. 조정 (① - ②)

① 현금유출이 없는 비용 등의 가산	② 현금유입이 없는 수익 등의 차감
• 감가상각비	• 이자수익(*)
• 퇴직급여	• 배당금수익(*)
• 대손상각비	• 외화환산이익
• 이자비용(*)	• 비유동자산처분이익
• 법인세비용(*)	• 기타
• 외화환산손실	
• 비유동자산처분손실	
• 기타	

    다. 영업활동으로 인한 자산부채의 변동
        • 매출채권의 증감
        • 재고자산의 증감
        • 미수금의 증감
        • 선급금의 증감
        • 매입채무의 증감
        • 미지급금의 증감
        • 퇴직금의 지급
        • ....
  2. 이자수취
  3. 이자지급
  4. 배당금수취
  5. 법인세납부

(*) 기업회계기준에서는 이자의 수취, 이자의 지급, 배당금의 수취 및 법인세의 납부를 직접법으로 표시하도록 하고 있으므로 포괄손익계산서상 관련 손익을 현금 유·출입이 없는 손익으로 조정한다.

간접법은 기본적으로는 당기순손익이 영업활동이라는 가정에서 시작하기 때문에 당기순손익을 구성하는 항목 중 영업활동이 아닌 항목들도 조정하여야 한다. 예를 들면, 비유동자산처분손익은 현금을 수반하는 손익[1]이나 영업활동이 아니기 때문에 조정항목에서 고려하며, 비유동자산손상차손은 그 자체가 현금을 수반하는 비용도 아니고 영업활동이 아니기 때문에 조정항목에서 고려하여야 한다.

간접법의 장점으로는 당기순손익과 영업활동으로 인한 현금흐름과의 차이 내역을 명확하

---

1 예를 들어, 유형자산처분이익의 경우, 이익금액만큼 처분대상유형자산의 장부금액에 추가하여 현금이 유입된다.

게 나타내준다는 점을 들 수 있으나, 감가상각비와 같은 일부 비용이 현금의 유입 원천으로 나타나기 때문에 발생주의 회계에 익숙한 정보이용자들을 혼동시킬 가능성도 있다.

(3) 직접법과 간접법의 비교

직접법과 간접법 중 어느 방법을 선택하든지 다음 그림과 같이 현금흐름표상의 영업활동으로 인한 현금흐름은 같아지게 된다.

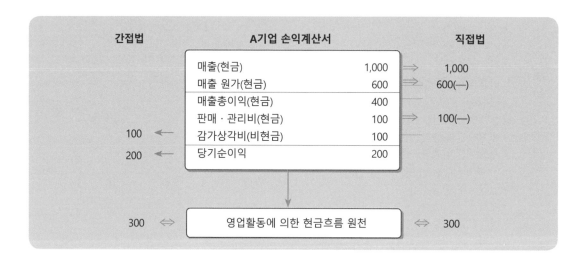

직접법과 간접법의 차이점은 공시방법이다. 직접법은 조정결과에 해당하는 각 영업활동 유형별 현금유입 유출액을 공시한다. 구체적으로 매출 등 수익활동으로부터의 유입액, 매입 및 종업원에 대한 유출액, 이자수익 유입액, 배당금수익 유입액, 이자비용 유출액 및 법인세비용 납부 등으로 구분하여 공시한다. 이러한 각 영업활동 유형별 현금유입 유출액을 합산하여 영업활동으로 인한 현금흐름을 구한다. 간접법은 조정과정에 해당하는 발생주의와 현금주의 간의 차이를 공시한다. 구체적으로 현금의 유출이 없는 비용 등의 가산, 현금의 유입이 없는 수익 등의 차감, 영업활동관련 자산과 부채의 변동을 공시한다. 당기순이익에서 이러한 차이를 가감하여 영업활동으로 인한 현금흐름을 구한다.

일반적으로 기업에서는 간접법을 선호하는 경향이 있는 반면에 투자자나 채권자들은 직접법을 선호하는 경향이 있다. 기업회계기준서에는 두 가지 방법을 모두 사용할 수 있도록 허용하면서, 정보이용자의 입장에서 직접법을 채택할 것을 권고하는 추세이다.

2) 투자활동과 재무활동에 의한 현금흐름의 내역

(1) 투자활동에 의한 현금흐름

투자활동은 현금의 대여와 회수활동, 장·단기 투자증권·투자자산·유형자산 및 무형자산의 취득과 처분활동 등을 말하며 이를 표로 정리하면 다음과 같다.

투자활동으로 인한 현금유입액	투자활동으로 인한 현금유출액

가. 유동자산의 감소
  •단기금융기관예치금의 감소
  •단기투자증권의 감소
  •단기대여금의 감소
나. 투자자산의 감소
  •장기금융기관예치금의 감소
  •장기투자증권의 감소
  •장기대여금의 감소
  •투자부동산의 처분 등
다. 유형자산의 감소
  •토지의 처분
  •건물의 처분 등
라. 무형자산의 감소
  •회원권의 처분
  •기타무형자산의 처분 등
	가. 유동자산의 증가
	  •단기금융기관예치금의 증가
	  •단기투자증권의 증가
	  •단기대여금의 증가
	나. 투자자산의 증가
	  •장기금융기관예치금의 증가
	  •장기투자증권의 증가
	  •장기대여금의 증가
	  •투자부동산의 취득 등
	다. 유형자산의 증가
	  •토지의 취득
	  •건물의 취득 등
	라. 무형자산의 증가
	  •회원권의 취득
	  •기타무형자산의 취득 등

(2) 재무활동에 의한 현금흐름

재무활동은 현금의 차입 및 상환활동, 신주발행이나 배당금의 지급활동 등과 같이 부채 및 자본계정에 영향을 미치는 거래를 말하며 이를 표로 정리하면 다음과 같다.

재무활동으로 인한 현금유입액	재무활동으로 인한 현금유출액

가. 유동부채의 증가
  •단기차입금의 차입
 	
나. 장기부채의 증가
  •사채의 발행
  •장기차입금의 차입
 	
다. 자본의 증가
  •유상증자
  •자기주식의 처분
	가. 유동부채의 감소
	  •단기차입금(유동성장기부채)의 상환
	  •미지급배당금의 지급
	나. 장기부채의 감소
	  •사채의 상환(자기사채의 취득)
	  •장기차입금의 상환
	  •장기미지급금의 지급
	다. 자본의 감소
	  •유상감자
	  •자기주식의 취득

(3) 비현금거래

기업활동 중에는 현금흐름을 수반하지 않고 일어나는 다음과 같은 거래들이 있다.

❶ 현물출자로 인한 유형자산의 취득
❷ 유형자산의 연불구입
❸ 무상증자
❹ 무상감자
❺ 주식배당
❻ 전환사채의 전환 등 현금의 유입과 유출이 없는 거래 중 중요한 거래

이러한 거래는 기업이 재무상태에 미치는 영향이 중대함에도 불구하고 현금흐름을 수반하지 않는 거래이므로 현금흐름표의 작성에서 제외되어 중요한 정보가 누락된다. 그러므로 이러한 중요한 정보는 현금흐름표의 주석으로 기재하도록 하였다.

3) 현금흐름표 양식

(1) 직접법

현금흐름표(직접법)

제×기 20××년×월×일부터 20××년×월×일까지
제×기 20××년×월×일부터 20××년×월×일까지

회사명 _____

(단위 : 원)

과목	제×(당)기		제×(전)기	
	금액		금액	
Ⅰ. 영업활동으로 인한 현금흐름		×××		×××
가. 매출 등 수익활동으로부터의 유입액				
나. 매입 및 종업원에 대한 유출액				
다. 이자수익유입액				
라. 배당금수익유입액				
마. 이자비용유출액				
바. 미지급법인세의 지급				
사. ………………………………				
Ⅱ. 투자활동으로 인한 현금흐름		×××		×××
1. 투자활동으로 인한 현금유입액	×××		×××	
가. 금융기관예치금의 감소				
나. 매도가능 금융자산의 감소				
다. 토지의 처분				
라. ………………………………				
2. 투자활동으로 인한 현금유출액	×××		×××	
가. 금융기관예치금의 증가				
나. 매도가능 금융자산의 증가				
다. 토지의 취득				
라. ………………………………				
Ⅲ. 재무활동으로 인한 현금흐름		×××		×××
1. 재무활동으로 인한 현금유입액	×××		×××	
가. 차입금의 증가				
나. 사채의 발행				
다. ………………………………				
2. 재무활동으로 인한 현금유출액	×××		×××	
가. 차입금의 감소				
나. 사채의 상환				
다. ………………………………				
Ⅳ. 현금의 증가(감소)(Ⅰ＋Ⅱ＋Ⅲ)		×××		×××
Ⅴ. 기초의 현금		×××		×××
Ⅵ. 기말의 현금		×××		×××

(2) 간접법

현금흐름표(간접법)

제×기 20××년×월×일부터 20××년×월×일까지
제×기 20××년×월×일부터 20××년×월×일까지

회사명 _____   (단위 : 원)

과목	제×(당)기		제×(전)기	
	금액		금액	
Ⅰ. 영업활동으로 인한 현금흐름		×××		×××
1. 영업에서 창출된 현금흐름	×××		×××	
가. 당기순이익(손실)				
나. 조정				
(1) 현금유출이 없는 비용 등의 가산				
• 감가상각비				
• 퇴직급여				
• 대손상각비				
• 이자비용				
• 법인세비용				
• 외화환산손실				
• 비유동자산처분손실				
• 기타				
(2) 현금유입이 없는 수익 등의 차감				
• 이자수익				
• 배당금수익				
• 외화환산이익				
• 비유동자산처분이익				
• 기타				
다. 영업활동으로 인한 자산부채의 변동				
• 매출채권의 증감				
• 재고자산의 증감				
• 미수금의 증감				
• 선급금의 증감				
• 매입채무의 증감				
• 미지급금의 증감				
• 퇴직금의 지급				
• ·························				
2. 이자수취	×××		×××	
3. 이자지급	×××		×××	
4. 배당금수취	×××		×××	
5. 법인세납부	×××		×××	

Ⅱ. 투자활동으로 인한 현금흐름		×××		×××
1. 투자활동으로 인한 현금유입액	×××		×××	
가. 금융기관예치금의 감소				
나. 매도가능 금융자산의 감소				
다. 토지의 처분				
라. ······················				
2. 투자활동으로 인한 현금유출액	×××		×××	
가. 금융기관예치금의 증가				
나. 매도가능 금융자산의 증가				
다. 토지의 취득				
라. ······················				
Ⅲ. 재무활동으로 인한 현금흐름		×××		×××
1. 재무활동으로 인한 현금유입액	×××		×××	
가. 차입금의 증가				
나. 사채의 발행				
다. ······················				
2. 재무활동으로 인한 현금유출액	×××		×××	
가. 차입금의 감소				
나. 사채의 상환				
다. ······················				
Ⅳ. 현금의 증가(감소)(Ⅰ + Ⅱ + Ⅲ)		×××		×××
Ⅴ. 기초의 현금		×××		×××
Ⅵ. 기말의 현금		×××		×××

4) 현금흐름표의 작성실무

현금흐름표는 정산표법 또는 T계정법을 이용하여 작성할 수 있다.

정산표법은 현금흐름표 작성에 필요한 정보를 얻기 위해 정산표를 이용하여 현금의 유입과 유출을 체계적으로 규명할 수 있도록 비현금계정의 변동을 분석하는 방법이다. 이 방법은 조정항목이 많고 복잡한 현금흐름표를 작성하여야 하는 경우에 하나의 표를 이용하여 일목요연하게 작성할 수 있기 때문에 회계실무담당자들이 선호하는 방법이다.

T계정법은 현금 이외의 계정의 변화를 현금의 유입과 유출로 파악하여 T계정에 요약하는 방법이다. 이 방법은 현금흐름표에 나타날 정보를 간단하고 체계적으로 요약하기 때문에 논리적이고 이해하기 쉽다는 장점이 있다.

정산표나 T계정은 모두 기업의 공식적인 장부는 아니며, 단지 현금흐름표를 작성하기 위하여 임시로 설정하는 수단일 뿐이라는 점을 간과해서는 아니 된다. 여기서는 간단한 사례를 통해서 두 방법보다 직관적으로 이해할 수 있는 방법을 이용해서 현금흐름표를 작성하는 방법을 소개하기로 한다.

현금흐름표를 작성하기 위해서는 먼저 포괄손익계산서, 비교재무상태표와 계정분석에 필요한 기타의 자료가 준비되어 있어야 한다. 다음에 주식회사 A의 약식 포괄손익계산서와 비교재무상태표 및 현금흐름표 작성에 필요한 기타의 재무 자료가 있다. 이들 자료를 바탕으로 현금흐름표 작성 사례를 예시하기로 한다.

(1) 회계 자료

가. 약식포괄손익계산서 및 이익잉여금변동 내역

(20×2.1.1 ~ 20×2.12.31)

손익계산서	
계정과목	금액
매출	53,000
매출 원가	(31,000)
매출총이익	22,000
판매비와 관리비	(6,550)
영업이익	15,450
기타영업수익	2,200
배당금수익	1,400
토지처분이익	800
기타영업비용	(950)
이자비용	800
기계장치처분손실	150
법인세비용차감전 순이익	16,700
법인세비용	(5,000)
당기순이익	11,700

이익잉여금변동 내역	
처분내용	금액
20×1년말 이월이익잉여금	48,100
20×1년 현금배당처분액	(500)
20×2년 당기순이익	11,700
20×2년말 기말이익잉여금	59,300

나. 비교 재무상태표

계정과목	20X2.12.31	20X1.12.31	증감
자산			
현금 및 현금성 자산	6,500	7,100	−600
매출채권	15,000	5,500	+9,500
(대손충당금)	(600)	(400)	−200
선급비용	1,650	1,700	−50
재고자산	39,300	34,100	+5,200
매도가능 금융자산	1,850	1,500	+350
토지	13,150	8,200	+4,950
건물	26,200	26,200	−
(감가상각누계액)	(8,410)	(7,100)	−1,310
기계장치	19,800	14,200	+5,600
(감가상각누계액)	(4,000)	(3,100)	−900
산업재산권	760	1,000	−240
자산총계	111,200	88,900	+22,300
부채			
매입채무	11,100	13,900	−2,800
단기차입금	1,500	2,000	−500
선수수익	3,300	2,700	+600
미지급비용	1,000	1,200	−200
미지급법인세	1,200	2,200	−1,000
장기미지급금	6,000	−	+6,000
사채	10,000	10,000	−
부채총계	34,100	32,000	+2,100
자본			
자본금	10,000	5,000	+5,000
자본잉여금	7,800	3,800	+4,000
이익잉여금	59,300	48,100	+11,200
자본총계	77,100	56,900	+20,200
부채 및 자본총계	111,200	88,900	+22,300

다. 추가 자료

❶ 유형자산의 변동내역

구분		토지	건물	기계장치	비고
기초금액	취득금액	8,200	26,200	14,200	
	상각누계액	–	(7,100)	(3,100)	
취득		6,000	–	6,400	(*1)
처분	취득금액	(1,050)		(800)	(*2)
	상각누계액	–		250	
감가상각비		–	(1,310)	(1,150)	
기말금액	취득금액	13,150	26,200	19,800	
	상각누계액	–	(8,410)	(4,000)	

(*1) 토지를 장기할부로 매입하였으며, 20×3년초부터 3년 분할 지급될 예정이다.
(*2) 토지는 1,850원에(처분이익 800발생), 기계장치는 400원에 처분(처분손실 150발생)하였다.

❷ 자본의 변동내역

구분	자본금	자본잉여금	비고
20×2년초	5,000	3,800	
유상증자	5,000	4,000	현금유입됨
취득	10,000	7,800	

❸ 차입금의 변동내역

구분	단기차입금	사채	비고
20×2년초	2,000	10,000	
상환	(2,000)	–	
신규차입	1,500	–	
20×2년말	1,500	10,000	

❹ 기타 사항

20×2년말 미지급비용 잔액은 전액 이자비용과 관련된 금액이며, 20×2년 중 매도가능 금융자산의 취득금액은 350원이며, 20×2년말 현재 현금으로 지급하였다. 또한, 20×2년 3월에 열린 20×1년 회계연도 주주총회에서는 현금 배당 500원에 대한 지급승인을 하였으며, 20×2년 중 모두 현금으로 지급되었다. 법인세비용은 모두 당기법인세비용으로만 구성되어 있다.

(2) 현금흐름표 작성을 위한 현금유입 및 현금유출액 검토

가. 영업활동으로 인한 현금흐름

영업활동으로 인한 현금흐름의 산출은 회계상 당기순이익만큼 영업활동으로 인한 현금이 유입되었다는 가정하에서 출발한다. 즉, 회계상 당기순이익에서 출발해서 회계상 비용이나 현금이 유출되지 않은 비용 또는 회계상 이익이나 현금이 유입되지 않은 비용을 조정함으로써 영업활동으로 인한 현금흐름을 산출한다.

❶ 영업활동과 관련된 현금유출이 없는 회계상 비용의 검토

회계상 비용이나 현금유출이 없는 비용 또는 현금을 수반하는 비용이나 영업활동과 관련되지 않은 항목을 검토하여 다음과 같이 정리한다.

구분	금액	조정 사유
대손상각비	200	현금유출이 없는 회계상 비용
감가상각비(건물)	1,310	
감가상각비(기계장치)	1,150	
산업재산권 상각	240	
기계장치처분손실	150	투자활동 관련 현금유출(*)
계	3,050	

(*) 기계장치처분손실의 경우, 다음과 같이 현금유출을 수반하는 비용이나 영업활동과 관련된 현금유출이 아니므로 영업활동에는 가산하고 투자활동에서 차감한다.

〈기계장치 처분으로 인한 현금유입액 검토〉

구분	금액	비고
기계장치 장부금액	550	장부금액과 비교해서 처분손실만큼 현금을 수취하지 못함
처분으로 인한 현금수취액	400	
기계장치처분손실	(150)	

❷ 영업활동과 관련된 현금유입이 없는 회계상 수익의 검토

회계상 비용이나 현금유출이 없는 비용 또는 현금을 수반하는 비용이나 영업활동과 관련되지 않은 항목을 검토하여 다음과 같이 정리한다.

구분	금액	조정 사유
토지처분이익	800	투자활동 관련 현금유입(*)

(*) 토지처분이익의 경우, 다음과 같이 현금유입을 수반하는 이익이나 영업활동과 관련된 현금유입이 아니므로 영업활동에는 차감하고 투자활동에서 가산한다.

〈토지처분으로 인한 현금유입액 검토〉

구분	금액	비고
토지 장부금액	1,050	장부금액과 비교해서 처분이익만큼 현금을 추가로 수취함
처분으로 인한 현금수취액	1,850	
토지처분이익	800	

❸ 영업활동과 관련된 자산 · 부채의 변동에 따른 현금흐름 검토

일반적으로 영업활동과 관련된 자산은 매출채권 및 재고자산 등이며, 부채는 매입채무 등이다. 회사의 입장에서 비현금거래를 제외하고 자산이 증가할 경우에는 현금이 유출되며, 자산이 감소할 경우에는 현금이 유입된다. 부채는 자산과 반대로 증가할 경우에는 현금유입, 감소할 경우에는 현금이 유출된다. 동 사례에서 영업활동과 관련된 자산 · 부채의 변동에 따른 현금흐름을 정리하면 다음과 같다.

구분		금액	비고
영업활동 관련 자산	매출채권의 증가	(9,500)	자산 증가 → 현금유출
	선급비용의 감소	50	자산 감소 → 현금유입
	재고자산의 증가	(5,200)	자산 증가 → 현금유출
영업활동 관련 부채	매입채무의 감소	(2,800)	부채 감소 → 현금유출
	선수수익의 증가	600	부채 증가 → 현금유입
	미지급비용의 감소	(200)	부채 감소 → 현금유출
	미지급법인세의 감소	(1,000)	부채 감소 → 현금유출
	장기미지급금의 증가	–	(*)
계		(18,050)	

(*) 토지취득(투자활동)으로 인해서 증가하였으므로 증가 효과를 고려하지 아니한다.

나. 투자활동으로 인한 현금흐름

투자활동의 경우에는 영업활동으로 인한 현금흐름 산출방법과 달리 투자활동과 관련된 개

별 자산을 취득 또는 처분함으로써 발생한 현금흐름을 상계하지 아니하고 개별적으로 산출하게 된다.

❶ 투자활동으로 인한 현금유입액 검토

구분	금액	비고
기계장치의 처분	400	기계장치처분손실 및 토지처분이익은 현금유출입을 수반하므로 별도로 고려하지 아니함
토지의 처분	1,850	
계	2,250	

❷ 투자활동으로 인한 현금유출액 검토

구분	금액	비고
매도가능 금융자산의 취득	(350)	
토지의 취득	–	(*)
기계장치의 취득	(6,400)	
계	(6,750)	

(*) 20×2년말 토지를 6,000원에 취득하였으나, 대금을 20×3년초부터 지급할 예정이므로 자산은 증가하였으나 현금이 유출되지 않는 거래이므로 현금유출액으로 고려하지 않음. 단, 비현금거래는 주석 공시 사항이다.

다. 재무활동으로 인한 현금흐름

재무활동으로 인한 현금흐름도 투자활동과 마찬가지로 자금의 조달 또는 상환활동과 관련된 부채를 개별적으로 파악하여 산출하게 된다.

❶ 재무활동으로 인한 현금유입액 검토

구분	금액	비고
단기차입금의 차입	1,500	
유상증자	9,000	
계	10,500	

❷ 재무활동으로 인한 현금유출액 검토

구분	금액	비고
단기차입금의 상환	(2,000)	
배당금의 지급	(500)	20×2년 중 지급된 현금배당금
계	(2,500)	

(3) 현금흐름표 작성을 위한 현금유·출입 및 검토내용(요약)

구분	현금유입	현금유출
Ⅰ. 영업활동으로 인한 현금흐름		
1. 당기순이익	11,700	
2. 현금의 유출이 없는 비용 등의 가산		
대손상각비	200	
감가상각비(건물)	1,310	
감가상각비(기계장치)	1,150	
산업재산권 상각	240	
기계장치처분손실	150	
3. 현금의 유입이 없는 수익 등의 차감 토지처분이익		800
4. 영업활동으로 인한 자산·부채의 변동		
매출채권의 증가		9,500
선급비용의 감소	50	
재고자산의 증가		5,200
매입채무의 감소		2,800
선수수익의 증가	600	
미지급비용의 감소		200
미지급법인세의 감소		1,000
Ⅱ. 투자활동으로 인한 현금흐름		
1. 투자활동으로 인한 현금유입액		
기계장치의 처분	400	
토지의 처분	1,850	
2. 투자활동으로 인한 현금유출액		
매도가능 금융자산의 취득		350
기계장치의 취득		6,400
Ⅲ. 재무활동으로 인한 현금흐름		
1. 재무활동으로 인한 현금유입액		
단기차입금의 차입	1,500	
유상증자	9,000	
2. 재무활동으로 인한 현금유출액		
단기차입금의 상환		2,000
현금배당의 지급		500
Ⅳ. 현금의 감소(Ⅰ+Ⅱ+Ⅲ)	600	

<현금의 유입과 유출이 없는 거래>		
장기미지급금의 발생	6,000	
토지의 구입		6,000
	34,750	34,750

(4) 현금흐름표 작성

가. 간접법

⟨1단계 : 기본 현금흐름표 작성⟩

기업회계기준서에서는 간접법으로 현금흐름표를 작성할 경우에도 이자수취액, 이자지급액, 배당금 수취액 및 법인세 납부액을 직접 표시하도록 규정하고 있다. 이러한 항목들에 대한 간접법에 의한 현금흐름표에 표시하기 위해서는 우선 간접법의 정의에 부합되는 기본현금흐름표를 작성하여야 한다.

현금흐름표		
주식회사 A		20X2.1.1 ~ 20X2.12.31
I. 영업활동으로 인한 현금유출		(4,100)
1. 영업에서 창출된 현금흐름	(4,100)	
가. 당기순이익	11,700	
나. 조정	2,250	
(1) 현금의 유출이 없는 비용 등의 가산	3,050	
대손상각비	200	
감가상각비	2,460	
산업재산권 상각	240	
기계장치처분손실	150	
(2) 현금의 유입이 없는 수익 등의 차감	(800)	
토지처분이익	800	
다. 영업활동으로 인한 자산·부채의 변동	(18,050)	
매출채권의 증가	(9,500)	
선급비용의 감소	50	
재고자산의 증가	(5,200)	
매입채무의 감소	(2,800)	
선수수익의 증가	600	
미지급비용의 감소	(200)	
미지급법인세의 감소	(1,000)	

II. 투자활동으로 인한 현금흐름			(4,500)
1. 투자활동으로 인한 현금유입액		2,250	
가. 기계장치의 처분		400	
나. 토지의 처분		1,850	
2. 투자활동으로 인한 현금유출액		(6,750)	
가. 매도가능 금융자산의 취득		350	
나. 기계장치의 취득		6,400	
III. 재무활동으로 인한 현금흐름			8,000
1. 재무활동으로 인한 현금유입액		10,500	
가. 단기차입금의 차입		1,500	
나. 보통주의 발행		9,000	
2. 재무활동으로 인한 현금유출액		(2,500)	
가. 단기차입금의 상환		2,000	
나. 현금배당의 지급		500	
IV. 현금의 감소			(600)
V. 기초의 현금			7,100
VI. 기말의 현금			6,500

〈2단계 : 이자 수취액 등의 직접법에 따른 표시〉

이자 수취액, 이자지급액, 배당금 수취액 및 법인세 납부액은 다음과 같은 방법으로 계산한 후 기본 현금흐름표에 반영한다.

❶ 이자 수취액 : 이자 수취액은 이자수익에서 미수이자 등 이자수익과 관련된 항목의 변동액을 가감하여 산출할 수 있다. 그러나, 본 사례의 경우 이자수익 및 미수이자가 없기 때문에 이자수취액은 없다.

❷ 이자지급액 : 이자지급액은 이자비용에서 미지급이자 등 이자비용과 관련된 항목의 변동액을 가감하여 산출할 수 있다. 본 사례의 경우, 당기 이자비용 800원(현금유출) 및 미지급이자 감소액 200원(현금유출)을 합한 1,000원이 현금으로 지급한 이자비용이다. 단, 간접법에 의한 현금흐름표를 작성함에 따라 당기순이익에 포함되어 있는 이자비용 800원은 현금유출이 없는 비용으로 가산하고 영업활동으로 인한 자산·부채 변동에 포함된 미지급이자의 감소 200원을 취소하여야 한다.

❸ 배당금 수취액 : 배당금 수취액은 배당금 수익에서 미수 배당금의 변동액을 가감하여 산출할 수 있다. 본 사례의 경우, 당기 배당금 수익은 1,400원이며, 당기 및 전기 미수 배당

금이 없으므로 배당금 수취액은 배당금 수익과 동일한 1,400원이다. 단, 간접법에 의한 현금흐름표를 작성함에 따라 당기순이익에 포함되어 있는 배당금 수익 1,400원은 현금 유입이 없는 수익의 차감항목으로 반영하여야 한다.

❹ 법인세 납부액 : 법인세 납부액은 법인세비용에서 미지급 법인세 및 선급 법인세의 변동액을 가감하여 산출할 수 있다. 본 사례의 경우, 당기 법인세비용 5,000원(법인세 납부액[2])과 미지급 법인세의 감소액 1,000원의 합인 6,000원이 법인세 납부액이다. 단, 법인세 납부액 6,000원을 간접법에 의한 현금흐름표에 직접 표시하려면 당기순이익에 포함된 법인세비용 5,000원과 영업활동으로 인한 자산·부채변동에 포함된 미지급 법인세의 감소 1,000원을 취소하여야 한다.

〈기업회계기준에 따른 간접법에 의한 현금흐름표〉

현금흐름표 20X2.1.1 ~ 20X2.12.31			
주식회사 A	간접법(1단계)	조정사항	간접법(2단계)
Ⅰ. 영업활동으로 인한 현금유출	(4,100)		(4,100)
1. 영업에서 창출된 현금흐름	(4,100)		1,500
가. 당기순이익	11,700		11,700
나. 조정	2,250		6,650
(1) 현금의 유출이 없는 비용 등의 가산	3,050		8,850
대손상각비	200		200
감가상각비	2,460		2,460
산업재산권 상각	240		240
기계장치처분손실	150		150
이자비용	–	800	800
법인세비용	–	5,000	5,000
(2) 현금의 유입이 없는 수익 등의 차감	(800)		(2,200)
토지처분이익	800		800
배당금 수익	–	1,400	1,400
다. 영업활동으로 인한 자산·부채의 변동	(18,050)		(16,850)
매출채권의 증가	(9,500)		(9,500)
선급비용의 감소	50		50

2 동 사례에서는 이연법인세로 인한 법인세비용이 없다고 가정하였으므로 손익계산서의 법인세비용은 당기법인세비용만으로 구성되어 있음

재고자산의 증가	(5,200)		(5,200)
매입채무의 감소	(2,800)		(2,800)
선수수익의 증가	600		600
미지급비용의 감소	(200)	200	–
미지급법인세의 감소	(1,000)	1,000	–
2. 이자수취액	–	–	–
3. 이자지급액	–	(1,000)	(1,000)
4. 배당금 수취액	–	1,400	1,400
5. 법인세 납부액	–	(6,000)	(6,000)
(투자활동으로 인한 현금흐름은 동일)			
(주석사항)			
1. 현금의 유입과 유출이 없는 거래			
가. 토지의 장기할부 매입	₩ 6,000		

나. 직접법

현금흐름표		
주식회사 A		20X2.1.1 ~ 20X2.12.31
Ⅰ. 영업활동으로 인한 현금유출		(4,100)
1. 매출로부터의 현금유입액		43,500
매출	53,000	
(−) 매출채권의 증가	(9,500)	
2. 매입 및 종업원 등에 대한 유출액		(42,000)
매출 원가	31,000	
판매비와 관리비	6,550	
(−) 대손상각비	(200)	
(−) 감가상각비	(2,460)	
(−) 산업재산권 상각	(240)	
(+) 재고자산의 증가	5,200	
(−) 선급비용의 감소	(50)	
(+) 매입채무의 감소	2,800	
(−) 미지급비용의 증가	(600)	

3. 배당금 수익 유입액		1,400
배당금 수익	1,400	
4. 이자비용 유출액		(1,000)
이자비용	800	
(+) 미지급이자 감소	200	
5. 법인세비용 등 유출액		(6,000)
법인세비용 등	5,000	
(+) 미지급법인세 감소	1,000	
II. (이하 간접법과 동일함)		
<주석사항>		
1. 현금의 유입과 유출이 없는 거래		6,000
가. 토지의 장기할부 매입	6,000	
2. 당기순이익과 당기순이익에 가감할 항목		
가. 당기순이익		11,700
나. 가산할 항목		3,050
대손상각비	200	
감가상각비	2,460	
산업재산권 상각	240	
기계장치처분손실	150	
다. 차감할 항목		(800)
토지처분이익	800	
라. 영업활동으로 인한 자산·부채의 변동		(18,050)
매출채권의 증가	(9,500)	
선급비용의 감소	50	
재고자산의 증가	(5,200)	
매입채무의 감소	(2,800)	
선수수익의 증가	600	
미지급비용의 감소	(200)	
미지급 법인세의 감소	(1,000)	
3. 영업활동으로 인한 현금흐름		(4,100)

chapter 06

자본변동표

1   자본변동표의 개요

(1) 자본변동표의 의의

기업회계기준서 제1001호상 자본변동표는 자본의 크기와 그 변동에 관한 정보를 제공하는 기본 재무제표로서, 자본을 구성하고 있는 자본금, 자본잉여금, 기타자본구성요소, 기타포괄손익누계액, 이익잉여금(또는 결손금)의 변동에 대한 포괄적인 정보를 제공한다.

이는 과거 기업회계기준에서 재무제표로 정했던 이익잉여금처분계산서(또는 결손금처리계산서)가 주주지분의 구성항목 중 이익잉여금(또는 결손금)의 변동내용만이 나타나게 되어, 이익잉여금(또는 결손금)을 제외한 자본 구성항목의 변동내용을 자세하게 알 수가 없다는 취지에서 한국채택국제회계기준에서는 자본변동표를 기본 재무제표로 채택하고, 이익잉여금처분계산서(또는 결손금처리계산서)는 주석사항으로 변경하였다.

(2) 자본변동표의 기본 구조

자본변동표에는 자본금, 자본잉여금, 기타자본구성요소, 기타포괄손익누계액, 이익잉여금
(또는 결손금)의 각 항목별로 기초잔액, 변동사항, 기말잔액을 표시한다.

❶ 자본금의 변동은 유·무상증자(또는 감자)와 주식배당에 의하여 발생되며, 보통주자본금과
우선주자본금으로 구분하여 표시한다.

❷ 자본잉여금의 변동은 유·무상증자(또는 감자), 결손금 처리 등에 의하여 발생하며, 주식발
행초과금과 기타자본잉여금으로 구분하여 표시한다.

❸ 기타자본구성요소의 변동은 자기주식을 구분하여 표시하고 기타자본조정은 통합하여
표시할 수 있다.

❹ 기타포괄손익누계액의 변동은 장기투자증권 평가손익, 해외사업 환산손익 및 현금흐름
위험회피 파생상품평가손익은 구분하여 표시하고 그 밖의 항목은 그 금액이 중요할 경
우에는 적절히 구분하여 표시한다.

❺ 이익잉여금의 변동은 다음과 같은 항목으로 구분하여 표시한다.

　ㄱ. 회계정책의 변경으로 인한 누적효과

　ㄴ. 중대한 전기오류수정손익

　ㄷ. 연차 배당(당기 중에 주주총회에서 승인된 배당금액으로 하되 현금배당과 주식배당으로 구분하여 기
재)과 기타 전기말 미처분이익잉여금의 처분

　ㄹ. 중간배당(당기 중에 이사회에서 승인된 배당금액)

　ㅁ. 당기순손익

❻ 자본변동표에서 전기에 이미 보고된 전기이월이익잉여금(또는 결손금)의 금액이 당기에
발생한 회계정책의 변경이나 중대한 전기오류 수정의 회계처리로 인하여 변동된 경우에
는 전기에 이미 보고된 금액을 별도로 표시하고 회계정책 변경이나 오류 수정의 회계처
리가 매 회계연도에 미치는 영향을 가감한 수정 후 기초이익잉여금을 표시한다.

다음의 자료를 통하여 자본변동표의 작성 과정을 이해하도록 하도록 한다. 다만, 제시 자료 중 전기오류 수정 손익과 회계정책 변경 누적효과에 대한 내용은 제2절 '이익잉여금처분계산서'를 참고하기 바란다.

(1) 제시 자료

❶ 각 회계연도 말의 자본은 다음과 같다. 단, 누적 포괄손익과 이익잉여금에 대한 법인세 효과는 고려하지 않는다.

	20×0. 12. 31	20×1. 12. 31	20×2. 12. 31
자본금			
보통주자본금	1,000,000	1,500,000 (*1)	2,000,000 (*3)
자본잉여금			
주식발행초과금		250,000 (*1)	600,000 (*3)
기타자본구성요소			
자기주식		(12,000) (*2)	(30,000) (*4)
기타포괄손익누계액			
매도가능 금융자산 평가손익	30,000	15,000	30,000
해외사업 환산손익	20,000	(10,000)	(20,000)
이익잉여금			
법정적립금	100,000	120,000	200,000
임의적립금	20,000	80,000	100,000
미처분이익잉여금	130,000	430,000	968,400
합계	1,300,000	2,373,000	3,848,400

(*1) 20×1년 1월에 주식 1,000주(주식액면금액 : @500, 주식발행가액 : @750)를 발행
(*2) 20×1년 4월에 자기주식 20주(취득가액 : @600)를 취득
(*3) 20×2년 5월에 주식 1,000주(주식액면금액 : @500, 주식발행가액 : @850)를 발행
(*4) 20×2년 6월에 자기주식 20주(취득가액 : @900)를 취득

❷ 각 회계연도의 이익잉여금 변동은 다음과 같다.

	20×0	20×1	20×2
전기이월이익잉여금	200,000	250,000	630,000
전기오류수정손익			200,000(*③)
회계정책 변경 누적효과			18,400(*④)
배당	(50,000)	(20,000)	(80,000)
당기순이익	100,000	400,000	500,000
차기이월이익잉여금	250,000	630,000	1,268,400

❸ 전기오류 수정 손익

20×0년 이전에 취득한 무형자산A(취득 원가 : 500,000, 내용연수 : 5년, 잔존가액 : 0)를 자산으로 회계처리하지 않고 비용으로 처리한 오류를 20×2년에 발견하였다. 이것은 중대한 오류에 해당된다고 판단하였으며, 상세 효과는 다음과 같다.

	20×0 이전	20×0	20×1	20×2	20×3
비용처리	500,000	–	–	–	–
자산처리	100,000	100,000	100,000	100,000	100,000
차이	400,000	(100,000)	(100,000)	(100,000)	(100,000)
누적효과 (비용처리)	500,000	500,000	500,000	500,000	500,000
누적효과 (자산처리)	100,000	200,000	300,000	400,000	500,000
차이	400,000	300,000	200,000	100,000	–

회계연도	이익잉여금에 대한 영향		
	자산처리	비용처리	차이
20×1년 이전	(200,000)	(500,000)	300,000
20×1년	(100,000)	–	(100,000)
20×2년 기초까지의 누적효과	(300,000)	(500,000)	200,000
20×2년	(100,000)	–	(100,000)

❹ 회계정책 변경 누적효과

20×2년에 20×0년 이전에 취득한 기계장치 B(취득 원가 : 100,000, 내용연수 : 5년, 잔존가액 : 0)의 감가상각방법을 정률법(40%)에서 정액법으로 변경하였다.

	20X0 이전	20X0	20X1	20X2	20X3
정률법	40,000	24,000	14,400	8,640	12,960
정액법	20,000	20,000	20,000	20,000	20,000
차이	20,000	4,000	(5,600)	(11,360)	(7,040)
누적효과(정률법)	40,000	64,000	78,400	87,040	100,000
누적효과(정액법)	20,000	40,000	60,000	80,000	100,000
차이	20,000	24,000	18,400	7,040	–

회계연도	이익잉여금에 대한 영향		
	정액법	정률법	차이
20×1년 이전	(40,000)	(64,000)	24,000
20×1년	(20,000)	(14,400)	(5,600)
20×2년 기초까지의 누적효과	(60,000)	(78,400)	18,400
20×2년	(20,000)	(8,640)	(11,360)

(2) 자본변동표의 작성

자본변동표

제×기 20×2년 1월 1일부터 20×2년 12월 31일까지
제×기 20×1년 1월 1일부터 20×1년 12월 31일까지

회사명(주) ○○○   (단위 : 원)

구분	자본금	자본잉여금	기타자본구성요소	기타포괄손익누계액	이익잉여금	총계
20×1. 1. 1(보고금액)	1,000,000	−	−	50,000	250,000	1,300,000
회계정책 변경 누적효과					24,000	24,000
전기오류 수정 손익					300,000	300,000
수정 후 금액	1,000,000	−	−	50,000	574,000	1,624,000
배당					(20,000)	(20,000)
유상증자	500,000	250,000				750,000
당기순이익					294,400*	294,400
자기주식 취득			(12,000)			(12,000)
매도가능 금융자산 평가손익				(15,000)		(15,000)
해외사업환산손익				(30,000)		(30,000)
20×1. 12. 31	1,500,000	250,000	(12,000)	5,000	848,400	2,591,400
20×2. 1. 1(보고금액)	1,500,000	250,000	(12,000)	5,000	630,000	2,373,000
회계정책 변경 누적효과					18,400	18,400
전기오류 수정 손익					200,000	200,000
수정 후 금액	1,500,000	250,000	(12,000)	5,000	848,400	2,591,400
배당					(80,000)	(80,000)
유상증자	500,000	350,000				850,000
당기순이익					500,000	500,000
자기주식 취득			(18,000)			(18,000)
매도가능 금융자산 평가손익				15,000		15,000
해외사업 환산손익				(10,000)		(10,000)
20×2. 12. 31	2,000,000	600,000	(30,000)	10,000	1,268,400	3,848,400

* 400,000(20×1년 보고 당기순이익) − 100,000(전기오류수정손익) − 5,600(회계정책 변경효과) = 294,400

1 개요

(1) 이익잉여금처분계산서의 의의

이익잉여금처분계산서(결손금처리계산서)는 기업의 한 회계기간 동안 발생한 이월이익잉여금의 처분으로 인한 총변동사항을 명백하게 보고하기 위하여 작성된다. 따라서 이익잉여금처분계산서(결손금처리계산서)는 전년도 재무상태표상의 이익잉여금이 어떻게 처분되고 변동되어 당해 연도 이익잉여금이 되었는지 그 변동원인을 설명해 준다. 전기로부터 이월된 이익잉여금은 다음과 같은 원인에 의하여 변동될 수 있다.

❶ 회사의 감가상각방법이나 재고자산평가방법 등 회계정책을 변경하여 그 결과 당기순이익이 달라졌을 때는 그 누적효과를 계산하여 기초이익잉여금을 수정하여야 한다.
❷ 전기 이전에 발행한 사유로서 전기 이전 재무제표에 대한 오류의 수정사항에 속하는 중요한 손익항목이 당기에 발생한 경우에는 전기이월이익잉여금을 수정한다. 중대한 오류는 재무제표의 신뢰성을 심각하게 손상할 수 있는 매우 중요한 오류를 말한다. 비교재무제표를 작성하는 경우 중대한 오류의 영향을 받는 회계기간의 재무제표항목은 수정하여 재작성한다.

(2) 주석표시

이익잉여금은 유보이익이라고도 불리는 것으로서 기업의 손익거래활동에 의하여 벌어들인 이익 중 배당금 등으로 사외에 유출되거나 자본금계정에 대체되지 않고 사내에 유보된 부분을 의미한다. 만일, 이러한 사내에 유보된 부분이 부(-)의 금액일 경우에는 결손금이라고 한다. 기업회계기준서에 따르면, 상법 등 관련 법규에서 이익잉여금처분계산서(또는 결손금처리계산서)의 작성을 요구하는 경우에는 재무상태표의 이익잉여금(또는 결손금)에 대한 보충정보로서 이익잉여금처분계산서(또는 결손금처리계산서)를 주석으로 공시하도록 하고 있다.

1) 이익잉여금처분계산서

(1) 미처분이익잉여금

전기이월미처분이익잉여금(전기이월미처리결손금)에 회계처리기준의 변경으로 인한 누적효과, 전기오류 수정 손익(전전기 이전에 발생한 오류사항을 비교목적으로 작성하는 전기재무제표에 반영하는 경우에 한한다), 중간배당액 및 당기순이익(손실) 등을 가감한 금액으로 한다.

(2) 임의적립금 등의 이입액

임의적립금 등을 이입하여 당기의 이익잉여금처분에 충당하는 경우에는 그 금액을 처분전 이익잉여금에 가산하는 형식으로 기재한다.

(3) 이익잉여금처분액

이익잉여금의 처분은 다음과 같은 과목으로 세분하여 기재한다.

❶ 이익준비금[1]
❷ 기타법정적립금[2]
❸ 이익잉여금처분에 의한 상각 등[3]
❹ 배당금[4]
❺ 임의적립금[5]

---

[1] 이익준비금은 상법의 규정에 의하여 적립된 금액으로 한다. 상법에서는 매 결산기에 금전에 의한 이익배당의 10분의 1 이상의 금액을 자본금의 2분의 1에 달할 때까지 적립하도록 하고 있다. 그리고 금전이 없는 경우에도 이익준비금은 적립할 수 있다. 그리고 이익준비금이 자본금의 2분의 1을 초과하는 금액은 임의적립금으로 본다. 그리고 이익준비금은 법정적립금이고, 자본금에 전입하거나 결손금을 보전하는 이외에는 사용할 수 없다.

[2] 이 적립금은 상법 이외에 자본시장법 등 다른 법령에 의하여 적립하는 적립금이며, 기업합리화적립금이나 재무구조 개선적립금 등이 있다.

[3] 주식할인발행차금상각, 배당건설이자상각, 자기주식처분손실 잔액, 상환주식 상환액 등이 있다.

[4] 당기에 처분할 배당액으로 하되 금전에 의한 배당과 주식에 의한 배당으로 구분하여 기재한다. 주식의 종류별 주당 배당금액, 액면배당률은 주기하고 배당수익률, 배당성향 및 배당액의 산정내역은 주석으로 기재한다.

[5] 임의적립금은 정관의 규정 또는 주주총회의 결의에 의하여 임의로 적립하기도 하고, 처분하기도 하는 적립금으로서 사업확장적립금, 감채적립금, 배당평균적립금, 결손보전적립금 등이 있으며, 또 특정한 목적이 없는 것은 별도적립금으로 적립한다. 그동안 혼란이 있었던 조세특례제한법상의 법인세 등을 이연할 목적으로 적립하여 일정기간이 경과

(4) 차기이월미처분이익잉여금

미처분이익잉여금과 임의적립금이입액의 합계에서 이익잉여금처분액을 차감한 금액으로
한다.

(5) 이익잉여금 처분계산서 양식

이익잉여금처분계산서

제 × 기	20××년×월×일부터	제 × 기	20××년×월×일부터
	20××년×월×일까지		20××년×월×일까지
처분예정일	20××년×월×일	처분확정일	20××년×월×일

회사명 _____

(단위 : 원)

구분	당기		전기	
Ⅰ. 미처분이익잉여금		×××		×××
전기이월미처분이익잉여금 (또는 전기이월미처리결손금)				
회계정책 변경 누적효과				
전기오류 수정 이익 (또는 전기오류 수정 손실)				
수정 후 전기이월미처분이익잉여금 (또는 수정 후 전기이월미처리결손금)	×××		×××	
중간배당액				
당기순이익 (또는 당기순손실)				
Ⅱ. 임의적립금 등의 이입액		×××		×××
××적립금				
××적립금				
합계		×××		×××

한 후 환입될 준비금 등은 기타법정적립금이 아니라 임의적립금으로 명문화하였다. 이렇게 볼 때, 기타법정적립금과
임의적립금의 구분은 법률에 의한 적립 여부에 따라 결정되는 것이 아니라, 자본전입과 이월결손금의 보전 이외의 목
적에 사용할 수 있느냐의 여부에 따라 결정된다고 보아야 할 것이다.

Ⅲ. 이익잉여금처분액			×××	×××
이익준비금				
기타법정적립금				
주식할인발행차금상각액				
배당금				
현금배당				
주당배당금(율) 보통주 : 당기 ××원(%)				
주당배당금(율) 보통주 : 전기 ××원(%)				
주당배당금(율) 우선주 : 당기 ××원(%)				
주당배당금(율) 보통주 : 전기 ××원(%)				
주식배당				
주당배당금(율) 보통주 : 당기 ××원(%)				
주당배당금(율) 보통주 : 전기 ××원(%)				
주당배당금(율) 우선주 : 당기 ××원(%)				
주당배당금(율) 보통주 : 전기 ××원(%)				
사업확장적립금				
감채적립금				
…				
Ⅳ. 차기이월미처분이익잉여금			×××	×××

2) 결손금처리계산서

(1) 미처리결손금

전기이월결손금(전기이월이익잉여금)에 회계처리기준의 변경으로 인한 누적효과, 전기오류 수정 손익(전전기 이전에 발생한 오류사항을 비교목적으로 작성하는 전기 재무제표에 반영하는 경우에 한한다), 중간배당액 및 당기순손실(당기순이익) 등을 가감한 금액으로 한다.

(2) 결손금처리액

결손금의 처리는 다음과 같은 과목의 순서로 한다.

❶ 임의적립금이입액

❷ 기타법정적립금이입액

❸ 이익준비금이입액

❹ 자본잉여금이입액

(3) 차기이월미처리결손금

처리전결손금에서 결손금처리액을 차감한 금액으로 한다.

(4) 결손금처리계산서 양식

결손금처리계산서

제 × 기	20××년×월×일부터 20××년×월×일까지	제 × 기	20××년×월×일부터 20××년×월×일까지
처리예정일	20××년×월×일	처리확정일	20××년×월×일

회사명_____ (단위 : 원)

과목	제×(당)기		제×(전)기	
	금액		금액	
Ⅰ. 미처리결손금				
1. 전기이월미처분이익잉여금				
(또는 전기이월미처리결손금)				
2. 회계정책 변경의 누적효과				
3. 전기오류 수정 이익				
(또는 전기오류 수정 손실)				
4. 중간배당액				
5. 당기순손실				
(또는 당기순이익)				
Ⅱ. 결손금처리액				
1. 임의적립금이입액				
2. 기타법정적립금이입액				
3. 이익준비금이입액				
4. 자본잉여금이입액				
Ⅲ. 차기이월미처리결손금		×××		×××

chapter 07

연결재무제표

section 01 **연결재무제표 개요**

한국채택국제회계기준에서 주 재무제표는 연결재무제표이며 이에 따라, 사업보고서 등 모든 공시서류가 연결재무제표 중심으로 작성되어야 한다. 연결재무제표는 회사가 하나 이상의 종속기업을 보유하고 있을 경우, 그 종속기업들의 재무제표를 포함하여 하나의 재무제표로 작성한 것이다. 만일 회사가 피투자회사를 보유하고 있으나, 종속기업이 아닌 관계기업일 경우에는 지분법 회계처리를 적용하여 재무제표를 작성한다.

연결회계처리

1   연결재무제표와 별도 재무제표의 정의

한국채택국제회계기준에서 연결재무제표란 지배기업과 그 종속기업의 자산, 부채, 자본, 수익, 비용, 현금흐름을 하나의 경제적 실체로 표시하는 연결실체의 재무제표로 정의한다. 즉, 연결재무제표는 지배기업(하나 이상의 종속기업을 가지고 있는 기업)의 모든 종속기업(다른 기업(지배기

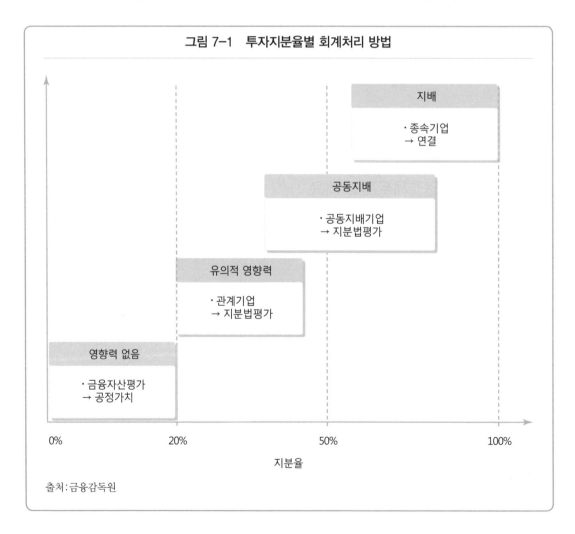

그림 7-1   투자지분율별 회계처리 방법

출처 : 금융감독원

업)의 지배를 받고 있는 기업), 관계기업, 공동지배기업에 대한 지분법 회계처리를 포함하여 작성하여야 한다. 이때 연결재무제표에는 지배기업과 종속기업의 지분 중 지배기업에게 직접적으로 또는 간접적으로 귀속되지 않는 지분인 비지배지분을 포함하여 작성하여야 한다.

이와는 달리, 별도 재무제표는 지배기업, 관계기업의 투자자 또는 공동지배기업의 참여자가 투자자산을 피투자자의 보고된 성과와 순자산에 근거하지 않고 직접적인 지분투자에 근거한 회계처리로 표시한 재무제표를 말한다. 이때, 종속기업이나 관계기업의 처리는 원가법, 공정가치법 또는 지분법으로 회계처리한다.

표 7-1 별도 재무제표와 연결재무제표 비교

구분	내용	비고
별도 재무제표	연결재무제표 작성의무가 있는 지배회사(종속기업이 존재하는 경우)가 종속기업, 관계기업 등에 대하여 원가법, 공정가치법 또는 지분법으로 회계처리 한 개별 실체의 재무제표	종속기업이 없는 연결재무제표 미작성 기업은 관계기업 등에 대하여 지분법을 적용하여 작성하며, 이때의 재무제표는 별도 재무제표가 아님
연결재무제표	종속기업, 관계기업 등에 대하여 지분법을 적용한 연결실체 입장에서의 재무제표	

연결재무제표 작성 면제

다음의 각 조건을 모두 충족하는 지배기업은 연결재무제표를 표시하지 않을 수 있다.
① 지배기업(A)이 다른 기업(B)의 종속기업이면서, 그 지배기업(A)이 연결재무제표를 작성하지 않는다는 사실을 그 지배기업(A)의 다른 소유주들에게 알리고 그 다른 소유주들이 반대하지 않은 경우
② 지배기업의 채무상품 또는 지분상품이 공개된 시장(국내·외 증권거래소 및 장외시장)에서 거래되지 않는 경우
③ 지배기업이 공개된 시장에서 증권을 발행할 목적으로 증권감독기구나 그 밖의 감독기관에 재무제표를 제출한 적이 없으며 제출하는 과정에 있지도 않은 경우
④ 지배기업의 최상위 지배기업이나 중간지배기업이 한국채택국제회계기준을 적용하여 일반 목적으로 이용 가능한 연결재무제표를 작성한 경우

2 지배력의 평가

투자자는 피투자자에 대한 관여로 변동이익에 노출되거나 변동이익에 대한 권리가 있고, 피투자자에 대한 자신의 힘으로 그러한 이익에 영향을 미치는 능력이 있을 때 피투자자를 지배한다. 일반적으로 투자자가 다음의 세 가지를 요소를 모두 가지고 있을 때 피투자자를 지배하는 것으로 본다.

❶ 피투자자에 대한 힘
❷ 피투자자에 대한 관여로 인한 변동이익에 대한 노출 또는 권리
❸ 투자자의 이익금액에 영향을 미치기 위하여 피투자자에 대하여 자신의 힘을 사용하는 능력

또한, 지배력의 세 가지 요소 중 하나 이상에 변화가 있음을 나타내는 경우 투자자는 자신이 피투자자를 지배하는지 재평가하도록 하여야 한다.

(1) 피투자자에 대한 힘

관련 활동(피투자자의 이익에 유의적으로 영향을 미치는 활동)을 지시할 수 있는 권리를 투자자가 보유하고 있을 때, 투자자는 피투자자에 대한 힘이 있다고 볼 수 있다. 예를 들어 피투자자에 대한 힘은 주식 같은 지분증권에 의해 부여된 의결권만으로 직접적으로 획득되고, 그러한 보유지분의 의결권을 고려하여 평가될 수 있다. 힘이 하나 이상의 계약상 약정에 기인하는 경우도 있는데, 이때에는 지배력 평가가 보다 복잡할 수 있으며 하나 이상의 요소들을 고려할 것이 요구되기도 한다.

(2) 피투자자에 대한 관여로 인한 변동이익에 대한 노출 또는 권리

투자자는 피투자자에 대한 지배력이 있는지 평가할 때, 피투자자에 대한 관여로 변동이익에 노출되거나 그에 대한 권리를 갖는지를 결정하여야 한다. 피투자자에 대한 투자자의 관여로 투자자의 이익이 피투자자의 성과에 따라 달라질 가능성이 있는 경우 투자자는 변동이익에 노출되거나 변동이익에 대한 권리를 가진다. 투자자의 이익은 양(+)의 금액만 이거나, 부(−)의 금액만 이거나, 또는 두 경우 모두에 해당될 수 있다. 이러한 이익의 예는 배당금, 피투자자로

부터 분배된 경제적 효익과 피투자자에 대한 투자자의 투자자산가치의 변화, 피투자자의 자산이나 부채의 관리용역에 대한 보상, 다른 지분 보유자들이 이용 가능하지 않은 이익 등이 포함된다.

(3) 투자자의 이익금액에 영향을 미치기 위하여 피투자자에 대하여 자신의 힘을 사용하는 능력

투자자가 피투자자에 대한 힘을 갖고 있고 피투자자에 대한 관여로 변동이익에 노출되거나 변동이익에 대한 권리가 있을 뿐만 아니라, 피투자자에 대한 관여로 자신의 이익금액에 영향을 미치기 위하여 자신의 힘을 사용하는 능력이 있다면 투자자는 피투자자를 지배하는 것이다. 따라서, 의사결정권이 있는 투자자는 자신이 본인인지 또는 대리인인지를 결정해야 한다. 대리인이 자신에게 위임된 의사결정권을 행사하는 것은 피투자자를 지배하는 것이 아니다.

3 연결재무제표 작성 절차

연결재무제표 작성 의무가 있는 지배기업의 연결재무제표 작성 절차는 다음과 같다.

재무제표 합산	투자자본 상계	내부거래 제거	비지배지분 표시
• 회계정책 일치 검토 • 해외 재무제표 환산	• 지배기업 투자주식과 종속기업 자본 중 지배기업지분 제거	• 채권 및 채무 상계 • 미실현손익 제거	• 종속기업의 기타주주지분 별도 표시

다음 기본 사례를 바탕으로 상기의 연결재무제표 작성 절차를 설명하기로 한다.

 예시

연결재무제표 작성 및 이해를 위한 기본 사례

기업 A는 20×1년초에 기업 B의 지분 80%를 50,000원에 취득하여 원가법으로 회계처리하고 있으며, 기업B의 20×1년초 자본현황은 다음과 같다.

자본금	20,000	
자본잉여금	10,000	
이익잉여금	20,000	
자본총계	50,000	

20×1년말 기업 A 및 기업 B의 재무상태표는 다음과 같다.

구분	기업 A	기업 B
매출채권	30,000	20,000
재고자산	40,000	30,000
종속기업투자주식	50,000	–
유형자산	80,000	60,000
자산 총계	200,000	110,000
매입채무	20,000	20,000
차입금	40,000	30,000
자본금	50,000	20,000
자본잉여금	40,000	10,000
이익잉여금	50,000	30,000
부채 및 자본 총계	200,000	110,000

기업 A와 기업 B의 20×1년 당기순이익은 다음과 같다.

기업 A	기업 B
20,000	10,000

한편, 기업 A는 20×1년 중에 기업 B에 장부금액 10,000원의 재고자산을 12,000원에 판매하였으며, 기업 B는 20×1년말 현재 동 재고자산을 보유하고 있으며, 재고자산 매입대금을 지급하지 않았다.

1) 재무제표 합산

지배기업과 종속기업 재무제표의 자산, 부채, 자본, 수익 및 비용을 같은 항목별로 합산하여 연결재무제표를 작성한다. 이 경우 다음 사항을 고려하여야 한다.

(1) 보고기간

동일한 보고기간 종료일에 작성된 지배기업의 재무제표와 종속기업의 재무제표를 사용하여 연결재무제표를 작성한다. 지배기업의 보고기간 종료일과 종속기업의 보고기간 종료일이 다른 경우, 지배기업의 재무제표와 동일한 보고기간 종료일의 재무제표를 추가로 작성한다. 어떠한 경우라도 종속기업의 보고기간 종료일과 지배기업의 보고기간 종료일의 차이는 3개월을 초과해서는 안 된다. 보고기간의 길이, 그리고 보고기간 종료일의 차이는 매 기간마다 동일하여야 한다.

(2) 회계정책

회계정책의 일치 등을 고려하여 유사한 상황에서 발생한 동일한 거래와 사건에 대하여 동일한 회계정책을 적용하여 연결재무제표를 작성한다. 연결실체를 구성하는 기업이 유사한 상황에서 발생한 동일한 거래와 사건에 대하여 연결재무제표에서 채택한 회계정책과 다른 회계정책을 사용한 경우에는 그 재무제표를 적절히 수정하여 연결재무제표를 작성한다.

(3) 해외재무제표 환산

해외에 종속기업이 존재하는 경우, 지배기업의 화폐로 환산하여 합산하여야 한다. 해외재무제표 환산에 대해서는 '5절 환율 변동 효과'에서 자세히 설명하기로 한다.

 예시

재무제표 합산

기본 사례의 기업 A 및 기업 B의 보고기간이 1월 1일부터 12월 31일이며, 회계정책이 동일할 경우 다음과 같이 두 기업의 재무제표를 간단하게 합산할 수 있다.

구분	기업 A	기업 B	합산 BS
매출채권	30,000	20,000	50,000
재고자산	40,000	30,000	70,000
종속기업투자주식	50,000	–	50,000
유형자산	80,000	60,000	140,000
자산 총계	200,000	110,000	310,000
매입채무	20,000	20,000	40,000
차입금	40,000	30,000	70,000
자본금	50,000	20,000	70,000
자본잉여금	40,000	10,000	50,000
이익잉여금	50,000	30,000	80,000
부채 및 자본 총계	200,000	110,000	310,000

2) 투자·자본 상계

지배기업은 종속기업에 대한 투자주식 장부금액과 종속기업의 자본 중 지배기업 지분을 제거한다. 이는 지배기업과 종속기업의 재무제표를 합산 한 후에 중복되어 있는 금액을 제거하는 것이다. 지배기업의 장부에 계상되어 있는 종속기업투자주식 금액은 취득 시점의 종속기업 순자산에 지배회사의 지분율을 곱한 금액과 동일하므로 이들을 제거하면 된다. 다만, 경영권 프리미엄 등 영업권이 존재한다면 지배기업은 종속기업의 순자산 지분해당 금액보다 더 많은 금액을 지불하고 취득한다. 이와 반대로, 염가매수차익이 존재한다면 더 적은 금액을 지불하고 취득한다. 지배기업은 영업권에 대해서는 매년 손상 검토를 하여야 하며, 염가매수차익은 일시에 환입하여 당기손익으로 처리한다.

 예시

투자·자본 상계

기업 A는 기업 B의 지분 80%를 취득할 때, 기업 B의 순자산 장부금액의 지분해당 금액보다 10,000원을 더 지불하고 취득하였다. 따라서, 추가 지급액 10,000원은 영업권이며 기업 A는 매년 영업권에 대하여 손상검토를 하여야 한다.

20×1년초 기업 B의 순자산 장부금액	50,000
기업 A의 지분율	80%
순자산 지분해당액	40,000
취득금액	50,000
영업권	10,000

또한, 연결재무제표 작성 시 비지배지분 20%에 대하여 별도로 표시를 하여야 하며, 취득 시점의 비지배지분은 10,000원(50,000원×20%)이다.

이러한 내용들을 바탕으로 투자자본 상계 회계처리를 하면 다음과 같다.

차변)	자본금	20,000	대변)	종속기업투자주식(*1)	50,000
	자본잉여금	10,000		비지배지분(*2)	10,000
	이익잉여금	20,000			
	영업권	10,000			

(*1) (취득 시점 기업 B의 순자산 장부금액 50,000×80%) + 영업권 10,000
(*2) 취득 시점 기업 B의 순자산 장부금액 50,000×20%

3) 내부거래 제거

연결실체 간의 거래로 인하여 지배기업과 종속기업이 각각의 장부에 계상하고 있는 채권·채무와 수익·비용은 서로 상계하여 제거하며, 이로 인한 내부 미실현손익도 함께 제거하여야 한다. 이는 지배기업과 종속기업은 하나의 연결실체이기 때문에 서로 간의 거래로 인하여 채권·채무와 수익·비용을 제거하지 않는다면 연결재무제표에 관련 항목들이 과대계상 되기 때문이다.

가장 빈번한 내부거래 유형이 재고자산의 판매이며, 지배기업이 종속기업에 판매하는 경우를 하향 판매라고 하며, 종속기업이 지배기업에 판매하는 경우를 상향 판매라고 한다. 하향 판매와 상향 판매 모두 매입한 기업이 재고자산을 외부에 판매하기 전에는 관련 손익은 내부 미실현손익으로서 내부거래 제거대상이며, 외부에 판매되었을 때 연결재무제표에 관련 손익을 인식할 수 있다.

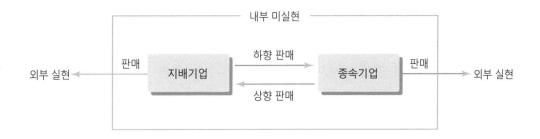

 예시

내부거래 제거

기업 A는 10,000원의 재고자산을 기업 B에 12,000원에 판매함으로써 매출총이익 2,000원을 인식하였으며 20×1년에 다음과 같이 회계처리 하였을 것이다.

| 차변) 매출채권 | 12,000 | 대변) 매출 | 12,000 |
| 차변) 매입(매출 원가) | 10,000 | 재고자산 | 10,000 |

기업 B는 재고자산을 12,000원에 매입하여 아직 판매하지 않았으므로 20×1년에 다음과 같이 매입 회계처리만 하였을 것이다.

차변) 재고자산	12,000	대변) 매입채무	12,000

기업 A와 기업 B의 회계처리는 내부거래로서 아직 실현되지 않았기 때문에 관련 채권·채무, 수익·비용 및 관련 손익이 모두 제거되어야 한다. 따라서, 내부거래 제거 분개는 다음과 같이 기업 A와 기업 B의 회계처리를 모두 취소(*)하면 된다.

차변) 매출	12,000	대변) 매입(매출 원가)	10,000
		재고자산	2,000
차변) 매입채무	12,000	대변) 매출채권	12,000

(*) 기업 A와 기업 B가 수행한 분개를 반대로 수행하면 된다.

4) 비지배지분 표시

비지배지분은 종속기업의 지분 중 지배기업에게 직간접으로 귀속되지 않는 지분으로 정의된다. 예를 들어, 지배기업이 종속기업의 70% 지분을 보유한 경우 종속기업의 성과 및 순자산을 100% 연결하고 이중 30%의 비지배지분을 표시하여야 한다.

비지배지분은 연결재무상태표에서 자본에 포함하되 지배기업의 소유주지분과는 구분하여 표시한다. 당기순손익과 기타포괄손익의 각 구성요소는 지배기업의 소유주와 비지배지분에 귀속된다.

 예시 1

비지배지분 표시

투자자본 상계 분개에서 취득 시점의 종속기업 순자산 중에서 비지배지분 10,000원을 인식하였다. 지배기업이 종속기업 지분을 취득한 이후의 순자산 변동에 대하여도 비지배지분 해당 금액을 계산하여 지배기업 소유주 지분에서 차감하고 비지배지분에 포함시켜야 한다.

20×1년에 기업 B는 당기순이익 10,000원의 발생으로 순자산의 구성은 이익잉여금 10,000원 증가 이외의 변동은 없다. 따라서, 기업 B의 당기순이익 10,000원 중 비지배지분율 20%에 해당하는 2,000원은 지배기업 소유지분에서 구분하여 비지배지분에 포함시켜야 한다.

차변) 이익잉여금(*)	2,000	대변) 비지배지분	2,000

(*) 기업 B의 20×1년 당기순이익 ₩10,000은 기업 B의 이익잉여금 포함되었으며, 재무제표 합산 시 지배기업 소유주 지분 중 이익잉여금에 합산되어 있는 상태이므로 이를 비지배지분으로 분리한다.

예시 2

연결 당기순이익의 구성

연결 당기순이익은 지배주주 순이익과 비지배주주 순이익의 합계이다. 기본 사례의 경우 내부 미실현 손익 2,000원은 하향 판매로 인하여 발생하였으므로 지배기업인 기업 A의 당기순이익에 포함되어 있다. 따라서, 지배주주 순이익에서 차감하여야 한다.

지배주주 순이익과 비지배주주 순이익을 원천별로 구분하여 계산하면 다음과 같다.

구분	지배주주 순이익	비지배주주 순이익	연결 당기순이익
기업 A 당기순이익	20,000	−	20,000
기업 B 당기순이익	8,000	2,000	10,000
내부거래 미실현손익	(2,000)	−	(2,000)
계	26,000	2,000	28,000

5) 연결재무제표의 작성

기본 사례를 바탕으로 재무제표 합산, 투자·자본 상계, 내부거래 제거 및 비지배지분 표시의 절차를 거쳐 연결재무제표[1]를 작성하면 다음과 같다.

구분	합산 BS	투자자본 상계	내부거래 제거	비지배지분	연결 BS
매출채권	50,000		(12,000)		38,000
재고자산	70,000		(2,000)		68,000
종속기업투자주식	50,000	(50,000)			−
유형자산	140,000				140,000
영업권	−	10,000			10,000
자산 총계	310,000	(40,000)	(14,000)	−	256,000
매입채무	40,000		(12,000)		28,000
차입금	70,000				70,000
자본금	70,000	(20,000)			50,000
자본잉여금	50,000	(10,000)			40,000
이익잉여금	80,000	(20,000)	(2,000)	(2,000)	56,000
비지배지분	−	10,000		2,000	12,000
부채 및 자본 총계	310,000	(40,000)	(14,000)	−	256,000

---

1 연결손익계산서도 동일한 절차대로 작성하면 되므로 여기서는 연결재무상태표만을 작성하기로 한다.

지배기업은 절대적이거나 상대적인 소유 수준의 변동에 따라 또는 소유 수준이 변동하지 않더라도 종속기업에 대한 지배력을 상실할 수 있다. 예를 들어 종속기업이 정부, 법원, 관재인 또는 감독기구의 통제를 받게 되는 경우에 지배력을 상실할 수 있다. 또 계약상 합의로도 지배력을 상실할 수 있다.

지배기업이 종속기업에 대한 지배력을 상실한 경우 다음과 같이 처리한다.

❶ 종속기업의 자산(영업권 포함)과 부채의 장부금액 제거
❷ 종속기업에 대한 비지배지분 장부금액 제거
❸ 종전 종속기업(투자가 있다면 그 투자의)에 지배력을 상실한 날의 공정가치로 인식
❹ 회계처리에 따른 모든 차이를 지배기업에 귀속하는 당기손익으로 인식 등

지배기업이 종속기업에 대한 지배력을 상실한 경우, 그 종속기업과 관련하여 기타포괄손익으로 인식한 모든 금액에 대하여 지배기업이 관련 자산이나 부채를 직접 처분한 경우의 회계처리와 동일한 기준으로 회계처리한다. 그러므로 이전에 기타포괄손익으로 인식한 손익을 관련 자산이나 부채의 처분 시 당기손익으로 재분류하게 되는 경우, 지배기업은 종속기업에 대한 지배력을 상실한 때에 그 손익을 자본에서 당기손익으로 재분류한다. 예를 들어, 종속기업이 매도가능 금융자산을 보유하고 있고 지배기업이 그 종속기업에 대한 지배력을 상실한 경우, 지배기업은 그 자산과 관련하여 이전에 기타포괄손익으로 인식한 손익을 당기손익으로 재분류한다. 이와 유사하게 이전에 기타포괄손익으로 인식한 재평가잉여금이 관련 자산의 처분시 직접 이익잉여금으로 대체된다면, 지배기업은 종속기업에 대한 지배력을 상실한 때 그와 같이 재평가잉여금을 직접 이익잉여금으로 대체한다.

다만, 지배력의 변동이 없는 지분율의 변동에 대한 회계처리는 자본거래로 처리한다. 또한, 자본으로 인식하는 금액은 손익으로 재분류되지 않는다.

표 7-2 지배력 변동

구분	회계처리
지배력의 변동이 없는 일부 지분의 처분	비지배지분과의 거래로 자본거래로 회계처리하며 차액은 지배주주 지분 자본에 인식
지배력의 상실 시	종속기업 관련 자산, 부채 및 비지배지분을 제거하고, 회계처리에 따른 모든 차이는 지배기업에 귀속하는 당기손익으로 인식

section 03 사업결합 회계처리

기업회계기준서 제1103호상 사업결합이란 기업이 사업을 구성하는 순자산을 취득하거나 하나 이상의 다른 기업에 대한 지분을 취득함으로써 그 기업 또는 기업들에 대해 지배력을 획득하는 것이며, 사업결합 회계처리는 그 지배력을 획득한 날의 회계처리를 의미한다.

사업결합의 회계처리 프로세스는 다음과 같다.

구분	고려사항
취득자의 식별	• 사업결합 참여기업 중 지배력을 소유한 기업
취득일의 결정	• 취득자가 지배력을 획득한 날로 합병기일이나 지배력 이전일 • 취득자가 법적으로 대가를 이전하여 피취득자의 자산을 취득하고 부채를 인수한 날의 종료일
식별 가능한 자산, 부채 및 비지배지분의 인식과 측정	• 식별 가능한 피취득회사의 자산, 부채를 공정가치로 평가 • 비지배지분의 인식 및 측정 • 우발부채 포함
영업권 및 염가매수차익의 인식	• 식별 가능한 순자산 공정가치와 인수대가의 차이 • 단, 법률수수료 등 자문비용은 즉시 비용화

1) 취득자의 식별

각 사업결합에서 결합 참여기업 중 한 기업을 취득자로 식별하며, 이때 취득자는 피투자자에 대한 힘, 피투자자에 대한 관여로 인한 변동이익에 대한 노출 또는 권리, 투자자의 이익금액에 영향을 미치기 위하여 피투자자에 대하여 자신의 힘을 사용하는 능력을 보유한 기업이다. 다만, 사업결합이 발생하였으나 취득자를 명확히 파악하지 못한다면, 다음을 고려하여 결정한다.

구분	취득자
이전 대가가 현금, 그 밖의 자산이거나 부채를 부담하는 사업결합인 경우	현금 등의 이전과 부채의 부담을 주로 하는 기업
이전 대가가 지분 교환인 사업결합인 경우	지분을 발행하는 기업

2) 취득일의 결정

취득자는 취득일을 식별하며, 취득일은 피취득자에 대한 지배력을 획득한 날이다. 취득자가 피취득자에 대한 지배력을 획득한 날은 일반적으로 취득자가 법적으로 대가를 이전하여, 피취득자의 자산을 취득하고 부채를 인수한 날의 종료일이다.

그러나 취득자는 종료일보다 이른 날 또는 늦은 날에 지배력을 획득하는 경우도 있다. 예를 들어 서면합의를 통하여 취득자가 종료일 전에 피취득자에 대한 지배력을 획득한다면 취득일은 종료일보다 이르다. 또는 단계적으로 지분을 취득하는 경우에는 취득일을 기준으로 하여 회계처리가 이루어지므로 취득자는 모든 관련된 사실과 상황을 고려하여 취득일을 식별한다.

3) 식별 가능한 자산, 부채 및 비지배지분의 인식과 측정

(1) 인식원칙과 조건

취득일 현재, 취득자는 영업권과 분리하여 식별 가능한 취득자산, 인수부채 및 피취득자에 대한 비지배지분을 인식한다. 여기서 식별 가능한 취득자산과 인수부채는 다음을 고려하여야 한다.

고려요소	비고
취득일에 자산과 부채의 정의를 충족하는지 여부	인력 재배치 등의 계획에 따른 미래 발생 예상 원가는 취득일의 부채가 아님
사업결합 거래에서 발생한 것인지 여부	사업결합과 별도의 거래로 인한 자산 및 부채는 제외되어야 함

사업결합 거래로 인하여 새롭게 식별된 자산 및 부채의 인식	피취득자의 재무제표에 자산으로 인식하지 않았던 브랜드명, 특허권 또는 고객관계와 같은 식별 가능한 무형자산은 인식하여야 함

(2) 식별 가능한 취득자산과 인수부채의 분류 또는 지정

취득일에 취득자는 후속적으로 식별 가능한 취득자산과 인수부채를 분류하거나 지정한다. 그러한 분류나 지정은 취득일에 존재하는 계약조건, 경제상황, 취득자의 영업정책이나 회계 정책 그리고 그 밖의 관련 조건에 기초하여 이루어진다.

(3) 측정 원칙

식별 가능한 취득자산과 인수부채는 공정가치로 측정하는 것을 원칙[2]으로 한다.

4) 영업권 및 염가매수차익의 인식

사업결합 시에는 취득자는 피취득자에게 이전 대가를 지급하고 사업을 인수한다. 이전 대가는 공정가치로 측정하며, 그 공정가치는 취득자가 이전하는 자산, 취득자가 피취득자의 이전 소유주에 대하여 부담하는 부채 및 취득자가 발행한 지분의 취득일의 공정가치 합계로 산정된다.

취득자는 취득일 현재 ❶ 이전 대가, 기존 보유지분의 취득일의 공정가치 및 피취득자에 대한 비지배지분의 금액의 합이 ❷ 취득일의 식별 가능한 취득자산과 인수부채의 순액보다 클 경우 그 초과금액을 측정하여 영업권으로 인식한다.

만약 반대로 ❷가 ❶보다 클 경우에는 염가매수가 되며, 취득자는 취득일에 그 차익을 당기손익으로 인식한다. 다만, 염가매수차익을 인식하기 전에, 취득자는 모든 취득자산과 인수부채를 정확하게 식별하였는지에 대해 재검토하고, 이러한 재검토에서 식별된 추가 자산이나 부채가 있다면 이를 인식한다.

---

2 공정가치 측정의 예외가 있으나, 주로 비경상적인 상황에 대한 것이므로 본서에서는 언급하지 않는다.

예시 1

영업권과 염가매수차익의 이해

영업권이란 기본적으로 피취득자의 재무상태표상 순자산보다 더 많은 금액으로 피취득자의 회사를 인수하는 경우 발생하며, 염가매수차익은 영업권과 반대로 순자산보다 염가로 인수하는 경우 발생한다.

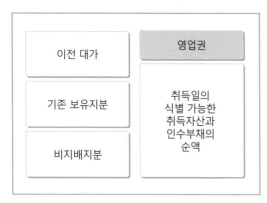 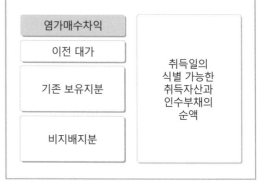

예시 2

피취득자의 비지배지분의 평가방법(공정가치법 VS 비례지분법)

기업이 100% 미만의 지분을 취득하는 경우 영업권은 피취득자의 비지배지분을 공정가치법 또는 비례지분법으로 측정하는가에 따라 달라지며 다음 사례를 통해 비교해보기로 한다.

기업 A는 기업 B의 지분 중 80%를 120원에 취득하였다. 비지배지분인 20%의 공정가치는 50원으로 결정되었으며, 기업 B의 식별 가능한 순자산은 100원이다. 이때, 기업 A가 인식할 영업권을 측정하기 위해 비지배지분을 공정가치법 또는 비례지분법에 의해 측정할 경우에 산출내역은 다음과 같다.

1. 공정가치법
① 기업 A가 이전대가로 지급한 공정가치 ₩120
② 비지배지분의 공정가치 50원
③ 취득일의 식별 가능한 취득자산과 인수부채의 순액 100원
⇒ 영업권 금액 : 70원 (① + ② - ③)

2. 비례지분법
① 기업 A가 이전대가로 지급한 공정가치 120원
② 비지배지분의 순자산에 대한 비례적 지분 20원(100원×20%)
③ 취득일의 식별 가능한 취득자산과 인수부채의 순액 100원
⇒ 영업권 금액 : 40원 (① + ② - ③)

관계기업 투자

기업회계기준서 제1028호상 지분법회계처리는 공동 지배력[3]이나 유의적인 영향력을 갖는 모든 투자기업에 적용한다. 이러한 지분법회계처리의 목적은 피투자기업에 대한 재무정보를 투자회사 재무제표에 반영하는 데 있다.

1 관계기업의 정의

(1) 원칙

기업이 직접 또는 간접(예 : 종속기업을 통하여)으로 피투자자에 대한 의결권의 20% 이상을 소유하고 있다면 유의적인 영향력을 보유하는 것으로 본다. 다만 유의적인 영향력이 없다는 사실을 명백하게 제시할 수 있는 경우는 그러하지 아니하다.

기업이 직접 또는 간접(예 : 종속기업을 통하여)으로 피투자자에 대한 의결권의 20% 미만을 소유하고 있더라도 유의적인 영향력을 행사할 수 있는 경우도 있다. 예를 들어, 기업이 다음의 경우에 해당할 경우 일반적으로 유의적인 영향력을 보유하는 것으로 본다.

❶ 피투자자의 이사회나 이에 준하는 의사결정기구에 참여
❷ 배당이나 다른 분배에 관한 의사결정에 참여하는 것을 포함하여 정책결정과정에 참여
❸ 기업과 피투자자 사이의 중요한 거래
❹ 경영진의 상호교류
❺ 필수적 기술정보의 제공

---

3 공동 지배력은 기업회계기준서 제1111호 공동약정기준서에 따라 둘 이상의 당사자들이 지배력을 보유하는 경우를 의미하나 세부적인 내용은 본서에서 언급하지 않는다.

(2) 잠재적 의결권

기업은 주식 매입권, 주식 콜옵션, 보통주식으로 전환할 수 있는 채무상품이나 지분상품 또는 그 밖의 유사한 금융상품을 소유할 수도 있다. 이러한 금융상품은 행사되거나 전환될 경우 해당 피투자자의 재무정책과 영업정책에 대한 기업의 의결권을 증가시키거나 다른 상대방의 의결권을 줄일 수 있는 잠재력(즉, 잠재적 의결권)을 가지고 있다.

기업이 유의적인 영향력을 보유하는지를 평가할 때에는, 다른 기업이 보유한 잠재적 의결권을 포함하여 현재 행사할 수 있거나 전환할 수 있는 잠재적 의결권의 존재와 영향을 고려한다. 예를 들어, 잠재적 의결권을 미래의 특정일이 되기 전까지 또는 미래의 특정 사건이 일어나기 전까지는 행사할 수 없거나 전환할 수 없는 경우라면, 그 잠재적 의결권은 현재 행사할 수 있거나 전환할 수 있는 것이 아니다.

잠재적 의결권이 유의적인 영향력에 기여하는지 평가할 때 기업은 잠재적 의결권에 영향을 미치는 모든 사실과 상황을 검토하여야 한다. 여기에는 잠재적 의결권의 행사조건과 그 밖의 계약상 약정내용을 개별적으로 또는 결합하여 검토하는 것을 포함한다. 다만, 그러한 잠재적 의결권의 행사나 전환에 대한 경영진의 의도와 재무능력은 고려하지 아니한다.

---

2 관계기업의 측정

(1) 최초 인식

관계기업을 최초로 투자하는 시점에 회계처리는 취득 원가로 처리한다. 그러나, 관계기업 투자주식을 취득한 시점에 취득 원가와 피투자자의 식별 가능한 자산과 부채의 장부금액 중 지분율에 해당하는 금액과의 차이는 다음과 같이 회계처리한다.

표 7-3 **최초 인식 시점의 회계처리**

구분	인식 방법
취득 원가 > 순자산 공정가치 중 지분율 해당 금액	차이금액은 영업권이며 별도로 상각 하지 않고 관계기업투자금액 전체에 대한 감액 검토 수행
취득 원가 < 순자산 공정가치 중 지분율 해당 금액	염가매수차익이며 취득일에 즉시 지분법이익으로 인식

예시

지분법 투자주식의 취득

기업 A는 20×1년 5월 회사의 영업 시너지를 극대화하기 위해 완구업종에 기술력을 보유한 기업 B의 지분 25%를 100원에 투자하였다. 투자 시점의 기업 B의 순자산 장부금액은 200원, 순자산 공정가치는 300원이다. 장부금액과 공정가치의 차이는 모두 보유 중인 무형자산인 개발비에서 발생하였으며 20×1년에 상각이 완료된다고 가정한다.

| 취득 시점 | 차변) 관계기업 투자주식 | 100 | 대변) 현금 | 100 |

(*) 취득 시점의 영업권 산정내역
 ① 취득금액 : 100원
 ② 순자산공정가치 지분 해당액 : 75원
 ③ 순자산장부금액 지분 해당액 : 50원
 ④ 영업권 : 25원(①−②)

(2) 피투자회사의 경영성과 및 내부거래 반영

취득일 이후에 피투자회사의 순자산 가액의 변동요인에 따라 다음과 같이 투자회사의 재무제표에 반영한다.

표 7-4 피투자회사 순자산 가액 변동요인별 투자회사의 인식방법

구분	인식방법
당기순손익	투자자의 몫은 투자자의 당기순손익(지분법 손익)으로 인식
배당금	투자자산의 장부금액 감소
기타포괄손익의 변동	기타포괄손익의 변동액 중 투자자의 몫은 투자자의 기타포괄손익으로 인식

투자회사와 그 피투자회사(관계기업) 사이의 상향 거래나 하향 거래에서 발생한 손익 중 미실현 손익만을 제거하여 지분법에 반영한다. 상향 거래의 예로는 관계기업이 투자회사에게 자산을 매각하는 거래를 들 수 있으며 하향 거래의 예로는 투자회사가 그 관계기업에게 자산을 매각하거나 출자하는 거래를 들 수 있다. 이러한 거래의 결과로 발생한 관계기업의 손익 중 투자자의 몫은 제거한다.

> **예시**

피투자회사와의 내부거래 발생 시 피투자회사의 경영성과 인식

20×1년 중 기업 A는 유의적인 영향력을 행사하고 있는 기업 B에게 장부금액 40원인 완구부품을 50원에 판매하였다. 동 제품을 매입한 기업 B는 추가로 ₩50을 투자하여 20×2년 중 150원에 외부로 판매하였다. 이때 20×1년과 20×2년 중 기업 A가 지분법 손익에 고려하여야 하는 금액은 다음과 같다.

1. 20×1년 하향판매(기업 A가 기업 B에게 판매)로 인한 미실현 손익 발생

기업 B가 기업 A로부터 매입한 재고를 20×1년에 외부에 판매하지 못하였으므로 기업 A가 인식한 매출이익 10원은 미실현 손익이 된다. 지분율을 고려하여 다음과 같이 회계처리한다.

차변) 지분법 손실	2	대변) 관계기업투자주식	2

2. 20×2년

내부거래 미실현 손익이 20×2년에 외부판매되어 모두 실현되었으므로 당기손익 이외에 다음의 미실현 손익 금액을 가산한다.

차변) 관계기업투자주식	2	대변) 지분법 이익	2

(3) 지분법 적용 중지와 재개

관계기업의 손실 중 투자기업의 지분이 관계기업에 대한 투자지분과 같거나 초과하는 경우, 기업은 관계기업 투자지분 이상의 손실에 대하여 인식을 중지한다.

이때, 지분법 투자주식 장부금액 뿐만 아니라 실질적으로 기업의 관계기업에 대한 순투자의 일부를 구성하는 장기투자항목(예 : 장기대여금 등)을 합한 금액[4]이 존재 한다면 이 금액까지 고려하여 관계기업투자지분의 손실을 고려하여야 한다. 마찬가지로 기업의 지분이 '영(0)'으로 감소된 이후 추가 손실분에 대하여 기업은 법적 의무 또는 의제 의무가 있거나 관계기업을 대신하여 지급하여야 하는 경우, 그 금액까지만 손실과 부채로 인식한다.

만약 관계기업이 추후에 이익을 보고할 경우 투자자는 자신의 지분에 해당하는 이익의 인식을 재개하되, 인식하지 못한 손실을 초과한 금액만을 이익으로 인식한다.

---

4 예측 가능한 미래에 상환 받을 계획도 없고 상환 가능성도 높지 않은 항목은 실질적으로 관계기업에 대한 투자자산의 연장으로 보며, 이러한 항목에는 우선주와 장기수취채권이나 장기대여금이 포함될 수 있다. 그러나 매출채권, 매입채무 또는 담보부대여금과 같이 적절한 담보가 있는 장기수취채권은 제외한다.

248   part 1 재무제표론

예시

피투자회사의 지속적인 영업손실로 인한 지분법 중단

기업 A는 기업 B의 지분 20%를 20×1년 중에 100원에 매입하였다. 또한, 기업 A는 20×2년말에 200원을 기업 B에게 대여하였다. 20×1년 ~ 20×3년의 기업 B의 영업성과가 다음과 같다면, 연도말 지분법 회계처리는 다음과 같다.

구분	20×1년	20×2년	20×3년
당기순이익	(400)	(400)	500

연도별 회계처리

20×1년	차변) 지분법 손실(*1)	80	대변) 관계기업투자주식	80
20×2년	차변) 지분법 손실(*2)	80	대변) 관계기업투자주식	20
			대손충당금	60
20×3년	차변) 대손충당금	60	대변) 대손충당금 환입	60
	관계기업투자주식	40	지분법 이익(*3)	40

(*1) 20×1년 지분법 손실 : 400원(당기순손실)×20%=80
(*2) 20×2년 지분법 손실은 80원(400원(당기순손실)×20%)이나 지분법 피투자회사의 장부금액이 20원(최초 투자 100원 - 전기 지분법 손실 80원)이므로 이를 제외하고 장기대여금을 관계기업에 대한 투자자산의 연장으로 보아 미반영된 지분법 손실 60원을 대손충당금으로 반영함
(*3) 20×3년 지분법 이익 100원(500원(당기순이익)×20%) 중에 전기 대손충당금 60원을 환입하고 잔여금액은 지분법 이익으로 반영함

(4) 지분법의 손상

관계기업투자주식의 손상 징후가 나타날 때마다 관계기업투자주식 전체 장부금액을 회수가능액(순공정가치와 사용가치[5]중 큰 금액)과 비교하여 손상 검사를 한다. 만약 장부금액이 회수가능 금액에 미달할 경우 관계기업주식 손상차손으로 하여 당기손실로 반영한다.

관계기업 투자주식 손상차손은 관계기업투자주식 장부금액의 일부를 구성하는 어떠한 자산(영업권 포함)에도 배분하지 않는다. 따라서 이 손상차손의 모든 환입은 관계기업투자주식의 회수 가능액이 후속적으로 증가하는 만큼 인식한다.

---

5 사용가치는 ① 관계기업이 영업 등을 통하여 창출할 것으로 기대되는 추정 미래 현금흐름의 현재가치 중 기업의 지분과 해당 투자자산의 최종 처분금액의 현재가치 ② 배당으로 기대되는 추정 미래 현금흐름의 현재가치와 해당 투자자산의 최종 처분금액의 현재가치 중 하나로 측정한다.

3 **지분법 주식의 처분**

지분법적용 투자주식의 매각 시에는 유의적인 영향력의 상실 여부에 따라 다음과 같이 회계처리한다.

구분	처분 지분	잔여지분
유의적인 영향력의 상실	처분한 지분의 장부금액과 수취한 대가의 차액을 손익으로 인식함. 기타포괄손익으로 인식했던 손익도 당기손익으로 인식	잔여 보유지분을 공정가치로 측정
유의적인 영향력의 유지	처분한 지분의 장부금액과 수취한 대가의 차액을 손익으로 인식함. 기타포괄손익(처분 관련한 비례적 금액)으로 인식했던 손익도 당기손익으로 인식	지분법을 계속 적용하며 잔여 보유지분을 재측정하지 않음

section 05 환율 변동 효과

기업은 외화거래나 해외사업장의 운영과 같은 방법으로 외화 관련 활동을 수행할 수 있다. 또 기업은 재무제표를 외화로 표시하기도 한다. 본절에서는 외화거래뿐만 아니라 연결재무제표 또는 지분법을 적용하여 작성하는 재무제표에 포함되는 해외사업장의 경영성과와 재무상태의 환산 및 기업의 경영성과와 재무상태를 표시통화로 환산하는 방법에 대해 알아보기로 한다.

1 **기능통화 식별**

기업회계기준서 제1021호상 기업은 기능통화를 식별해야 한다. 이 경우 '기능통화'라 함은 영업활동이 이루어지는 주된 경제환경의 통화를 말한다. 다만, 해당 국가의 통화와 기능통화가 다른 경우에는 해당 국가의 통화를 기능통화로 간주할 수 있다. 일반적으로 영업활동이 이루어지는 주된 경제환경은 주로 현금을 창출하고 사용하는 환경을 의미하고, 기능통화를 결정할 때는 다음의 사항을 고려한다.

구분		고려사항
주요 지표	매출지표	• 재화와 용역의 공급 가격에 주로 영향을 미치는 통화(흔히 재화와 용역의 공급 가격을 표시하고 결제하는 통화) • 재화와 용역의 공급 가격을 주로 결정하는 경쟁요인과 법규가 있는 국가의 통화
	원가지표	• 재화를 공급하거나 용역을 제공하는데 드는 노무 원가, 재료 원가와 그 밖의 원가에 주로 영향을 미치는 통화(흔히 이러한 원가를 표시하고 결제하는 통화)
보조지표		• 재무활동(즉, 채무상품이나 지분상품의 발행)으로 조달되는 통화 • 영업활동에서 유입되어 통상적으로 보유하는 통화

2 최초 인식 및 후속 보고기간 말 보고

기능통화로 외화거래를 최초로 인식하는 경우에 거래일의 외화와 기능통화 사이의 현물환율을 외화금액에 적용(단, 환율이 유의적으로 변동하지 않은 경우에는 일정기간의 평균 환율)하여 기록하며, 매 보고기간 말의 외화환산방법은 다음과 같다.

❶ 화폐성 외화항목은 마감 환율로 환산한다.
❷ 역사적 원가로 측정하는 비화폐성 외화항목은 거래일의 환율로 환산한다.
❸ 공정가치로 측정하는 비화폐성 외화항목은 공정가치가 측정된 날의 환율로 환산한다.

3 화폐성 외화항목과 비화폐성 외화항목

화폐성 항목의 본질적 특징은 확정되었거나 결정 가능할 수 있는 화폐단위의 수량으로 받을 권리나 지급할 의무가 있다는 것이다. 예를 들어, 현금으로 지급하는 연금과 그 밖의 종업원 급여, 현금으로 상환하는 충당부채, 부채로 인식하는 현금배당 등이 화폐성 항목에 속한다. 한편, 비화폐성 항목의 본질적 특징은 확정되었거나 결정 가능할 수 있는 화폐단위의 수량으로 받을 권리나 지급할 의무가 없다는 것이다. 예를 들어, 재화와 용역에 대한 선급금(예 : 선급임차료), 영업권, 무형자산, 재고자산, 유형자산, 비화폐성 자산의 인도에 의해 상환하는 충당부채 등이 비화폐성 항목에 속한다.

표 7-5 주요 자산·부채에 적용되는 환율을 요약

주요 계정항목	적용 환율
현금·수취채권·유동부채	마감 환율
재고자산·투자자산	역사적 환율 또는 마감 환율
유형자산	역사적 환율 또는 공정가치가 결정된 날의 환율
장기채권·채무	마감 환율
자본·자본잉여금	역사적 환율
수익·비용	역사적 환율(평균 환율)

4   환산손익의 처리

화폐성 항목의 결제 시점에 발생하는 외환차손익 또는 화폐성 항목의 환산에 사용한 환율이 회계기간 중 최초로 인식한 시점이나 전기의 재무제표 환산 시점의 환율과 다르기 때문에 발생하는 외화환산손익은 그 외환차이가 발생하는 회계기간의 손익으로 인식한다. 단, 외화표시 매도가능 증권의 경우에는 동 금액을 기타포괄손익에 인식한다.

 예시

외화환산손익의 인식

A기업은 20×0년 12월 1일에 B거래처에 1,000US$ 물품을 제공하는 계약을 체결하였으며 당일 협력업체인 C에게 선급금으로 100US$를 지급하였다. 20×0년 12월 10일 회사는 B에게 제품을 공급하고 대금을 1,000US$청구한다. 20×0년 12월말 현재 제품 공급에 따른 외상매출금을 회수하지 못하고 있으며 C업체에게 선급금의 변동도 없었다. 20×0년말 A기업이 인식할 외화환산손익은?

단, 환율 정보는 다음과 같다.

구분	20×0년 12월 1일	20×0년 12월 10일	20×0년 12월 31일
환율정보	1,100원/US$	1,150원/US$	900원/US$

(풀이)

① 선급금 지급 시 인식액 : 선급금 110,000원(100US$×1,100원)

② 매출 시 외화 매출채권 인식액 : 외화매출채권 1,150,000원(1,000US$×1,150원)

③ 20×0년 12월 31일 외화환산 시 : 선급금은 비화폐성 자산이므로 환산하지 아니하며, 외화매출채권에 대한 환산손실 250,000원(1,000US$×(1,150원－900원))이 발생한다.

---

5 표시통화로의 환산

일반적으로 해외사업장의 재무제표를 보고기업의 재무제표에 포함(연결 또는 지분법 적용)하기 위해서 해외사업장의 경영성과와 재무상태를 해외사업장의 기능통화와 다른 표시통화로 환산하는데, 이러한 표시통화로의 환산방법은 다음과 같다.

❶ 재무상태표(비교표시하는 재무상태표 포함)의 자산과 부채는 해당 보고기간 말의 마감환율로 환산한다.

❷ 포괄손익계산서(비교표시하는 포괄손익계산서 포함)의 수익과 비용은 해당 거래일의 환율로 환산한다.

❸ 재무상태표와 손익계산서의 환산에서 생기는 외환 차이는 기타포괄손익으로 인식한다.

예시 1

기능통화와 표시통화의 이해

해외사업장 A의 기능통화가 달러이고 해외사업장의 재무제표 환산을 위한 표시통화가 원화인 경우에 해외사업장에서 엔화거래가 발생한 경우에는 다음과 같이 환산한다.

1. 거래 발생 시

해외사업장 A의 기능통화는 달러이므로 엔화거래는 외화거래에 해당한다. 따라서, 거래 발생 시점의 달러/엔화 현물환율로 환산한다.

2. 결산 시

해외사업장 A의 표시통화가 원화이므로 달러로 표시된 금액을 원화로 환산한다.

 **예시 2**

해외사업장의 외화환산

월드회사는 해외에 지점 및 사업소를 가지고 영업을 하는 다국적 기업이다. 해외지점 A의 20×1년
자료는 다음과 같으며, 월드회사의 20×1년말 연결재무제표를 작성하기 위한 표시통화는 원화이다.

1. A 해외지점 재무상태표(20X1. 12. 31.)

차변		대변	
현 금	$1,000	매 입 채 무	$2,000
매 출 채 권	2,000	본 점	900
대손충당금	(100)	당기순이익	1,000
재 고 자 산	1,000		
계	$3,900	계	$3,900

2. A 해외지점 포괄손익계산서(20×1. 1. 1~20×1. 12. 31.)

구분	금액
매출액	5,000US$
매출원가	(3,000)US$
매출총이익	2,000US$
판매비와관리비	(1,000)US$
당기순이익	1,000US$

3. 추가 자료

① 20×1년 기초 환율 : 1$＝100원, 20×1년 기말 환율 : 1$＝200원, 20×1년 평균 환율 : 1$＝
150원

② 포괄손익계산서의 모든 항목은 연평균 균등하게 발생하였음

③ 본점 회계기록상의 지점계정잔액은 100,000원임

4. 해외사업장의 외화환산 내역

① 포괄손익계산서 환산

포괄손익계산서의 항목은 연평균 균등하게 발생하였으므로 평균 환율을 적용하여 환산한다.

계정과목	외화표시금액	환산환율	원화환산액
매출	$5,000	150	750,000
매출 원가	(3,000)	150	(450,000)
매출총이익	2,000		300,000
영업비	(1,000)	150	(150,000)
당기순이익	$1,000		150,000

② 재무상태표 환산

재무상태표의 자산·부채는 마감환율을 적용하여 환산한다.

계정과목	외화표시금액	환산 환율	원화 환산액
현　　　　금	$1,000	200	200,000
매 출 채 권	2,000	200	400,000
대 손 충 당 금	(100)	200	(20,000)
재 고 자 산	1,000	200	200,000
계	$3,900		780,000
매 입 채 무	$2,000	200	400,000
본　　　　점	900	―	100,000
당 기 순 이 익	1,000	―	150,000
해외사업환산이익			130,000
계	$3,900		780,000

　해외사업장의 자본에 해당하는 900달러는 역사적 환율을 적용하여 평가된 금액 100,000원(본점 회계기록상 지점 잔액)으로 반영하고 자산·부채의 환산금액과 포괄손익계산서의 수익·비용의 환산금액의 차이인 130,000원은 기타포괄손익으로 반영한다.

01 다음 중 한국채택국제회계기준에 따른 전체 재무제표의 구성항목이 아닌 것은?

① 기말 재무상태표
② 기간 포괄손익계산서
③ 기간 자본변동표
④ 이익잉여금처분계산서

02 다음 중 재무제표 표시 원칙에 대한 설명으로 적절하지 않은 것은?

① 유사한 항목은 중요성 분류에 따라 재무제표에 구분하여 표시한다.
② 기업은 현금흐름 정보를 제외하고는 발생기준 회계를 사용하여 재무제표를 작성한다.
③ 한국채택국제회계기준에서 요구하거나 허용하지 않는 한 자산과 부채 그리고 수익과 비용은 상계하지 아니한다.
④ 회계기간이 1년을 초과하는 기업의 경우에는 예외적으로 전체 재무제표(비교정보 포함)를 회계기간마다 작성한다.

03 다음 중 재무제표 표시방법에 대한 설명으로 적절하지 않은 것은?

① 한국채택국제회계기준에서는 기업간 정보의 비교 가능성을 높이기 위해서 예외 없이 자산은 유동자산과 비유동자산으로 부채는 유동부채와 비유동부채로 구분하여 표시하도록 하고 있다.
② 기업은 해당 기간에 인식한 모든 수익과 비용을 단일 포괄손익계산서 또는 손익계산서와 포괄손익계산서로 나누어 표시할 수 있다.
③ 기업은 비용의 성격별 또는 기능별 분류방법 중에서 신뢰성 있고 더욱 목적 적합한 정보를 제공할 수 있는 방법을 적용하여 당기손익을 표시할 수 있다.
④ 기업이 비용을 기능별로 분류한 경우에는 비용의 성격별 분류 내용을 추가 공시해야 한다.

해설

01 ④ 전체 재무제표는 기말 재무상태표, 기간포괄 손익계산서, 기간 자본변동표, 기간 현금흐름표 및 주석 등이 포함되나, 한국채택국제회계기준에서는 이익잉여금처분계산서는 포함되지 않는다.
02 ④ 재무제표의 보고기간이 1년을 초과하는 경우에도 전체 재무제표는 적어도 1년마다 작성해야 한다.
03 ① 유동성 순서에 따른 표시방법이 신뢰성 있고 더욱 목적 적합한 정보를 제공하는 경우에는 유동자산과 비유동자산, 유동부채와 비유동부채로 구분해서 표시하지 않아도 된다.

04 회사가 재무상태표를 유동과 비유동 항목으로 구분하여 표시하기로 하였다면, 다음 중 유동자산 항목으로 구분되어 표시되어야 하는 항목이 아닌 것은?

① 보고기간 말 현재 사용이 9개월로 제한된 현금 및 현금성 자산

② 단기매매 목적으로 보유하고 있는 시장성 있는 투자주식

③ 정상 영업 주기가 18개월인 제조업을 영위하는 회사가 보고기간 종료일에 취득한 만기 13개월 채무증권

④ 단기매매 목적으로 취득한 파생금융상품

05 다음 중 재무제표의 작성과 표시를 위한 개념 체계에서 비용에 대한 설명으로 적절하지 않은 것은?

① 광의의 비용의 정의에는 기업의 정상 영업활동의 일환으로 발생하는 비용뿐만 아니라 차손도 포함된다.

② 차손은 일반적으로 화재나 홍수와 같은 자연재해 또는 비유동자산의 처분에서 발생한다.

③ 비용은 일반적으로 현금 및 현금성 자산, 재고자산 또는 유형자산과 같은 자산의 유출이나 소모의 형태로 나타난다.

④ 비용의 정의에는 외화차입금에 대해 환율 상승으로 인해 발생하는 미실현손실(외화환산손실)은 포함되지 아니한다.

해설

04 ③ 영업용 자산(매출채권, 재고자산 및 매입채무 등)의 유동 또는 비유동 구분 시 정상 영업 주기를 고려하나 비영업용 자산의 경우에는 정상 영업 주기 내에 포함되더라도 12개월 이후에 실현될 것으로 예상되는 자산은 비유동자산으로 분류한다.

05 ④ 비용의 정의에는 이미 실현된 비용뿐만 아니라 미실현된 비용도 포함된다.

06 다음 중 한국채택국제회계기준에서 정의하고 있는 금융상품에 대한 설명으로 적절하지 않은 것은?

① 지분상품이란 기업의 자산에서 모든 부채를 차감한 후의 잔여지분을 나타내는 모든 계약이다.

② 잠재적으로 유리한 조건으로 거래상대방과 금융자산이나 금융부채를 교환하기로 한 계약상의 권리는 금융자산이다.

③ 모든 금융상품은 계약에 기초해야 하나, 현금은 계약으로 볼 수 없으므로 금융자산에 포함되지 않는다.

④ 금융상품을 포함한 계약은 다양한 형태로 존재할 수 있으며, 반드시 서류로 작성되어야만 하는 것은 아니다.

07 기업 A가 다음의 계약을 체결하였다면, A사는 동 거래를 어떻게 분류하여야 하는가?

> ㉠ 10억 원과 동일한 공정가치에 해당하는 자기지분상품을 인도할 계약
> ㉡ 액면으로 발행한 10억 원의 기업채에 대해서 만기 시 자기지분상품 20,000주로 전환하기로 한 계약

① ㉠ 금융부채   ② ㉠ 지분상품
  ㉡ 금융부채   ㉡ 지분상품
③ ㉠ 금융부채   ④ ㉠ 지분상품
  ㉡ 지분상품   ㉡ 금융부채

해설

06 ③ 화폐(현금)는 교환의 수단이므로 금융자산이며, 재무제표에 모든 거래를 인식하고 측정하는 기준이 된다.

07 ③ ㉠ 지분상품의 가치에 따라 발행해야 할 지분상품의 수량이 확정되지 않았으므로 지분상품의 정의를 충족하지 못한다. ㉡ 확정금액 10억 원에 대해서 확정수량 20,000주를 발행하기로 한 계약이므로 지분상품의 정의를 충족한다.

08 금융자산 범주별로 최초 인식금액이 잘못 연결된 것은?

① FVPL금융자산 − 공정가치 + 거래비용

② FVOCI금융자산 − 공정가치 + 거래비용

③ 대여금 및 수취채권 − 공정가치 + 거래비용

④ AC금융자산 − 공정가치 + 거래비용

09 다음 중 금융상품의 범주 간 재분류에 대한 설명으로 적절하지 않은 것은?

① 지분상품과 채무상품의 재분류 요건이 다르다.

② 지분상품을 보유 의도나 능력에 변화가 있는 경우에 FVPL금융자산을 FVOCI선택금융자산으로 재분류할 수 있다.

③ 채무상품은 사업모형을 변경하는 경우에만 금융자산의 재분류를 허용하고 있다.

④ 재분류하는 경우에는 그 재분류를 재분류일로부터 전진적으로 적용한다.

10 다음 중 금융자산의 손상에 관한 설명으로 적절하지 않은 것은?

① FVPL금융자산은 공정가치의 변동이 손익에 반영되므로 손상차손 인식 대상이 아니다.

② AC금융자산의 경우 신용위험의 유의적 증가로 인한 기대 신용손실 추정액을 손실충당금으로 인식한다.

③ 지분상품의 경우에는 공정가치가 취득 원가 이하로 유의적이며 지속적으로 하락하는 경우에는 손상이 발생하였다는 객관적인 증거가 된다.

④ 지분상품은 계약상 현금흐름이 발생하지 않기 때문에 손상규정을 적용하지 않는다.

해설

08 ① FVPL금융자산의 경우에는 거래원가를 취득 원가에 가산하지 않고 당기 비용으로 처리한다.

09 ② 지분상품을 FVPL금융자산, FVOCI선택금융자산으로 분류하는 것은 최초 인식 시점에서만 가능하며, 이후에는 취소할 수 없다.

10 ③ 지분상품은 계약상 현금흐름이 발생하지 않기 때문에 손상규정을 적용하지 않는다.

11 다음 중 금융자산의 제거와 관련된 설명으로 적절하지 않은 것은?

① 금융자산의 현금흐름에 대한 권리가 소멸된 경우에는 금융자산을 제거한다.

② 소유와 관련한 위험과 보상의 대부분을 보유하고 있지도 않고 자산을 통제하고 있지도 않다면 금융자산을 제거한다.

③ 자산의 현금흐름에 대한 권리를 양도하였더라도 소유와 관련한 위험과 보상의 대부분을 이전한 경우에만 금융자산을 제거한다.

④ 자산의 현금흐름에 대한 권리는 계속 보유하고 있으나 거래상대방에게 동 현금흐름을 지급할 의무를 부담하고 있지 않다면 금융자산을 제거한다.

12 다음 중 재고자산의 측정에 대한 설명으로 적절하지 않은 것은?

① 개별법이 적용되지 않는 재고자산의 단위원가는 선입선출법이나 가중평균법을 사용하여 결정한다.

② 순실현 가치는 정상적인 영업 과정상의 예상 판매 가격에서 예상되는 추가 완성 원가와 판매비용을 차감한 금액을 말한다.

③ 매 후속기간에 순실현가치를 재평가하되 순실현 가능 가치 상승으로 인한 재고자산 평가손실의 환입은 인식하지 않는다.

④ 재고자산은 취득 원가와 순실현 가능 가치 중 낮은 금액으로 측정한다.

13 항공업을 영위하는 A사는 과거 경험상 항공기에 대한 내용연수를 20년으로 판단하고 있으나, 주요 부품인 터빈은 10년, 좌석은 5년마다 교체하고 있다. 이 경우 한국채택국제회계기준에 따를 경우 터빈 및 좌석의 내용연수는 몇 년으로 인식해야 하는가?

① 터빈 – 10년 / 좌석 – 5년   ② 터빈 – 20년 / 좌석 – 5년

③ 터빈 – 20년 / 좌석 – 20년   ④ 터빈 – 5년 / 좌석 – 5년

해설

11 ④ 자산의 현금흐름에 대한 권리는 계속 보유하고 있으나 거래상대방에게 동 현금흐름을 지급할 의무를 부담하고 있지 않다면 금융자산을 계속해서 인식한다.

12 ③ 재고자산의 감액을 초래했던 상황이 해소되거나 경제상황의 변동으로 순실현가치가 상승한 명백한 증거가 있는 경우에는 최초의 장부금액을 초과하지 않는 범위 내에서 평가손실을 환입한다.

13 ① 유형자산의 원가는 그 유형자산을 구성하고 있는 유의적인 부분에 배분하여 각 부분별로 감가상각한다.

14 A사는 20×1년 1월 1일에 토지를 100억에 취득하였다. A사는 이 자산에 대해서 재평가 모형을 선택하였으며, 20×1년말 동 자산의 공정가치가 95억으로 하락하고 20×2년말 동 자산의 공정가치가 105억으로 상승하였다면, 20×1년 및 20×2년 포괄손익계산서에 인식할 재평가손익은?

	20×1년	20×2년
①	당기 손실 5억 원	당기 이익 10억 원
②	기타포괄손실 5억 원	기타포괄이익 10억 원
③	기타포괄손실 5억 원	기타포괄이익 5억 원 당기 이익 5억 원
④	당기 손실 5억 원	당기 이익 5억 원 기타포괄이익 5억 원

15 다음 중 내부적으로 창출한 영업권 및 무형자산에 대한 설명으로 적절하지 않은 것은?
① 내부적으로 창출한 영업권은 자산으로 인식하지 않는다.
② 내부적으로 창출한 무형자산이 인식기준을 충족하는지를 평가하기 위해서 무형자산의 창출과정을 연구단계와 개발단계로 구분한다.
③ 연구단계에서 발생하는 비용 중 금액을 신뢰성 있게 측정할 수 있는 금액에 대해서는 무형자산으로 인식할 수 있다.
④ 개발단계에서 발생하는 비용은 특정 요건을 충족하는 경우에만 무형자산을 인식할 수 있다.

해설

14 ④ 20×1년말에는 자산의 장부금액이 재평가로 인하여 감소되었으므로 그 감소액을 당기 손실로 인식한다. 20×2년에는 장부금액이 재평가로 인하여 증가되었으나, 이전에 당기 손실로 인식한 재평가감소액을 한도로 당기 이익 인식하고 동 금액을 초과하는 금액은 기타포괄이익으로 인식한다.
15 ③ 연구단계에서 발생하는 비용은 미래 경제적 효익을 창출할 무형자산이 존재한다는 것을 제시할 수 없기 때문에 무형자산으로 인식하지 않는다.

16 다음 중 사용권자산 금액은 얼마인가?

> ㈜○○리스는 갑사와 공정가치 ₩1,000,000인 리스자산에 대하여 ×1년 1월 1일이 리스기간 개시일인 금융리스계약을 체결하였다. 리스료는 3년간 매년 12월 31일에 ₩343,700을 지급하며, 리스기간이 종료된 후에 리스자산은 반환한다. 반환시 잔존가치는 ₩200,000으로 예상되며, 추정 잔존가치 중 갑사가 보증한 잔존가치 지급예상액은 ₩140,000이다. 리스의 계약 및 협상과 관련하여 발생한 원가는 ㈜○○리스가 ₩5,000, 갑사가 ₩2,000이다. 리스자산의 내용 연수는 5년, 감가상각방법은 정액법을 채택하고 있으며, 감가상각비는 지급할 것으로 예상되는 보증잔존가치를 차감하는 방식으로 회계처리한다. ㈜○○리스의 내재이자율은 10%이다. 단, 현가(3년, 10%)는 0.7513이며, 연금현가(3년, 10%)는 2.4869이다.

① 959,930   ② 994,747

③ 1,031,100   ④ 1,171,100

17 다음 중 손상차손 인식을 위한 회수 가능액에 대한 설명으로 적절하지 않은 것은?

① 회수 가능액은 자산 또는 현금창출 단위의 순공정가치와 사용가치 중 적은 금액으로 정의한다.

② 회수 가능액을 측정할 때 항상 순공정가치와 사용가치 모두를 추정할 필요는 없다.

③ 사용가치란 자산에서 창출될 것으로 기대되는 미래 현금흐름의 추정치이다.

④ 사용가치 산정 시 미래 현금흐름은 세전 할인율을 적용한다.

18 다음 설명에서 식별되는 현금창출 단위는 몇 개인가?

> A기업은 서울시의 계약에 의하여 시내 버스 운송서비스를 제공하고 있으며, A, B, C,
> D, E의 5개 노선을 운영하고 있다. 서울시와의 계약에 따르면 A, B, C 3개의 노선에
> 대해서는 필수적인 운행이 요구되나, 나머지 2개 노선에 대해서는 A기업의 판단에 따
> 라 각각 운행 여부를 결정할 수 있다. 5개 노선에서 사용되는 자산과 각 노선에서 창
> 출되는 현금흐름은 각각 개별적으로 식별 가능하다.

① 5개   ② 4개
③ 3개   ④ 2개

19 다음 중 충당부채, 우발부채 및 우발자산에 대한 설명으로 적절하지 않은 것은?

① 일반적인 우발부채는 주석공시 사항이나, 우발부채 중 자원의 유출 가능성이 매우 높
은 경우에는 재무상태표상 부채로 인식한다.

② 우발자산은 자원의 유입 가능성과 관계없이 어떠한 경우에도 재무상태표상 자산으로
인식하지 않는다.

③ 충당부채는 현재 의무를 보고기간 말에 이행하기 위하여 소요되는 지출액에 대한 최
선의 추정치여야 한다.

④ 충당부채의 현재가치 평가가 중요한 경우에는 현재가치를 평가하되 세전 이자율로
할인한다.

해설

18 ③ A기업은 3개 노선에 대해서는 필수적인 운행 서비스를 제공해야 하므로 3개 노선이 하나의 현금창출 단위
로 식별된다. 나머지 2개 노선에 대해서는 독립적으로 폐지가 가능하고 각각 식별 가능한 현금흐름을 창출하
고 있으므로 최소 현금창출 단위는 3개이다.

19 ① 우발부채는 부채로 인식하지 아니한다.

20 기업 A가 판매 보증한 B제품에 대한 20×1년 매출액이 100,000원이며, 과거 경험상 이 중 5%가 보증기간 내 수리될 것으로 예상된다. 20X2년 B제품 관련 매출이 없고 20×2년 실제 B제품 보증수리로 인해 소요된 비용이 1,000원이라면, 기업 A의 20×2년말 B제품 관련충당부채 잔액은?

① 5,000원   ② 4,000원

③ 3,000원   ④ 2,000원

21 A기업은 20×1년 1월 1일에 10명의 주요 임원에게 기업의 주식 1주를 주당 100원에 취득할 수 있는 주식 선택권을 부여하였다. 해당 주식 선택권은 3년 동안 근무해야 행사 가능하며, 퇴직 시에는 행사할 수 없다. 20×1년 1월 1일에 주식 선택권의 개당 공정가치는 10원이었으며, 20×1년 12월 31일에는 30원이었다. 부여 시점(20×1년 1월 1일)에 기업은 5명의 임원이 3년 이내에 퇴직할 것으로 예상했으나, 20×1년 12월 31일에는 2년 이내에 3명이 떠날 것으로 예상했다. 기업 A가 20×1년 12월 31일에 임원에게 제공한 주식 선택권과 관련된 보상 비용은 어떻게 계산되어 인식되어야 하는가?

① 주식 선택권 10개 × 10원 ÷ 3년

② 주식 선택권 5개 × 10원 ÷ 3년

③ 주식 선택권 7개 × 30원 ÷ 3년

④ 주식 선택권 7개 × 10원 ÷ 3년

해설

20 ② 20×1년 설정해야 하는 판매보증부채는 100,000원×5%=5,000원이며, 20×2년 실제 1,000원이 사용되었다면 20×2년말에는 충당부채 5,000원에서 1,000원을 공제하고 잔액 4,000원이 남는다.

21 ④ 임원에게 부여한 주식 선택권이며 가득 조건이 비시장 조건(3년 근무)이므로 부여일의 공정가치에 매년말에 가득될 지분상품의 수량에 대한 최선의 추정치를 기초로 총 비용을 인식함

22 A기업은 20×1년 1월 1일부터 특정 제조설비자산을 자가건설(3년 소요 예상)하고 있으며, 특정 차입금으로만 소요자금을 조달하고 있다. 20×1년말 차입 원가 자본화이전 동 기계장치의 장부금액은 100,000원이며, 회수 가능액은 50,000원이다. 특정 차입금으로 인해 발생한 금융비용은 10,000원이며, 동 차입금의 일시적인 운용수익이 1,000원일 경우 다음 설명 중 올바른 것은?

① A기업은 차입 원가 자본화 적용 여부를 회계정책으로 선택 가능하며, 자본화를 선택하지 않을 경우 기계장치의 회수가능 가액이 장부금액에 미달하므로 감액손실 50,000원을 인식해야 한다.

② 특정 차입금으로 인해 발생한 금융비용이 10,000원이므로 동 금액을 자본화하여 20×1년말 기계장치금액은 110,000원으로 인식된다.

③ 특정 차입금의 운영수익까지 고려할 경우, 특정 차입금에 대한 자본화 가능 차입 원가는 9,000원이며 적격 자산에 대한 감액은 고려하지 않는다.

④ 20×1년말 기계장치의 장부금액은 50,000원이다.

23 다음 중 위험회피 회계와 관련된 설명으로 적절하지 않은 것은?

① 위험회피 수단이 반드시 파생상품이어야 하는 것은 아니다.

② 위험회피 대상은 공정가치나 미래 현금흐름의 변동 위험에 노출되어 있어야 한다.

③ 위험회피 회계는 위험회피 수단 설정 시 높은 위험회피 효과가 발생할 것으로 예상되면 적용 가능하며 실제로 높은 위험회피 효과가 있었는지 여부와는 무관하다.

④ 위험회피 효과란 회피 대상 위험으로 인한 위험회피 대상항목의 공정가치나 현금흐름의 변동이 위험회피 수단의 공정가치나 현금흐름의 변동으로 상쇄되는 정도를 의미한다.

해설

22 ④ 차입 원가의 자본화는 선택이 아닌 의무사항이며, 적격자산이라고 할지라도 회수가능 가액이 장부금액에 미달하는 경우에는 감액손실을 인식해야 한다. 감액손실 인식 후 기계장치의 장부금액은 50,000원이다.

23 ③ 위험회피 효과를 위험회피 기간에 계속적으로 평가하며 위험회피로 지정된 재무 보고기간 전체에 걸쳐 실제로 높은 위험회피 효과가 있었는지 결정하여야 한다.

24 다음은 수익을 인식하는 5단계법에 관한 것이다. 적용 순서를 올바르게 나열한 것은?

㉠ 거래 가격의 산정	㉡ 수익의 인식
㉢ 계약의 식별	㉣ 수행의무의 식별
㉤ 거래 가격의 배분	

① ㉠ → ㉡ → ㉢ → ㉣ → ㉤
② ㉡ → ㉠ → ㉢ → ㉣ → ㉤
③ ㉢ → ㉣ → ㉡ → ㉤ → ㉠
④ ㉢ → ㉣ → ㉠ → ㉤ → ㉡

25 다음 중 특수한 조건의 재화 판매에 대한 수익인식 시점에 대한 설명으로 적절하지 않은 것은?

① 대가가 분할되어 수취되는 할부판매의 경우, 이자 부분을 제외한 판매 가격에 해당하는 수익을 판매 시점에 인식한다.

② 구매자의 요청에 의해 재화의 인도가 지연되었으나, 구매자가 소유권을 가지며 대금 청구를 수락한 판매(미인도 청구 판매)의 경우 일정 요건을 충족하면 구매자가 소유권을 가지는 시점에 수익을 인식한다.

③ 현재 재고가 없는 재화를 인도하기 전에 미리 판매대금을 수취한 경우에는 대금을 수령한 시점에 수익을 인식한다.

④ 출판물 등 해당 품목의 가액이 매 기간 비슷한 경우에는 발송기간에 걸쳐 정액기준으로 수익을 인식한다.

해설

24 ④ ㉢ 계약의 식별 → ㉣ 수행의무의 식별 → ㉠ 거래 가격의 산정 → ㉤ 거래 가격의 배분 → ㉡ 수익의 인식

25 ③ 현재 재고가 없는 재화를 인도하기 전에 미리 판매대금을 수취한 경우에는 고객에게 재화를 인도한 시점에 수익을 인식한다.

26 다음 중 건설 계약의 계약 수익에 포함되지 않는 것은?

① 최초에 합의한 계약금액

② 발주자의 요청에 따라 설계변경으로 인해 추가되는 금액(수익으로 귀결될 가능성은 높으나, 보고기간 말 현재 금액을 신뢰성 있게 측정할 수 없음)

③ 발주자에 의해 공사가 지체되어 받는 보상금(수익으로 귀결될 가능성이 높고, 보고기간 말 현재 금액을 신뢰성 있게 측정 가능함)

④ 공사계약의 조기 완료에 대해 건설사업자가 지급받는 장려금(수익으로 귀결될 가능성이 높고 금액을 신뢰성 있게 측정 가능함)

27 다음 중 퇴직급여 및 퇴직급여제도에 대한 설명으로 옳은 것은?

① 퇴직급여란 퇴직 이후에 지급하는 종업원 급여로 해고 급여도 포함된다.

② 퇴직급여 중 확정기여제도는 예측 단위 적립 방식이라는 보험 수리적 기법을 사용하여 확정급여채무를 추정한다.

③ 퇴직급여 중 확정급여제도는 확정기여제도 이외의 모든 퇴직급여제도를 의미한다.

④ 재무상태표에 표시되는 확정급여부채는 확정급여부채의 총액이다.

해설

26 ② 공사 변경, 보상금 및 장려금에 따라 추가되는 금액으로서 수익으로 귀결될 가능성이 높고 금액을 신뢰성 있게 측정할 수 있는 경우에만 계약수익으로 포함될 수 있다.

27 ③ 퇴직 급여에는 해고 급여는 포함되지 않으며, 확정기여제도가 아닌 확정급여제도의 경우 예측단위적립방식이라는 보험 수리적 기법으로 확정급여채무를 추정한다. 재무상태표에는 확정급여채무의 현재가치에서 사외적립자산의 보고기간 말 공정가치를 차감하여 순액으로 표시한다.

28 다음 중 이연법인세자산 및 부채에 대한 설명으로 적절하지 않은 것은?

① 이연법인세자산 또는 부채의 실현시기가 1년 이후인 경우에는 유효이자율로 할인하여 계산한다.

② 이연법인세자산과 부채는 재무상태표에 각각 표시하며, 비유동항목으로 분류한다.

③ 이연법인세자산의 장부금액은 매 보고기간 말 자산성을 검토한다.

④ 이연법인세자산과 부채는 보고기간 말까지 제정되었거나 실질적으로 제정된 세율에 근거하여 당해 자산이 실현되거나 부채가 결제될 회계기간에 적용될 것으로 기대되는 세율을 사용하여 측정한다.

29 다음 중 기본 주당손익 및 희석 주당손익에 대한 설명으로 적절하지 않은 것은?

① 유통 보통주식수 계산 시 자기주식은 유통 보통주식수를 감소시킨다.

② 희석 주당손익 계산 시 잠재적 보통주는 모두 보통주로 전환된다고 가정하여 계산한다.

③ 유통되는 보통주식수나 잠재적 보통주식수가 자본금전입, 무상증자, 주식분할로 증가하였거나 주식병합으로 감소하였다면, 비교표시하는 모든 기본 주당손익과 희석주당손익을 소급하여 수정한다.

④ 희석성 잠재적 보통주는 회계기간의 기초에 전환된 것으로 보되 당기에 발행된 것은 그 발행일에 전환된 것으로 본다.

해설

28 ① 이연법인세자산과 부채는 할인하지 아니한다.

29 ② 잠재적 보통주는 보통주로 전환된다고 가정할 경우 주당계속영업이익을 감소시키거나 주당계속영업손실을 증가시킬 수 있는 경우에만 희석성 잠재적 보통주로 취급한다.

30 **다음 중 현금흐름표에 대한 설명으로 적절하지 않은 것은?**

① 현금흐름표는 회계기간 동안 발생한 현금흐름을 영업활동, 투자활동 및 재무활동으로 분류하여 보고한다.

② 단기매매 목적으로 보유하는 당기손익인식 금융자산의 취득 및 처분에 따른 현금흐름은 영업활동으로 분류한다.

③ 금융회사의 대출채권의 변동은 투자활동으로 분류한다.

④ 외화로 표시된 현금 및 현금성 자산의 환율 변동 효과는 현금흐름표에 별도로 보고한다.

31 **다음 중 현금 및 현금성 자산에 대한 설명으로 적절하지 않은 것은?**

① 현금 및 현금성 자산이란 유동성이 매우 높은 단기투자자산으로서 확정된 금액의 현금으로 전환이 용이하고 가치 변동의 위험이 경미한 자산이다.

② 당좌차월은 현금 및 현금성 자산의 구성요소가 아닌 차입금으로 분류된다.

③ 만기 2개월 이내인 단기투자자산은 현금 및 현금성 자산으로 분류된다.

④ 현금 및 현금성 자산의 사용을 수반하지 않는 투자활동과 재무활동 거래는 비현금거래로 분류되며 현금흐름표에서 제외된다.

해설

30 ③ 금융회사의 경우에 대출채권의 변동은 영업활동과 관련되어 있으므로 일반적으로 영업활동으로 분류한다.

31 ② 금융기관의 요구에 따라 즉시 상환하여야 하는 당좌차월은 기업의 현금관리의 일부를 구성하므로 현금 및 현금성 자산의 구성요소에 포함된다.

32 기업 A의 20×1년 현금흐름 관련 재무정보가 다음과 같다면, 20X1년 영업활동으로 인한 현금흐름은?

> ㉠ 20×1년 당기순이익 : 3,000원
>
> ㉡ 유형자산 및 무형자산 감가상각비 : 500원
>
> ㉢ 손익계산서상 인식한 법인세비용 : 600원(실제 법인세 납부액은 300원)
>
> ㉣ 유형자산 처분이익 : 200원
>
> ㉤ 영업활동으로 인한 자산의 감소 : 400원

① 4,400원   ② 4,000원   ③ 3,900원   ④ 3,200원

33 20×1년 중 A기업에게 다음의 거래가 발생했다면, 이중 A기업의 현금흐름표 현금 및 현금성 자산의 변동에 영향을 미친 거래는?

> ㉠ 당좌차월 100원을 현금으로 상환하였다.
>
> ㉡ 20×0년도에 발행한 전환사채의 투자자가 전환권을 행사하여 전환사채가 보통주로 전환되었다.
>
> ㉢ 화재 발생으로 건물 및 기계장치가 소실되었으며, 보험회사로부터 보험금 1,000원을 20×2년도에 수령하기로 하였다.

① ㉠   ② ㉡   ③ ㉢   ④ 없음

해설

32 ② 기업 A의 20×1년 영업활동으로 인한 현금흐름은 다음과 같이 산출된다.

구분	금액	비고
당기순이익	3,000	간접법으로 산출함
현금흐름을 수반하지 않는 비용의 가산	1,100	
• 유형자산 및 무형자산 감가상각비	500	
• 법인세비용	600	(*)
영업활동이 아닌 현금을 수반하는 수익의 차감	(200)	
법인세납부액	(300)	(*)
영업활동으로 인한 자산의 감소	400	
영업활동으로 인한 현금흐름	4,000	

(*) 한국채택국제회계기준에서는 이자의 수취, 이자의 지급, 배당금의 수취 및 법인세 납부금액을 별도로 구분하여 표시하도록 하고 있으므로 회계상 비용을 가산한 뒤 실제 법인세납부액을 차감하여 계산한다.

33 ④ 당좌차월은 현금 및 현금성 자산의 구성요소이므로 현금 및 현금성 자산의 변동에 영향을 미치지 않으며, ㉡, ㉢ 모두 현금이 유입되지 않은 비현금거래이다.

34 기업 A의 20×1년 현금흐름 관련 재무정보가 다음과 같다면, 20×1년 재무활동으로 인한 현금흐름은?

> ㉠ 20×1년 당기순이익 : 10,000원
> ㉡ 금융기관으로부터 신규 차입액 : 5,000원
> ㉢ 기존 차입금 100,000원 중 20,000원을 상환함
> ㉣ 액면가액 100원의 주식을 주당 200원에 100주 추가 발행함
> ㉤ 20×1년 차입금에 대한 이자비용 10,000원 중 미지급금액은 5,000원임
>   (회사는 이자비용을 영업활동으로 분류하기로 회계정책을 결정함)

① 5,000원　　　　　　　　　　② 15,000원
③ (△5,000원)　　　　　　　　 ④ (△10,000원)

35 다음 중 현금흐름표와 관련된 설명으로 적절하지 않은 것은?
① 만기가 1개월 이후에 도래하는 채권을 현금으로 취득한 경우 현금유출액은 투자활동으로 분류된다.
② 자기주식을 취득하는 경우 동 현금유출액은 재무활동이다.
③ 각 기업은 해당 기업의 특성을 잘 고려하여 현금흐름을 영업활동, 투자활동 및 재무활동으로 분류해서 현금흐름표에 표시해야 한다.
④ 이자와 원금을 포함하여 채무를 상환하는 경우에는 이자와 원금을 분리하여 이자지급액은 영업활동, 원금지급액은 재무활동으로 분류한다.

해설

34　① 기업 A의 20X1년 재무활동으로 인한 현금흐름은 다음과 같이 산출된다.

구분	금액	비고
재무활동으로 인한 현금유입액	25,000	
금융기관 신규 차입	5,000	
유상증자	20,000	100주×200원
재무활동으로 인한 현금유출액	(20,000)	
금융기관 차입금 상환액	(20,000)	

35　① 만기가 1개월 이후에 도래하는 채권은 현금성 자산이므로 현금으로 현금성 자산을 매입한 것은 현금관리의 일부이므로 현금흐름에서 제외된다.

36 다음 중 자본변동표 및 이익잉여금처분계산서에 대한 설명으로 적절하지 않은 것은?

① 자본변동표 및 이익잉여금처분계산서는 자본 및 이익잉여금의 크기와 그 변동에 관한정보를 제공하는 기본재무제표이다.

② 자본변동표에는 지배기업의 소유주와 비지배지분에게 각각 귀속되는 금액을 구분하여 표시한다.

③ 회사의 회계정책이 변경될 경우 전기로부터 이월된 이익잉여금은 수정될 수 있다.

④ 재무상태표에 표시된 당기말 이익잉여금은 당기이익잉여금 처분금액이 반영되어 있지 않다.

37 다음 중 임의적립금에 해당하지 않는 것은?

① 결손보전적립금   ② 이익준비금
③ 배당평균적립금   ④ 사업확장적립금

38 다음 중 자본을 실질적으로 증가시키는 거래는?

① 주식배당   ② 이익준비금 자본전입
③ 자기주식 취득   ④ 주식의 할인발행

해설

36 ① 이익잉여금처분계산서는 한국채택국제회계기준상 기본 재무제표가 아니며, 주석으로만 공시한다.

37 ② 이익준비금은 법정준비금이다.

38 ④ 주식을 할인 발행하여도 현금 등의 자산이 증가하므로 자본이 증가한다.

정답 01 ④ | 02 ④ | 03 ① | 04 ③ | 05 ④ | 06 ③ | 07 ③ | 08 ① | 09 ② | 10 ③ | 11 ④ | 12 ③ | 13 ① | 14 ④ | 15 ③
16 ① | 17 ① | 18 ③ | 19 ① | 20 ② | 21 ④ | 22 ④ | 23 ③ | 24 ④ | 25 ③ | 26 ② | 27 ③ | 28 ① | 29 ② | 30 ③
31 ② | 32 ② | 33 ④ | 34 ① | 35 ① | 36 ① | 37 ② | 38 ④

part 02

기업가치평가 · 분석

certified research analyst

chapter 01

기업가치평가의 개요

기업가치의 의의와 개념

(1) 의의

가치(Value)는 일반적으로 거래의 과정에서 도출되는 값이며 가격(Price)은 거래의 결과로 나타나는 값이라 할 수 있다. 가치평가(Valuation)는 어떠한 대상물의 공정한 가치(fair value)를 평가하는 작업을 말한다.

기업가치(Firm Value)란 기본적으로 기업의 미래 수익창출력이라 할 수 있다. 따라서 이를 평가한다는 것은 특정한 기업이 갖는 잠재적 수익창출 능력에 대한 내재가치(Intrinsic Value)를 측정하는 것을 의미한다.

오늘날 금융 및 자본시장이 발달하면서 투자의 대상과 종류가 광범위해지고 우량한 투자대상을 찾기 위한 투자자(investor)들의 노력도 활발하다. 비단 상장기업분석을 담당하는 증권 애널리스트나 관련 투자자뿐만 아니라, 새로운 신규사업의 진출을 위해 인수합병을 모색하는 전략적 투자자(Strategic Investor), 조성된 자금의 운용처를 찾는 재무적 투자자(Financial Investor), 그외 사모투자전문회사(PEF), 기업구조조정펀드(CRC), 창업투자펀드(VC) 등 자본투자기능을 통해 자본시장에 참여하고 있는 다양한 주체들에게는 이른바 'Valuation'이라는 과제가 중대한 이슈가 되고 있다.

이들에게 가치평가는 기업의 주식 또는 자산의 가치를 인수합병, 투자분석, 청산 등 다양한 평가목적에 따라 합당한 기준과 적합한 평가방법을 적용해 그 가치를 평가하고, 관련 투자의사결정에 필요한 정보를 마련하기 위함이다. 미래 해당 기업의 대내외적인 환경변화에 대한 올바른 예측과 가정을 토대로 한 정확한 가치평가는 합리적 투자의사결정을 위한 필수적인 절차이다. 정확한 가치평가에 기반하지 않는 주먹구구식 투자의사결정은 상당한 투자위험을 초래할 수 있음은 자명한 일이기 때문이다. 따라서 투자목적 또는 평가목적에 맞는 적합한 평가방법의 적용을 통해 공정한 가치(Fair Value)를 산정하는 것이 기업가치평가 부문에서 중요한 의미를 지니며, 이를 위한 다양한 방법론의 적용과 실무적 개선 노력이 업계 내에서 활발히 이루어져 왔다.

(2) 개념

이른바 '기업가치'란 용어는 이론적으로나 실무적으로 다양한 의미로 통용되고 있다. 대표적으로는 주식가치 또는 시가총액과 같이 주주 지분의 가치(Equity Value)를 의미하기도 하지만, 여기에다 차입금까지 포함한 전체 기업가치(Firm Value, Entity Value)를 의미하기도 한다. 기업의 총자산에 대한 장부(또는 청산)가치도 하나의 기업가치를 의미하듯, '기업가치'란 용어는 다양한 의미로서 각 경우에 적합한 개념으로 사용되거나 해석되고 있다.

일반적으로 기업이란 외부 투자자로부터 조달한 자본을 영업활동에 투입하고 그 성과를 해당 투자자에게 분배하는 일련의 과정을 반복하는 주체라고 볼 수 있다.

여기서 외부 투자자란 주식 투자자(Equity Investor)는 물론 채권 투자자(Debt Investor)까지 포함한 개념으로 자본비용이 수반되는 모든 자본 투자자를 의미한다. 따라서 이들 투자자 입장에서 볼 때, 자신들이 투자한 자본의 가치가 얼마나 될 것인가에 대한 관심을 갖는 것은 지극히 당연한 사실이며, 자본투자 및 성과배분이라는 기업활동을 고려할 때, 기업가치란 종국적으로 이들이 투자한 자본에 대한 가치를 의미하기도 한다.

이론적으로 '기업가치(Firm Value)'를 주식투자자(Equity Investor)의 입장에서 볼 것인가 아니면 주식 및 채권 투자자(Equity & Debt Investor) 모두의 입장에서 볼 것인가에 따라 평가가치의 절대금액은 차이가 있으며, 그 개념 또한 각각 다른 의미를 갖는다. 실무적으로는 두 가지 경우 모두 '기업가치'란 용어로 혼용해서 사용되고 있으나, 본서에서는 설명의 용이성과 개념전달의

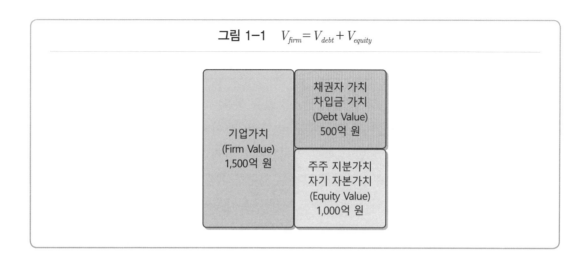

그림 1-1 $V_{firm} = V_{debt} + V_{equity}$

기업가치
(Firm Value)
1,500억 원

채권자 가치
차입금 가치
(Debt Value)
500억 원

주주 지분가치
자기 자본가치
(Equity Value)
1,000억 원

명확성을 위해 다음과 같은 용어로 정리하고자 한다.

기업가치(Firm Value, Entity Value)
=채권자 가치(Debt Value)+주주 지분가치(Equity Value)

즉, '기업가치'는 주주와 채권자 모두의 가치를 내포한 Entity Value의 의미로 국한하고, 주주 지분가치(Equity Value)와 차별화하여 표현하고자 한다. 예컨대, 채권자 가치가 500억 원이고 주주 지분가치가 1,000억 원이면, 기업가치는 1,500억 원을 의미한다.

통상 주주는 채무변제 후 잔여재산에 대한 청구권만을 갖는 후순위의 법적 지위에 있다. 따라서 주주 지분의 가치는 확정채무인 차입금 가치(단, 부실기업 제외)와는 달리 기업가치와 연동하는 구조를 갖는 것이 일반적이다. 즉, 영업성과가 호전되어 기업가치가 제고되면 그 가치 증가분은 모두 주주가 수혜받는 것을 의미한다. 따라서 기업가치평가를 위한 다양한 방법도 기업가치 산정 후 차입금 가치를 차감하여 주주 지분가치를 산정하는 간접적인 방식과 주주 지분가치를 직접 산정하는 방식으로 구분되지만 결국 모든 기업가치평가는 종국적으로 주주 지분가치의 평가를 위한 과정으로 이해할 수 있다.

기업가치의 평가목적

기업가치를 평가하는 목적은 투자를 합리적으로 결정하기 위한 경우가 대표적이지만, 그 외에도 기업공개를 위한 공모가격 결정, 상속세 및 증여세의 과세가액 결정, 재무제표 작성 등 다양한 목적으로 이루어지고 있다.

아래와 같이 가치평가는 실무적으로 여러 목적과 취지로 폭넓게 활용되고 있으며, 다양한 평가방법 중 그 목적과 취지에 맞게 적합한 방법과 기준을 선택적으로 적용하고 있다.

(1) 투자의사결정을 위한 가치평가

기업에 자본을 투자하는 투자자 입장은 합리적 투자의사결정을 위해 그 기업의 재무상태, 투자의 수익성 및 투자회수기간 등을 고려하여 가치평가를 수행하게 된다. 기업의 경영자 입장에서도 기업의 전략적 방향과 사업목표 등 경영전략의 기초 작업으로 기업가치를 평가하기도 하고, 기업의 인수합병, 사업단위 매각, 합작투자 등과 같은 주요 경영의사결정을 위해 기업가치를 평가하게 된다. 예를 들어, 경영권 획득을 위한 기업인수합병에 있어서 매수자(buyer)와 매도자(seller)는 대상기업(target)의 공정한 가치를 결정하기 위해 가치평가를 수행해야 한다.

투자자(investor)와 피투자자(investee)는 대상기업의 공정한 가치를 결정하기 위해 가치평가를 수행해야 하는데, 이러한 투자자로는 기관투자자 및 개인투자자와 벤처기업에 전문적으로 투자하는 벤처캐피탈 등을 들 수 있다. 특히, 투자를 받는 비상장기업 입장에서는 중요한 의사결정과정이라고 볼 수 있다.

상장 여부에 따라 관련되는 가치평가의 이슈가 달라지게 된다. 상장기업의 경우 시가가 존재하므로 투자기준의 1순위는 시가가 되고 시가는 시점에 따라 달라지므로 항상 타이밍 이슈가 발생한다. 하지만 비상장기업에 대한 투자의 경우 시점보다는 본질적인 가치평가에 초점을 두게 된다.

한편, 기업인수합병은 일반적인 투자에 비해 경영권 획득을 위한 경영권 프리미엄(control premium)이 고려된다는 점에서 다른 목적의 기업가치평가와 차이를 보이고 있다. 이러한 경영권 프리미엄은 주식시장의 호황·불황 여부, 자본시장의 유동성 수준, 개별적인 협상력에 따라 달라지게 된다.

(2) 기업공개를 위한 가치평가

유가증권시장 및 코스닥시장 등 주식시장에 상장하기 위한 기업공개 과정에서 공모 가격 (offering price)의 결정을 위해서도 가치평가가 이루어진다. 가치평가는 평가목적에 따라 적합한 평가방법 및 합리적 기준이 적용되어야 한다. 공모 가격의 경우는 가치평가의 결과로 산정된 가액에 기업공개의 특성상 향후 주식시장의 변동 가능성, 공모 후 유통 가능 주식수, 투자자 들의 투자유인, 수요예측 결과, 발행회사 및 주간회사의 입장 등의 추가 요인들이 고려된다는 점에서 다른 목적의 기업가치평가와 차이를 보이고 있다.

(3) 과세목적을 위한 가치평가

일반적으로 보유주식을 상속하거나 증여할 경우에 관련 과세가 이루어진다. 상장회사의 경 우는 주식시장에서 객관적인 시장 가격이 형성되므로 과세당국과 세부담자 간에 논란의 여지 가 적으나, 시장 가격이 존재하지 않는 비상장주식에 대해서는 해당 주식의 가치평가 결과에 따라 실질 세부담은 상당한 차이를 보일 수 있다.

이와 같이 과세목적을 위한 가치평가는 상호 간의 이해상충의 소지를 안고 있기 때문에 세법 으로 평가방법을 정하고 있는데, 바로 「상속세 및 증여세법」에 의한 비상장주식의 평가이다.

일명 비상장주식의 보충적 평가방법으로 불리는 세법의 평가방법은 일반적인 공정가치(fair value)가 아닌 획일화된 평가기준으로 규정화시켰다는 점에서 다른 목적의 기업가치평가와 차 이를 보이고 있다.

(4) 합병비율을 위한 가치평가

자본시장법에 의한 주식가치평가로 합병가액 산정이 목적이며, 합병가액을 산정하기 위해 서는 합병기업들의 주식가치평가가 이루어져야 한다. 합병기업들의 유형에 따라 상장기업과 상장기업, 상장기업과 비상장기업, 비상장기업과 비상장기업으로 분류될 수 있다. 합병가액 산정을 위해 상장법인의 경우 시가를 기준으로 하며, 상장법인과 합병하는 비상장법의 경우 자본시장법에 의한 본질가치라는 특정한 방법을 사용한다.

일명 본질가치로 불리는 자본시장법의 평가방법은 과세목적의 세법과 마찬가지로 일반적 인 공정가치(fair value)가 아닌 획일화된 평가기준으로 규정화시켰다는 점에서 다른 목적의 기 업가치평가와 차이를 보이고 있다.

(5) 사업타당성 검토(feasibility study)를 위한 가치평가

기업의 신규사업에 대한 투자결정 여부를 위해 타당성 검토 및 해당 사업의 가치를 결정하는 데 이용된다. 통상 현금흐름할인모형(Discounted Cash Flow Model : DCF Model)이라고 할 수 있는 순현재가치법(Net Present Value method : NPV method)이 이용된다.

계속기업(going concern)을 전제로 하는 여타의 기업가치평가와 달리 사업타당성 검토의 경우 일정기간(definite period)을 전제로 한다는 점에서 다른 목적의 기업가치평가와 차이를 보이고 있다.

(6) 가치경영(Value Based Management : VBM)을 위한 가치평가

주주를 위한 가치창출은 기업경영의 궁극적인 목표라고 할 수 있으며 이러한 가치를 측정하는 도구로 이용된다. 경영진은 가치창출에 대해 이론적으로 이해해야 할 뿐만 아니라, 경영전략과 가치창출 사이에 유형의 고리를 만들 수 있어야 한다.

세후영업이익(Net Operating Profit After Tax : NOPAT)에서 자본조달비용(cost of capital)을 차감한 값으로 주주 입장에서 본 실질적인 기업가치를 나타내는 지표인 EVA(Economic Value Added, 경제적 부가가치)를 이용한다. 지급이자인 명시적 타인자본조달비용 뿐만 아니라 주주로부터 조달된 암묵적 자기자본조달비용까지 고려한다는 점에서 회계상의 순이익과는 차이가 있다.

외부 거래목적이 아닌 내부 성과평가 목적이라는 점에서 다른 목적의 기업가치평가와 차이를 보이고 있다.

(7) 기술가치평가를 위한 가치평가

기업은 기업가치의 증대 또는 기업의 존속을 위해서 끊임없이 기술개발에 투자를 하거나 외부에서 구매를 한다. 이러한 분야에 이용되는 기술가치평가는 다음과 같이 구분할 수 있다.

❶ 기술의 구입, 판매, 라이선싱의 가격결정 등을 위한 거래분야
❷ 기술의 재무증권화 또는 대출담보 설정을 위한 금융분야
❸ 기술의 기증, 처분, 상각을 위한 세부계획 수립 및 세금납부 등을 위한 세무분야
❹ 기업의 가치 증진, 기술 상품화, 분사, 기타 장기 전략적 경영계획 수립 등을 위한 전략분야
❺ 기업의 파산 또는 구조조정에 따른 자산평가, 채무상환계획 수립 등을 위한 청산분야

❻ 특허권 침해, 채무불이행, 기타 재산 분쟁 관련 법적 소송 등을 위한 소송분야

수익접근법(income approach), 시장접근법(market approach), 원가접근법(cost approach) 등을 적용할 수 있으며, 기술의 특성상 수익접근법을 가장 많이 사용한다. 수익접근법에서 기술기여도를 특별히 고려하며, 기술기여도는 기업의 경제적 수익창출에 활용된 유·무형자산 중에서 대상기술이 기여한 상대적 비중으로, 통상 기술요소법, 상관행법 등을 사용한다.

계속기업(going concern)을 전제로 하는 여타의 기업가치평가와 달리 기술가치평가의 경우 기술의 경제성 수명을 결정한다는 점에서 다른 목적의 기업가치평가와 차이를 보이고 있다.

(8) 재무보고를 위한 가치평가

2011년부터 국내에 적용되고 있는 국제회계기준(IFRS)은 공정가치(fair value) 개념이 엄격하고 광범위하게 재무상태표를 구성하는 자산 및 부채에 적용이 되고 있다. 대부분 기업은 장부상 다수의 비상장주식을 보유하거나, 대규모 영업권을 계상하고 있는 경우도 있다. 매기 재무보고를 위해서는 이러한 비상장주식이나 영업권에 대한 공정가치를 평가하여 재무제표에 반영하게 되는데, 이를 위한 가치평가업무도 실무적으로 많이 이루어지고 있다.

특히 무형자산의 평가에 있어서 적정한 가치평가방법은 중요한 과제이며 논란의 대상이 되고 있다. 또한 기업들은 관련 주석사항 공시에 상당한 어려움과 부담감을 느끼고 있다.

(9) 기업회생 결정을 위한 가치평가

기업회생(법정관리)제도에서 청산가치와 계속기업가치를 산정하여 의사결정을 하며, 기업회생제도의 인가를 위해서는 계속기업가치가 청산가치보다 커야 한다. 계속기업가치의 경우 현금흐름할인모형(DCF Model)을 사용하며, 청산가치의 경우 (순)자산가치를 사용한다.

기업회생에 대한 의사결정을 위해서 유일하게 기업의 청산을 전제로 한다는 점에서 다른 목적의 기업가치평가와 차이를 보이고 있다.

기업가치의 평가방법

기업가치평가법의 종류는 대표적으로 자산가치평가법, 수익가치평가법, 상대가치평가법 등 3가지로 대별되며, 그 외 특수한 목적하에 법률적 규정에 의한 평가법이 있다.

자산가치평가법과 수익가치평가법을 내재가치평가법(intrinsic valuation)이라고 하며, 상대가치평가법은 유사기업 또는 유사거래를 이용하는 반면 내재가치평가법은 단독으로 평가가 이루어진다.

(1) 자산가치평가법

자산가치평가법(Asset-based Valuation)은 기업가치를 정태적 관점에서 평가하는 것으로서 평가 시점 현재 재무상태표상의 총자산에서 총부채액을 차감하여 산출하는 방식이다. 그러나 재무상태표상 자산가치는 역사적 원가주의에 입각한 장부가치로 기록되어 있어 해당 기업의 내재가치를 정확히 반영할 수 없다는 한계점이 있다. 따라서 회수 가능성이 없는 채권에 대한 감액조정, 실질가치가 없는 무형자산의 감액조정, 투자유가증권에 대한 평가조정 등 자산별

표 1-1 기업가치평가 방법의 종류

		평가방법론	주요 내용
이론적 평가법	자산 가치	청산가치(Liquidated Value)	자산의 청산가액 평가
		장부가치(Book Value)	자산의 장부가액 평가
		시장평가가치(Market Value)	자산의 시장가액 평가
	수익 가치	DCF모형(Discounted Cash Flow Model)	미래 현금흐름 할인평가방법
		EVA할인모형(Discounted EVA Model)	미래 EVA의 할인평가
		배당할인모형(Dividend Discount Model)	미래 배당현금흐름의 할인평가방법
	상대 가치	PER(Price/Earning Ratio)	주가/주당순이익 비율에 의한 평가
		EV/EBITDA(Enterprise Value/EBITDA)	EV/EBITDA 비율에 의한 평가
		PSR(Price/Sales Ratio)	주가/주당매출액 비율에 의한 평가
		PBR(Price/Bookvalue Ratio)	주가/주당순자산 비율에 의한 평가
법률적 평가법		'상속세 및 증여세법' 비상장주식평가	과세목적에 의한 평가
		'증권의 발행 및 공시 등에 관한 규정' 비상장주식평가	합병가액산정을 위한 평가

실질가치 조정은 물론 물가상승 효과, 자산 진부화 효과 등의 현실적 반영을 위해 현행 대체원가를 이용하기도 한다. 즉, 현재 각 보유자산을 재매입할 경우의 가치를 기준으로 장부가액을 조정하는 방식을 의미한다.

특히 자산가치평가법 중 실무적으로 유용하게 활용되는 방법으로는 청산가치가 있다. 청산가치는 평가 시점 현재 해당 기업이 청산할 경우, 개별 자산의 회수가능 가액을 산정하는 것으로 기업이 창출할 수 있는 가장 최소한의 가치를 의미한다. 따라서 투자자에게 극단적 상황에서의 회수 가능한 투자성과 정보를 제공함으로써 투자의사결정 시 유용한 가치판단의 지표가 되고 있다.

다만, 자산가치접근법은 기업의 미래 수익 창출력에 기초한 가치판단을 할 수 없다는 점에서 근본적인 한계점을 지니고 있으며 단지 일부 제한된 범위 내에서 그 유용성을 갖고 있다.

(2) 상대가치접근법

상대가치접근법(Relative Valuation)은 유사 상장기업의 주가(Price)와 주요 재무지표(주당매출액, 주당순이익, 주당현금흐름, 주당순자산) 간의 배수(multiple)를 기초로 주당가치를 산정하는 방식으로 주가배수모형(Price Multiple Valuation Model)이라고도 한다. 또한, 시장에서 형성된 유사기업의 가격 수준을 통해 주당가치를 산정한다는 점에서 '시장가치접근법(Market Approach)'이라고도 불리운다.

대표적으로 주가순이익비율(Price/Earning Ratio : PER), 주가순자산비율(Price/Book value Ratio : PBR), EV/EBITDA(Enterprise Value/EBITDA), 주가매출액비율(Price/Sales Ratio : PSR) 등이 있으며 자세한 내용은 후술하기로 한다.

이러한 상대가치접근법은 우선 적용하기에 매우 간편한 방법이고, 시장 상황을 반영한 현실적인 가치평가가 가능하다는 점에서 유용성을 갖는다. 또한 가치평가를 위해 필요한 정보 수집과 투입되는 노력이 상대적으로 크지 않다는 점도 장점이다. 다만, 유사회사가 존재하지 않거나 유사회사 선정에 평가자의 자의성이 개입되는 경우에는 가치평가결과가 왜곡될 수 있다는 한계점을 안고 있다.

(3) 수익가치평가법

수익가치(income value)란, 기업이 영속적으로 영업활동을 지속한다는 전제하에 미래에 기대되는 수익을 그에 대한 불확실성이 고려된 적절한 할인율로 현가화한 가치이다. 따라서 기업가치는 미래 기대되는 현금흐름의 크기와 그에 대한 불확실성 정도에 의해 결정된다고 할 수 있다. 미래의 기대되는 현금흐름이 클수록, 자본비용이 낮을수록 기업가치는 크게 평가된다.

수익가치평가법에는 전통적으로 배당할인모형(Dividend Discount Model : DDM)이 있으나, 실무적으로는 현금흐름할인법(Discounted Cash Flow Model : DCF Model)이 보편적으로 활용되고 있다.

❶ 현금흐름할인모형(Discounted Cash Flow Model : DCF Model) : 모든 자산을 대상으로 미래에 예상되는 현금흐름을 적절한 할인율로 할인하여 그 가치를 평가하는 현금흐름할인방식(Discounted Cash Flow Approach)은 재무이론에서 널리 활용되는 방식으로서 그 이론적 타당성이 매우 우수한 것으로 평가받고 있다. 실무적으로도 기업잉여현금흐름(Free Cash Flow to Firm : FCFF)을 가중평균자본비용(Weighted Average Cost of Capital : WACC)으로 할인하여 기업가치를 산정하는 'Entity Valuation방식'과 주주잉여현금흐름(Free Cash Flow to Equity : FCFE)을 자기자본비용(Cost of Equity)으로 할인하여 주주 지분가치를 산정하는 'Equity Valuation방식'이 보편적으로 활용되고 있다.

❷ EVA할인모형(Discounted EVA Model) : 경제적 부가가치(Economic Value Added : EVA)란 본연의 영업활동을 통해 창출한 세후영업이익 중 자본조달비용을 초과하는 금액으로 정의된다. 즉, 자본비용을 초과하여 벌어들인 순수 초과이익(또는 잔여이익)으로서 종국적으로 투자자에게 귀속되는 이익을 의미한다. 따라서, EVA가 양(+)이라는 것은 자본비용을 초과하여 기업가치가 증대되었음을 의미하고, EVA가 음(−)이라면 투자자들에게 자본제공에 대한 대가를 충분히 보상하지 못하였음을 시사한다. 이러한 미래 초과이익, 즉 예상되는 EVA의 현재가치가 곧 투자된 자본을 상회하는 가치창출분에 해당하므로 여기에 현재의 투하자본(Invested Capital : IC)을 가산하여 기업가치를 산정하는 방식이 EVA할인모형이다.

❸ 배당할인모형(Dividend Discount Model) : 현금흐름 대신 배당을 이용한다는 점을 제외하고는 현금흐름에 의한 평가방법과 동일하다. 그러나 배당할인모형은 안정적인 배당을 지급하는 일부 기업을 제외하고는 실제로 유용하게 활용되지 않는 편이다.

이러한 수익가치평가법은 현금흐름 등 미래수익의 추정과정에서 객관성 확보가 어렵고, 자본비용의 합리적인 산정도 현실적으로 용이하지 않은 현실적인 한계점이 있다. 그러나 이론적 우수성을 바탕으로 미래수익 창출력에 근거한 내재가치(Intrinsic Value)를 산정한다는 점에서 실무적으로 많이 이용되고 있다.

(4) 법률적 평가법

앞서 간략히 언급한 바와 같이, 합병비율 산정을 위한 비상장주식 가치평가의 경우 합병법인 주주 간 이해상충 문제가 존재한다. 또한 비상장주식의 상속이나 증여 시 그 가치를 얼마로 평가하는가에 따라 역시 과세당국과 세부담자 간에 과세금액에 대한 이해상충 문제가 발생한다. 이와 같이 가치평가에 대한 이해관계가 상충되는 경우 당사자 간의 논란의 여지를 최소화하기 위해서 가치평가방법을 법률 또는 규정으로 정하고 있는데, 전자의 경우는 '증권의 발행 및 공시 등에 관한 규정(금융위 규정)'이, 후자의 경우는 '상속세 및 증여세법'이 이에 해당된다. 다만 이러한 평가방식은 특수한 목적의 제한적 범위에서 적용되는 경우가 대부분이며, 일반적이고 현실적인 평가방법으로 활용되기에는 한계가 있다.

이상과 같이 기업가치평가법은 다양한 방식이 존재한다. 어느 평가방법이든 각각의 장단점을 지니고 있으며 모든 평가방법에 평가자의 자의성이 개입될 소지도 있다. 따라서 절대적으로 우수한 평가방법은 존재하지 않는다. 합리적인 기업평가를 위해서는 기업가치에 영향을 주는 여러 요인들을 복합적으로 분석하고, 평가목적에 따라 가능한 한 여러 방법들을 상호보완적으로 이용하는 것이 바람직할 것이다.

표 1-2 기업가치평가 방법별 장단점

평가방법	장점	단점	비고
자산가치 평가법	• 신뢰성 높음 • 보수적 평가방법	• 미래 수익가치를 반영하지 못함	• 청산목적 회사에 적합 • Venture기업 평가에 부적절
수익가치 평가법	• 미래 수익가치를 반영 • 이론적 우수성	• 미래 추정의 불확실 • 신뢰성의 문제	• 안정적 성장기업 • 성숙기에 접어든 산업 • M&A 등 개별적 협상에 적용
상대가치 평가법	• 평가방법의 용이성 • 시장 상황 변동을 평가에 반영	• 유사 상장회사가 없을 경우 적용 곤란	• 상장사에 대해 업계 평균 대비 분석에 많이 사용
법률적 평가법	• 자산가치와 수익가치 평가를 절충	• 가중치의 적절성 문제 • 이론적인 기반 없음	• 합병가액 산정에 이용됨 • 상속 및 증여 과세가액 산정에 이용됨

chapter 02

상대가치평가법

상대가치평가법의 의의

상대가치평가법(Relative Valuation)은 주식시장에 평가대상 회사와 유사한 조건을 갖는 회사(이하 '유사회사(peer)'라 한다)들이 존재하고 시장에서 이런 기업들의 가치가 평균적으로 적정하게 평가되고 있다는 가정하에, 주요 재무지표(순이익, EBITDA, 순자산, 매출액 등)와 주가와의 관계를 평가대상 회사에 적용하는 방법이다. 상대가치평가법은 그 평가방법이 간단하고 시장 흐름

표 2-1   상대가치평가법의 종류

PER	주가순이익비율 Price Earning Ratio	$\dfrac{주가(Price)}{주당순이익(EPS)}$
EV/EBITDA	Enterprise Value EBITDA Ratio	$\dfrac{EV(Enterprise\ Value)}{EBITDA}$
PBR	주가순자산비율 Price Book value Ratio	$\dfrac{주가(Price)}{주당순자산(BPS)}$
PSR	주가매출액비율 Price Sales Ratio	$\dfrac{주가(Price)}{주당매출액(SPS)}$

과 연관성을 갖기 때문에 유용한 기업가치 평가방법으로 인정되고 있다. 주로 재무지표와 주가간 배수관계를 분석하여 비교한다는 점에서 주가배수모형(Price Multiple Model)이라고도 하고, 유사회사의 시장가치를 기준으로 분석한다는 점에서 시장가치접근법(Market Approach)이라고도 불리운다.

section 02 주가순이익비율(Price Earnings Ratio : PER)

(1) 의의 및 유용성

PER(Price Earnings Ratio : 주가순이익비율)는 해당 기업의 주가가 EPS(Earnings Per Share : 주당순이익)의 몇 배인지를 나타내는 비율로서 기업이 1년 동안 창출하는 1주당 순이익에 대해 주식시장의 투자자들이 1주당 얼마의 가격을 지불하고 있는가를 나타내는 지표이다.

$$\text{PER(Price Earnings Ratio)} = \frac{\text{주가(Price)}}{\text{주당순이익(EPS)}}$$

여기서 주당순이익(EPS)이란 당기순이익을 발행주식수로 나눈 1주당 순이익을 의미한다.

 예시 1

A기업의 순이익 150억 원, 발행주식수 10,000,000주, 주가 12,000원일 때 PER는 다음과 같다.

(풀이)
주당순이익＝순이익/발행주식수＝150억 원/10,000,000주＝1,500원
PER＝주가/주당순이익＝12,000원/1,500원＝8배

주가는 미래에 예상되는 수익창출력에 대한 시장 기대에 의해 결정된다. 순이익은 주주가 투자한 자본에 대해서 1년 동안의 투자수익에 해당된다는 점에서 순이익 규모가 얼마인가는

곧 주가에 영향을 줄 수 있다.

따라서 PER는 기업가치를 결정하는 승수로 이용되거나 주가의 적정성 여부를 판단하는 기준으로 이용되고 있다. PER가 낮으면 1주당 순이익 대비 주가가 낮다는 것이므로 그만큼 기업가치에 비해 주가가 저평가되어 있다는 의미로 해석할 수 있으며, 반대로 이 지표가 높으면 이익에 비하여 주가가 높다는 것으로 해석할 수 있다.

예시 2

철강업을 영위하고 있는 B기업은 현재 주당순이익이 2,000원이고 시장에서 거래되는 주가는 10,000원에 형성되어 있다. 업종 및 규모 등 B사와 유사한 다른 철강업체 4개의 평균 PER는 10배에 이르는 것으로 조사되었다. B사 주가의 상승여력은 다음과 같다.

(풀이)
업종 평균 PER에 의한 A사의 상대가치 = 2,000원 × 10배 = 20,000원
따라서 주가 상승여력은 약 100% 수준으로 감안할 수 있다.

PER는 대부분의 종목에 적용하기가 간단하고, 쉽게 자료를 수집할 수 있어 투자자들이 주식 간 비교·평가가 용이하다. 따라서 실무적으로 가장 많이 활용되는 대표적인 주가배수모형이다.

(2) 적용 예제

PER의 적용을 통한 상대가치평가를 위해서는 우선 유사 상장회사(peer)를 선정하고 이들의 순이익과 기준주가의 조사를 통해 유사회사 평균 PER를 산정한다. 이렇게 산정된 평균 PER는 평가대상 회사와 같은 동종업계에 대해 시장투자자들이 기대하는 주당순이익 대비 주가와의 적정 배수를 의미하므로 이를 평가대상 회사의 주당순이익에 적용하여 상대가치를 산정한다.

특정 유사회사가 가질 수 있는 편이적 특성을 희석하기 위해서 되도록 충분한 유사회사를 선정하는 것이 유의적 결과를 얻을 수 있다. 〈표 2-2〉, 〈표 2-3〉은 평가대상 회사 및 그와 유사한 4개의 회사들에 대한 순이익 및 주가정보이다. 유사회사들의 기준주가는 분석목적에 따라 다양하게 산정할 수 있는데 실무적으로 평가기준일로부터 일정기간(1개월, 3개월 등)의 평균 주가를 적용하는 경우가 일반적이다. 이하 각 유사회사의 EPS와 주가정보를 바탕으로 평균 PER를 산정한다면 약 10배의 결과가 나타나게 된다.

유사회사 평균 PER 산정

구분	유사회사 1	유사회사 2	유사회사 3	유사회사 4
당기순이익(천 원)	2,200,000	6,500,000	10,000,000	6,000,000
발행주식수(주)	10,000,000	12,000,000	30,000,000	15,000,000
EPS(원)	220	542	333	400
기준주가(원)	2,000	5,000	3,500	4,500
PER	9.09	9.23	10.50	11.25
평균 PER				10.02

평가대상 회사의 PER에 의한 상대가치 산정

구분	평가대상 회사
당기순이익(천 원)	5,385,000
발행주식수(주)	15,000,000
EPS(원)	359
적용 PER	10.02
PER에 의한 상대평가가치(원)	3,596

평균 PER 10배는 주당순이익의 10배 수준의 해당하는 주당가치가 시장에서 기대될 수 있다는 의미이므로 이를 평가대상 회사의 주당순이익인 359원에 적용할 경우 상대가치는 3,596원으로 산정될 수 있다.

(3) 한계점

PER는 직관적으로 이해하기 쉽고 적용이 간편하다는 점에서 실무적으로 가장 많이 활용되는 투자지표이긴 하나, 다음과 같은 몇 가지 한계점도 지니고 있다.

우선, 특정 시점의 주가는 해당 기업의 과거 영업성과보다는 미래에 기대되는 예상이익에 대한 시장 기대감을 반영하게 된다. 따라서 유사 상장회사나 평가대상 회사의 과거 순이익 지표를 활용하는 경우 어느 정도 한계점이 존재한다. 이러한 점을 보완하기 위하여 실무적으로는 예상 순이익을 기준으로 한 예상 PER를 적용하기도 한다. 다만, 이 경우도 유사 상장회사 및 평가대상 회사의 순이익 예상치가 얼마나 정확한지의 한계점은 여전히 남게 된다.

앞서 언급한 바와 같이 PER는 유사 상장회사의 1주당 벌어들인 순이익을 기준으로 평가하는 방식이므로 평가대상 회사의 순이익이 적자(−)인 경우는 적용할 수 없다. 또한, 유사 상장회사의 순이익이 적자(−)인 경우에는 적용하기 어려우며, 이 경우 비교 가능한 유사회사의 절대수가 충분히 확보되지 않아 유의적 결과를 얻지 못할 가능성도 존재한다.

또한 동일기업이라도 회계정책이나 회계처리 방법에 따라 순이익은 쉽게 영향을 받는다. 즉, 기업의 순이익은 무형자산 상각, 연구개발비 처리, 감가상각비 회계, 대손충당금 정책 등 주요 계정과목의 회계처리에 의해 영향을 받기 때문에 기업마다의 회계방침이 다를 경우 직접적인 비교가 어렵다는 한계점이 존재한다.

PER는 순이익 지표만으로 주가를 평가하는 방식이므로 업력, 시장지배력, 대외신인도, 인력 수준, 재무적 안정성, 배당정책 등 주가에 영향을 미칠 수 있는 비계량적 주요 변수는 고려되지 않는다. 예를 들어 시장지배력이 큰 기업은 그렇지 않은 기업보다 시장 리스크는 작은 반면, 성장성은 상대적으로 적을 수 있기 때문에 두 회사의 직접적인 비교가 어려울 수 있다. 따라서, 유사회사의 선정 시 이러한 비계량적 요소가 얼마나 고려되는가가 유의적 결과를 얻는 데 매우 중요하다고 할 수 있다.

section 03 EV/EBITDA비율(Enterprise Value/EBITDA)

(1) 의의 및 유용성

EV/EBITDA는 일정 시점에서 영업활동의 결과로 시장에서 평가된 기업가치(EV)가 영업활동으로부터 창출된 연간 EBITDA의 몇 배인가를 나타내는 지표로서 앞서 설명한 PER와 같이 실무적으로 폭넓게 활용되는 투자지표이다.

$$EV/EBITDA = \frac{Enterprise\ Value}{EBITDA} = \frac{시가총액 + 순차입금}{EBITDA}$$

❶ EBITDA(Earnings Before Interest, Taxes, Depreciation & Amortization) : EBITDA는 이자비용, 법인세비용, 유·무형자산 감가상각비가 차감되기 전의 이익을 의미한다. EBIT가

이자비용 및 법인세 차감전이익으로서 통상 포괄손익계산서의 '영업이익'과 개념적으로 유사하나, 엄밀한 의미에서는 영업외 손익항목에 포함한 경상적 영업손익이 포함된 개념이다.

즉, 비영업자산으로부터 발생하는 영업외수익을 제외하고 본연적 영업활동의 결과로 초래되는 모든 영업손익을 의미한다.

다만, 비영업 관련 자산이 거의 없고, 기타 영업외 손익항목의 중요성이 크지 않은 경우, 실무적으로 EBIT는 포괄손익계산서상 '영업이익'으로 간주되고 있으며, 따라서 EBITDA도 영업이익에다 이미 비용으로 차감된 유형자산 감가상각비 및 무형자산 상각비를 가산하는 방식으로 산정하고 있다.

> **방법 1**   EBITDA = 영업이익 + 상각비(유형자산 감가상각비 + 무형자산 상각비)
>
> **방법 2**   EBITDA = 법인세차감전이익 − 금융수익 − 금융비용
>
>   + 상각비(유형자산 감가상각비 + 무형자산 상각비)

유형자산과 무형자산에 대한 상각비는 수익−비용 대응 과정에서 과거 특정 시점의 투자지출액에 대한 기간 인식분에 해당하므로 실질적으로 현금유출이 수반되는 것은 아니다. 따라서 상각전 영업이익인 EBITDA는 영업활동을 통해 벌어들인 회계적 이익을 영업현금흐름 관점으로 일부 조정한 현금성 영업이익 개념에 해당된다.

이론적 관점에서 정확한 영업현금흐름의 정의는 제3장에서 후술할 Free Cash Flow(FCF)개념에 해당된다. FCF라는 영업현금흐름은 EBITDA−(법인세+자본적 지출+추가 운전자본투자)로 산정됨으로써 EBITDA에 추가적인 현금흐름 조정이 필요하다.

❷ EV(Enterprise Value) : 일반적으로 전체 기업가치는 주주 가치와 채권자 가치로 구성된다. 따라서 주주 가치의 시장가액인 '시가총액'과 채권자 가치인 '차입금 가치'의 합을 '시장에서 평가하고 있는 기업가치'라고 볼 수 있다. 다만, 현금성 자산과 장·단기금융상품 등 비영업성격의 자산의 경우 해당 시장가치는 시가총액의 일부를 구성하고 있는 반면, 관련 수익은 EBITDA에 포함되지 않으므로 일관성 차원에서 해당 가치를 제외한 금액을 EV라고 정의하고 있다. 또한, 엄격한 일관성을 적용하기 위해 현금성 자산과 장·단기금융상품 이외에 모든 비영업용자산을 제외하기도 한다. 따라서 EV는 다음과

같이 계산될 수 있다.

> EV = 시가총액(주주 가치) + 총차입금(채권자 가치) − 현금성 자산 등
> = 시가총액 + 순차입금
>
> ① 시가총액 = 기준주가 × 해당 연도말 발행주식수
> ② 순차입금 = 총차입금 − 현금성 자산
> ③ 총차입금 = 장·단기차입금 + 유동성 장기부채 + 회사채 등
> ④ 현금성 자산 등 = 현금 및 현금등가물 + 유가증권 + 장·단기금융상품 또는 모든 비영업용자산

❸ EV/EBITDA : EV와 EBITDA 각각의 의미를 고려할 때, EV/EBITDA는 결국 영업활동으로 인한 기업가치가 영업활동으로 인한 현금성 영업이익의 몇 배인지를 나타낸다. EV/EBITDA가 낮은 종목은 기업이 연간 벌어들이는 현금성 영업이익 대비 기업가치가 낮다는 의미이다. 또한 투자자 입장에서 주주 지분 및 채권자 지분 모두를 인수했을 때 연간 벌어들이는 EBITDA로, 몇 년 만에 투자원금을 회수할 수 있는지를 의미하기도 한다. 따라서, 동 비율이 낮을수록 투자원금을 빨리 회수할 수 있으므로 일반적으로 저평가된 것으로 해석할 수 있다.

예시

동일한 업종을 영위하는 A와 B사의 주요 재무지표가 다음과 같다고 하자. A사의 시가총액은 1,000억 원, B사의 시가총액은 1,300억 원이라고 할 때, 투자자 입장에서 어느 회사가 투자매력도가 높은지를 EV/EBITDA의 계산을 통해서 살펴보자.

(단위 : 억 원)

	A사	B사
매출액	2,000	3,000
영업이익	250	375
감가상각비	50	75
차입금	900	250
자기자본	300	500
시가총액	1,000	1,300
현금성 자산	100	200

* 현금성 자산에는 단기금융상품 포함.

(풀이)

1. A사 : $EV_A =$ 시가총액 $+$ 순차입금 $= 1,000 + (900 - 100) = 1,800$억 원

   $EBITDA_A =$ 영업이익 $+$ 감가상각비 $= 250 + 50 = 300$억 원

   $EV/EBITDA_A = 1,800/300 = 6$

2. B사 : $EV_B =$ 시가총액 $+$ 순차입금 $= 1,300 + (250 - 200) = 1,350$억 원

   $EBITDA_B =$ 영업이익 $+$ 감가상각비 $= 375 + 75 = 450$억 원

   $EV/EBITDA_B = 1,350/450 = 3$

A사의 EV/EBITDA는 6배, B사의 EV/EBITDA는 3배로서 만약 각각의 회사의 주주 지분과 채권자 지분을 모두 인수할 경우, 총투자금액을 회수하는 데 각각 6년, 3년이 소요된다는 의미이다. 따라서 시가총액의 절대금액은 B사가 크지만, 상대적인 기업가치는 A사보다 저평가되었다고 볼 수 있다.

EV/EBITDA는 영업활동으로 인한 EBITDA와 기업가치와의 관계를 평가함으로써 가치평가를 위한 투자지표로서 적합성을 내포하고 있는데, 이의 대표적인 장점은 다음과 같다.

첫째, 유사회사이든 평가대상 회사이든 EPS가 음(−)인 경우에는 PER를 적용할 수 없는 반면, 일반적으로 EBITDA가 음(−)인 기업은 상대적으로 적기 때문에 보다 많은 유사회사의 비교를 통해 보다 유의적인 상대가치평가가 가능하다.

둘째, 일반적으로 정액법 혹은 정률법 등 다양한 감가상각 방법 중 어떠한 방식을 적용하는가에 따라 영업이익과 순이익은 중대한 영향을 받는 반면, EBITDA는 영향을 받지 않는다. 따라서 상각방식이 상이한 기업 간에 직접적인 비교가 가능하다.

셋째, 주주 및 채권자 가치(기업가치)와 금융비용 고려 전 이익인 EBITDA를 비교하는 투자지표인 만큼 재무레버리지가 다른 기업 간 비교에 적합하다.

넷째, EV/EBITDA는 특히 투자회수기간이 장기인 대규모 장치산업에 속한 기업을 분석하는 데 유용하다.

(2) 적용 예제

EV/EBITDA에 의한 상대가치평가는 유사회사들의 평균비율을 산정한 후, 동 비율을 평가대상 회사의 EBITDA에 적용하는 과정을 거치게 되는데, 여기서 주의해야 할 사항은 앞서 언급된 현금성 자산 및 단기금융상품의 조정뿐만 아니라, 가장 이론적으로는 이른바 투자부동산, 투자유가증권 등 기타비영업용자산에 대한 합리적 조정이 필요하다. 즉, 이론적으로는

유사회사의 EV/EBITDA는 모든 비영업자산이 제외된 배율로 산정되어야 하며, 평가대상 회사에 적용하는 것도 마찬가지이다. 따라서 이렇게 산정된 기업가치(EV)는 순수한 영업가치(Operating Value)만을 의미한다. 만약 평가대상 회사가 많은 비영업자산을 보유하고 있을 경우, 이를 산정된 EV에 추가로 가산하여 최종 기업가치를 산정하여야 한다.

〈표 2-4〉는 4개의 유사회사에 대한 EV/EBITDA의 계산과정이다. 각 회사들에 대한 시가총액에 현금성 자산 등을 제외한 순차입금을 가산하여 EV를 산정하고 이를 각 회사들이 연간 창출하는 EBITDA로 나누어 각각의 EV/EBITDA 비율을 산정하였다. 만약 당해 회사가 투자유가증권 등 비영업 관련 자산이 있는 경우는 순차입금 계산과정에서 추가로 차감하는 것이 적

표 2-4 유사회사 평균 EV/EBITDA 산정   (단위 : 천 원, 배)

		유사회사 1	유사회사 2	유사회사 3	유사회사 4
시가총액(I)	발행주식수(주)	10,000,000	12,000,000	30,000,000	15,000,000
	기준주가(원)	2,000	5,000	3,500	4,500
	시가총액	20,000,000	60,000,000	105,000,000	67,500,000
순차입금(II)	총차입금	10,000,000	17,000,000	19,500,000	0
	(단기차입금)	2,500,000	13,000,000	1,500,000	0
	(유동성장기부채)	2,000,000	0	0	0
	(장기차입금)	5,500,000	4,000,000	18,000,000	0
	현금성 자산	500,000	20,500,000	7,500,000	16,000,000
	(현금 및 현금등가물)	300,000	14,000,000	7,000,000	1,000,000
	(단기금융상품)	200,000	1,500,000	0	15,000,000
	(유가증권)	0	3,500,000	500,000	0
	(장기금융상품)	0	1,500,000	0	0
	순차입금	9,500,000	(3,500,000)	12,000,000	(16,000,000)
EV(I+II)		29,500,000	56,500,000	117,000,000	51,500,000
EBITDA(III)	영업이익	4,000,000	9,000,000	15,000,000	8,000,000
	유형자산상각비	2,000,000	4,500,000	8,000,000	2,000,000
	무형자산상각비	500,000	0	0	0
	EBITDA	6,500,000	13,500,000	23,000,000	10,000,000
EV/EBITDA		4.54	4.19	5.09	5.15
평균 EV/EBITDA		4.74			

표 2-5	평가대상 회사의 EV/EBITDA에 의한 상대가치 산정		(단위 : 천 원, 배)
구분			평가대상 회사
EBITDA	영업이익		7,500,000
	유형자산상각비		3,500,000
	무형자산상각비		0
	EBITDA		11,000,000
적용 EV/EBITDA			4.74
EV			52,141,659
순차입금	총차입금		13,000,000
	(단기차입금)		13,000,000
	(유동성장기부채)		0
	(장기차입금)		0
	현금성 자산		18,000,000
	(현금 및 현금등가물)		13,000,000
	(단기금융상품)		5,000,000
	(유가증권)		0
	(장기금융상품)		0
	순차입금		(5,000,000)
주주 가치평가액			57,141,659
발행주식수(주)			15,000,000
EV/EBITDA평가가치(원)			3,809

합하다.

유사회사의 평균 EV/EBITDA 비율이 4.74배로 산정되며, 이를 평가대상 회사의 EBITDA 110억 원에 적용한 EV는 521억 원에 해당된다. 동 가치는 현금성 자산을 제외한 채권자 및 주주 가치에 해당되므로 평가대상 회사의 순차입금 50억 원을 차감하면 주주 지분가치는 약 571억 원으로 산정되며, 이를 발행주식수로 나누면 주당 상대가치는 3,809원이 산출된다. 만약 평가대상 회사가 기타비영업자산을 보유하고 있다면 이는 추가로 고려되어야 한다.

(3) 한계점

EV/EBITDA는 앞서 설명된 다양한 장점을 바탕으로 PER와 함께 실무적으로 가장 폭넓게 활용되고 있는 대표적인 투자분석기법이다. 다만, 다음과 같은 몇 가지 한계점을 내포하고 있다.

우선 EV/EBITDA는 기업의 수익성에 기반한 지표이므로 유사회사나 평가대상 회사의 EBITDA가 적자(−)인 경우는 활용할 수 없다. 또한 일정한 수준의 EBITDA가 지속 창출되기 위해서는 기존 설비에 대한 최소한의 보완투자는 필요한 것이 당연하나, EV/EBITDA는 설비 등 유형자산에 대한 자본적 지출을 고려하지 않음에 따라 실질적인 영업현금흐름을 반영하는 데 한계가 있다.

예를 들면, 설비의 노후화 정도가 다른 두 회사가 동일한 EBITDA를 창출하기 위해서는 상이한 규모의 설비 보완투자(자본적 지출)가 이루어져야 하며 결국 실질적 영업현금흐름은 차이를 보일 수 있기 때문이다.

이러한 한계점을 보완하기 위한 지표가 EV/EBITA이다. EBITA는 설비 등 유형자산의 보완투자를 고려한 이익지표로서 유형자산의 감가상각비를 현금유출로 간주하여 영업이익에 가산해 주지 않는다.

마지막으로 현재의 주가 수준은 과거의 영업성과보다는 미래에 기대되는 예상이익에 대한 시장 기대감을 반영하고 있는 반면, EV/EBITDA는 과거 영업지표를 기준으로 분석함으로써 본질적으로 PER와 유사한 한계점을 내포하고 있다.

section 04 주가순자산비율(Price Book value Ratio : PBR)

(1) 의의 및 유용성

PBR(Price Book value Ratio : 주가순자산비율)은 해당 기업의 주가가 BPS(Book value Per Share : 주당순자산)의 몇 배인가를 나타내는 지표로서 PER와 같이 주가의 상대적 수준을 나타낸다.

$$PBR(Price\ Book\ value\ Ratio) = \frac{주가\ Price}{주당순자산(BPS)}$$

주당순자산(BPS)은 회사의 순자산을 발행주식수로 나눈 1주당 순자산을 의미한다. 여기서 순자산이란 보유자산을 통해 부채를 모두 변제한 후 주주가 배당받을 수 있는 자산의 가치로서 개념적으로는 회사의 청산 시 주주의 잔여재산 배당액과 같다. 간편법으로 총자산에서 총부채를 차감한 자본총계를 순자산으로 적용하기도 하나, 실무적으로는 보다 현실적인 순자산가치를 산정하기 위해 자산가치가 없는 무형자산이나 회수불능 채권액을 차감하고, 투자주식을 공정가치 기준으로 평가감하는 등 일련 항목을 조정하게 된다.

순자산가치는 현실적으로 완전한 청산가치를 의미하지는 않는다. 예를 들면 유형자산은 자산재평가되지 않은 경우 과거 취득원가 기준의 미상각잔액이 장부가액으로 계상되어 있는 데다 청산 시 경매낙찰률이 적용되는 경우가 많아 실제 청산가치는 순자산가치와 상당한 차이를 보일 수 있기 때문이다.

! 예시

A사의 총자산은 150억 원, 총부채는 100억 원이다. 총발행주식수는 1,000,000주이며 주당 시장 가격은 8,000원이다 A사의 PBR은?

(풀이)
순자산 = 총자산 − 총부채 = 150 − 100 = 50억 원
주당순자산 = 순자산/발행주식수 = 50억 원/1,000,000주 = 5,000원
PBR = 주가/주당순자산 = 8,000/5,000 = 1.6

PBR은 주가를 장부상 순자산가치(BPS)와 비교해서 주가의 상대적 적정성을 평가하는 방식이다. 즉, PBR>1이라는 것은 현재의 주가가 장부상 순자산가치보다 더 높은 수준에서 거래되고 있다는 의미이며, 반대로 PBR<1인 경우 주가가 장부상 순자산가치에도 못 미치고 있다는 의미이다.

예를 들어, 어떤 회사의 순자산이 1,000억 원이고 시가총액이 800억 원이라면 PBR은 0.8이되는데, 개념적으로 볼 때 회사의 PBR이 1 이하이면 회사의 부채를 모두 상환하고도 남는 주주 지분가치가 시가총액을 초과한다는 것이므로 그만큼 주가가 저평가된 것으로 이해할 수 있다.

다만, 'PBR 1배 미만'이 저평가 여부에 대한 절대적 판단지표는 아니다. 즉, 자산의 장부가액의 적정성, 우발채무와 같은 부외부채 등 장부상 순자산가치의 현실성이 낮은 경우 PBR이 1 미

만이라 하더라도 주가는 고평가된 경우가 많기 때문이다. 따라서 PBR 역시 절대수치보다는 동종업체나 업종 평균과 비교하는 상대적 관점에서 평가되어야 한다.

(2) 적용 예제

〈표 2−6〉과 〈표 2−7〉은 PBR에 의한 상대가치평가의 예제이다. 4개 유사회사의 평균 PBR은 1.1로 계산되는데, 이는 평가대상 회사와 유사한 회사들의 시가총액이 평균적으로 장부상 순자산가치의 약 1.1배 수준에 해당된다는 의미이다. 이를 평가대상 회사의 주당순자산 4,000원에 적용할 경우 평가액은 약 4,455원으로 산정된다.

표 2−6 유사회사 평균 PBR 산정

구분	유사회사 1	유사회사 2	유사회사 3	유사회사 4
순자산(천 원)	16,000,000	50,000,000	95,000,000	75,000,000
발행주식수(주)	10,000,000	12,000,000	30,000,000	15,000,000
주당순자산(원)	1,600	4,167	3,167	5,000
기준주가(원)	2,000	5,000	3,500	4,500
PBR	1.25	1.20	1.11	0.90
평균 PBR				1.11

표 2−7 평가대상 회사의 PBR에 의한 상대가치 산정

구분	평가대상 회사
순자산(천 원)	60,000,000
발행주식수(주)	15,000,000
주당순자산(원)	4,000
적용 PBR	1.11
평가가치(원)	4,455

(3) 한계점

일반적으로 전술한 PER는 경기침체로 인해 기업이익의 변동성이 커지는 경우에 분석의 유의성이 결여될 수 있는 반면, 자산가치는 상대적으로 변동성이 적기 때문에 경우에 따라 PBR이 보다 유용한 투자분석지표가 될 수 있다. 다만 다음과 같이 몇 가지 한계점을 지니고 있다.

첫째, 적자가 누적되어 순자산이 완전 자본잠식 상태인 기업은 PBR의 적용이 곤란하다.

둘째, 순자산의 장부가치는 당기순이익과 같이 감가상각비, 대손충당금, 재고자산평가 등 주요 계정에 대한 회계처리 의사결정에 의해 지대한 영향을 받는다. 따라서 유사회사 간 또는 유사회사 및 평가대상 회사 간 회계처리기준이 상당히 다를 경우, PBR의 적용은 잘못된 결과를 초래할 수 있다. 예를 들면 연구개발비를 자본화하는 기업과 당기비용처리하는 기업을 비교하는 경우, 연구개발비만큼 자기자본이 큰 전자의 경우가 상대적으로 낮은 PBR이 산정될 수 있기 때문이다.

셋째, 보유자산 중 유형자산의 비중이 적은 서비스업종이나 IT업종의 경우 순자산의 장부가치가 낮을 수 있으므로 PBR은 유의적인 분석틀을 제공하는 데 한계점을 지니고 있다. 또한 PBR은 과거 영업성과의 결과인 순자산을 비교하기 때문에 향후 기업의 성장성 및 수익성이 급격히 변화하는 기업의 경우도 적용상 제약성이 존재한다.

마지막으로, PBR이 적합한 투자지표로 이용되기 위해서는 자산재평가가 이루어져 기업의 자산가치가 현실화되어야 한다. 만약 자산재평가를 한 기업과 그렇지 않은 기업과의 비교에도 역시 투자지표로서 한계점이 존재한다.

section 05 주가매출액비율(Price Sales Ratio : PSR)

(1) 의의 및 유용성

PSR(Price Sales Ratio : 주가매출액비율)은 해당 기업의 주가가 SPS(Sales Per Share : 주당매출액)의 몇 배인가를 나타내는 지표로서 일반적으로 다른 평가방법에 함께 보충적으로 활용되는 지표이다.

$$PSR(Price\ Sales\ Ratio) = \frac{주가(Price)}{주당매출액(SPS)}$$

예시

A사의 매출액은 1,500억 원이며, 발행주식수는 10,000,000주이다. 현재 주가는 3,000원일 때 PSR은?

(풀이)

주당매출액(SPS) = 매출액/발행주식수 = 1,500억 원/10,000,0000주 = 15,000원

PSR = 주가/주당매출액(SPS) = 3,000/15,000 = 0.2

PSR은 다른 주가배수법과 마찬가지로 여러 조건이 동일한 두 기업에 있어 PSR이 낮은 기업이 높은 기업에 비해 저평가될 가능성이 있다는 직관적 시각에서 출발한다. PSR의 활용배경은,

첫째 PER, EV/EBITDA, PBR 등은 적자기업이거나 순자산이 음(−)인 자본잠식인 경우 적용할 수 없다는 한계점을 갖고 있는 반면, PSR은 매출액을 비교하기 때문에 부실기업(troubled firms)은 물론 사업 초기 회사, 벤처기업 등에 대해서도 적용이 가능하다는 점이다. 더불어 다른 주가배수법에서 제외될 수 있는 유사회사의 예도 충분하여 유의적인 결과를 얻을 수 있다.

둘째, PER, EV/EBITDA, PBR 방식은 감가상각, 재고자산평가, R&D, 특별손익 등 회계처리 방식에 따라 중대한 영향을 받는 반면 매출액은 회계처리에 따른 변동 가능성이 매우 적다는 점이다.

셋째, PSR은 PER보다 변동성이 크지 않다. 예를 들면 경제변화에 따라 이익지표는 민감하게 변할 수 있는 반면, 매출액의 민감도는 상대적으로 크지 않기 때문이다.

한편 특정 업계에서는 매출액 대신 고객 수, 가입자수, 웹사이트 방문자수 등 업계 내 특

표 2-8 유사회사 평균 PSR 산정

	유사회사 1	유사회사 2	유사회사 3	유사회사 4
매출액(천 원)	53,000,000	140,000,000	250,000,000	100,000,000
발행주식수(주)	10,000,000	12,000,000	30,000,000	15,000,000
주당매출액(원)	5,300	11,667	8,333	6,667
기준주가(원)	2,000	5,000	3,500	4,500
PSR	0.38	0.43	0.42	0.68
평균 PSR	0.48			

구분	평가대상 회사
매출액(천 원)	90,000,000
발행주식수(주)	15,000,000
주당매출액(원)	6,000
적용 PSR	0.48
평가가치(원)	2,880

표 2-9 평가대상 회사의 PSR에 의한 상대가치 산정

성지표에 대한 배수법(Multiple)이 적용되기도 하는데, 이 역시 PSR의 확장방식으로 이해할 수 있다.

(2) 적용 예제

〈표 2-8〉과 〈표 2-9〉는 PSR에 의한 상대가치평가의 예제이다. 4개 유사회사의 평균 PSR은 0.48로 계산되는데, 이는 평가대상 회사와 유사한 회사들의 시가총액이 평균적으로 매출액의 약 50%에 해당된다는 의미이다. 이를 평가대상 회사의 주당매출액 6,000원에 적용할 경우 평가액은 약 2,880원으로 산정된다.

(3) 한계점

기업이 일정한 가치를 가지기 위해서는 일련의 이익과 현금흐름을 창출해야 한다. 그러나 PSR을 적용할 경우, 손실을 보는 기업에 조차도 상대적으로 높은 가치를 부여할 수 있는 개연성이 있다. 즉, PSR이 적합한 투자지표로 이용되기 위해서는 비교기업 간에 수익구조가 유사해야 하나, 현실적으로 기업마다 매출액 대비 수익성이 차이를 보이는 것이 일반적이다. 이 경우 수익성 격차를 배제하고 단순히 외형적 크기만을 비교할 경우 왜곡된 결과를 초래할 수 있다. 마찬가지로 재무레버리지 비율이 상이한 기업의 경우도 동일한 현상을 초래할 수 있다.

따라서, PSR은 수익구조와 자본구조가 유사한 회사들 간의 비교 시에만 유의적이라는 한계성을 가지며, 실무적으로도 다른 투자지표와 함께 보조적 지표로 이용되는 등 다소 제한된 범위에서 활용되고 있다.

(1) 유사회사 선정의 중요성

상대가치평가법은 주식시장에서 평가대상 회사와 비교 가능성이 높은 유사기업들이 존재하고, 이들의 주가정보와 재무회계정보 간의 상대적 관계성을 파악함으로써 평가대상 회사의 적정 시장가치를 평가하는 방법이다. 따라서 유사기업의 선정이 얼마나 합리적이고 적정하게 이루어졌는가에 따라 유의적인 가치평가결과를 얻게 되는 출발점이라 할 수 있다. 만약 유사기업의 선정 시 평가자의 주관이 개입되어 상대적으로 고평가(또는 저평가)된 유사기업들만을 대상으로 분석할 경우, 기업가치평가결과는 당연히 왜곡될 가능성이 높기 때문이다.

표 2-10 유사회사 선정기준 예시

주요 항목	선정기준
사업내용의 유사성	• 표준산업분류표상 중분류 이내에 해당하는 업종을 영위할 것 • 매출비중이 가장 높은 유사회사의 주력품목이 발행사의 주력품목과 유사할 것
일반기준의 유사성	• 유가증권상장법인 및 코스닥상장법인 중에서 2개사 이상을 유사회사로 선정할 것 • 평가일 현재 상장·등록 후 3개월이 경과할 것 • 평가일 현재 최근 2년간 감사의견이 '적정'일 것 • 평가일 현재 최근 2년간 경영에 중대한 영향을 미칠 수 있는 합병, 영업의 양수도, 분할이 없을 것 • 평가일 현재 최근 2년간 기업회계기준 위배로 인한 조치를 받은 사실이 없을 것 • 평가기준일로부터 과거 1년간 투자유의종목 또는 관리종목으로 지정된 사실이 없을 것 • 12월 결산법인일 것
경영성과의 질적 유사성	• 자본잠식이 없을 것 • 영업이익, 경상이익, 당기순이익 시현일 것 • 자기자본이익률(ROE)이 일정 수준(예 : 5%) 이상일 것 • EPS가 액면가액의 일정 수준(예 : 10%) 이상일 것
재무사항의 유사성과 적정성	• 유사회사의 자본금이 평가대상 회사 자본금의 5배를 초과하지 않을 것 • 유사회사의 매출액이 평가대상 회사 매출액의 5배를 초과하지 않을 것
이해관계적 적정성 및 주가 유의성 기준	• 평가대상 회사와 특수관계가 아닌 회사로서 가치 편의 가능성이 없는 회사일 것 • 일평균 거래량이 저조하거나 지극히 적어 비교가치 산정을 위한 기준주가의 유의성이 낮은 회사가 아닐 것

(2) 실무적 유사회사 선정기준

평가대상 회사마다 그 특성이 제각기 다르기 때문에 유사회사의 선정을 위한 절대적 기준은 존재하기 어렵다. 따라서 평가자가 평가대상 회사의 특성에 맞게 합리적이고 객관적 기준하에서 유사회사를 선정하게 되는데, 실무적으로는 크게 ① 회사가 영위하고 있는 업종 및 사업내용 측면의 유사성, ② 자본잠식 여부 및 이익 시현 여부 등 경영성과 측면의 유사성, ③ 결산월, 감사의견, 관리종목 여부 등 일반기준의 유사성, 그리고 ④ 자본금 및 매출액 규모 등 재무적 측면 유사성 등을 기준으로 선정하는 것이 일반적이다.

한편, 현재 제도적으로 규정된 유사회사 선정기준은 '증권의 발행 및 공시 등에 관한 규정 시행세칙 제7조 제5항'에 제시되어 있는데, 이는 합병가액 산정을 위한 비상장법인의 평가 시 활용되는 선정기준이다.

(3) 유사회사의 기준주가 산정

유사회사의 기준주가는 일정기간 평균 주가(예를 들면, 1개월, 3개월, 6개월 등)를 적용하는 것이 일반적이나, 평가목적에 따라 특정 시점의 주가를 적용하기도 한다. 어떻게 산정되어야 한다는 이른바 절대적 기준은 존재하지 않으며 단지 평가목적과 평가자의 합리적 판단에 따라 적정한 기준주가를 산정한다.

다만, 합병가액 산정을 위한 비상장주식의 평가와 같이 이해상충 여지가 있는 가치평가의 경우는 제도적으로 명확한 기준이 제시되어 있다. 현행 '증권의 발행 및 공시 등에 관한 규정' 시행세칙 제7조 제2항에서는 유사회사의 기준주가를 '분석기준일의 전일부터 소급하여 1월간의 종가를 산술평균하여 산정하되 그 산정가액이 분석기준일의 전일 종가를 상회하는 경우에는 분석기준일의 전일 종가로 한다'로 규정하고 있다.

> 유사회사 기준주가＝Min(1개월 평균 주가, 분석기준일 전일 종가)

이러한 산정방식은 현재 완전 자율화되어 있는 공모주식의 평가에서도 여전히 참고하고 있는 실무적 산정기준이기도 하다.

상대가치평가법의 장점은 다음과 같다.

❶ 현금흐름할인모형보다 더 적은 가정이 필요하고 상대적으로 단기간에 적용이 가능함
❷ 현금흐름할인모형보다 적은 변수의 도입으로 설명이 쉽고 상대적 이해 가능성이 높음
❸ 현재 주식시장의 상황을 잘 반영할 가능성이 크며 특히 인터넷, 정보통신, 바이오 관련 산업에 있어서는 실제 적용성이 높음

상대가치평가법의 단점은 다음과 같다.

❶ 현금흐름할인모형보다 상대적으로 단기간에 비교만을 통해 가치평가가 이루어져 기업 고유의 영업, 재무위험과 성장 가능성 등의 가치평가의 핵심요소가 간과될 수 있음
❷ 시장에서 비교평가의 기준이 되는 기업이 일시적으로 과대평가되거나 과소평가되는 경우, 그러한 기준치에서 출발한 동 평가방법론도 일관성이 떨어지는 모습을 보임
❸ 평가자의 편의의 존재 가능성과 가치산출과정에 대한 투명성의 부족 등에 의해 조작 가능함
❹ 주식매매가 쉽지 않은 비상장주식의 평가에 있어서 단순한 배수적용에 의한 가치평가는 실제 개별 기업의 가치를 반영하기 힘듦

chapter 03

현금흐름할인법

section 01 현금흐름할인법의 개요

(1) 화폐의 시간가치

자산으로부터 발생하는 수익은 현재가 아니라 미래의 시점에서 발생한다. 화폐란 시간이 지남에 따라 그 가치가 달라지는 것이므로 현금흐름의 발생 시점이 다를 경우 화폐의 시간가치가 고려되어야 한다. 일반적으로 미래의 현금흐름보다는 현재의 현금을 더 선호하는데, 그 이유는 미래의 소비보다는 현재의 소비를 선호하는 시차 선호의 성향, 인플레이션에 따르는 구매력 감소의 가능성, 미래의 현금흐름의 불확실성 등에서 비롯된다.

미래 현금흐름에 대한 할인요소를 반영하기 위해 화폐의 시간가치를 고려한 시장이자율로 미래의 현금흐름을 할인하여 그 가치를 평가하고자 하는 방식이 현금흐름할인(Discounted Cash Flow)방식이다. 즉, 미래 현금흐름의 '현재가치(Present Value)'를 해당 자산의 가치(Value)로 파악하는 것이다. 이러한 방식은 이론적 타당성이 우수하여 재무이론 등에서 가장 폭넓게 활용되는 평가방식이다.

$$Value = Present\ Value = \sum_{t=1}^{\infty} \frac{E(CF_t)}{(1+r)^t}$$

$$= \frac{E(CF_1)}{(1+r)^1} + \frac{E(CF_2)}{(1+r)^2} + \frac{E(CF_3)}{(1+r)^3} \cdots + \frac{E(CF_\infty)}{(1+r)^\infty}$$

여기서, $E(CF)$: 미래 기대현금흐름(Expected Cash Flow)

r : 할인율(Discount Rate)

예시

연간 이자율이 5%인 국고채 3년물을 100억 원 보유하고 있다. 해당 자산의 가치는 얼마로 평가해야 하는가?

(풀이)

국고채는 국가가 발행한 채권인 만큼 무위험자산에 해당하므로 국고채로부터 발생하는 이자를 5%로 할인한 현재가치 산정액 100억 원이 보유자산의 가치이다.

$$Value = \frac{5억\ 원}{(1+5\%)^1} + \frac{5억\ 원}{(1+5\%)^2} + \frac{105억\ 원}{(1+5\%)^3}$$

$$= 4.76억\ 원 + 4.54억\ 원 + 90.70억\ 원 = 100억\ 원$$

이러한 현금흐름할인방식을 기업가치평가에도 적용하여, 기업이 계속적으로 영업활동을 한다는 전제하에 미래에 예상되는 현금흐름을 기업의 위험도가 반영된 적절한 할인율(Risk-adjusted Discount Rate)로 할인한 가치를 산정하게 되며, 이렇게 산정된 가치를 '수익가치(Income Value)' 또는 '내재가치(Intrinsic Value)'라고 지칭하고 있다.

(2) 현재가치의 계산

❶ 일반할인모형 : 통상 미래에 기대되는 현금흐름은 연차별로 변동하는 것이 일반적이다. 따라서 이 경우 현재가치는 각 연도의 현금흐름을 할인율로 각각 할인하는 방식으로 산정한다.

예시

1차 연말 100억 원, 2차 연말 200억 원, 3차 연말 300억 원의 현금흐름이 기대되는 자산의 현재가치는 다음과 같이 계산된다. 단, 할인율은 10%이다.

(풀이)

$$Value = 100 \times \frac{1}{(1+10\%)^1} + 200 \times \frac{1}{(1+10\%)^2} + 300 \times \frac{1}{(1+10\%)^3}$$

$$= 100 \times 0.9091 + 200 \times 0.8264 + 300 \times 0.7513$$

$$= 90 + 124 + 150 = 365억 \ 원$$

❷ 영구 일정 성장률 모형 : 한편 미래 기대현금흐름이 일정한 성장률(g)로 영구히 성장할 경우의 현재가치는 다음과 같이 간단히 계산될 수 있다.

$$PV = \frac{CF_1}{(1+r)^1} + \frac{CF_1(1+g)^1}{(1+r)^2} + \frac{CF_1(1+g)^2}{(1+r)^2} + \cdots + \frac{CF_1(1+g)^\infty}{(1+r)^\infty}$$

$$= \frac{CF_1}{r-g}$$

만약 성장률이 zero인 경우에는 다음과 같이 간단한 현재가치 계산이 가능하다.

$$PV = \frac{CF_1}{r}$$

영구 일정 성장률 모형은 현재가치할인모형에서 활용도가 매우 높으며, 특히 후술될 잔존가치(Terminal Value)의 계산에 직접 적용되고 있어 주지해야 할 항목이다.

예시 1

미래 기대현금흐름이 1차년에 100억 원이 예상되며 2차년부터는 연간 5% 성장률로 영구히 지속될 것으로 예상될 때, 이의 현재가치는? (단, 할인율은 15%)

(풀이)

$V = CF_1/(r-g) = 100억 \ 원/(15\% - 5\%) = 1,000억 \ 원$

예시 2

미래 기대현금흐름이 매년 100억 원씩 일정하게 유지될 것으로 예상될 때, 할인율 10%의 경우, 현재가치는?

(풀이)

$$V = CF_1/(r-g) = 100억\ 원/(10\% - 0\%) = 1,000억\ 원$$

(3) 현금흐름할인법(Discounted Cash Flow : DCF법)의 의의

현금흐름할인법은 이론적 우수성을 바탕으로 실무적으로도 폭넓게 활용되는 방식이다. 동 방식에는 할인대상이 되는 현금흐름을 어떻게 정의하는가에 따라 두 가지 방식으로 적용될 수 있다. 즉, 하나는 기업 전체의 가치(채권자와 자기자본의 가치)를 평가하는 방법(Entity Valuation)이고, 다른 하나는 자기자본의 가치만을 평가하는 방법(Equity Valuation)으로서 각각의 경우 대상 현금흐름과 할인율은 각기 다르게 정의된다.

앞서 Chapter 1에서 설명된 바와 같이, 기업가치는 채권자가치와 주주가치로 구성된다.

> 기업가치(Firm Value) = 채권자가치(Debt Value) + 주주가치(Equity Value)

따라서 Entity Valuation에 의해 기업가치를 산정한 후 차입금 가치(Debt Value)를 차감하여 산정된 주주가치는 Equity Valuation에 의해 산정한 주주 가치와 이론적으로 동일하게 된다. 다만 실무적으로 후자의 방식은 현금흐름, 할인율 및 성장률 등에 고려할 변수가 상대적으로

표 3-1 현금흐름할인법의 할인 대상 현금흐름과 할인율 적용

구분	기업가치평가(Entity Valuation)	주주 가치평가(Equity Valuation)
현금흐름(FCF)	주주 및 채권자 귀속 현금흐름 (Free Cash Flow to Firm)	주주 귀속 현금흐름 (Free Cash Flow to Equity)
할인율(Discount Rate)	가중평균 자본비용(WACC)	자기자본비용(K_e)
가치평가(Value)	기업가치(Firm Value)	주주 가치(Equity Value)

주 : '기업가치'란 용어는 실무적으로 기업 전체가치(채권자 및 주주 지분가치)를 의미하기도 하고, 주주 지분가치만을 의미하기도 한다. 본서에서는 의미전달을 명확히 하기 위해 기업 전체가치는 '기업가치(Firm Value)', 주주 지분가치는 '주주가치(Equity Value)' 또는 '자기 자본가치'라 지칭하기로 한다.

많아 특수업종(예 : 금융기관)을 제외하고는 전자의 방식이 폭넓게 활용되는바, Entity Valuation을 중심으로 현금흐름할인모형을 자세히 상술하기로 한다.

section 02 현금흐름할인법(DCF)의 기본 구조

(1) 보유자산의 성격과 가치 창출

대부분의 기업은 영업활동에 필요하거나 영업활동으로부터 수반되는 영업용자산 이외에도, 잉여재원의 활용을 위해 투자부동산, 투자금융상품 등 비영업용자산(비업무용자산)을 보유하는 것이 일반적이다. 따라서 기업의 총자산은 사용목적별로 영업용자산과 비영업용자산으로 크게 대별될 수 있는데, 영업용자산은 기업이 '본연의 영업활동'을 위하여 사용(투자)하고 있는 자산을 의미하며, 비영업용자산은 그와 관련되지 않는 자산으로서 해당 자산이 없더라도 본연의 영업활동에 지장을 주지 않는 자산에 해당된다.

앞서 언급한 바와 같이 모든 자산은 미래의 일정한 현금흐름의 창출 능력을 보유하고 있으므로 결국 기업가치는 영업용자산으로부터의 가치 창출과 비영업용자산으로부터의 가치 창출의 합이라고 볼 수 있다. 이러한 가치 창출의 원천이 되는 기업의 자산은 채권자 및 주주로부터 투자재원을 조달함으로써 마련이 가능한데, 이 중에서 매입채무 등과 같은 영업부채(상거래 채무)로 충당되지 않는 나머지는 모두 금융채권자와 주주로부터 조달되어야 한다. 즉, 자본비용이 수반된 재원으로 조달되어야 하는 몫으로서 총투자금액(Total Investment)으로 지칭되며, 총자산(Total Asset)의 개념과는 구별되고 있다.

총투자금액 (Total Investment)	=	영업투하자본 (Operating Invested Capital)	+	비영업자산 투자 (Non-Operating Investment)

예를 들면 재무상태가 〈그림 3-1〉과 같을 때, 총자산 중 영업부채를 제외한 1,000억 원이 총투자금액이 되며, 이 중에서 영업활동에 투자한 자본은 900억 원, 비영업자산에 투자한 자

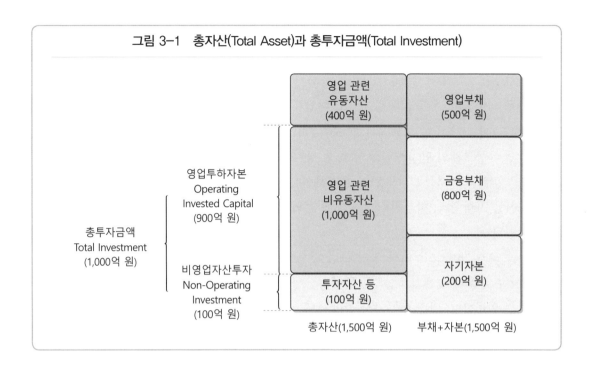

그림 3-1 총자산(Total Asset)과 총투자금액(Total Investment)

영업 관련 유동자산 (400억 원)

영업부채 (500억 원)

영업투하자본 Operating Invested Capital (900억 원)

영업 관련 비유동자산 (1,000억 원)

금융부채 (800억 원)

총투자금액 Total Investment (1,000억 원)

비영업자산투자 Non-Operating Investment (100억 원)

투자자산 등 (100억 원)

자기자본 (200억 원)

총자산(1,500억 원)   부채+자본(1,500억 원)

본은 100억 원이 된다.

결국 총투자금액(Total Investment)은 자본비용을 요구하는 투자자(채권자와 주주)로부터 조달되어 투자된 자산에 해당하며, 투자목적에 따라 영업투하자본(Operating Invested Capital)과 비영업자산투자(Non-Operating Investment)로 구별될 수 있다.

(2) 영업투하자본(Operating Invested Capital)과 영업가치(Operating Value)

경제적 관점에서 영업투하자본(Invested Capital)은 회사가 투자하고 있는 재무상태표상의 영업 관련 자산 중 영업부채(이자비용이 수반되지 않는 부채로서 상거래채무)로 충당되지 않고 자본비용이 수반된 차입금 또는 자기자본으로 충당된 부분을 의미한다. 이러한 영업투하자본은 주주의 입장이나 채권자의 입장에서 측정하는 개념이 아니라 기업의 관점에서 측정되는 개념으로서 크게 영업 관련 순운전자본, 영업 관련 유형자산, 그리고 영업 관련 기타자산에서 영업 관련 비유동부채를 차감하는 형식으로 구성된다.

❶ 영업 관련 순운전자본 : 영업 관련 순운전자본이란 영업 관련 유동자산(예:현금, 매출채권, 재고자산 등)에서 영업 관련 유동부채(예:매입채무, 미지급금, 미지급비용 등)를 차감한 개념으로서

일반적으로 거론되는 순운전자본과는 차이가 있다. 일반적인 순운전자본은 유동자산에서 유동부채를 차감한 값이지만 영업 관련 순운전자본은 유동자산 중에서 비영업자산(적정 현금 초과보유액, 유가증권, 단기금융상품, 단기대여금 등)이 제외된 순수한 영업 관련 유동자산을 의미하며, 유동부채 중에서도 매입채무나 미지급비용과 같은 영업부채(이자부 부채를 금융채무라 부르는 상대적 의미로써 비이자부 부채인 상거래채무)만을 차감대상으로 하는 만큼 이자발생 유동부채인 단기차입금, 유동성 장기부채 등은 제외된다.

❷ 영업 관련 유형자산 : 영업 관련 유형자산은 본연의 영업활동에 투입되고 있는 모든 유형자산을 포함한다. 따라서 영업활동에 투입되지 않는 건설 중인 자산이나 유휴설비 등은 제외된다.

❸ 영업 관련 기타자산 : 기타 영업 관련 자산이란 영업과 관련되어 보유하고 있는 투자자산(투자주식, 출자금 또는 장기대여금), 무형자산(영업권, 개발비, 기타무형자산 등) 영업 관련 임차보증금을 의미한다. 반면 투자자산 중에서도 비업무용 투자부동산이나 잉여재원의 운용차원에서 보유하고 있는 투자주식 등은 해당되지 않는다.

❹ 영업 관련 비유동부채 : 단기 영업부채가 아닌 장기성 영업부채, 예를 들면 자본비용이 수반되지 않는 장기미지급금, 퇴직급여충당부채 등은 영업투하자본 산정 시 차감대상이 된다.

영업투하자본은 기업이 본연의 영업활동을 통해 영업현금흐름을 창출하는 원천이며 궁극적으로 영업가치(Operating Value)의 평가대상이 된다. 즉, 영업가치는 영업투하자본으로부터 창출되는 잉여현금흐름(Free Cash Flow to Firm : FCFF, 후술)을 자본투자자의 가중평균 자본비용(WACC, 후술)으로 할인한 현재가치로 평가된다.

(3) 비영업자산투자와 비영업자산가치(Non-operating Asset Value)

비영업자산투자(Non-Operating Investment)는 기업이 잉여재원을 통해 영업활동과 관련없이 운용하는 투자활동에 해당한다. 상당수 기업들이 영업활동을 통해 창출된 잉여재원을 차입금 상환이나 배당을 하는 대신 일정 투자수익을 목표로 유가증권, 투자주식, 장단기 금융상품, 투자부동산, 대여금 등에 운용하고 있거나, 그러한 운용을 위해 일시적으로 대량의 현금을 보유하는 경우가 많다. 물론 이러한 자산들이 영업활동과는 완전히 독립적일 경우만 비영업자산에 해당된다.

비영업자산의 가치는 관련 현금흐름이 영업활동 현금흐름과는 그 성격과 리스크가 완전히 다르다는 점에서 영업가치와는 별도로 산정하게 된다. 통상 비영업자산은 시장 내 공정가치가 형성된 경우가 많다. 상장주식 및 금융상품의 경우는 시가, 부동산의 경우는 실거래가액 및 감정가액 등 시장 내 형성된 공정가액을 준용하여 가치평가한다. 단, 비상장주식의 경우, 실무적으로는 중요성의 원칙에 따라 순자산가액 기준을 준용하거나 별도의 주식가치평가법 (상대가치평가법, 현금흐름할인법 등)을 적용하여 산정하는 경우도 있다.

(4) 총투자금액(Total Investment)과 기업가치(Firm Value)

총투자자금을 구성하는 영업투하자본과 비영업자산투자는 각각 영업가치와 비영업자산가치를 창출한다. 이의 합계가 바로 기업가치(Firm Value)로서 총투자자금에 대한 가치평가액이며 자본비용을 대가로 자본을 제공했던 투자자인 채권자와 주주의 몫에 해당된다. 따라서 주주의 가치(Equity Value)는 기업가치에서 채권자의 몫인 차입금의 가치(Debt Value)를 차감함으로써 산정될 수 있다.

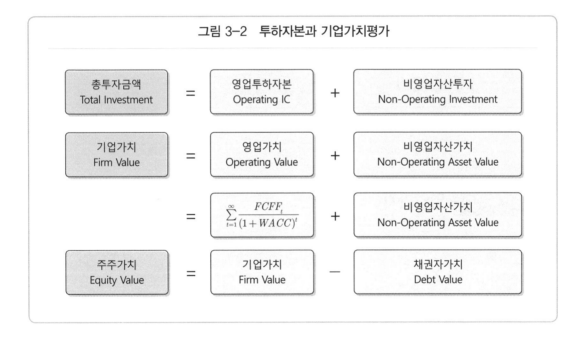

그림 3-2 투하자본과 기업가치평가

총투자금액 Total Investment	=	영업투하자본 Operating IC	+	비영업자산투자 Non-Operating Investment
기업가치 Firm Value	=	영업가치 Operating Value	+	비영업자산가치 Non-Operating Asset Value
	=	$\sum_{t=1}^{\infty} \dfrac{FCFF_t}{(1+WACC)^t}$	+	비영업자산가치 Non-Operating Asset Value
주주가치 Equity Value	=	기업가치 Firm Value	−	채권자가치 Debt Value

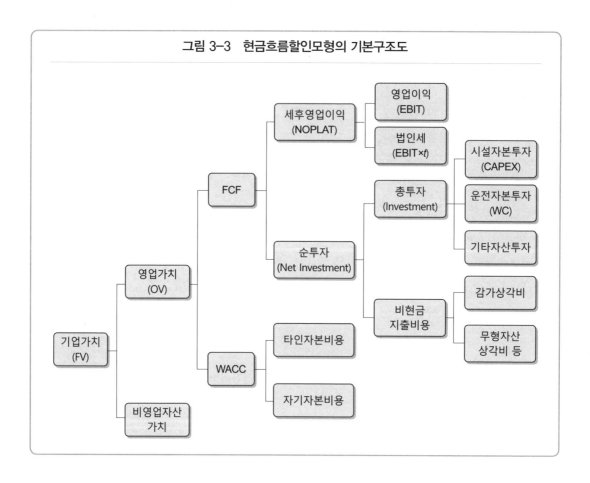

그림 3-3　현금흐름할인모형의 기본구조도

section 03　영업가치

(1) 영업가치 개요

영업가치는 영업활동을 통해 창출되는 연차별 잉여현금흐름(FCFF)을 자본제공자들의 가중평균 자본비용(WACC)으로 할인한 현재가치로 산정한다. 구체적으로는 기업의 영속성을 감안하여 추정 1차년~추정 N차년(예를 들면 5차년, 10차년)의 FCFF를 개별 할인한 추정기간 현재가치와, 추정기간 이후 (N+1차년 이후)의 잔존가치(Terminal Value)에 대한 현재가치를 가산하는 방식을 취하고 있다.

영업가치(Operating Value)

$$= \sum_{t=1}^{\infty} \frac{FCFF_t}{(1+WACC)^t}$$

$$= \frac{FCFF_1}{(1+WACC)^1} + \frac{FCFF_2}{(1+WACC)^2} + \frac{FCFF_3}{(1+WACC)^3} + \cdots + \frac{FCFF_¥}{(1+WACC)^¥}$$

추정기간 　　　　　　　　　　　추정기간 이후

$$= \frac{FCFF_1}{(1+WACC)^1} + \frac{FCFF_2}{(1+WACC)^2} + \cdots + \frac{FCFF_N}{(1+WACC)^N} + \frac{FCFF_{N+1}}{(1+WACC)^{N+1}} + \cdots + \frac{FCFF_¥}{(1+WACC)^¥}$$

$$= \frac{FCFF_1}{(1+WACC)^1} + \frac{FCFF_2}{(1+WACC)^2} + \cdots + \frac{FCFF_N}{(1+WACC)^N} + \frac{Terminal\ Value}{(1+WACC)^N}$$

여기서,

FCFF = 미래에 기대되는 잉여현금흐름(Free Cash Flow to Firm)

WACC = 가중평균 자본비용(Weighted Average Cost of Capital)

Terminal Value = 추정기간 이후 FCFF에 대한 N시점까지의 현재가치

이하에서는 잉여현금흐름, 가중평균 자본비용, 그리고 잔존가치(Terminal Value)에 대해 각각 살펴보기로 한다.

(2) 잉여현금흐름(Free Cash Flow to Firm : FCFF)의 산정

FCFF(Free Cash Flow to Firm)는 해당 기업이 영업활동으로부터 창출하는 현금흐름으로서 매년 영업현금유입액에서 정상적 영업활동을 위해 소요되는 투자자금을 충당한 후의 잔여(잉여)현금흐름을 의미한다. 이를 구성하는 현금흐름은 다음과 같다.

기업이 본연적인 영업활동을 행하는 과정에서 나타나는 손익 및 현금흐름은 그림 3−4의 5가지에 해당하며, 이는 간단히 세후영업이익(NOPLAT)에서 순투자액(Net Investment)을 차감하는 형식으로 정리될 수 있다.

이러한 FCFF는 주주 및 채권자에게 귀속될 현금흐름과 동일하다. 즉, FCFF 음(−)의 값일 경우, 투자자로부터 유입되어야 할 현금(신규차입, 유상증자)을 의미하며, 양(＋)의 값일 경우, 투자가에게 환원해 주는 현금(원금상환, 이자지급, 배당금지급, 자기주식 취득)을 의미한다.

그림 3-4 FCFF의 산정

① 영업이익(EBIT)

② 영업이익에 대한 법인세(EBIT×t)

세후 영업이익
(NOPLAT)

(-)

③ 감가상각비(Depreciation)

④ 자본적 지출(Capex)

⑤ 추가 운전자본투자(△Working Capital)

순투자
(Net Investment)

총투자
(Total Investment)

❶ 세후영업이익(NOPLAT) : NOPLAT(Net Operating Profits Less Adjusted Taxes)은 EBIT(Earning Before Interest and Tax)에서 법인세를 차감한 것으로 다음과 같이 정의되며, 실무적으로 '세후영업이익'이라고 칭하고 있다.

$$세후영업이익(NOPLAT) = EBIT(1 - tax\ rate)$$

ㄱ. 영업이익(Earning Before Interest and Tax : EBIT) : EBIT는 이자비용 및 법인세전이익으로 실무적으로 '영업이익'이라고 부르고 있으나, 이는 회계상 영업이익 개념이 아니라 경제적 관점에서 의미를 지닌다. 즉, 본연의 영업활동으로부터 발생한 수익으로부터 이와 관련된 비용을 차감한 실질 영업이익 개념으로서 회계처리상 영업외수익 및 영업외비용으로 처리되었더라도 영업활동과 관련된 수익과 비용이라면 영업이익으로 본다는 의미이다. 결과적으로 영업투하자본(Invested Capital)에 포함된 자산이나 부채로부터 발생하는 모든 수익과 비용이 포함된 개념이다. 따라서 영업외수익 및 영업외비용 중 영업활동 과정에서 발생하는 경상적 수익과 비용(예를 들면, 수수료수입, 경상적 임대수입, 경상적 기부금 등)은 영업이익의 개념에 포함되는 반면, 이자비용, 비영업자산으로부터 수익(예를 들면, 이자수익, 배당수입 등) 등은 해당되지 않는다.

$$\text{EBIT} = \text{매출액} - \text{매출 원가} - \text{판관비} + \text{영업 관련 영업외수익} - \text{영업 관련 영업외비용}$$

따라서 어느 기업이 무차입기업으로서 이자비용이 발생하지 않고, 비영업자산을 보유하지 않아 관련된 수익이 없는 경우, 회계상 법인세차감전계속사업이익이 상기 영업이익과 동일한 개념으로 간주될 수 있다.

ㄴ. 법인세(Tax) : 손익계산서상 법인세에는 이자비용으로 인한 법인세 감세효과(tax shield)가 반영되어 있다. 그러나 DCF법의 관점에서 볼 때, 이자비용에 대한 법인세 효과로 영업잉여현금흐름이 변동하는 것은 자본구조가 영업잉여현금흐름에 영향을 주는 결과를 초래하므로 논리적으로 부적합하다. 이론적 관점에서는 영업잉여현금 흐름은 자본구조와는 독립적으로 산정되어야 하기 때문이다.

따라서 법인세는 상기 EBIT에 대한 법인세를 적용하게 되며, 현금흐름 산정에서 반영되지 않은 자본구조와 이자비용으로 인한 법인세 감세효과는 자본비용(할인율)에 서 고려하는 방식이 이론적으로 타당하다.

❷ 영업 관련 순투자(Net Investment) : 영업 관련 순투자는 영업 관련 총투자에서 감가상각 비를 차감한 금액을 의미한다. 여기서 영업 관련 총투자(Total Investment)는 매년 영업활동 에 필요한 시설자본투자(자본적 지출)와 운전자본투자(추가 운영자금)에 소요되는 금액이며, 감가상각비는 상각대상 자산에 대한 연차별 상각비용으로서 회계상 비현금 유출비용으 로 처리된 계정이다.

ㄱ. 자본적지출(Capital Expenditure)과 감가상각비(Depreciation) : 일반적으로 기업이 영업생 산활동에 투입한 생산설비는 그 사용기간이 지날수록 성능이 저하되고, 가치가 감 소하게 된다. 이러한 효과를 회계적으로는 감가상각비라 하여 당기비용 처리하고 있다.

따라서 기업이 영속적인 영업활동을 위해서는 매년 진부화되고 있는 생산설비에 대해 최소한 보완투자가, 생산능력의 추가 확충을 위해서는 증설투자가 이루어져야 한다. 이론적 관점에서 감가상각비가 경제적 내용연수에 따라 상각하는 방식을 취 했다면 현 시설유지를 위한 보완투자는 감가상각비 수준 정도가 필요할 것이다. 즉, 최소한 경제적 내용연수에 해당하는 감가상각비 수준의 자본적 지출은 이루어져야 현재 수준의 매출액과 영업이익의 시현이 가능하다고 할 수 있다.

결과적으로 자본적 지출, 즉 영업 관련 시설투자는 영업활동을 위한 필수적인 항목으로서 FCFF의 중요한 구성항목에 해당된다.

ㄴ. 추가 운전자본투자(△Working Capital) : 통상 원재료를 외상으로 구매하여 생산라인에 투입되기 전까지는 원재료 재고로서, 생산라인에 투입된 후에는 재공품 재고로서, 생산이 완료된 이후에는 제품 재고로서 일정기간 회사의 재고자산을 구성하게 된다.

이후 제품이 판매되어 출시될 때 현금판매가 아닌 이상 외상으로 판매되어 매매대금이 현금회수될 때까지 일정기간 매출채권의 형태를 지니게 된다. 또한 원재료도 매입 후 일정기간 지나 결제해 주는 거래관행이 일반적이기 때문에 이에 대한 매입채무도 발생한다. 이러한 일련의 영업활동이 현금주의 기준이 아닌 발생주의 기준에 의해 회계처리됨으로써 매출채권, 재고자산, 매입채무 등이 발생하게 되고, 그 외 상거래 과정에서 미수금, 미지급금, 선수금, 선급금 등 단기 상거래채권, 채무가 발생하는데 이를 운전자본(Working Capital)이라 한다.

이러한 운전자본의 변동은 기업의 기간 현금흐름에 영향을 주는데, 예를 들면 당기말 매출채권 잔액이 전기말 대비 약 100억 원이 증가했다면, 이는 당기 중 신규 발생한 매출채권이 전기말 매출채권 중 당기 회수액보다 100억 원이 많았다는 의미이므로 현금흐름 관점에서는 현금유출 효과(-100억 원)로 인식된다. 재고자산, 매입채무 등 다른 운전자본계정도 그 잔액 증감이 기간 현금흐름에 직접적인 영향을 주게 됨에 따라 당기 중 추가 운전자본투자가 조정되어야 정확한 영업활동현금흐름의 산정이 가능하다.

이러한 추가 운전자본투자의 산정은 다음과 같이 영업 관련 유동자산의 증가분에서 영업 관련 유동부채의 증가분을 차감하여 산정하며, 통상 매출 증가와 함께 (+)의 순투자가 발생하는 것이 일반적이다.

> 추가(△)운전자본투자
> =영업 관련 유동자산 증가 - 영업 관련 유동부채의 증가
> =매출채권 증가 + 재고자산 증가 - 매입채무 증가
> + 기타 영업 관련 유동자산 증가 - 기타 영업 관련 유동부채의 증가

예시

A기업의 매출채권, 재고자산, 매입채무의 전기말 및 당기말 현재의 잔액은 다음과 같다. 다른 운전자본계정의 변동은 없다고 가정할 때 당기 추가 운전자본은?

	전기말	당기말
매출채권	150억 원	300억 원
재고자산	100억 원	150억 원
매입채무	200억 원	400억 원

(풀이)

추가 운전자본＝매출채권 증가＋재고자산 증가－매입채무 증가

$$= (300 - 150) + (150 - 100) - (400 - 200) = 0$$

(3) 잔존가치(Terminal Value)의 산정

정확한 가치평가를 위해서는 가능한 한 오랜 기간의 미래 현금흐름을 추정하여야 할 것이나, 장기간의 현금흐름 추정작업은 노력에 비해 큰 의미를 지니지 못한다. 따라서 미래의 현금흐름 추정은 통상적으로 개별 예측에 의한 추정기간과 그 이후 기간으로 구분하고, 추정기간 이후의 현금흐름은 일정한 성장률로 지속된다고 가정하여 영구일정 성장모형을 적용하게 된다.

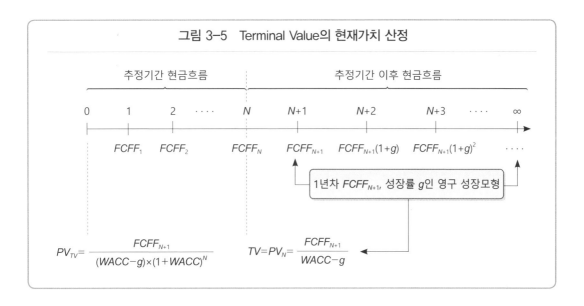

그림 3-5 Terminal Value의 현재가치 산정

예시

B기업의 향후 1차년에서 5차년까지의 FCFF의 현재가치는 500억 원이다. 6차년에는 50억 원의 FCFF가 예상되고, 이후 5%의 성장률로 영구히 성장할 것으로 예상된다. B기업의 가중평균 자본비용은 10%이고, 5차년말 현가 계수는 0.62이다. B기업의 영업의 가치는?

(풀이)

영업의 가치＝추정기간 *FCFF*의 현재가치＋*Terminal Value*의 현재가치

추정기간 *FCFF*의 현재가치＝500억 원

5차년말 *Terminal Value*＝$FCFF_6/(WACC-g)$＝$50/(10\%-5\%)$＝1,000억 원

*Terminal Value*의 현재가치＝$1,000\times0.62$＝620억 원

영업의 가치＝$500+620$＝1,120억 원

만약 $FCFF_{N+1}$을 별도 추정하지 않고, $FCFF_N$의 g성장률만큼 증가한 $FCFF_N(1+g)$로 적용할 경우 *Terminal Value*의 현재가치는 다음과 같이 산정된다.

$FCFF_{N+1}=FCFF_N(1+g)$인 경우

$$PV_{TV}=\frac{FCFF_{N+1}}{(WACC-g)\times(1+WACC)^N}$$

$$=\frac{FCFF_N(1+g)}{(WACC-g)\times(1+\text{WACC})^N}$$

---

section 04　**자본비용(WACC)의 산정**

---

(1) 자본비용의 의의 및 정의

자본비용이란 투자에 대한 기회비용(opportunity cost)으로서 화폐의 시간가치(time value of money)와 미래 현금흐름의 불확실성에 관한 위험 프리미엄(risk premium)을 포함한다. 따라서 투

자자들이 대상 기업과 동일한 리스크를 갖는 투자안에 대해 기대하는 최소한 요구수익률의 개념이다.

통상 대부분의 기업은 자기자본뿐만 아니라 타인자본, 즉 차입금 및 회사채 등 금융비용을 부담하는 자본을 사용하게 된다. 타인자본은 선순위 변제권을 갖는 반면, 자기자본은 타인자본의 변제 후에 남는 잔여재산에 대해 청구권을 갖게 된다. 따라서 자기자본은 상대적으로 높은 투자 리스크를 부담하게 되고, 결국 그에 상응하는 대가를 요구함에 따라 자기자본의 자본비용은 타인자본보다 상당히 높은 수준에서 형성된다.

각각 상이한 자본비용을 가중평균한 것을 가중평균 자본비용(Weighted Average Cost of Capital : WACC)이라 하며, 기업이 영업활동에 투자한 투하자본(Invested Capital)의 평균적인 자본비용을 의미한다.

① 자기자본비용   ② 타인자본비용

$$WACC = K_e \frac{V_e}{V_e + V_d} + K_d(1 - t)\frac{V_d}{V_e + V_d}$$

③ 가중치
(자본구조)

(2) 자기자본비용의 산정

자기자본비용(cost of equity)은 주주가 특정 기업의 주식에 투자할 때 기대하는 수익률로 통상 보통주의 자본비용을 의미한다. 이러한 기대수익률은 당해 주식의 위험에 대응하여 결정된다는 것이 현대 재무이론의 핵심적 내용으로 자기자본비용을 추정하는 방법에는 CAPM, APM 등 위험-수익률(risk-return)모형을 사용하는 방법과 배당할인모형을 사용하는 방법이 있다. 이하에서는 실무상 많이 사용되는 자본자산 가격결정모형(Capital Asset Price Model : CAPM)을 중심으로 자기자본비용의 계산법을 간략히 설명하도록 한다.

일반적으로 주식은 위험자산에 해당한다. 따라서 무위험자산을 보유했을 경우의 기대수익률에 비해 해당 위험에 대한 일정한 위험 보상, 즉 위험 프리미엄이 요구된다. CAPM도 이러한 시각을 반영하여 특정 주식에 대한 투자자의 기대수익률 K_e는 무위험수익률과 위험 프리미엄(Risk Premium)의 합으로 결정되는 구조이다.

K_e = 무위험수익률(Risk−free rate) + 위험에 대한 대가(Risk Premium)

  = 무위험수익률(Risk−free rate) + 위험 수준 × 단위 위험당 시장 대가(Market Premium)

  = $R_f + \beta \times [E(R_m) - R_f]$

$E(Rm)$ = 시장기대수익률

$\beta = Cov(R_i, R_m)/var(R_m)$

  = 주식의 수익률과 시장 포트폴리오 수익률 간의 공분산(covariance)을 시장 포트폴리오 수익률의 분산(variance)으로 나눈 것으로 정의된다.

β = 1이면, 시장의 평균적 위험 수준을 갖는 주식

β > 1이면, 시장의 평균적 수준보다 높은 위험도를 갖는 주식

β < 1이면, 시장의 평균적 수준보다 낮은 위험도를 갖는 주식

통상 국가가 발행한 채권은 무위험한 자산으로 볼 수 있다. 따라서 무위험수익률은 국채에 투자할 경우의 예상수익률을 의미한다. 위험 프리미엄은 투자위험 감수에 대한 보상으로서 투자위험이 있는 모든 투자대상의 평균적 기대수익률을 의미하는 시장 포트폴리오의 기대수익률 $E(R_m)$과 무위험수익률과의 차이로 정의된다. 즉, 모든 위험자산을 보유했을 경우의 평균적인 단위당 위험 프리미엄에 해당한다. 그리고 특정 주식에 대한 위험 프리미엄을 산정하기 위해서는 해당 자산의 위험 정도를 측정해야 하는데, CAPM에서는 위험을 베타(β)계수로 측정하고 있다. 이하에서는 자기자본비용을 결정하는 3요소에 대해 보다 상세히 살펴보기로 한다.

❶ 무위험이자율의 측정 : 무위험수익률(risk−free rate of return, 'R_f')은 이른바 위험이 없는 자산으로부터 기대되는 수익률이다. 통상 국가가 발행한 채권의 경우 국가부도라는 극단의 상황이 초래되지 않는 한 위험이 없는 안전자산으로 간주되어 국채에 대한 이자율을 무위험수익률로 사용한다. 미국의 경우도 T−bond(10년 이상 장기재정증권)를 무위험수익률로 사용하고 있으며, 우리나라에서도 실무적으로 국고채수익률(만기 5년 또는 10년)이 사용되고 있다. 이론적 관점에서 할인율에 적용되는 요소이니 만큼 장기채권의 수익률을 적용하는 것이 타당하다고 볼 수 있다. 하지만 장기채권이면서 시장에서 거래가 활발해야 한다. 만기가 장기이지만 거래가 빈번하지 않으면 수익률이 왜곡될 가능성이 높고 대표성이 떨어지기 때문이다.

❷ 베타계수의 추정

ㄱ. 상장주식의 경우 : 위험계수 베타(β)는 시장수익률이 한 단위 변동할 때 특정 주식의 수익률이 얼마나 민감하게 움직이는가를 나타내는 민감도 변수에 해당한다. 일반적으로 시장 포트폴리오 수익률과 특정 주식의 수익률에 대한 역사적 자료를 바탕으로 회귀분석을 통해 기울기 계수(역사적 시장 베타 : Historical market beta)를 산정하는 시장모형을 이용한다.

　　이론적으로 시장 포트폴리오 수익률은 모든 위험자산(risky asset)으로 구성된 포트폴리오 수익률로서 가치가중방식의 수익률이다. 그러나 현실적으로 그러한 시장수익률은 측정될 수 없으므로 주식시장수익률이 대용치(proxy)로 사용된다. 주식시장수익률은 거래소에 상장된 주식으로 구성된 포트폴리오 수익률이며, 상장종목이 많으면 이는 잘 분산된 포트폴리오(well-diversified portfolio)가 되어, 시장 포트폴리오 수익률에 대한 합리적 대용치가 될 수 있다.

　　이와 같이 시장모형에 의해 산정된 β는 이론적으로 주식 i의 수익률과 시장 포트폴리오 수익률 간의 공분산(covariance)을 시장 포트폴리오 수익률의 분산(variance)으로 나눈 것이며, $\beta_i = 1$이면 시장의 평균적 위험 수준을 갖는 주식에 해당하게 된다. $\beta_i > 1$이면 시장의 평균적 수준보다 높은 위험도, $\beta_i < 1$이면 시장의 평균적 수준보다 낮은 위험도를 갖고 있는 주식에 해당하게 된다.

　　회귀분석모형에 의해 베타를 측정하려면 과연 얼마나 긴 기간 동안의 시장수익률 자료와 개별 주식의 수익률 자료를 이용할지 결정해야 한다. 개별 기업은 시간이 지남에 따라 특성이 변화하게 된다. 영업구조가 바뀔 수 있고 재무구조도 변할 수 있다. 시장의 특성을 도출해 내는 시장위험프리미엄과 달리 개별 기업의 추가적인 위험을 측정하는 베타의 경우 오히려 1년~3년의 단기 실적을 이용하는 것이 바람직할 수 있다.

ㄴ. 비상장회사의 경우 : 비상장회사의 경우 거래되는 시장 자료가 없으므로 대용기업들의 역사적 베타(Historical Beta)를 구한 후 이를 평균하여 사용하게 된다. 다만, 시장모형에 의한 산정된 대용기업 베타는 지분 투자자(주주 지분)에 대한 위험계수로서 이론적 관점에서 해당 기업의 영업위험(business risk)뿐만 아니라 자본구조 등에 따른 재무위험(financial risk)까지 모두 포함하고 있다. 즉, 대용기업의 역사적 베타는 대용기업의 재무상태가 반영된 levered 베타이다. 그러나 평가대상 회사의 경우와 대용

기업과는 자본구조가 상이하기 때문에 대용기업을 통한 베타 추정 시 업종이 유사한 대용기업을 선정함으로써 영업위험에 대한 특성을 유지하되, 개별 기업별로 상이한 자본구조로 인한 재무위험 부분은 조정이 필요하게 된다.

이러한 조정을 위해 Hamada 모형을 사용하는데 대용 베타에 포함한 대용기업 고유 자본구조에 의한 재무위험을 분리하기 위해, 대용기업이 전액 자기자본으로 구성되었을 경우의 무차입베타(unlevered beta)를 산정하고, 이를 평가대상 기업의 자본구조를 고려하여 적정한 levered beta를 산정하는 방식이다.

Hamada Model $\beta_L = \beta_U(1+(1-t)D/E)$

여기서, β_U : Unlevered 베타, 재무위험이 없는 베타

β_L : Levered 베타, 재무위험이 반영된 베타

E : 자기자본의 가치

D : 타인자본의 가치

실무적으로 만일 회사가 영위하는 사업부문이 두 개 이상일 경우 각각의 사업부문을 구분하여 해당되는 대용회사를 한 개 이상 선정하여 이의 베타를 계산한 후(복수일 경우 단순평균 사용) 각각의 사업부문의 시장가치로 가중평균하여 사용한다. 사업부문별로 시장가치의 계산이 현실적으로 어려우므로 사업부문의 장부가 기준 자산가치를 사용하여 계산하고, 만일 이것도 회계상 구분이 안 되어 있다면 매출액이나 영업이익 기준으로 가중평균하여 사용하고 있다.

❸ 시장위험 프리미엄의 측정 : 시장위험 프리미엄(market risk premium)은 시장 포트폴리오에 대한 기대수익률과 무위험수익률의 차이로 정의된다. 시장 포트폴리오의 기대수익률은 모든 위험자산을 보유할 경우에 기대되는 수익률이므로 동 수익률과 무위험수익률과의 차이는 단위당 위험에 대한 시장 기대 초과수익률을 의미한다. 이러한 시장위험 프리미엄은 과거 장기간에 걸친 주식시장수익률(R_m)과 무위험이자율(R_f)의 차이를 평균화함으로써 추정될 수 있다.

다만, 이론적으로는 과거 시계열 자료의 측정기간의 문제(2년, 5년, 10년), 주식시장수익률의 시가가중 문제(EWI, KCI), 수익률 기준 문제(일간, 월간, 연간), 위험 프리미엄의 평균방식 문제(산술평균, 기하평균) 등 각각의 기준에 따라 다른 결과치를 초래하므로 실무적으

로 정확한 산정에 어려움이 존재하는 것이 현실이다.

최근들어 한국기업의 가치평가를 위해 실무적으로 주로 사용되는 방법은 블룸버그 (Bloomberg)가 제공하는 한국주식시장의 위험프리미엄 정보를 그대로 인용하는 것이다. 블룸버그는 한국뿐 아니라 전세계 각국 증권시장의 다양한 재무정보를 제공하고 있는데 이 중 시장위험프리미엄과 개별 종목의 베타에 관한 정보가 주로 활용되고 있다.

한국공인회계사회에서는 2022년 6월 28일에 한국의 시장위험 프리미엄 가이던스와 한국의 기업규모위험 프리미엄 연구결과를 발표하였다. 이에 따라 자본비용을 구성하는 프리미엄에 대해 국내 독자적인 견해(View)를 갖게 되었으며 실무적으로는 가치평가 관련 업무를 수행하면서 해당 발표자료를 많이 참고할 것으로 예상된다.

(3) 자기자본비용 산정의 예

예를 들어, 평가기준일 현재 5년 만기 국고채 수익률이 5%이고, 과거 5년간의 시장데이터에 기초한 시장위험 프리미엄이 7%로 산정되었다고 가정하자. 특정 기업의 베타(beta)가 1.2로 산정되었다면, 해당 기업의 자기자본비용은 다음과 같이 계산된다.

$$자기자본비용 = 무위험수익률 + \beta \times 시장위험\ 프리미엄$$
$$= 5.0\% + 1.2 \times 7.0\% = 13.4\%$$

(4) 타인자본비용의 산정

타인자본비용은 평가대상 회사가 평가기준일 현재 사용하고 있는 타인자본에 대한 평균자본비용을 의미한다. 이론적으로 타인자본 산정을 위한 몇 가지 중요사항은 다음과 같다.

첫째, 타인자본비용의 산정은 차입금, 사채, 금융리스 부채, 유동화부채 등 모든 이자부부채(debt)를 대상으로 한다. 반면 통상적으로 상거래 과정에서 발생하는 매입채무, 미지급비용, 선수금, 예수금, 부채성충당부채 등의 영업부채(무이자부부채)는 그 대상에서 제외되는 데, 이는 이들의 일부 금융비용적 성격이 이미 영업활동 현금흐름에 반영되어 있기 때문이다.

둘째, 타인자본비용은 평가대상 회사가 부담하고 있는 현재의 차입이자율이 아니라 현행 시장이자율로 측정되어야 한다. 현재 부담하고 있는 차입이자율은 과거 차입조달 당시의 금융시장 여건과 평가대상 회사의 신용 수준 등이 반영된 결과이므로 평가 시점 현재의 금융시장 여건 및 당해 기업의 신용도와는 차이를 보일 수 있기 때문이다. 따라서 평가기준일 현재 시점의 합리적 가치평가를 위해서는 타인자본 제공자가 현재 제공할 수 있는 시장이자율로 측정되어야 한다. 다만, 실무적으로는 원리금 상환에 무리가 없는 정상기업의 경우 현재 부담하고 있는 차입이자율로 재조달할 수 있다고 가정해 현재 평균 차입이자율을 타인자본비용으로 간주하는 경우가 일반적이다.

셋째, 타인자본비용은 대상 차입금의 명목금액기준으로 가중한 평균 차입이자율로 산정한다. 평가대상 회사의 차입이자율은 담보제공 여부, 지급보증제공 여부 등 차입종류별로 다양한 차입금리가 적용된다. 타인자본비용은 평가대상 회사가 부담하게 될 차입이자율이므로 이들의 단순평균치가 아닌 가중평균치를 사용하여야 한다.

넷째, 이자비용에 대한 법인세 감세효과는 타인자본비용에서 반영한다. 일반적으로 기업이 부담하는 이자비용은 법인세법상 일정 수준의 손비 인정을 받음으로써 법인세가 절감되는 효과를 갖게 되는데, 이를 이자비용에 대한 법인세 감세효과(Tax Shield)라고 한다. 기업으로부터 유출되는 비용이 절감되는 만큼 기업가치에 (+)효과로 작용하게 되며, 이론적으로 이러한 효과는 영업현금흐름(FCF)이 아닌 타인자본비용에서 반영하는 것이 타당하다. 이에 따라 타인자본비용은 감세효과인 $(1-t)$가 결합한 세후타인자본비용의 형태로 가중평균 자본비용(WACC) 계산에 적용되게 된다.

(5) 자본구조의 적용

가중평균 자본비용을 산정하기 위해서는 자기자본비용 및 타인자본비용에 대한 가중치의 적용이 필요하다. 경제적 관점에서 볼 때, 가중치는 영업현금흐름을 창출하는 데 각각의 자본이 제공한 기여도 기준으로 측정되어야 하며, 이는 결국 자본구성(자본구조)을 의미하게 된다. 이론적으로 자본구조(가중치)는 타인자본(D)과 자기자본(E)의 경제적 가치인 시장가치(Market Value)로 측정되어야 한다. 각 자본의 자본비용이 시장수익률에 해당하는 것과 마찬가지로 각 자본 역시 장부가치 기준이 아니라 시장가치 기준으로 조달되기 때문이다.

시장금리가 크게 변동하지 않는 한, 타인자본의 시장가치를 장부가액으로 적용해도 무리가 없다. 반면 자기자본의 시장가치는 장부가액과 크게 차이를 보일 여지가 많으며, 이의 적용시 이론적으로 오차를 초래할 가능성이 있다. 다만 현실적으로 자기자본의 시장가치를 정확히 파악하는 데 한계가 있는 만큼, 실무적으로는 목표 자본구조, 업종 평균 자본구조, 시가총액 기준 자본구조, 장부가액 기준 자본구조 등 다양한 방식이 적용되고 있다.

비영업자산의 가치

(1) 비영업자산의 중요성 및 판단기준

비영업자산(Non-Operating Asset)의 평가는 기업가치평가에서 영업가치(Operating Value)의 평가 못지 않은 중요성을 갖는다. 잉여현금흐름과 가중평균 자본비용의 산정 등 복잡한 과정을 통해 산출된 영업가치에 비영업자산의 가치가 직접 더해지는 방식으로 기업가치가 결정되기 때문이다. 따라서 기업이 보유하고 있는 특정 자산이 영업자산인지 아니면 비영업자산인지의 판단에 따라 기업가치는 크게 영향을 받을 수 있다.

비영업자산 여부는 해당 자산이 기업의 본연적 영업활동과 관련성이 있는지에 따라 판단되어야 한다. 영업 관련성이란 해당 자산으로 인해 영업잉여현금흐름이 영향을 받는가의 여부이며, 종국적으로 해당 자산이 없을 경우에도 영업잉여현금흐름의 변동이 없는 완전 독립적 자산인 경우에만 비영업자산으로 분류될 수 있다.

> **예시**
>
> 봉제업을 영위하는 기업이 중국 현지 생산을 위해 생산법인을 설립한 후, 현지 생산제품을 국내에 판매한다고 할 때, 해당 비상장주식은 비영업자산으로 분류될 수 있는가?
>
> **(풀이)**
> 자산의 형식은 투자자산(종속법인 투자)에 해당되나 생산이라는 기업의 본연적 영업활동을 위해 보유한 자산이므로 영업자산에 해당된다.

(2) 비영업자산의 유형과 가치평가

비영업자산 투자는 영업활동과 관련 없이 잉여재원을 운용하는 투자활동에 해당한다. 상당수 기업들이 영업활동을 통해 창출된 잉여재원을 차입금 상환에 사용하거나 배당하지 않는 대신, 일정 투자수익을 목표로 유가증권, 투자주식, 장단기 금융상품, 투자부동산, 대여금 등에 운용하고 있거나, 그러한 운용을 위해 일시적으로 대량의 현금을 보유하는 경우가 많다. 따라서 비영업용자산에 해당될 수 있는 자산항목들로는 적정 현금 초과보유액, 장단기금융상품, 시장성 유가증권, 투자유가증권, 장단기대여금, 투자부동산, 유휴설비 및 건설 중인 자산 등이 포함될 수 있다. 단, 영업 관련성이 없는 경우에만 해당된다.

비영업자산의 가치는 관련 현금흐름이 영업활동 현금흐름과는 그 성격과 리스크가 완전히 다르다는 점에서 영업가치와는 별도로 산정하게 된다. 통상 비영업자산은 시장 내 공정가치가 형성된 경우가 많다. 상장주식 및 금융상품의 경우는 시가, 부동산의 경우는 실거래가액 및 감정가액 등 시장 내 형성된 공정가액을 준용하여 가치평가한다. 단, 비상장주식의 경우, 실무적으로는 중요성의 원칙에 따라 순자산가액 기준을 준용하거나 별도의 주식가치평가법(상대가치평가법, 현금흐름할인법 등)을 적용하여 산정할 수 있다.

section 06 | 현금흐름(FCFF)할인법 종합(예제)

지금까지 살펴본 DCF법에 대한 종합적 정리를 간단한 C기업의 사례를 통해 알아보기로 한다.

(1) C기업에 대한 자료

❶ 분석기준일(2××8. 12. 31) 현재 회사의 재무상태표는 다음과 같다.

(단위 : 억 원)

차변	금액	대변	금액
현 금	100	매 입 채 무	300
매 출 채 권	400	차 입 금	1,000
재 고 자 산	300		
유 형 자 산	800		
투 자 부 동 산	200		
		자 기 자 본	500
합 계	1,800	합 계	1,800

ㄱ. 분석기준일 현재 발행주식 총수 10,000,000주이다.

ㄴ. 보유자산 중 투자부동산(비영업자산에 해당)을 제외한 모든 자산은 회사의 본연적 영업활동에 활용되는 자산이다.

ㄷ. 분석기준일 현재 투자부동산의 공정가액은 500억 원으로 평가되고 있다.

ㄹ. 차입금의 가치는 장부상 가액과 동일하다.

❷ 분석기준일 이후 회사에 대한 향후 영업전망은 다음과 같이 예상된다.

ㄱ. 영업전망과 관련하여 매년 100억 원 감가상각비가 계상되고, 정상적인 영업활동을 위한 운전자본 및 시설자본투자는 다음의 표와 같다.

ㄴ. 한편 회사의 추정 6차년의 FCFF는 225억 원으로 예상되고 이후 FCFF의 성장률은 0%로 기대된다.

(단위 : 억 원)

	추정 1차년	추정 2차년	추정 3차년	추정 4차년	추정 5차년
매출액	1,500	1,800	2,000	2,100	2,200
영업이익	270	310	320	294	286
이자비용	80	80	80	80	80
법인세비용차감전이익	190	230	240	214	206
법인세	48	58	60	54	52
순이익	143	173	180	161	155
감가상각비	100	100	100	100	100
추가 운전자본투자	90	90	60	30	30
자본적 지출	100	100	100	100	100

❸ 자본비용과 관련된 사항은 다음과 같다

ㄱ. 자기자본비용은 14.0%이고, 타인자본비용 8.0%이다.

ㄴ. 법인세율은 25%로 가정한다.

ㄷ. 자기자본 및 타인자본의 가중치는 50 : 50으로 가정한다.

(2) 투하자본의 계산

❶ 투자운용(Investment) 측면에서의 산정방식 : 영업투하자본은 영업 관련 자산에서 영업 관련 부채를 차감하는 형식으로 산정되며, 여기에 비영업자산투자를 가산할 경우, 총투자금액(Total Investment)의 계산이 가능하다.

투자		조달	
현 　 　 　 금	100	매 　 입 　 채 　 무	300
매 　 출 　 채 　 권	400	차 　 　 입 　 　 금	1,000
재 　 고 　 자 　 산	300		
유 　 형 　 자 　 산	800		
투 　 자 　 부 　 동 　 산	200	자 　 기 　 자 　 본	500
합 　 　 　 계	1,800	합 　 　 　 계	1,800

    ㄱ. 영업투하자본(Invested Capital)

       = 영업 관련 순운전자본 + 영업 관련 비유동자산 − 영업 관련 비유동부채

       = (100 + 400 + 300 − 300) + (800 − 0)

       = 1,300억 원

    ㄴ. 비영업자산투자(Non Operating Investment) = 투자부동산 = 200억 원

    ㄷ. 총투자금액(Total Investment) = 영업투하자본 + 비영업자산투자

                               = 1,300 + 200 = 1,500억 원

❷ 자본조달(Financing) 측면에서의 산정방식 : 총투자금액(Total Investment)은 자본비용이 수반된 자본이므로 차입금 등의 이자부부채와 자기자본의 합에 해당되며, 이 중에서 비영업자산투자분을 차감하면 영업투하자본의 계산이 가능하다.

    ㄱ. 총투자금액(Total Investment) = 차입금 등 + 자기자본

                               = 1,000 + 500 = 1,500억 원

    ㄴ. 영업투하자본(Invested Capital) = 총투자금액 − 비영업투자

                               = 1,500 − 200 = 1,300억 원

(3) 추정기간 영업잉여현금흐름(FCFF)의 계산

추정기간 FCFF는 '세후 영업이익 − 순투자'이며 이를 세분하면 다음과 같다.

> FCFF = 영업이익(EBIT) − 영업이익에 대한 법인세(EBIT×tax rate)
>
>   + 감가상각비(Dep.) − 자본적 지출(Capex)
>
>   − 추가 운전자본투자(△WC)

예를 들어, 추정 1차년의 FCFF를 계산하면,

$$FCFF(1) = 영업이익(270) - 법인세(270 \times 25\%) + 감가상각비(100)$$
$$- 자본적 지출(100) - 추가 운전자본투자(90) = 113억 원$$

같은 방식으로 추정기간 동안의 FCFF를 산정하면 다음과 같다.

(단위 : 억 원)

구분		1차년	2차년	3차년	4차년	5차년
세후 영업이익	(영업이익) (법인세)	270 (68)	310 (78)	320 (80)	294 (74)	286 (72)
	계	203	233	240	221	215
순투자	(자본적 지출) (추가 운전자본투자) (감가상각비)	(100) (90) 100	(100) (90) 100	(100) (60) 100	(100) (30) 100	(100) (30) 100
	계	(90)	(90)	(60)	(30)	(30)
추정기간 FCFF		113	143	180	191	185

(4) 가중평균 자본비용(WACC)의 계산

가중평균 자본비용 산정에 있어 각 자본의 개별 자본비용을 산정하는 문제뿐만 아니라, 어떠한 자본구조(사용자본별 가중치)를 적용해야 하는가도 실무적으로도 쉽지 않은 문제이다. 앞서 설명된 바와 같이, 각 자본의 시장가치 기준이 이론적으로 타당하나 이는 상장회사의 경우에 한해 적용이 가능한 접근이다. 본 예제에서는 제시된 가중치를 적용하여 WACC를 산정할 경우 다음과 같다.

가중평균 자본비용(WACC)
= 자기자본비용 × 자기자본 가중치 + 세후 타인자본비용 × 타인자본 가중치
$$= 14\% \times 50\% + 8\% \times (1 - 25\%) \times 50\% = 10\%$$

(5) 영업가치(Operating Value)의 계산

추정기간 각 연도의 FCFF를 가중평균 자본비용 10%의 각 연도 현가 계수로 할인한 추정기

간 영업 현재가치는 다음과 같이 600억 원으로 산정된다.

한편 추정기간 이후 영업 현재가치는 Terminal Value를 현재가치화하는 것으로 Terminal Value는 다음과 같이 산정될 수 있다.

$$\text{Terminal Value} = \text{추정 6차년 FCFF}/(\text{WACC} - \text{growth rate})$$
$$= 225/(10\% - 0\%) = 2,255\text{억 원}$$

(단위 : 억 원)

구분		현재	1차년	2차년	3차년	4차년	5차년
Ⓐ 추정기간 FCFF예상액			113	143	180	191	185
Ⓑ 각 연도 현가 계수			0.9091	0.8264	0.7513	0.6830	0.6209
Ⓒ 각 연도 FCFF 현재가치	Ⓐ×Ⓑ		102	118	135	130	115
Ⓓ 추정기간 영업 현재가치	Ⓒ합계	600					
Ⓔ Terminal Value							2,255
Ⓕ 5차년말 현가 계수							0.6209
Ⓖ 추정기간 이후 영업 현재가치	Ⓔ×Ⓕ	1,400					
Ⓗ 영업가치	Ⓓ+Ⓗ	2,000					

여기서 2,255억 원이란, 6차년부터 매년 225억 원씩 영구히 창출될 FCFF를 5차년말 시점까지 현재가치화한 값이므로, 분석기준일 현재의 가치로 환산하기 위해서는 5차년말의 현가 계수 0.6209를 적용하여 현재가치화하여야 한다. 결국 Terminal Value의 현재가치는 1,400억 원으로 산정되며, 종국적으로 영업의 가치는 2,000억 원으로 추정된다.

(6) 기업가치(Firm Value)와 주주 가치(Equity Value)의 계산

전술한 바와 같이 DCF법에 의한 가치평가는 다음과 같은 기본구조를 가지고 있다.

기업가치(Firm Value) = 영업 가치 + 비영업자산가치

= 채권자 가치 + 주주 가치

주주 가치(Equity Value) = 기업가치(Firm Value) − 차입금 가치(Debt Value)

따라서, 본 예제상의 기업가치와 주주 가치는 다음과 같이 계산된다.

기업가치＝영업 가치(2,000억 원)＋비영업자산가치(500억 원)＝2,500억 원

주주 가치＝기업가치(2,500억 원)－차입금 가치(1,000억 원)＝1,500억 원

1주당 가치＝1,500억 원/10,000,000주＝15,000원

section 07 주주잉여현금흐름(FCFE) 할인법

앞서 상술한 현금흐름할인법은 채권자와 주주에게 귀속되는 현금흐름(Free Cash Flow to Firm : FCFF)을 할인대상으로 기업의 전체 가치(Firm Value), 즉 채권자 및 주주의 가치를 산정한 후 채권자 가치를 차감함으로써 주주 가치를 계산하였다. 그러나 FCFF 중에서 주주에게 귀속되는 현금흐름만을 할인하여 주주 가치를 직접 계산할 수 있는데, 이 방식을 주주잉여현금흐름 할인법(Free Cash Flow to Equity : FCFE)이라고 한다. 두 방식은 채권자의 몫을 현금흐름 차원에서 조정하는가 아니면 할인한 가치(Value)차원에서 조정하는가의 차이에 불과하다. 채권자의 몫을 가치측면에서 조정하는 것이 전자의 방식이라면, 현금흐름단계에서 조정하는 방식이 후자에 해당한다.

채권자에게 귀속되는 현금흐름이 다음과 같기 때문에 FCFE는 FCFF에서 이를 조정한 것에 해당한다.

채권자 귀속 현금흐름(Cash Flow to Debtor)

＝세후 이자비용＋(기존 차입금 상환－신규 차입금 조달)

주주 잉여현금흐름(FCFE)

＝기업잉여현금흐름(FCFF)－채권자 귀속 현금흐름(Cash Flow to Debt)

＝세후 영업이익－순투자－채권자 귀속 현금흐름

＝$\{EBIT(1-t)+Dep.-Capex-\triangle WC\}-$Cash Flow to Debt

＝$\{EBIT(1-t)+Dep.-Capex-\triangle WC\}-$Interest$(1-t)+\triangle$Debt

결국 주주 가치는 이러한 주주 잉여현금흐름을 자기자본비용으로 할인한 현재가치를 의미한다.

$$주주 \ 가치(V_{equity}) = \sum_{t=1}^{\infty} \frac{FCFE_t}{(1+K_e)^t}$$

$$\because FCFE : FCF \ to \ Equity$$

$$K_e : 자기자본비용$$

 예시

    사무실 임대업을 영위하고 있는 D기업은 다음과 같은 자본비용을 부담하며, 연간 FCFF 예상액은 매년 120억 원으로 일정할 것으로 기대된다. 주주 가치를 Entity Valuation과 Equity Valuation 방법으로 각각 구하면? (단, 차입금 가치는 장부가액과 동일하며, 향후 회사의 차입금 변동은 없다고 가정)

(단위 : 억 원)

투자 및 조달 현황			할인율 현황			
투자	조달		자본비용	법인세율	세후자본비용	자본구조
건물 1,200	차입금	1,000	6.0%	25%	4.50%	67%
	자기자본	200	15.0%		15.00%	33%

(풀이)

Entity valuation(FCFF 할인법)

        가중평균 자본비용(WACC) = 15.0% × 33% + 4.5% × 67% = 8.0%

    한편, 현금흐름이 일정 수준을 유지하므로,

          기업가치(Firm value) = FCFF/(WACC − g) = 120/(8% − 0%) = 1,500억 원

          주주 가치(Equity value) = 기업가치 − 차입금 가치 = 1,500 − 1,000 = 500억 원

Equity valuation(FCFE 할인법)

          주주 잉여현금흐름(FCFE) = FCFF − 세후 이자비용 − 차입금 상환 + 차입금 조달

                    = 120 − 45 − 0 = 75억 원

    한편, 현금흐름이 일정 수준을 유지하므로,

          주주 가치(Equity value) = FCFE/자기자본비용 = 75/15% = 500억 원

상기 예시에서와 같이 이론적 관점에서 볼 때, Entity Valuation에 의한 주주 가치와 Equity

Valuation에 의한 주주 가치는 동일하다. 그러나 상기 예시와 같이 zero성장모형에 의한 간단한 예의 경우에는 쉽게 동일한 결론을 얻을 수 있지만, 매년 현금흐름이 변동하는 일반모형에서는 쉬운 문제가 아니다.

즉, 두 방식에서 Terminal Value에 적용될 영구성장률의 일관성 문제, 가중평균 자본비용 계산 시 적용될 자본구조 문제, 차입금 변동에 따른 할인율 변동 문제 등 두 방식 간의 일관적 조정이 용이하지 않기 때문이다. 따라서 금융기관과 같은 일부 업종을 제외하고는 실무적으로 Entity Valuation의 활용도가 높은 편이다.

chapter 04

EVA와 RIM에 의한 가치평가

1   EVA 의의와 배경

통상 기업의 경영성과를 파악하기 위해서는 재무제표 중 포괄손익계산서상의 당기순이익을 살펴보는 것이 일반적이다. 그러나 경제적 관점에서 볼 때, 포괄손익계산서상의 당기순이익이 기업의 영업활동과 관련된 모든 비용을 고려한 최종적인 성과지표인지에 대해서는 의문의 여지가 있다.

포괄손익계산서에서는 타인자본에 대한 자본비용인 이자비용은 반영되는 반면, 자기자본비용은 반영되어 있지 않기 때문이다. 즉, 기업의 영업활동을 위해서는 타인자본뿐만 아니라 자기자본도 투입된다. 따라서 기업이 일정기간 영업활동의 결과로서 창출된 성과지표에는 투하자본에 대한 모든 자본비용이 반영되어야 한다. 즉, 자기자본의 기회비용에 해당하는 요구수익률만큼은 비용으로 고려되어야 한다는 의미이다.

예시 사례		회계적 관점		경제적 관점	
영업투자	1,000	매출액 영업이익	600 120	매출액 영업이익	600 120
타인자본 자기자본	200 800	법인세 세후 영업이익	30 90	법인세 세후 영업이익	30 90
세후 타인자본비용 자기자본비용 법인세율	5% 15% 25%	세후 타인자본비용	10	세후 타인자본비용 자기자본비용	10 120
		당기순이익	80	경제적 부가가치	(40)

위의 사례는 회계적 관점에서 일정한 영업성과를 나타내는 투자안에 대해 자기자본비용을 고려할 경우 음(-)의 가치를 나타내는 경우를 보여준다. 이러한 점은 손익계산서상의 당기순이익이 경제적 성과지표로서 일정한 한계점을 지니고 있음을 시사한다.

실제 자기자본에 대한 기회비용을 충당하지 못하는 투자안조차도 자기자본에 대한 기회비용을 고려하지 않을 경우 충분한 수익성을 갖는 것으로 분석될 수 있으며, 이에 대한 투자의 사결정은 결국 기업가치를 훼손시키는 결과를 초래할 수 있다. 경제적 관점에서 타인자본 및 자기자본에 대한 자본비용을 상회하지 못하는 기업의 이익은 기업가치를 오히려 감소시키기 때문이다. 따라서 주주들은 자신의 자본비용을 상쇄하고도 남는 초과이익이 기대될 경우에만 투자하는 것이 당연하며, 이러한 초과이익이 실질적인 기업가치를 제고시키는 원천이기도 하다.

이러한 시각을 바탕으로 기업가치의 원천을 회계적 이익이 아닌 경제적 이익으로 인식하고, 기업의 영업활동에 사용된 모든 자본에 대한 자본비용을 고려한 성과평가지표를 경제적 부가가치(Economic Value Added : EVA)라고 한다.

2 EVA산정 및 가치창출 요소

(1) EVA의 산정

EVA는 기업이 영업활동을 통해 창출한 이익에서 투입된 자본에 대한 자본비용을 차감한 후의 경제적 이익(Economic Profit)을 의미한다. 여기서 '경제적 이익'이란 자기자본비용을 비롯한 모든 자본비용을 고려한 후의 실질적인 초과이익의 의미로서 '회계적 이익'과 대응되는 개념이다. 결국 EVA는 가치판단 및 투자의사결정의 주체인 주주의 입장에서 기업의 수익성을 보다 명확하게 보여주는 지표라고 할 수 있다.

EVA는 현실적으로 세후영업이익(NOPAT)에서 영업투하자본(Invested Capital)의 자본비용(Capital Charges)을 차감하여 산정한다. 여기서 세후영업이익은 앞서 현금흐름할인모형에서 설명한 것과 정확히 동일한 개념이다. 기업의 본연적 영업활동의 결과로 창출된 이익으로서 회계적 분류기준이 아닌 경제적 관점의 이익이다. 즉, 회계적으로 영업외손익으로 분류된 항목이라고 하더라도 그것이 영업활동으로부터 비롯된 손익이고 동시에 경상적이고 반복적이라면 이를 포함한 이익이다. 한편 자본비용은 영업활동에 소요된 투하자본에 대한 가중평균 자본비용을 할인율(Cost of Capital) 기준이 아닌 금액(Capital Charges) 기준으로 표시한 것이다. 따라서 이는 영업투하자본에 가중평균 자본비용의 곱으로 계산할 수 있다.

> EVA＝세후영업이익(NOPAT)－자본비용(Capital Charges)
>
> 자본비용(Capital Charges)＝영업 투하자본(IC)×가중평균 자본비용(WACC)
>
> IC : Invested Capital(영업 투하자본)
>
> WACC : Weighted Average Cost of Capital(가중평균 자본비용)

 예시 1

A기업의 영업투하자본과 자본비용, 그리고 영업이익에 대한 정보는 다음과 같다. EVA를 계산하면 다음과 같다.

(단위 : 억 원)

자기자본(D)	300	자기자본비용(K_e)	15%	자기자본비중(W_e)	50%
타인자본(E)	500	세후 타인자본비용($K_d(1-t)$)	5%	타인자본비중(W_d)	50%
영업투하자본(IC)	800	가중평균 자본비용(WACC)	10%	법인세율(tax rate)	25%
영업이익(EBIT)	133				

(풀이)

세후영업이익(NOPAT)＝영업이익$(1-t)$＝$133×(1-25\%)$＝100억 원

자본비용(Capital Charges)＝영업 투하자본(IC)×가중평균 자본비용(WACC)

$$＝800×10\%＝80억 원$$

EVA＝세후영업이익－자본비용＝$100-80$＝20억 원

한편, 세후영업이익을 영업 투하자본으로 나눈 값을 투하자본수익률(Return of Invested Capital : ROIC)로 정의할 수 있으며, 이를 EVA의 기본 산식에 대입 후 재정리하면 다음과 같이 표현될 수 있다.

> EVA = 세후영업이익(NOPAT) − 영업 투하자본(IC) × 자본비용(WACC)
> $\quad$ = $\quad$ IC $\quad$ × $\quad$ (NOPAT/IC − WACC)
> $\quad$ = $\quad$ IC $\quad$ × $\quad$ (ROIC − WACC)
> $\quad\quad\quad$ (양적 측면) $\quad$ (질적 측면)
> ROIC : Return on Invested Capital(투하자본수익률) = NOPAT/IC

즉, EVA는 영업 투하자본(IC)에 대한 자본비용 초과수익률(ROIC − WACC)의 곱으로도 산정될 수 있다. 따라서 EVA는 경제적 이익의 양적 측면(영업용 투하자본)과 질적 측면(ROIC − 자본비용)을 동시에 측정할 수 있게 된다. 질적 측면은 초과수익률 개념으로서 일정한 영업투하자본에 대한 투하자본수익률(ROIC)과 그 자본비용(WACC)의 차이를 나타내며, 이 차이가 클수록 자본비용 대비 자본효율성이 높아 경제적 가치가 증대되는 것을 의미한다. 또한 양적 측면에서는 일정한 초과수익률 하에서 영업 투하자본의 규모가 클수록 경제적 부가가치의 절대규모도 확대된다는 것으로 보여준다. 따라서 경제적 부가가치는 투하자본의 규모와 초과수익률의 크기로 결정되는 성과지표이다.

예시 2

앞서 예시에서 제시된 A기업에 대해 EVA를 IC×(ROIC − WACC)의 산식에 의해 다음과 같이 산정할 수 있다.

(풀이)
투하자본수익률(ROIC) = 세후 영업이익/영업 투하자본 = 100/800 = 12.5%
가중평균 자본비용(WACC) = 10%
EVA = IC×(ROIC − WACC) = 800 × (12.5% − 10.0%) = 20억 원

예시 3

B기업의 총자산 1,500억 원, 영업부채 300억 원, 비영업자산 200억 원, 영업이익 200억 원, 법인세율 25%인 경우 ROIC를 계산하라.

(풀이)

IC = 1,500 − 300 − 200 = 1,000억 원

NOPAT = 200 × (1 − 25%) = 150억 원

ROIC = 150/1,000 = 15%

> **! 예시 4**

다음은 C기업의 요약 재무상태표 및 포괄손익계산서이다. 이하 영업외손익 중 임대료 수입과 기부금은 경상적으로 발생하며, 회사의 본연적 영업활동과 관련된 손익이다. 동 회사의 가중평균 자본비용(WACC)은 12.0%일 때 EVA는 다음과 같이 산정된다.

(단위 : 억 원)

차변				금액	대변	금액
					매입채무	300
현			금	100	선수금	100
매	출	채	권	500	차입금	600
재	고	자	산	400	회사채	400
유	형	자	산	1,000	자기자본	600
자산				2,000	부채와 자본	2,000

(단위 : 억 원)

손익계산서	금액	자본비용	
매출액	2,000	K_e	16.0%
영업이익	450	K_d	8.0%
영업외수익		$K_d(1-t)$	6.0%
(경상적 수입임대료)	50	W_e	60%
영업외비용		W_d	40%
(이자비용)	48	법인세율	25%
(경상적 기부금)	100	WACC	12.0%
세전이익	352		

(풀이)

EVA는 다음 두 가지 방식으로 산정이 가능하다.

① EVA = 세후영업이익(NOPAT) − 자본비용(Capital Charges)

= 300억 원 − 192억 원 = 108억 원

• 세후영업이익(NOPAT) = EBIT(1 − t) = 400 × (1 − 25%) = 300억 원

EBIT = 회계상 영업이익 + 영업 관련 영업외손익(수입임대료 − 기부금)

= 450 + (50 − 100) = 400억 원

- 자본비용(Capital Charges) = 영업 투하자본(IC) × 가중평균 자본비용(WACC)
$$= 1,600 × 12\% = 192억 원$$

- 영업 투하자본 = 자기자본 + (차입금 + 회사채) − 비영업자산투자
$$= 600 + (600 + 400) − 0 = 1,600$$

- 가중평균 자본비용 = 12%

② EVA = 영업 투하자본(IC) × (ROIC − WACC)
$$= 1,600억 원 × (18.750\% − 12.0\%) = 108억 원$$

- 영업 투하자본 = 1,600

- ROIC = 세후영업이익/영업 투하자본 = 300/1,600 = 18.750%

(2) 가치 창출 요소

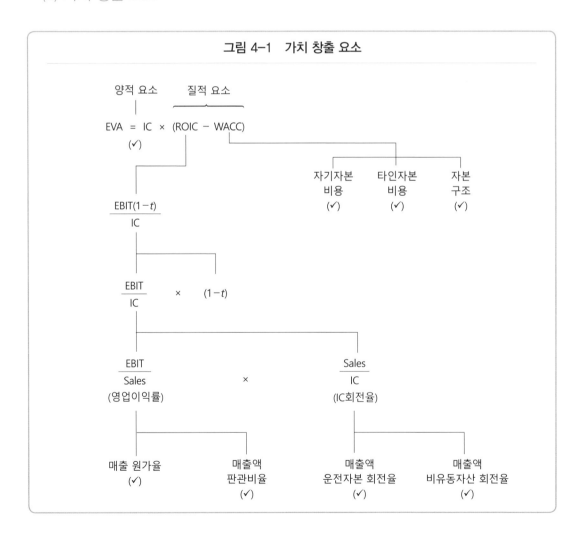

그림 4-1 가치 창출 요소

앞서 언급한 바와 같이 경제적 부가가치는 '투하자본의 절대규모'와 '초과수익률의 크기'로 결정되는 성과지표이다.

따라서 EVA의 구조를 분해하여 분석하면, 다음과 같이 (✔) 표시한 각각 요소별로 성과에 대한 요인분석이 가능하며, 기업가치를 제고시키기 위해서는 각 요소들의 현실적 적정성에 대한 평가와 개선 가능성에 대한 노력이 필요하다.

3   EVA에 의한 가치평가

경제적 부가가치(EVA)는 자본비용이 고려된 후의 초과이익이라는 점에서 곧 기업가치의 증가분을 의미한다. 따라서 매년 기대되는 경제적 부가가치를 현재가치(Present Value)화한 값은 기업가치 중 투하자본 초과분이라고 할 수 있고, 이를 이론적으로 시장부가가치(MVA : Market Value Added)라고 한다. 따라서 기업가치는 투하자본과 이의 자본비용을 초과하는 초과이익 현가(MVA)의 합으로서 다음과 같이 산정될 수 있다.

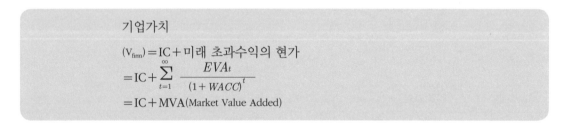

기업가치

$$(V_{firm}) = IC + 미래\ 초과수익의\ 현가$$
$$= IC + \sum_{t=1}^{\infty} \frac{EVA_t}{(1 + WACC)^t}$$
$$= IC + MVA(\text{Market Value Added})$$

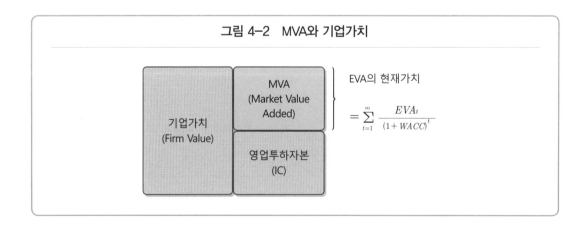

그림 4-2   MVA와 기업가치

EVA의 현재가치

$$= \sum_{t=1}^{\infty} \frac{EVA_t}{(1 + WACC)^t}$$

예를 들면, 어느 기업이 가중평균 자본비용 10%를 부담하면서 500억 원의 영업 투하자본을 사용하여 매년 30억 원의 EVA를 영구히 창출할 수 있다면, 시장부가가치(MVA)는 300억 원이고, 기업가치는 영업 투하자본(500억 원)과 시장부가가치(300억 원)의 합인 800억 원으로 산정될 수 있다.

시장부가가치(MVA)의 개념은 기업이 본연의 영업활동에 필요한 자본을 주주 및 채권자로부터 조달하여 얼마의 가치를 부가시켰는가를 나타낸다. 따라서 MVA가 양(+)의 값이라는 것은 기업이 미래에 자본비용을 상회하는 가치를 창출한다는 의미이며, 반대로 음(−)인 경우는 자본비용을 상쇄하지 못하는 낮은 수익을 창출함으로써 결국 기업가치를 감소시킨다는 것을 나타낸다.

 예시 1

앞에서 제시된 C기업의 경우의 산정된 EVA가 향후에도 매년 일정하게 지속될 것으로 가정할 때, 기업가치는?

(풀이)
EVA = 108억 원
MVA = EVA/(WACC − g) = 108/(12% − 0%) = 900억 원
기업가치 = 영업투하자본 + MVA = 1,600 + 900 = 2,500억 원

 예시 2

D기업의 세후영업이익은 매년 150억 원으로 일정하게 지속될 것으로 예상된다. 가중평균 자본비용이 10%이고, 영업 투하자본은 1,000억 원일 때 EVA에 의한 기업가치는? (단, 동사의 비영업자산은 없다고 가정)

(풀이)
EVA = 세후영업이익 − 자본비용 = 150 − (1,000 × 10%) = 50억 원
MVA = 50억 원 /10% = 500억 원
기업가치 = 영업 투하자본 + MVA = 1,000 + 500 = 1,500억 원

 예시 3

다음은 E기업의 향후 예상되는 세후영업이익과 영업 투하자본에 대한 연도별 순투자금액의 예상

치이다. 평가일 현재 영업 투하자본은 2,000억 원이고, 가중평균자본비용이 10%일 때, E기업에 대한 기업가치를 DCF법과 EVA법에 의해 각각 산정하면?

	평가일 현재	추정기간 5년					추정기간 이후 매년 일정
		1차년	2차년	3차년	4차년	5차년	
세후영업이익		200	250	300	350	400	450
영업 투하자본 순투자		(200)	(200)	(200)	(200)	(200)	0
자본비용(WACC)	10%						
평가일 현재 영업 투하자본(IC)	2,000						

(풀이)

1. DCF법에 의한 기업가치평가

DCF법에 의한 추정기간 FCFF의 현재가치는 343억 원, 추정기간 이후 FCFF의 현재가치는 2,794억 원으로 계산되므로 기업가치는 이 둘의 합계인 3,137억 원이 산정된다. 여기서 추정기간말 Terminal Value는 다음과 같이 계산된다.

TV = 450억 원/(10% − 0%) = 4,500억 원

	평가일 현재	1차년	2차년	3차년	4차년	5차년
세후영업이익		200	250	300	350	400
영업 투하자본 순투자		(200)	(200)	(200)	(200)	(200)
추정기간 FCFF		0	50	100	150	200
연도별 현가 계수		0.9091	0.8264	0.7513	0.6830	0.6209
추정기간 FCFF 현재가치	343					
추정기간말 TV						4,500
추정기간말 현가계수						0.6209
추정기간 이후 FCFF 현재가치	2,794					
기업가치	3,137					

2. EVA법에 의한 기업가치평가

EVA에 의한 기업가치평가 역시 추정기간 EVA의 현재가치는 206억 원으로 산정되며, 추정기간 이후 EVA 현재가치는 931억 원으로 계산된다. 이 둘의 합계인 1,137억 원이 MVA이므로 여기에 평가일 현재 영업 투하자본 2,000억 원을 가산하며 기업가치는 3,137억 원으로 산정된다.

	평가일 현재	1차년	2차년	3차년	4차년	5차년
순투자 세후 영업이익		200	250	300	350	400
자본비용(금액)		(200)	(220)	(240)	(260)	(280)
영업 투하자본(기초)		2,000	2,200	2,400	2,600	2,800
영업 투하자본 순투자		200	200	200	200	200
영업 투하자본(기말)		2,200	2,400	2,600	2,800	3,000
WACC		10%	10%	10%	10%	10%
추정기간 연도별 EVA		0	30	60	90	120
연도별 현가 계수		0.9091	0.8264	0.7513	0.6830	0.6209
추정기간 EVA 현재가치	206					
추정기간말 EVA 현가						1,500
추정기간말 현가 계수						0.6209
추정기간 이후 EVA 현재가치	931					
MVA	1,137					
IC	2,000					
기업가치	3,137					

여기서 추정기간말 EVA 현가는 다음과 같이 산정된다.

추정기간 이후 연도별 EVA = 세후 영업이익 − 자본비용 = 450 − (3,000 × 10%) = 150억 원

추정기간말 EVA의 현재가치 = 150/10% = 1,500억 원

종래의 기업가치 원천으로 사용한 회계적 이익은 단순히 법인세 차감 후 순이익을 기준으로 경영성과를 평가함으로써 자본조달에 따른 자본비용을 충분히 감안하지 못하였으며, 경영자들이 자기자본비용을 자신들의 성과의 일부분으로 잘못 인식하게 하는 오류를 범하게 하고 있다. 회계적 이익이 유용성에도 불구하고 경영성과 지표로서 한계성을 갖는 것은 투자수익률과 자본비용 개념이 반영되지 않았기 때문이며, 이러한 점에서 EVA의 의의가 있다.

앞서 언급한 바와 같이 EVA는 나름대로의 장점을 가지고 있고 논리적으로 기업가치와 상호 연계된 개념이지만, 다음과 같은 보완해야 할 점들을 가지고 있다.

첫째, EVA는 투하자본수익률(Return on invested capital)이라는 회계지표를 토대로 산출되기 때문에 감가상각에 영향을 많이 받는다. 감가상각이 많이 진행된 자산을 가지고 있는 경우 EVA는 높게 평가된다.

둘째, EVA는 장기간에 걸친 기업가치를 일정기간 동안의 성과평가를 위해 기간별로 분해한 것이기 때문에 특정 연도의 EVA의 수치만으로는 그 기업의 장래 경영성과나 가치창출 여

부를 제대로 판단하기 어렵다. 특히, 투자의 회수기간이 길 경우 EVA만으로는 그 기업의 가치를 정확히 판단하기 어렵다.

셋째, EVA는 증가된 부가가치의 크기를 비율이 아닌 금액으로 표시한다. 그러므로 기업활동으로부터 얻어진 경제적인 의미의 부가가치를 화폐단위로 측정할 수 있는 이점이 있다. 반면 자본의 투하량에 따라 EVA의 절대적인 크기가 영향을 받으므로 기업규모가 크면 EVA도 따라서 커지고 기업규모가 작으면 EVA도 작아진다. 따라서, 기업 간의 EVA 비교 시 기업규모를 고려해야 한다.

section 02 | RIM에 의한 가치평가

1 RIM 개요

(1) 정의

초과이익모형(Residual Income Model : RIM)은 미래 예상실적 추정치를 통해 산출한 초과이익(Residual Income : RI)을 통해 기업가치를 평가하는 절대가치 평가방법이다.

(2) RIM의 장점

첫째, DCF Model의 한계점을 최소화시켰다. 자기자본의 장부가액을 활용함으로써 추정의 주관성을 최소화시켰으며 잔여가치 또는 잔존가치(Terminal Value)에 대한 영향력을 최소화시켰다.

둘째, 이론적으로 배당할인모형, 현금흐름할인모형과 같은 결과값을 도출하지만 배당정책의 예측이 어렵거나 Free Cash Flow가 (-)인 경우에도 적용이 가능하다.

셋째, DCF Model의 단점인 개별 추정기간 이후의 현금흐름인 잔존가치 추정 시 분석자의 자의성을 최소화한 객관적인 방법이다.

(3) RIM(Residual Income Model)의 구성

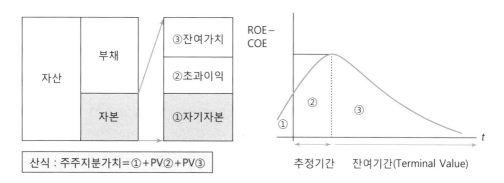

RIM에 의해 산출된 주식가치는 위에서 보듯 3가지의 성격이 상이한 가치로 구성되어 있으며, ROE의 지속성 여부에 따라 초과이익과 잔여가치가 구성되므로, 두 부분의 추정이 매우 중요하다.

(4) 산식

측정대상	산출식
주주자분	$자기자본 + \Sigma \dfrac{초과이익}{(1+K_e)^n} + \Sigma \dfrac{잔여가치}{(1+K_e)^n}$ Ke : 자기자본비용

① 자기자본 : 초과이익 추정기간 시점의 재무상태표상 기초자기자본
② 초과이익 : 초과이익 추정기간 동안의 초과이익
③ 잔여가치 : 초과이익 추정기간 이후의 성장율(감소율)을 고려한 초과이익

T년 말 이후 초과이익의 예상치	잔여가치	
"0"에 가까운 초과이익	0	
일정한 초과이익이 지속	$RI(t)/Ke$	
일정률로 감소하는 경우	$RI_t \times \omega/(1+Ke-\omega)$	→ 합리적
일정률로 성장하는 경우	$RI_t \times (1+g)/(Ke-g)$	

주) $RI(t)$: 초과이익, Ke : 자기자본비용, g : 초과이익의 성장률
   ω : 초과이익의 지속성계수(persistence parameter) $(0 \leq \omega < 1)$

상기 표에서 가장 합리적이고 현실적인 경우는 초과이익이 일정률로 감소하는 경우이다. 초과이익의 지속성계수(persistence parameter)가 0에서 1사이라는 것($0 \leq \omega < 1$)은 기업 간 경쟁

에 의해 초과이익이 점차 소멸되어 갈 것이라는 경제적 논리가 내포되어 있으며, 지속성계수의 장기적인 기대치는 0이다. 그러나 현실적으로 보수적 회계(conservative accounting)가 존재하며 유형자산에 대한 조기감가상각과 무형자산 투자의 비용화 등으로 순자산가액의 과소계상으로 인한 초과이익의 과대계상화로 미래초과이익이 장기적으로 0에 접근하지 않을 수 있다.

초과이익의 지속성계수(ω)가 0.5라면 약 5년 정도 후면 $0.5^5 = 0.0315$로 초과이익이 거의 없어지는 평균회귀현상(mean reverse)을 나타낸다. 예를 들어, 현재 어떤 기업이 특정 산업에서 왕성한 영업활동으로 초과이익을 창출하고 있다면, 동 산업에 타기업이 진출하여 경쟁심화로 약 5년 정도 후면 초과이익 창출의 기회가 없어진다는 것이다. 따라서 초과이익의 현재가치를 계산함에 있어 무한대를 가정할 필요가 없이 5년까지의 초과이익의 현재가치의 합을 기업가치 요소에 포함시키면 된다는 것을 의미한다.

2 RIM 산식

초과이익모형(RIM)에 의하면 주주지분가치(Equity Value)는 평가 시점의 자기자본의 장부가치에 미래 초과이익의 현재가치를 합쳐서 산정한다.

> 주주지분가치 = 자기자본 장부가치 + 미래 초과이익의 현재가치
> $$V_t = BV_0 - \Sigma(NI_t - K_e \cdot BV_{t-1})/(1+K_e)^t$$
> $$= BV_0 - \Sigma[(BV_{t-1}(ROE_t - K_e)]/(1+K_e)^t$$
> - K_e : 자기자본비용(COE, Cost of Equity) = 최저 필수 수익률(required rate of return)
> $\qquad\qquad\qquad\qquad\qquad\qquad\quad$ = 정상이익률(normal rate of return)
> - 초과이익 = 회계이익(NI, Net Income) − 자기자본의 사용대가
> $\qquad$ = 회계이익 − K_e × 기초 자기자본
> $\qquad$ = $(ROE - COE)$ × 기초 자기자본

여기서 자기자본 장부가치의 내재적 프리미엄(intrinsic premium)은 주주지분가치에서 자기자본 장부가치를 차감한 값이며 미래 초과이익의 현재가치에 해당한다.

> 자기자본 장부가치의 내재적 프리미엄(intrinsic premium) = 주주지분가치 − 자기자본 장부가치
> = 미래 초과이익의 현재가치

3 　 RIM 잔여가치

초과이익 추정기간 이후의 성장율(감소율)을 고려한 잔여가치는 아래 4가지 경우를 고려해볼 수 있다.

(1) T기간 중에 초과이익이 점차 소멸되어 0에 접근하는 경우

잔여가치 추정치 0으로 가정함

	추정기간(T=5)					잔여가치		
	1년	2년	3년	4년	5년	6년	7년	...
초과이익	70	65	45	38	10			

(2) T기간 중에 초과이익이 0에 접근하지 않는 경우

잔여가치 $= RI_5 \times \omega / (1 + K_e - \omega)$

전년대비 초과이익 비율 : 3년차 0.91, 4년차 0.9, 5년 0.89 → $\omega = 0.9$로 가정

	추정기간(T=5)					잔여가치		
	1년	2년	3년	4년	5년	6년	7년	...
초과이익	30	55	50	45	40			

(3) T기간 중에 초과이익이 일정 수준으로 유지되고 있는 경우

잔여가치 $= RI_5 / K_e$

초과이익이 소멸되지 않고 3년차부터 5년차까지 비슷한 크기임 → 초과이익 20 가정

	추정기간(T=5)					잔여가치		
	1년	2년	3년	4년	5년	6년	7년	...
초과이익	15	25	20	23	20			

(4) T기간 중에 초과이익이 증가하고 있는 경우

$$잔여가치 = RI_5(1+g) / (K_e-g)$$

초과이익의 증가추세를 잔여가치 추정에 반영시킴

	추정기간(T=5)					잔여가치		
	1년	2년	3년	4년	5년	6년	7년	···
초과이익	25	30	30	35	40			

4 RIM과 EVA Model

초과이익 개념의 성과지표로 주주 관점의 RIM(Residual Income Model)과 전체 투자자 관점의 EVA Model(Economic Value Added Model)이 있다.

RIM(Residual Income Model)	EVA Model(Economic Value Added Model)
• 관점 : 주주	• 관점 : 채권자 및 주주
• RI=당기순이익－자기자본×자기자본비용(Ke)	• EVA=세후영업이익－영업용 투하자본 ×가중평균자본비용(WACC)
• RI=자기자본×(ROE－Ke)	• EVA=영업용 투하자본×(ROIC－WACC)
• Equity Value=자기자본+미래 RI 현재가치의 합	• Firm Value(FV)=투하자본+MVA(미래 EVA 현재가치의 합)+비영업용자산 • Equity Value=FV－Debt

5 RIM에 의한 가치평가

 예시 1

A기업은 20억원의 자산을 타인자본과 자기자본 50:50으로 조달하고 있다. 세전 타인자본비용은 7%, 자기자본비용은 12%이다. 영업이익은 2억원이며 법인세율은 30%로 가정한다. A기업의 초과이익을 계산하라.

(풀이)

1. 당기순이익 산정

영업이익	₩200,000,000
(−) 지급이자	70,000,000
법인세차감전이익	₩130,000,000
(−) 법인세	39,000,000
당기순이익	₩91,000,000

2. 자기자본비용 산정

자기자본비용(금액) = 자기자본 × 자기자본비용(%) =

₩1,000,000,000 × 12% = ₩120,000,000

3. 초과이익 산정

당기순이익	₩91,000,000
(−) 자기자본비용	120,000,000
초과이익	₩(29,000,000)

 예시 2

B기업의 향후 3년간 EPS는 ₩2,000, ₩2,500, ₩4,000으로 예상되며, 향후 3년간 주당 배당금은 ₩1,000, ₩1,250, ₩12,250으로 예상된다. B기업은 3년 후에 청산할 것으로 예상되며 따라서 마지막 배당금은 청산 배당금의 성격이라고 볼 수 있다. B기업의 주당 순자산가액은 ₩6,000이며 주주의 요구수익률은 10%로 가정한다.

(물음)

1. 향후 3년간 주당 순자산가액과 초과이익을 산정하시오.
2. 초과이익모형(Residual Income Model, RIM)을 이용하여 주식가치평가를 하시오.

(풀이)

1. 순자산가액과 초과이익 산정

연도		1	2	3
기초 주당 순자산가액		₩6,000	₩7,000	₩8,250
주당 순이익		2,000	2,500	4,000
(−) 주당 배당금		1,000	1,250	12,250
이익잉여금 변동		1,000	1,250	−8,250
기말 주당 순자산가액		7,000	8,250	−
주당 순이익		2,000	2,500	4,000
(−) 주당 자기자본비용	10.0%	600	700	825
초과이익		₩1,400	₩1,800	₩3,175

2. 주식가치평가

$Value_0 = 6,000 + 1,400/1.1^1 + 1,800/1.1^2 + 3,175/1.1^3 = ₩11,146$

예시 3

C기업은 지난 10년간 높은 ROE를 유지하였으며, 가치평가를 위한 재무적 가정은 아래와 같다. 아래 자료를 이용하여 초과이익모형(Residual Income Model, RIM)을 이용하여 주식가치평가를 수행하시오.

- CAPM에 따른 주주의 요구수익률은 10.5%이다.
- 가치평가일 현재 주당 순자산가액은 ₩5,020이다.
- 다음 년도 ROE는 29%로 예상된다. 경쟁심화로 인해 주주의 요구수익률에 도달할 때까지 ROE는 매년 0.9%씩 감소하며, 주주의 요구수익률에 도달하는 마지막 연도는 0.9%보다 적은 수치로 감소한다.
- 향후 배당금 지급은 없을 것으로 예상된다.
- 자사주 취득과 신주발행의 효과가 서로 상쇄되어 주식 수 변동은 없는 것으로 가정한다.

(풀이)

초과이익모형(Residual Income Model, RIM)을 이용한 주시가치평가 결과는 아래와 같이 주당

₩27,763.8로 산정이 되었다.

연도 1	연도 2	EPS	주당 배당금	BPS	ROE	Ke	자기자본 비용	RI	현재가치
		(+)	(−)	₩5,020					5,020.0
1	20×1	1,455.8	0.0	6,476	29.0%	10.5%	527.1	928.70	840.5
2	20×2	1,819.7	0.0	8,295	28.1%	10.5%	680.0	1,139.74	933.4
3	20×3	2,256.4	0.0	10,552	27.2%	10.5%	871.0	1,385.35	1,026.8
4	20×4	2,775.1	0.0	13,327	26.3%	10.5%	1,107.9	1,667.20	1,118.2
5	20×5	3,385.1	0.0	16,712	25.4%	10.5%	1,399.3	1,985.73	1,205.3
6	20×6	4,094.5	0.0	20,807	24.5%	10.5%	1,754.8	2,339.69	1,285.2
7	20×7	4,910.3	0.0	25,717	23.6%	10.5%	2,184.7	2,725.66	1,355.0
8	20×8	5,837.7	0.0	31,555	22.7%	10.5%	2,700.3	3,137.46	1,411.5
9	20×9	6,878.9	0.0	38,434	21.8%	10.5%	3,313.2	3,565.67	1,451.7
10	2×10	8,032.6	0.0	46,466	20.9%	10.5%	4,035.5	3,997.09	1,472.7
11	2×11	9,293.2	0.0	55,759	20.0%	10.5%	4,878.9	4,414.28	1,471.9
12	2×12	10,650.0	0.0	66,409	19.1%	10.5%	5,854.7	4,795.30	1,447.0
13	2×13	12,086.5	0.0	78,496	18.2%	10.5%	6,973.0	5,113.52	1,396.4
14	2×14	13,579.8	0.0	92,076	17.3%	10.5%	8,242.1	5,337.72	1,319.1
15	2×15	15,100.4	0.0	107,176	16.4%	10.5%	9,667.9	5,432.47	1,215.0
16	2×16	16,612.3	0.0	123,788	15.5%	10.5%	11,253.5	5,358.81	1,084.6
17	2×17	18,073.1	0.0	141,862	14.6%	10.5%	12,997.8	5,075.32	929.6
18	2×18	19,435.0	0.0	161,297	13.7%	10.5%	14,895.5	4,539.57	752.5
19	2×19	20,646.0	0.0	181,943	12.8%	10.5%	16,936.1	3,709.82	556.5
20	2×20	21,651.2	0.0	203,594	11.9%	10.5%	19,104.0	2,547.20	345.8
21	2×21	22,395.3	0.0	225,989	11.0%	10.5%	21,377.3	1,017.97	125.1
22	2×22	23,728.8	0.0	249,718	10.5%	10.5%	23,728.8	−	−
								합계	27,763.8

chapter 05

공모주식 가치평가

section 01 | 공모가 산정방법

(1) 공모가 산정방법 변천

2002년 8월 기업공개(IPO) 시 공모주식에 대한 주식가치 분석기준이 완전 자율화된 이후 현재 공모주식의 가격결정에 대한 규제는 거의 존재하지 않는다. 현재 규정에 따른 공모가 산정방법은 다음과 같이 다양한 방법을 적용할 수 있다(증권 인수업무 등에 관한 규정 제5조 제1항).

> 증권 인수업무 등에 관한 규정
> 제5조(주식의 공모가격 결정 등)
> ① 기업공개를 위한 주식의 공모가격은 다음 각 호의 어느 하나에 해당하는 방법으로 결정한다.
>   1. 인수회사와 발행회사가 협의하여 단일가격으로 정하는 방법
>   2. 기관투자자를 대상으로 수요예측을 실시하고 그 결과를 감안하여 인수 회사와 발행회사가 협의하여 정하는 방법

3. 대표주관회사가 사전에 정한 방법에 따라 기관투자자로부터 경매의 방식으로 입찰가격과
   수량을 제출받은 후 일정가격(이하 "최저공모가격"이라 한다) 이상의 입찰에 대해 해당
   입찰자가 제출한 가격으로 정하는 방법
4. 대표주관회사가 사전에 정한 방법에 따라 기관투자자로부터 경매의 방식으로 입찰가격과
   수량을 제출받은 후 산정한 단일가격으로 정하는 방법

2002년 8월 자율화 이전까지 주식공모 시 가치평가는 관련 규정(舊 유가증권인수업무에 관한 규칙)에서 제시된 방식에 따라 획일적으로 본질가치와 상대가치를 분석하고, 그 결과를 증권신고서에 기재하도록 의무화되었었다. 따라서 당시까지 신규상장 업체들의 증권신고서 중 증권분석내용을 살펴보면 모두 동일한 방식을 취하고 있다.

본질가치 평가방법은 2002년 8월 舊 「유가증권 인수업무에 관한 규칙」 개정 이전에 공모주식의 평가를 위해 사용하던 규정상의 평가방법으로 최근 사업연도의 자산가치와 향후 2개년 추정손익을 기준으로 한 수익가치를 1과 1.5의 가중치를 두어 산출하는 절대가치 평가방법의 한 기법이다. 그러나, 본질가치를 구성하는 자산가치는 역사적 가치로서 기업가치를 평가함에 있어 과거 실적을 중요시 한다는 점에 있어 한계가 있으며, 또한 이를 보완하는 향후 2개년간 추정손익에 의해 산정되는 수익가치는 손익 추정 시 평가자의 주관 개입 가능성, 추정기간의 불충분성 및 할인율인 자본환원율로 인한 기업가치의 고평가 가능성 등은 한계점으로 지적되고 있다.

2002년 8월 舊 한국증권업협회는 인수시장의 선진화 및 국제적 정합성 제고를 위한 '인수제도개선방안(2002. 5. 22)'의 내용에 따라 舊 「유가증권 인수업무에 관한 규칙」을 개정하였다. 개정 규칙은 종전 기업공개 및 협회 등록 공모 시 증권회사의 인수업무 절차와 방법에 대해 구체적으로 정하는 방식을 과감히 탈피하고, 인수과정의 세부절차와 방법을 자율화하여 증권가치분석, 공모 가격결정방식, 청약 및 배정 등 인수절차 전반에 대한 규제를 폐지하였다. 증권분석기준이 폐지됨에 따라 주관회사가 다양한 방법으로 주식가치를 평가할 수 있게 되었다.

(2) 주요 공모가 산정방법

유가증권 분석기준의 자율화 이후, 실무적으로 적합한 유사 상장회사가 있는 경우 상대가치에 의한 공모주식 평가가 통상적인 방식으로 자리를 잡았다. 여기서 상대가치란 앞서 Chapter 2 상대가치평가법에서 설명된 주가순이익비율(PER), EV/EBITDA비율, 주가순자산비

율(PBR), 주가매출액비율(PSR) 등 배수모형 가치평가(Multiple Method Valuation)를 의미한다.
이하에서는 몇 가지 배수모형에 의한 가치평가 실제사례를 살펴본다.

❶ 주가순이익비율(PER)에 의한 공모가 산정(바이오 신약개발 사례)

적용 투자지표	투자지표의 적합성
PER	PER(주가수익비율)는 해당 기업의 주가가 주당순이익(EPS)의 몇 배인지를 나타내는 비율로서 기업 수익력의 성장성, 위험 등의 측면이 총체적으로 반영되는 가장 일반적인 투자지표이다. PER는 순이익 기준으로 비교가치를 산정하므로 수익성을 잘 반영하고 있을 뿐만 아니라 개별기업 수익력의 성장성, 위험 등을 반영 하여 업종평균 대비 할증 또는 할인하여 적용할 수 있기 때문에, 동사와 같이 배당의 재원이 되는 수익성(주당순이익)이 중요한 회사의 경우 가치평가의 적합성을 내포하고 있어 적용하였다.

❷ 주가순자산비율(PBR)에 의한 공모가 산정(장치산업 사례)

적용 투자지표	투자지표의 적합성
PBR	PBR(주가순자산비율)은 해당 기업의 주가가 BPS(주당순자산)의 몇 배인가를 나타내는 지표로 엄격한 회계기준이 적용되고 자산건전성을 중요시하는 금융기관의 평가나 고정자산의 비중이 큰 장치산업의 경우 주로 사용되는 지표이다. 동사의 경우 보유하고 있는 대규모 유형자산을 기반으로 부동산 활용 능력을 확대하는 것이 산업 특성상 중요한 요소로서 회사의 성장성, 수익성 등의 가치 반영 측면에서 순자산가치가 가치평가의 적합성을 내포하고 있다고 판단하여 PBR 평가방법을 적용하였다.

❸ EV/Capacity에 의한 공모가 산정(바이오 CMO 사례)

적용 투자지표	투자지표의 적합성
EV/Capacity	산업의 고유 특성에 따라, 재무실적에 기초한 상대가치 평가법 외에도 배럴당 기업가치(EV/Barrel), Acre당 기업가치(EV/Acre), 메가와트 당 기업가치(EV/MW) 등 매장량 또는 생산능력 대비 기업가치 평가법이 일반적인 기업가치 평가방법의 대안으로 사용되고 있다. 동사가 영위하는 바이오 CMO 사업에 있어서도, 생산능력이 가장 중요한 척도로서 EV/Capacity 방식의 상대가치평가법이 동사의 기업가치 산출에 적합하다고 판단하였다. 또한, 증권신고서 제출일 현재 동사는 본격적인 이익을 창출하기 이전 단계이므로, 현재 시점의 재무수치에 기초한 상대가치 평가법보다는 관측가능하고 비교가능성이 높은 생산능력을 활용한 상대가치 평가를 수행하는 것이 기업가치 산출에 적합하다고 판단하였다.

❹ EV/Sales에 의한 공모가 산정(바이오 CMO 사례)

적용 투자지표	투자지표의 적합성
EV/Sales	일반적으로 EV/Sales는 해당 기업가치(EV)가 매출액의 몇 배인지 나타내는 지표로 매출액이 기업가치 평가의 가장 중요한 척도인 경우이거나 경영실적이 적자(−)인 경우 이용되고 있다. 유사한 평가방법으로는 PSR이 있으나, 매출액은 주주가치뿐 아니라 기업가치 전체에 기여를 한다는 측면에서 PSR보다는 EV/Sales가 이론적으로 우월한 방법이다. EV/Sales가 적합한 투자지표로 이용되기 위해서는 비교기업간 매출액 대비 수익률이 유사해야 하며, 미래 성장률 및 보유자산 가치 등이 유사해야 한다. 한편, 매출액 수준이 유사하지만 성장률이 현격히 차이가 나는 경우에 단순한 EV/Sales 비교로는 그 성장률 차이로 인해 발생하는 기업가치 차이를 올바르게 반영하지 못한다는 한계점이 있다. 동사는 증권신고서 제출일 현재 사업 초기임에 따라 낮은 매출액과 당기순손실을 시현중이나, 향후 2, 3공장의 본격적인 가동에 따라 높은 매출 성장이 기대되는바 성장률을 반영한 EV/Sales 평가방법이 동사의 기업가치 산출에 적합하다고 판단하였다.

❺ EV/Pipeline에 의한 공모가 산정(바이오 신약개발 사례)

적용 투자지표	투자지표의 적합성
EV/Pipeline	① 의의 EV/Pipeline은 기업가치가 보유 파이프라인 시장규모의 몇 배 인지를 나타내는 수치로, 현재 개발 및/또는 판매하고 있는 제품 파이프라인의 오리지널 의약품 시장규모, 진행단계 및 성공가능성 등이 기업가치에 어느 정도 기여하고 있는지를 함의하는 배수이다. EV/Pipeline 배수는 보유 파이프 라인 시장규모 및 상업화 진행단계가 기업가치에 중요한 역할을 할 때 적용할 수 있는 지표이다. EV/Pipeline은 계산이 간단하고, 직관적이며 이해하기 쉬운 장점이 있다. ② 산출 방법 EV/Pipeline 평가방법을 적용한 상대가치는 회사가 보유한 파이프라인의 오리지날 바이오 의약품 시장규모에 임상 단계별 상업화 확률을 반영하여 합산 후 EV/Pipeline 배수를 곱하여 상대가치를 산출하였다. ※ EV/Pipeline 배수 = 기업가치(EV) ÷ 기대 시장규모의 합 ※ 기대 시장규모 = 오리지날 바이오의약품 시장규모＊임상단계별 상업화 확률 ③ 한계점 기업가치에 영향을 미치는 변수로 회사가 보유한 파인프라인의 오리지널 시장규모와 임상 진행단계 별 상업화 확률만을 고려하였기 때문에 각 회사의 고유의 특성(사업 구조, 인력 수준, 재무안정성, 경영진, 경영 전략 등) 뿐만 아니라 파이프라인별 고유의 특성(개별 시장 점유율, 침투율, 진입시기 등) 및 기타 기업가치에 영향을 미치는 다양한 요인(전임상 단계 파이프라인 등)들을 직접적으로 나타내고 있지 않는다는 점에서 사용에 제한이 있을 수 있다.

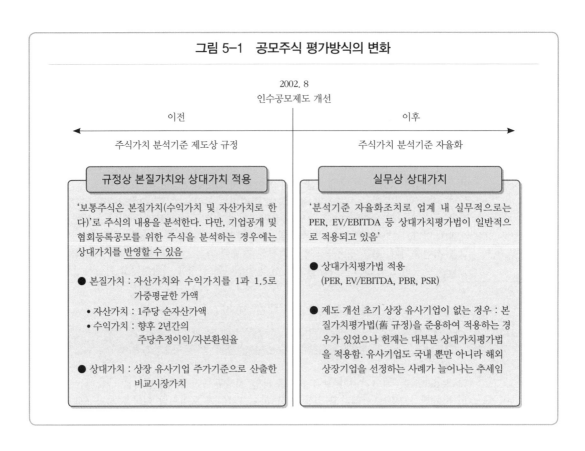

그림 5-1　공모주식 평가방식의 변화

2002. 8
인수공모제도 개선

이전	이후
주식가치 분석기준 제도상 규정	주식가치 분석기준 자율화

규정상 본질가치와 상대가치 적용

'보통주식은 본질가치(수익가치 및 자산가치로 한다)'로 주식의 내용을 분석한다. 다만, 기업공개 및 협회등록공모를 위한 주식을 분석하는 경우에는 상대가치를 반영할 수 있음

● 본질가치 : 자산가치와 수익가치를 1과 1.5로 가중평균한 가액
　• 자산가치 : 1주당 순자산가액
　• 수익가치 : 향후 2년간의 주당추정이익/자본환원율
● 상대가치 : 상장 유사기업 주가기준으로 산출한 비교시장가치

실무상 상대가치

'분석기준 자율화조치로 업계 내 실무적으로는 PER, EV/EBITDA 등 상대가치평가법이 일반적으로 적용되고 있음'

● 상대가치평가법 적용 (PER, EV/EBITDA, PBR, PSR)

● 제도 개선 초기 상장 유사기업이 없는 경우 : 본질가치평가법(舊 규정)을 준용하여 적용하는 경우가 있었으나 현재는 대부분 상대가치평가법을 적용함. 유사기업도 국내 뿐만 아니라 해외 상장기업을 선정하는 사례가 늘어나는 추세임

section 02　공모가 산정과정

　이하에서는 각각의 개별 배수모형에 의한 상대가치 산정절차는 생략하고, 산정된 개별 상대가치에 의해 공모 가격이 어떠한 과정을 거쳐 결정되는지 간단한 예시를 통해 살펴보기로 한다.

　다음은 A사의 신규상장을 위한 공모 가격결정과정이다. A사와 유사한 2개사의 유사 상장회사를 선정한 후, 이들과의 비교를 통해 상대가치를 산정한 결과 다음과 같다.

	PER		EV/EBITDA		PBR		PSR	
	20×1년	20×2년	20×1년	20×2년	20×1년	20×2년	20×1년	20×2년
연도별 상대가치	4,800	13,500	4,900	11,200	3,400	3,900	4,300	6,000
연도별 가중치	1	2	1	2	1	2	1	2
지표별 상대가치 (가중평균)	10,600		9,100		3,733		5,433	
최종 상대가치 (단순평균)	9,850				적용 제외 (적용 부적절 판단)		적용 제외 (적용 부적절 판단)	
적용할인율	30%							
기준 공모 가격	6,895							
공모 희망 가격 제시범위	6,200~7,500							
확정 공모 가격	7,000							

(1) 연도별 상대가치

실무적으로 주식공모 시 상대가치는 과거 2개년 사업연도를 각각 산정하는 것이 일반적이다. 따라서 과거 2개년 사업연도의 유사회사에 대한 주가배수도 각각 산정되어야 한다. 또한 유사회사와 공모대상 회사의 반기실적이 공표된 경우에는 반기실적을 기준으로 하거나 아니면 이를 연환산한 예상치를 기준으로 각각의 주가배수를 산정하게 된다.

(2) 주가배수모형별 상대가치 산정을 위한 연도별 가중치

분석기준이 완전 자율화되어 있기 때문에 연도별 가중치에 대한 일괄적인 기준은 없다. 예를 들면, (1 : 2), (2 : 3)과 같이 최근 연도에 대한 가중치를 상대적으로 높게 줄 수도 있고, 아니면 동등하게 (1 : 1)의 비율을 적용하는 것도 가능하다. 이는 전적으로 주관회사인 증권회사가 공개대상 회사에 대한 전문가적인 분석과 판단의 몫에 해당한다.

(3) 최종 상대가치 평가액

PER, EV/EBITDA 등 다양한 주가배수모형에 의한 상대가치 평가액 중 주관회사인 증권회사의 판단에 따라 일부 모형의 결과는 고려하지 않고, 적합한 모형에 의한 결과만으로 최종 상대가치를 산정할 수 있다. 업계 내에서 PBR과 PSR을 적용하는 경우는 거의 미미하고, 대부분 PER 또는 PER와 EV/EBITDA를 단순평균한 상대가치를 폭넓게 적용하고 있다. Chapter 2

상대가치 평가방법에서 설명된 바와 같이, PBR은 계속기업 가정이 아닌 청산가치 개념에 입각한 지표이다. 따라서 현재의 자산가치에 대한 평가보다는 미래에 창출할 수 있는 수익성이 주가 형성에 더 큰 영향을 미치는 성장기업의 평가에는 부적합한 경우가 많다. 또한 PSR은 수익성을 배제한 외형적 크기만을 단순 비교하여 왜곡된 정보를 제공할 가능성이 존재하기 때문에 실무적으로 배제되는 경우가 많다.

(4) 기준 공모 가격과 할인율

통상 유사회사와의 비교를 통해 산정된 상대가치는 향후 경기변동의 위험, 산업의 위험, 회사의 영업 및 재무에 관한 위험 등이 완벽히 반영되지 않은 상대적 평가 가격으로서 향후 시장에서 거래될 때의 적정가치를 반영한 적정주가라고 할 수 없다. 또한 유사회사의 기준주가는 특정 시점을 기준으로 산정하였으므로 향후 유사회사의 주가 변동에 따라 공개대상 회사의 주당 평가 가격도 변동될 수 있다. 따라서 향후 주식시장의 변동 가능성, 공모 후 유통 가능 주식수, 기타 투자위험요소 반영, 유사회사 선정의 한계점, 기업공개에 따른 투자자들의 투자유인 등을 고려하여 최종 평가액을 일정률로 할인한 기준 공모 가격을 산정하게 된다.

이러한 할인율에 대해서도 역시 일괄적인 기준은 없다. 다만, 과거 유가증권 분석기준 또는 현행 합병가액 산정기준에서는 상대가치를 '유사회사별 비교가치를 평균한 가액의 30% 이상을 할인한 가액으로 한다(증권 발행 및 공시에 관한 규정 시행세칙 제7조)'라고 규정하고 있어 이를 준용하는 경우도 있으나, 대략 10%~30% 범위 내의 할인율이 적용되는 경우가 대부분이다.

(5) 공모 희망 가격

주관회사는 수요예측 시 공모 희망 가격을 제시하여야 한다. 과거 규정에 의하면, 공모 희망 가격은 최고 가격과 최저 가격의 차이를 150% 범위 이내가 되도록 하였으나, 자율화 조치 이후 이에 대한 기준도 존재하지 않는다. 실무적으로 기준 공모 가격의 90~110% 내외의 희망가격을 제시하는 경우가 많은 편이다.

(6) 확정 공모 가격

확정 공모 가격은 공모 희망 가격을 제시한 후, 수요예측 결과와 시장 상황을 고려하여 대표주관회사와 발행회사가 협의하여 최종 확정하게 된다.

chapter 06

규정에 의한 가치평가

합병가액 산정

1 자본시장법에 의한 합병가액

자본시장법에 따르면 합병가액 산정은 합병유형에 따라 달리 적용되며, 상장법인의 경우 기본적으로 시가를 기준으로 한다. 비상장법인의 경우 합병대상이 상장법인 여부에 따라 기준이 달라진다. 비상장법인이 상장법인과 합병할 경우 본질가치라는 독특한 규정상의 방식을 적용하며 비상장법인과 합병할 경우 특별한 규정이 없다.

한편, 본질가치는 종전의 "유가증권 인수업무에 관한 규칙"에서 사용한 용어로 자본시장법에 의한 비상장주식의 평가방법을 지칭하는 용어로 여전히 실무에서는 사용하고 있다.

본질가치의 의미

여기서 사용되는 이른바 '본질가치'란 용어는 가치평가 이론서에서 통상적으로 거론되는 내재가치(intrinsic value)라는 의미보다는, 자본시장법이라는 규정에서 일률적으로 정한 산식에 의해 산정된 자산가치와 수익가치의 가중평균값을 지칭하고 있다.

따라서 일반적으로 이론적 배경이 우수한 DCF법과 같은 평가방법론에 의해 산정된 결과치를 내재가치 또는 본질가치라고 지칭하는 경우와는 달리, 이 경우는 관련 규정에서 기술하고 있는 고유명사에 더욱 가깝다고 할 수 있다.

상장법인의 기준주가를 산정하는 방법은 아래와 같으며, 가장 길게는 과거 1개월 평균주가가 이용된다.

> 상장법인 기준주가＝Min[산술평가(1개월 평균종가, 1주일 평균종가, 기산일 종가),
>
> 기산일 종가]
>
> 기산일 : 이사회 결의일과 합병계약 체결일 중 앞서는 날의 전일

상장법인과 비상장법인이 합병하는 경우 수많은 상장법인 주주의 부(wealth)가 상대적으로 적은 비상장법인 주주에게 이전(transfer) 또는 재분배(redistribution)되는 것을 방지하기 위해 관련 규정이 만들어졌다고 보면 된다. 즉, 기본적으로 비상장법인의 과대평가를 억제하기 위해 만든 평가방법이 본질가치 방식이며, M&A 시장 특히 우회상장(back-door listing) 시장의 과열 또는 냉각 상태에 따라 수차례 규정개정이 있었다.

표 6-1   자본시장법에 의한 합병가액 산정

구분	자본시장법 시행령	
상장법인/상장법인 합병	기준주가	
상장법인/비상장법인 합병	상장법인 : 기준주가(단, 기준주가가 자산가치에 미달하는 경우 자산가치)	비상장법인 : 자산가치와 수익가치를 가중평균 (상대가치 비교공시)
비상장법인/비상장법인 합병	특별한 규정 없음	

주) 자본시장법 시행령: 자본시장과 금융투자업에 관한 법률 시행령 제176조의 5
　　금융위원회: 증권의 발행 및 공시 등에 관한 규정 제5-13조
　　금융감독원: 증권의 발행 및 공시 등에 관한 규정 시행세칙 제4조

2 본질가치의 산정방법

본질가치는 과거실적을 뜻하는 자산가치와 미래추정을 요구하는 수익가치를 1 : 1.5로 가중평균하여 산정하며, 자산가치에 비해 수익가치가 0.5 만큼 가중치가 더 높다. 자산가치는 자산에서 부채를 차감한 순자산을 의미하며, 수익가치는 현금흐름할인모형(Discounted Cash Flow Model : DCF Model), 배당할인모형(Dividend Discount Model : DDM) 등 미래의 수익가치 산정에 관하여 일반적으로 공정하고 타당한 것으로 인정되는 모형을 적용하여 합리적으로 산정한다.

자산가치: 순자산/발행주식총수	수익가치: 수익가치는 현금흐름할인모형, 배당할인모형 등 미래의 수익가치 산정에 관하여 일반적으로 공정하고 타당한 것으로 인정되는 모형을 적용하여 합리적으로 산정함

본질가치: (자산가치×1＋수익가치×1.5)/2.5

(1) 자산가치

분석기준일 현재의 발행회사 순자산가치를 산정하기 위해서는 분석기준일 직전 사업연도 말의 재무상태표 상의 자본총계에서 다음 각 호의 방법에 따라 산정한다.

❶ 분석기준일 현재 실질가치가 없는 무형자산 및 회수 가능성이 없는 채권을 차감한다.
❷ 분석기준일 현재 투자주식 중 취득원가로 평가하는 시장성 없는 주식의 순자산가액이 취득원가보다 낮은 경우에는 순자산가액과 취득원가와의 차이를 차감한다.
❸ 분석기준일 현재 퇴직급여채무 또는 퇴직급여충당부채의 잔액이 회계처리기준에 따라 계상하여야 할 금액보다 적을 때에는 그 차감액을 차감한다.
❹ 최근 사업연도말 이후부터 분석기준일 현재까지 손상차손이 발생한 자산의 경우 동 손상차손을 차감한다.
❺ 분석기준일 현재 자기주식은 가산한다.

❻ 최근 사업연도말 이후부터 분석기준일 현재까지 유상증자, 전환사채의 전환권 행사 및 신주인수권부사채의 신주인수권 행사에 의하여 증가한 자본금을 가산하고, 유상감자에 의하여 감소한 자본금 등을 차감한다.

❼ 최근 사업연도말 이후부터 분석기준일 현재까지 발생한 주식발행초과금 등 자본잉여금 및 재평가잉여금을 가산한다.

❽ 최근 사업연도말 이후부터 분석기준일 현재까지 발생한 배당금 지급, 전기오류수정손실 등을 차감한다.

❾ 기타 최근 사업연도말 이후부터 분석기준일 현재까지 발생한 거래 중 이익잉여금의 증감을 수반하지 않고 자본총계를 변동시킨 거래로 인한 중요한 순자산 증감액을 가감한다.

(2) 수익가치

수익가치는 현금흐름할인모형, 배당할인모형 등 미래의 수익가치 산정에 관하여 일반적으로 공정하고 타당한 것으로 인정되는 모형을 적용하여 합리적으로 산정한다.

3 본질가치의 규정개정

금융감독원은 합병대상 비상장기업의 공정한 합병가액 산정을 도모하기 위하여「증권의 발행 및 공시 등에 관한 규정 시행세칙」을 수차례 개정하였다.

(1) 1차 개정 : 자본환원율 개정

개정 전 시행세칙상 자본환원율은 4대 시중은행의 1년 만기 정기예금 최저이율 평균의 1.5배로 규정되어 있었다. 정기예금 금리가 합병대상 비상장기업에 자본환원율로 일률적으로 적용됨에 따라 해당 기업의 특성 및 자금조달비용이 충분히 반영되지 못하였다. 또한 저금리 상황에서 낮은 자본환원율로 말미암아 비상장기업이 과대평가되는 요인이 되고 있었다. 당시 2년간의 합병사례를 살펴본 결과, 비상장기업의 수익가치가 자산가치보다 평균 5.2배 높게 평가된 것으로 나타났다.

수익가치 산정 시 해당 비상장기업의 특성 및 실제 자금조달 비용이 반영되고 과대평가가 방지될 수 있도록 자본환원율을 '해당 기업의 차입금 가중평균 이자율의 1.5배' 또는 '상속세 및 증여세법상 할인율' 중에 높은 비율로 적용하도록 개정되었다. '상속세 및 증여세법상 할인율'은 '상속세 및 증여세법 시행령 §54①'에 따라 기획재정부장관이 지정·고시하는 이자율로 10%이다.

> 개정 전 : 4대 시중은행의 1년 만기 정기예금 최저이율의 단순평균치의 1.5배
> 개정 후 : Max[차입금 가중평균 이자율의 1.5배, 상속세 및 증여세법상 할인율]
>
> 〈개정 2010.12.6〉

(2) 2차 개정: 수익가치 산정방식 자율화

개정 전 비상장법인의 수익가치는 향후 2개년의 주당 추정이익을 3 : 2로 가중평균한 후 자본환원율로 나누어 산정토록 규정하고 있었다. 여기서 자본환원율은 차입금 가중평균이자율의 1.5배와 상속세 및 증여세법상 고시이율(10%) 중 높은 이율을 의미한다. 이러한 방식은 업종의 특성을 고려한 다양한 평가모델을 활용할 수 없으며 자본환원률이 금리변동 등 시장 상황을 적절히 반영하지 못한다.

이에 따라, 업종의 특성을 고려하여 현금흐름할인모형과 배당할인모형 등 일반적으로 인정되는 수익가치 산정모델에 따라 수익가치를 산정하고 외부평가기관이 작성한 합병가액 평가의견서에 수익가치 산정모델의 적합성에 대한 의견을 포함하도록 개정되었다.

수익가치 산정방식 자율화 이후 실무에서는 현금흐름할인모형을 가장 많이 사용하는 것으로 나타났으며 개정 초기 일부 보고서에서는 자율화 이전의 방식을 보여주고 있다.

> **증권의 발행 및 공시 등에 관한 규정 시행세칙 제6조(수익가치)**
> 규정 제5-13조에 따른 수익가치는 현금흐름할인모형, 배당할인모형 등 미래의 수익가치 산정에 관하여 일반적으로 공정하고 타당한 것으로 인정되는 모형을 적용하여 합리적으로 산정한다.
>
> 〈개정 2012.12.5〉

자본시장법 시행령 제176조의 5에 의하면, 비상장법인인 피합병법인의 합병가액은 본질가치(자산가치와 수익가치를 각각 1과 1.5의 비율로 가중산술평균한 가액)로 평가하도록 규정하고 있으므로, 본 평가에 있어 합병가액의 산정은 본질가치를 적용하였다. 상대가치는 비교목적으로 분석하였으나, 3개 이상의 유사회사가 존재하지 않아 가치를 산정하지 아니하였다.

(단위: 원)

구분	금액	비고
A. 본질가치	10,484	[(a×1+b×1.5)÷2.5]
a. 자산가치	4,675	1주당 순자산가액
b. 수익가치	14,356	1주당 수익가치
B. 상대가치	해당사항 없음	유사회사 3사 미만이므로 산정하지 아니함
C. 합병가액	10,484	

(1) 자산가치 산정

피합병법인의 1주당 자산가치는 증권의 발행 및 공시 등에 관한 규정 시행세칙 제5조에 따라 주요사항보고서를 제출하는 날이 속하는 사업연도의 직전 사업연도말 현재 한국채택국제회계기준에 의해 감사 받은 재무상태표 상의 자본총계에서 일부 조정항목을 가감하여 산정된 순자산가액을 분석기준일 현재의 발행주식 총수로 나누어 산정하였다. 피합병법인의 1주당 자산가치 산정내역은 다음과 같다.

과목	금액
A. 최근 사업연도말 자본총계*	64,595,029,699
B. 조정항목(a−b)	18,442,794,357
a. 가산항목	19,037,264,994
(1) 자기주식	−
(2) 최근사업연도말 이후 자본금증가액	1,271,248,000
(3) 최근사업연도말 이후 자본잉여금증가액	16,941,691,429
(4) 최근사업연도말 이후 재평가잉여금증가액	−
(5) 최근사업연도말 이후 중요한 순자산증가액	824,325,565
b. 차감항목	594,470,637
(1) 실질가치 없는 무형자산	−
(2) 회수가능성이 없는 채권	383,976,155
(3) 시장성이 없는 투자주식평가손실	210,494,482
(4) 퇴직급여충당부채 과소설정액	−
(5) 최근사업연도말 이후 자산손상차손	−
(6) 최근사업연도말 이후 자본금감소액	−
(7) 최근사업연도말 이후 배당금지급, 전기오류수정손실	−
(8) 최근사업연도말 이후 중요한 순자산감소액	−
C. 조정된 순자산가액(A＋B)	83,037,824,056
D. 발행주식총수	17,760,842
E. 1주당 자산가치(C÷D)	4,675

* 증권의 발행 및 공시 등에 관한 규정 시행세칙 제5조에 따라 주요사항보고서를 제출하는 날이 속하는 사업연도의 직전 사업연도 말인 20×0년 12월 31일 현재의 한국채택국제회계기준에 의하여 감사받은 재무제표 상 금액을 적용하였다.

(2) 수익가치 산정

피합병법인의 주당 수익가치는 증권의 발행 및 공시 등에 관한 규정 시행세칙 제6조에 따라 미래의 수익가치 산정에 관하여 일반적으로 공정하고 타당한 것으로 인정되는 모형 중에서 현금흐름할인모형을 적용하여 산정하였다.

구분	금액
A. 추정기간 동안의 현재가치	80,161
B. 영구현금흐름의 현재가치	166,927
C. 영업가치[C=A+B]	247,088
D. 비영업자산	7,894
E. 기업가치[E=C+D]	254,983
F. 이자부부채	-
G. 지분가치[G=E-F]	254,983
H. 발행주식수(주)	17,760,842
I. 1주당 수익가치(원/주)	14,356

현금흐름할인법에 의한 평가의 경우 피합병법인의 향후 추정기간 동안의 손익을 추정한 후, 세후영업이익에서 비현금손익, 운전자본의 증감을 반영하고, 투자현금흐름(Capital Expenditures)을 차감하여 잉여현금흐름(Free Cash Flow)을 산출한 후, 잉여현금흐름에 내재된 위험을 반영한 적절한 할인율로 할인하여 피합병법인의 영업가치를 산정한다. 이렇게 산정된 피합병법인의 영업가치에서 비영업자산, 이자부부채 등을 조정하여 피합병법인의 주식가치를 산정한다.

본 평가는 주요사항보고서 제출일이 속하는 사업연도의 직전 사업연도 말인 20×0년 12월 31일을 평가기준일로 하여 수행하였으며, 평가를 위해 한국채택국제회계기준에 의하여 작성된 피합병법인의 재무제표를 이용하였다.

현금흐름 분석기간은 합리적으로 예측가능한 미래로써 현금흐름이 정상상태(Steady state)에 도달하리라 예측되는 기간으로 추정1차연도인 20×1년 1월 1일부터 20×5년 12월 31일까지의 5년의 현금흐름 및 영구현금흐름이 발생하는 20×5년의 현금흐름을 추정하였으며, 현금흐름은 연중 발생한다고 가정하였다.

일반적으로 영구성장률은 추정기간 이후 장기적인 전체 경제성장률을 초과할 수 없으며, 해당 기업이 속한 국가의 장기적 경제성장률이나 해당업종의 장기적 성장전망을 초과하지 않는 범위 내에서 결정되어야 한다.

계속기업 가정 하에 영구현금흐름의 현재가치는 추정기간의 최종연도인 20×5년의 현금흐름에서 피합병법인이 속한 산업의 특성, 피합병법인의 과거 성장률 및 현금흐름 분석기간 동안의 현금흐름 연평균 성장률 등을 고려하여 1%의 영구성장률을 적용하였다. 피합병법인이 속한 산업의 성장성과 피합병법인의 과거 실적 성장률은 1% 대비 높은 증가율을 나타내고 있다. 또한 The Economist Intelligence Unit(20×0.12.31)에서 추정한 대한민국의 20×5년 명목경제성장률 2.6% 및 소비자물가상승률 1.6%를 고려하였을 때 보수적으로 영구성장률 1% 수준은 적정하다고 판단된다.

구분	산출내역	비고
Ke	11.85%	$Rf + (Rm - Rf) \times \beta$
Kd(1 − t)	1.50%	피합병법인의 신용등급에 따른 세후 타인자본비용
D/E	14.79%	유사회사 평균 부채비율
WACC	10.52%	

현금흐름할인법을 이용하여 가치를 평가하기 위해서는 추정된 잉여현금흐름에 내재된 위험을 적절히 반영한 할인율을 추정하여야 합니다. 할인율로는 일반적으로 가중평균자본비용(WACC : Weighted Average Cost of Capital)이 이용된다.

가중평균자본비용은 자기자본비용(Ke)과 세후 타인자본비용(Kd)을 가중평균하여 산출하며, 가중평균을 위한 목표자본구조는 피합병법인과 유사한 영업을 영위하는 대용기업의 평균적인 자본구조로 수렴하는 것을 가정하여 동종기업들의 평균 부채비율(D/E)인 14.79%를 적용하였다. 산출된 가중평균자본비용은 10.52%이다.

(3) 상대가치 산정

자본시장법 시행령 제176조의5에 의하면 주권상장법인과 주권비상장 법인 간의 합병인 경우 비상장법인의 합병가액 산정 시 주권상장법인 중 유사회사를 선정하여 유사회사의 주가를 기준으로 한 비교가치인 상대가치를 증권신고서에 비교하여 공시하도 록 하고 있는 바, 유사회사 산정 검토결과는 다음과 같다.

증권의 발행 및 공시 등에 관한 규정 시행세칙 제7조에 의하면, 상대가치를 산출하기 위해서는 주권비상장법인인 피합병법인과 한국거래소 업종분류에 따른 소분류 업종이 같은 주권상장법인 중 매출액에서 차지하는 비중이 가장 큰 제품 또는 용역의 종류가 유사한 법인으로서 최근 사업연도 말 주당법인세비용차감전 계속사업이익과 주당순자산을 비교하여 각각 100분의 30이내의 범위에 있는 법인으로서, 다음 각 호의 요건을 구비하는 3사 이상의 주권상장법인으로 하여야 한다.

- 요건 1) 주당법인세비용차감전 계속사업이익이 액면가액의 10% 이상일 것
- 요건 2) 주당순자산이 액면가액 이상일 것
- 요건 3) 상장일이 속하는 사업연도의 결산을 종료하였을 것
- 요건 4) 최근사업연도의 재무제표에 대한 감사인의 감사의견이 적정 또는 한정일 것

증권의 발행 및 공시 등에 관한 규정 시행세칙 제7조에 따른 유사회사 요건을 충족하는 법인이 3개사 미만이므로, 비교목적으로 공시되는 피합병법인의 상대가치는 산정하지 아니하였다.

5 　본질가치의 한계

자본시장법에서 비상장법인의 합병가액 산정을 위한 본질가치 평가방법은 적정가치평가 측면에서 여러 가지 한계점을 지니고 있다.

첫째, 본질가치를 구성하는 자산가치와 수익가치의 가중치를 1 : 1.5로 획일적으로 적용함으로써 이론적 근거가 취약하다.

둘째, 자산가치는 경제적 관점에서 자산의 공정가치로 평가되어야 한다. 다만, 규정상 자산가치는 일부 자산항목에 대해서만 조정하고 있어, 부동산 과다 보유법인이나 비상장주식 과다 보유법인의 경우에는 적합한 자산가치를 산정하는 데 한계점을 안고 있다.

section 02 　세법에 의한 가치평가

1 　세무상 상장주식 평가방법

상속세 및 증여세법(이하 '상증법')에서는 주식을 크게 상장주식과 비상장주식으로 구분하며,

유가증권시장과 코스닥시장에 상장된 주식을 상장주식으로 분류하고 있다.

평가방법	상장주식은 평가일 이전·이후 각 2개월간의 최종시세가액의 평균액으로 평가한다 (상증법 제63조 ① 제1호 가목).
최대주주의 할증평가	20%(최대주주 지분율 무관, 2020.1.1. 이후)

한편, 코넥스시장에 상장된 법인의 주식에 대해서는 상장주식의 평가방법을 적용하지 않고 비상장주식으로 보아 시가로 평가하는 것을 원칙으로 한다.

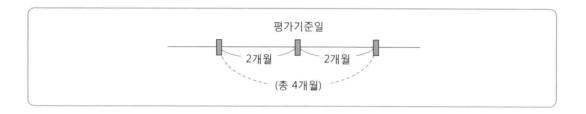

2 세무상 비상장주식 평가방법

비상장주식은 매매사례가액 등 시가가 있는 경우 시가로 평가하는 것이 원칙이지만, 시가가 없는 경우 보충적 평가방법에 따른 우선순위를 적용하여 평가한다.

구분	계산방법	
순손익가치(①)	1주당 최근 3년간의 순손익액의 가중평균액 ÷ 순손익가치환원율	
순자산가치(②)	해당법인의 순자산가액 ÷ 발행주식총수	
1주당 주식평가	일반법인	1주당가액 = Max[(①×3 + ②×2) ÷ 5, ②×80%]
	부동산과다 보유법인	1주당가액 = Max[(①×2 + ②×3) ÷ 5, ②×80%]
	폐업법인 등	1주당 가액 = 순자산가치(②)

비상장주식의 보충적 평가는 자산가치와 수익가치를 가중평균하여 계산하며, 순자산가치 2, 순손익가치 3의 가중치를 적용하지만 부동산 과다보유 법인은 순자산가치 3, 손순익가치 2의 가중치를 적용한다. 부동산 과다보유 법인은 부동산 또는 부동산에 관한 권리의 가액이 총

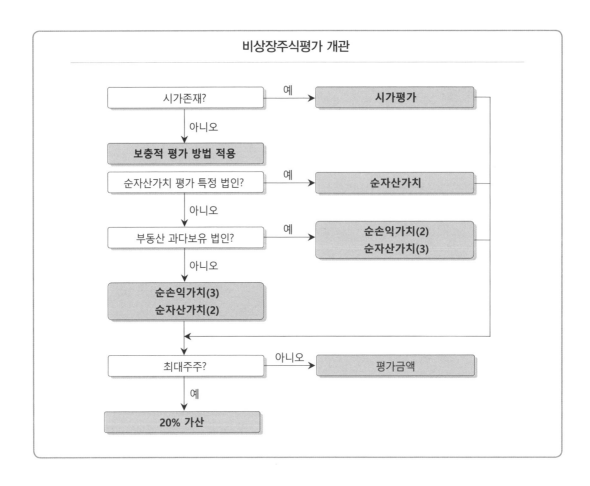

자산가액의 50%를 초과하는 법인을 말한다.

다만, 가중평균한 가액이 1주당 순자산가치에 80%를 곱한 금액 보다 낮은 경우에는 1주당 순자산가치에 80%를 곱한 금액을 비상장주식의 보충적 평가가액으로 한다(상증법 시행령 제54조).

(1) 순손익가치 산출방법

과거 3 사업연도의 순손익액을 기준으로 다음 산식에 의하여 산정한다.

1주당 최근 3년간의 순손익액의 가중평균액[*1] ÷ 순손익가치환원율[*2]

[*1] {(평가기준일 이전 1년이 되는 사업연도의 순손익액×3)+(평가기준일 이전 2년이 되는 사업연도의 순손익액 ×2)+(평가기준일 이전 3년이 되는 사업연도의 순손익액×1)}÷6

[*2] 금융기관이 보증한 3년 만기 회사채의 유통수익률을 감안하여 기획재정부령으로 정하는 이자율(현재 10%)

(2) 순자산가치 산출방법

순자산가치는 평가기준일 현재 회사의 자산을 상증법 규정에 의하여 평가한 가액(장부가액보다 작은 경우 장부가액으로 함)에서 부채를 차감한 가액으로서 다음 산식에 의하여 산정한다.

> 자산가치＝순자산가액÷발행주식의 총수

또한 발행주식의 총수는 평가기준일 현재의 총발행주식수를 말하며, 자기주식수도 차감하지 않는다.

순자산가액을 평가기준일 현재 재무상태표상의 자본총계(순자산가액)에서 다음 각 호의 금액을 가감하여 산정한다.

❶ 재무상태표상 자산과 상증법의 규정에 따라 평가한 가액과의 차액을 가감
❷ 법인세법상의 유보금액, 유상증자 등을 자산에 가산
❸ 선급비용, 이연자산, 외화환산차 등을 자산에서 차감
❹ 증자일 전의 잉여금 유보액을 신입주주(사원)에게 분배하지 아니한다는 것을 조건으로 증자한 경우 당해 잉여금 유보액을 자산에서 차감
❺ 자기주식은 가산
❻ 퇴직금추계액에 미달하는 퇴직금여충당금, 법인세등, 배당금, 상여금 등을 부채에 가산
❼ 제준비금, 제충당금, 외화환산대 등을 부채에서 차감
❽ 영업권평가액을 순자산가액에 가산

영업권은 다음 산식에 의하여 평가한다.

> 영업권＝자기자본 이익률(10%)을 초과하는 순손익액을 현재가치(r＝10%, n＝5년)
> $$= \sum_{1}^{n} \text{자기자본이익율 초과순손익액} / (1+r)^n$$
>
> 자기자본 이익률을 초과하는 순손익액
> ＝최근 3년간 순손익액의 가중 평균액×50%－평가기준일 현재 자기자본×10%

(3) 순손익가치 또는 순자산가치가 음(−)인 경우

❶ 순손익가치가 음(−)인 경우

순손익가치는 "0"으로한다. (상증법 시행령 제54조 ①)

❷ 순자산가치가 음(−)인 경우

순자산가치는 "0"으로 하는 것이 타당하다고 판단된다.

❸ 모두 음(−)인 경우

평가액은 "0"으로 한다.

즉, 순손익가치와 순자산가치 중 어느 하나의 값이 음(−)인 경우 0원으로 평가하여 3 : 2로 가중평균한다.

3　세무상 비상장주식 평가사례

⑪ 순자산가액	1,356,031,554
⑫ 1주당 순자산가액	4,520
⑬ 최근3년간 순손익액의 가중평균액에 의한 1주당 가액	11,836
⑭ 1주당 평가액[자산2, 수익3 가중평균]	8,910
⑮ 최대주주 소유주식의 1주당 평가액 : ⑭×120/100 (최대주주 20% 가산)	11,583
① 재무상태표상의 자산가액	2,600,000,000
자산에 가산 / 제외	−
⑧ 재무상태표상의 부채액	1,500,000,000
부채에 가산 / 제외	−
⑱ 영업권 포함 전 순자산 가액	1,100,000,000
⑲ 영업권	256,031,554
⑳ 순자산가액[⑱ + ⑲]	1,356,031,554

① 평가기준일	평가기준일 전 3년간 순손익액 가중평균액			
	② 평가기준일 전 1년이 되는 사업연도 순손익액	③ 평가기준일 전 2년이 되는 사업연도 순손익액	④ 평가기준일 전 3년이 되는 사업연도 순손익액	⑤ 가중평균액 (②×3+③×2+④)÷6
2××4. 12. 31.	535,039,566	272,891,617	(20,416,874)	355,080,843

⑥ 3년간 순손익액의 가중평균액의 50%(⑤×50 / 100)	⑦ 평가 기준일 현재의 자기자본	⑧ 총리령이 정하는 이자율	⑨ 영업권 지속연수
177,540,422	1,100,000,000	10%	5

⑩ 초과이익금액 (⑥−⑦×⑧)	⑪ 영업권 상당액에 포함된 매입한 무체재산권 가액 중 상속개시일까지의 감가상각비를 공제한 금액		⑫ 영업권평가액 (⑩의 5년간 10% 현재가치)
67,540,422	−		256,031,554

4 최대주주의 할증평가

상장법인 및 비상장법인의 주식 및 국공채 등 기타 유가증권을 평가함에 있어서 최대주주가 보유하는 주식은 2020년 1월 1일 이후 지분율과 상관없이 평가액에 20%를 할증한다. 다만, 중소기업 주식의 경우 종전에 「조세특례제한법」 제101조에서 규정하던 면제규정을 상속세 및 증여세법 제63조 제3항에 규정하여 영구적으로 할증평가를 면제하였다.

구분		일반법인	중소기업	비고
2019.12.31. 이전	지분율 50% 이하	20%	10%	중소기업은 2019년 12월 31일까지 상속·증여시 할증평가를 면제함
	지분율 50% 초과	30%	15%	
2020.1.1. 이후	지분율 무관	20%	0%	중소기업은 영구적으로 할증평가 면제

최대주주의 할증평가는 경영권 프리미엄을 반영하여 낮은 세 부담으로 경영권이 이전되는 것을 방지하기 위해 만들어졌으며, 아래와 같이 회사의 상장 여부를 불문하고 적용된다.

❶ 유가증권시장 상장주식 또는 코스닥시장 상장주식의 시가평가
❷ 비상장주식 시가평가 또는 보충적 평가

또한 주식을 시가로 인정하는 매매실례가액으로 평가하여 상속·증여세를 신고하는 경우 시가로 보는 매매실례가액 등에 최대주주에 대한 할증평가한 금액을 가산한 금액을 상속가액 또는 증여가액으로 계산한다.

5 비상장주식 평가심의위원회

(1) 관련 규정

비상장주식 평가심의위원회는 2006년부터 운영되었으며 관련 규정은 아래와 같다.

❶ 「상속세 및 증여세법 시행령」 제49조의2
❷ 국세청 훈령 "재산평가심의위원회 운영규정"

(2) 설치

국세청장은 영 제49조의2에 따라 국세청 및 지방국세청별로 평가심의위원회를 설치한다.

(3) 평가대상

"보충적 평가방법에 따른 주식평가액"에 따라 평가하는 것이 불합리하다고 인정되는 법인이 발행한 비상장주식 등이다.

(4) 보충적 평가방법 외에 대체적인 방법

아래와 같이 현금흐름할인법 등 4가지 평가방법을 제시하고 있다.

❶ 현금흐름할인법
❷ 배당할인법
❸ 유사상장법인 비교평가방법
❹ 자산평가법

(5) 현금흐름할인법

현금흐름할인법의 경우 한국공인회계사회가 제정한 "가치평가서비스 수행기준" 및 금융감독원 기업공시본부에서 제시한 "외부평가업무 가이드라인"을 준수하여 평가업무를 수행한다. 다만, 아래와 같이 추정기간, 할인율, 영구성장률은 일정한 값을 적용하도록 규정하고 있다.

❶ 추정기간은 5년을 적용한다.

❷ 할인율은 10%로 적용한다.

❸ 영구성장률은 0%로 한다.

한편, 주요 거시경제지표, 임금상승률 등의 가정은 한국은행 경제전망보고서 및 한국은행 경제통계시스템을 이용하여 산출한다.

(6) 배당할인법

배당할인법의 경우 한국공인회계사회가 제정한 "가치평가서비스 수행기준" 및 금융감독원 기업공시본부에서 제시한 "외부평가업무 가이드라인"을 준수하여 평가업무를 수행한다.

다만, 아래와 같이 추정기간, 할인율, 영구성장률은 일정한 값을 적용하도록 규정하고 있다.

❶ 추정기간은 5년을 적용한다.

❷ 할인율은 10%로 적용한다.

❸ 영구성장률은 0%로 한다.

한편, 주요 거시경제지표, 임금상승률 등의 가정은 한국은행 경제전망보고서 및 한국은행 경제통계시스템을 이용하여 산출한다.

(7) 유사상장법인 비교평가방법

❶ 평가대상법인

ㄱ. 사업개시 후 3년 이상 경과할 것

ㄴ. 1주당 경상이익, 1주당 순자산가액이 양수일 것

ㄷ. 유사상장법인이 2개 이상 있을 것

ㄹ. 자산총액 중 부동산등이 80% 이상인 법인의 주식 등에 해당하지 않을 것

❷ 유사상장법인의 선정기준 : 유가증권시장 상장법인 및 코스닥시장 상장법인 중 선택

일반기준	• 상장일부터 6개월이 경과할 것 • 최근 2년간의 감사의견이 적정의견에 해당할 것 • 최근 2년간 경영에 중대한 영향을 미칠 수 있는 합병, 영업의 양수도, 분할 등이 없을 것 • 최근 2년간 기업회계기준 위배로 인한 조치를 받은 사실이 없을 것 • 최근 6개월 이내에 관리종목으로 지정된 사실이 없을 것 • 1주당 경상이익, 1주당 순자산가액이 양수일 것

업종기준	• 평가대상 비상장 기업과 같은 중분류 이내에 해당하는 업종을 영위하되, 도·소매 및 소비자용품 수리업의 경우에는 소분류 이내에 해당하는 업종을 영위할 것 • 이 경우 해당 비상장 기업 및 유사상장법인이 2이상의 업종을 영위하는 경우에는 매출의 비중이 가장 높은 업종을 주업종으로 한다.
규모기준	• 유사상장법인의 총자산가액이 평가대상 비상장 기업의 총자산가액의 5배를 초과하지 않을 것 • 유사상장법인의 매출액이 평가대상 비상장 기업의 매출의 5배를 초과하지 않을 것

❸ 유사상장법인의 선정방법

ㄱ. 비상장 기업과 비교할 유사상장법인은 세세분류가 같은 2 이상의 법인으로 하며, 세세분류가 같은 법인이 2개에 미달하는 경우에는 세분류, 소분류, 중분류까지 순차로 적용하여 2개 이상의 유사상장법인을 선정한다.

ㄴ. 유사상장법인 중에서 자본이익률이 평가대상 비상장 기업의 자본이익률과 가장 근접한 상위 2개 법인과 하위 2개 법인을 유사상장법인으로 선정한다. 다만, 유사상장법인의 수가 각각 2개에 미달하는 경우에는 그 미달하는 법인을 유사상장법인으로 선정한다.

ㄷ. 자본이익률은 평가기준일이 속하는 사업연도의 직전 사업연도의 재무상태표 및 손익계산서를 기준으로 계산한다.

　－자본이익률＝당기순이익 / 자산총계

(8) 평가서 작성자

❶ 신용평가전문기관, 회계법인, 세무법인
❷ 평가대상법인(평가대상법인의 최대주주와 대표이사를 포함)과 이해관계 등이 없는 자

(9) 신용평가전문기관에 대한 평가 의뢰

국세청평가심의위원회는 공정하고 객관적인 심의를 위하여 납세자별 주식평가액의 차이가 10억 원 이상(보충적 평가방법에 따른 주식평가액을 기준으로 계산한다)에 해당하는 경우 신용평가전문기관에 평가를 의뢰할 수 있다.

01 다음 중 기업가치평가법과 관련된 설명으로 적절하지 않은 것은?

① 자산가치평가법은 신뢰성과 객관성이 높은 평가방식으로 이 중 청산가치는 가장 보수적 가치평가방법에 해당한다.

② 수익가치평가법은 미래 수익창출력을 반영하는 방식으로서 이론적으로 우수하나 미래 추정에 대한 신뢰성 확보가 용이하지 않다.

③ 수익가치평가법은 미래 수익창출력을 반영하므로 향후 성장성이 높은 벤처기업에 적합한 평가방법이다.

④ 상대가치평가법은 유사 상장회사의 객관적인 시장지표와 비교하는 방식으로 평가 당시의 주식시장 상황이 반영된 가치평가방법이다.

02 다음 중 주가순이익비율(PER)에 대한 설명으로 적절하지 않은 것은?

① PER는 해당 기업의 주가가 EPS의 몇 배인지를 나타내는 비율이다.

② PER가 낮으면 기업가치에 비해 주가가 저평가되어 있다는 의미로 해석할 수 있으며, 반대로 이 지표가 높으면 이익에 비하여 주가가 높다는 것으로 해석된다.

③ PER는 순이익을 기준으로 평가하는 방식이므로 평가대상 회사의 순이익이 적자(-)인 경우에는 적용할 수 없다.

④ PER는 기업마다의 주요 회계처리방식이 다를 경우에도 직접적인 비교가 가능하다.

해설

01 ③ 수익가치평가법은 미래 추정에 대한 불확실성으로 영업성과가 안정적인 기업에 보다 적합하다.

02 ④ 순이익은 감가상각법, 재고자산평가, 대손충당금 등 회계처리에 의해 영향을 받는다.

03 ◇◇기업(주)는 연간 순이익을 200억 원 창출하는 비상장회사로서 시장 가격이 존재하지 않는다. 동사와 유사한 상장회사 3개 회사의 평균 PER는 약 8배 정도로 산정되었다면, ◇◇기업(주)의 PER에 의한 주주 지분가치는?

① 1,000억 원

② 1,500억 원

③ 1,600억 원

④ 2,000억 원

04 EV/EBITDA비율에 대한 다음 설명 중 적합하지 않은 것은?

① EV/EBITDA비율은 투자자 입장에서 주주 지분 및 채권자 지분 모두를 인수했을 때, 그 투자원금을 연간 EBITDA로 몇 년 만에 회수할 수 있는지를 의미하며, 이때 EV는 산술적으로는 시가총액과 총차입금의 합으로 계산된다.

② EV/EBITDA비율은 감가상각법의 종류에 의해 영향을 받지 않기 때문에 상각방식이 상이한 기업 간 직접적인 비교가 가능하다.

③ EV/EBITDA비율은 주주 및 채권자 가치를 금융비용 고려 전 이익인 EBITDA와 비교하므로 재무레버리지가 다른 기업 간 비교에 적합하다.

④ EV/EBITDA비율은 기업의 수익성에 기반한 지표이므로 유사회사나 평가대상 회사의 EBITDA가 적자(−)인 경우는 활용할 수 없다.

해설

03 ③ 주주 지분가치 = 순이익 × 업계 평균 PER = 200 × 8 = 1,600억 원

04 ① EV = 시가총액 + (총차입금 − 현금성 자산)

05　××제조(주)의 총차입금 400억 원이고 현금성 자산은 100억 원이며, 기타 비업무용 투자 부동산으로 시가 200억 원 상당의 자산을 보유하고 있다. 동사의 EBITDA는 200억 원이며, 발행주식수는 10,000,000주이다. 동사와 유일하게 유사한 상장회사는 총차입금 800억 원, 현금성 자산 200억 원, 시가총액 500억 원이며 영업이익과 감가상각비는 각각 150억 원, 50억 원이다. 한편, 동 유사회사는 관계사에 대한 장기대여금으로 100억 원에 달하는 비영업자산을 보유하고 있으며, 이의 회수 가능성은 문제가 없다고 판단된다. ××제조(주)의 EV/EBITDA에 의한 1주당 상대가치 평가액은?

① 6,000원　　　　　　　　　② 7,000원
③ 8,000원　　　　　　　　　④ 9,000원

06　다음 중 PBR 비율에 대한 설명으로 적절하지 않은 것은?
① PBR이 1 미만인 경우 주가가 장부상 순자산가치에 미치지 못한다는 의미로서 주가의 저평가 여부에 대한 절대적 판단지표가 된다.
② 순자산이란 보유자산을 통해 부채를 모두 변제한 후 주주가 배당받을 수 있는 자산의 가치로서 개념적으로는 주주의 잔여재산 배당액과 같다.
③ 적자가 누적되어 순자산이 자본잠식상태인 기업은 PBR의 적용이 곤란하다.
④ 유사회사 간 또는 유사회사 및 평가대상 회사 간 회계처리기준이 상당히 다를 경우, PBR의 적용은 잘못된 결과를 초래할 수 있다.

해설

05　④ 유사회사＝EV시가총액＋(총차입금－현금성 자산)－기타 비영업자산 시장가치＝500＋(800－200) －100＝1,000억 원, 유사회사 EBITDA＝영업이익＋감가상각비＝150＋50＝200억 원, 유사회사 EV/ EBITDA＝1,000/200＝5배, 평가대상 회사 EV＝EBITDA×업계 EV/EBITDA＝200×5＝1,000억 원, 평 가대상 회사 시가총액 평가액＝EV－(총차입금－현금성 자산)＋기타 비영업자산가치＝1,000－(400－ 100)＋200＝900억 원, 1주당 가치＝900억 원/10,000,000주＝9,000원

06　① 장부상 순자산가치의 현실성 한계로 PBR이 1 미만인 것이 저평가에 대한 절대적 판단지표가 될 수는 없다.

07 ○○기업(주)는 비상장회사로서 장부상 총자산은 1,800억 원이고 총부채는 1,000억 원이다. 또한 장부상 총자산에는 실질가치가 없는 무형자산 200억 원과 회수불능 채권 100억 원이 포함되어 있고, 발행주식수는 1,000,000주이다. 동사와 유사한 상장회사들의 평균 PBR은 1.5배라고 할 때, ○○기업(주)의 PBR에 의한 1주당 상대가치 평가액은?

① 50,000원   ② 60,000원
③ 70,000원   ④ 75,000원

08 다음 중 PSR비율에 대한 설명으로 적절하지 않은 것은?
① PSR은 적자기업이거나 자본잠식상태인 기업의 경우에도 적용이 가능하다.
② PSR은 매출액을 비교하게 되므로 감가상각, 재고자산평가, R&D, 특별손익 등 회계처리방식이 상이한 업체 간 비교가 가능하다.
③ PSR은 매출액을 비교하게 되므로 수익구조가 상이한 기업 간 비교 시 부적합한 결과를 초래할 수 있다.
④ PSR은 매출액을 비교하게 되므로 자본구조가 상이한 기업 간 비교 시에도 적용상 무리가 없다.

09 □□상사(주)는 비상장회사로서 주당 매출액이 10,000원이다. 동사의 유일한 유사 상장회사인 △△상사(주)의 매출액은 2,000억 원이고 발행주식수는 10,000,000주이고 현재 주가가 5,000원이라 할 때, PSR에 의한 □□상사(주)의 상대가치 평가액은?

① 2,000원   ② 2,500원
③ 3,500원   ④ 4,500원

해설

07 ④ 상대가치=주당순자산(BPS)×시장 PBR={(1,800−1,000−200−100)/1,000,000}×1.5=75,000원
08 ④ PSR은 자본구조와 수익구조가 상이한 기업간 비교에 부적합하다.
09 ② 상대가치=주당매출액(SPS)×시장 PSR=10,000원×{5,000원/(2,000억 원/10,000,000)}=10,000원×0.25=2,500원

10 다음은 IPO대상 기업인 A사와 유사회사인 B사에 대한 재무제표이다. A사의 상대가치를 PER와 EV/EBITDA에 의한 평균가액으로 산정하고자 한다. 다음 중 그 평균가액은?

		평가대상 회사 A사	유사회사 B사
재무상태표	현금성 자산	200억 원	50억 원
	영업자산	550억 원	300억 원
	자산총계	750억 원	350억 원
	차입금	400억 원	250억 원
	자기자본	350억 원	100억 원
	부채와 자본합계	750억 원	350억 원
포괄손익계산서	매출액	500억 원	200억 원
	영업이익	100억 원	50억 원
	순이익	60억 원	20억 원
	감가상각비	60억 원	30억 원
기타 지표	발행주식수	1,000,000주	1,000,000주
	액면가액	500원	500원
	주가	−	20,000원
	시가총액	−	200억 원

① 40,000원
② 50,000원
③ 60,000원
④ 70,000원

해설

10 ③ 1) PER에 의한 상대가치 산정:유사회사 EPS＝20억 원/1,000,0000주＝2,000원, 유사회사 PER＝주가/EPS＝20,000원/ 2,000원＝10, 평가대상 회사 EPS＝60억 원/1,000,000주＝6,000원, 평가대상 회사 PER 상대가치＝EPS×PER＝6,000원×10배＝60,000원, 2) EV/EBITDA에 의한 상대가치 산정:유사회사 EV＝시가총액 ＋순차입금＝200＋(250−50)＝400억 원, 유사회사 EBITDA＝영업이익＋감가상각비＝50＋30＝80억 원, 유사회사 EV/EBITDA＝400/80＝5, 평가대상 회사 EBITDA＝100＋60＝160억 원, 평가대상 회사 EV＝EBITDA ×유사회사 EV/EBITDA＝160×5＝800억 원, 평가대상 회사 시가총액 평가액＝EV−순차입금＝800−(400− 200)＝600억 원, 평가대상 회사 1주당 상대가치＝600억 원/1,000,000주＝60,000원, 3) PER와 EV/EBITDA에 의한 상대가치산정액의 평균가액은 60,000원

11 다음은 평가대상 회사 C사 및 그와 유사한 회사인 A사, B사에 대한 주요 정보이다. 다음 물음에 답하시오.

(단위 : 백만 원)

구분		평가대상 회사 C	유사회사 A	유사회사 B
손익자료	매출액	180,000	160,000	200,000
	영업이익	8,500	8,000	10,000
	당기순이익	6,000	5,000	7,500
	(감가상각비)	3,500	2,000	4,000
자산부채자료	현금	5,000	200	500
	단기금융상품	8,000	800	1,500
	매출채권	17,000	24,000	23,000
	재고자산	20,000	15,000	30,000
	유형자산	80,000	60,000	100,000
	자산총계	130,000	100,000	155,000
	매입채무	30,000	24,000	40,000
	미지급금	20,000	15,000	30,000
	단기차입금	15,000	5,000	10,000
	회사채	0	6,000	0
	부채총계	65,000	50,000	80,000
	자본총계	65,000	50,000	75,000
기타 자료	발행주식수(주)	2,000,000	1,000,000	1,500,000
	기준주가(원)	—	40,000	60,000

(1) 주가순이익비율(PER)에 의한 C사의 상대가치는?

(2) EV/EBITDA에 의한 C사의 상대가치는?

(3) 주가순자산비율(PBR)에 의한 C사의 상대가치는?

(4) 주가매출액비율(PSR)에 의한 C사의 상대가치는?

---

11 (1) 1) 유사회사 평균 PER의 산정 : EPS_A＝당기순이익/발행주식수＝50억 원/1,000,000주＝5,000원, EPS_B＝당기순이익/발행주식수＝75억 원/1,500,000주＝5,000원, PER_A＝기준주가/EPS＝40,000/5,000＝8, PER_B＝60,000/5,000＝12, 평균 PER＝(8＋12)/2＝10, 2) 평가대상 회사의 상대가치, EPS_C＝당기순이익/발행주식수＝60억 원/2,000,000주＝3,000원, C사 상대가치＝EPS×평균 PER＝3,000×10＝30,000원

12 DCF에 의한 기업가치 계산 시 FCFF(Free Cash Flow to Firm)의 구성요소로서 옳은 것은?

① 당기순이익 + 감가상각비 - 추가 운전자본투자 - 자본적 지출

② 영업이익 - 이자비용 - 법인세 + 감가상각비 - 자본적 지출

③ 세후 영업이익 - 법인세 + 감가상각비 - 추가 운전자본투자 - 자본적 지출

④ 영업이익 - 법인세 + 감가상각비 - 추가 운전자본투자 - 자본적 지출

13 DCF에 의한 기업가치 계산 시 FCFF(Free Cash Flow to Firm)에 대한 설명으로 옳은 것은?

① FCFF는 주주에 대한 배당현금흐름이 차감된 후의 현금흐름이다.

② FCFF는 정(+)의 값과 부(-)의 값이 모두 나타날 수 있다.

③ FCFF는 감사보고서의 현금흐름표상 '영업활동으로부터의 현금흐름'을 의미한다.

④ FCFF는 영업 및 비영업자산으로부터 창출되는 모든 현금흐름을 포함한다.

해설

(2) 1) 유사회사 평균 EV/EBITDA의 산정 : ① A사 EV/EBITDA, 시가총액$_A$=기준주가×발행주식수=40,000 원×1,000,000주=400억 원, 순차입금A=총차입금-현금성 자산=(50억 원+60억 원)-(2억 원+8억 원)=100억 원, EVA=시가총액+순차입금=400억 원+100억 원=500억 원, EBITDA$_A$=영업이익+감가상각비=80억 원+20억 원=100억 원, EV/EBITDA$_A$=500억 원/100억 원=5, ② B사 EV/EBITDA, 시가총액$_B$=기준주가×발행주식수=60,000원×1,500,000주=900억 원, 순차입금$_B$=총차입금-현금성 자산=(100억 원)-(5억 원+15억 원)=80억 원, EV$_B$=시가총액+순차입금=900억 원+80억 원=980억 원, EBITDA$_B$=영업이익+감가상각비=100억 원+40억 원=140억 원, EV/EBITDA$_B$=980억 원/140억 원=7, ③ 평균 EV/EBITDA, EV/EBITDA=(5+7)/2=6, 2) 평가대상 회사의 상대가치 : EBITDA$_C$=영업이익+감가상각비=85억 원+35억 원=120억 원, EV$_C$=EBITDA$_C$×평균 EV/EBITDA$_A$=120억 원×6=720억 원, 순차입금$_C$=총차입금-현금성 자산=(150억 원)-(50억 원+80억 원)=20억 원, 시가총액 평가액=EV$_C$-순차입금=720억 원-20억 원=700억 원, C사 상대가치=시가총액 평가액/발행주식수=700억 원/2,000,000주=35,000원

(3) 1) 유사회사 평균 PBR의 산정 : BPS$_A$=순자산/발행주식수=500억 원/1,000,000주=50,000원, BPS$_B$=순자산/발행주식수=750억 원/1,500,000주=50,000원, PBR$_A$=기준주가/BPS=40,000/50,000=0.8, PBR$_B$=기준주가/BPS=60,000/50,000=1.2, 평균 PBR=(0.8+1.2)/2=1.0, 2) 평가대상 회사의 상대가치 : BPS$_C$=순자산/발행주식수=650억 원/2,000,000주=32,500원, C사 상대가치=BPS×평균 PBR=32,500×1.0=32,500원

(4) 1) 유사회사 평균 PSR의 산정 : SPS$_A$=매출액/발행주식수=1,600억 원/1,000,000주=160,000원, SPS$_B$=매출액/발행주식수=2,000억 원/1,500,000주=133,333원, PSR$_A$=기준주가/SPS=40,000/160,000=0.25, PSR$_B$=기준주가/SPS=60,000/133,333=0.45, 평균 PSR=(0.25+0.45)/2=0.35, 2) 평가대상 회사의 상대가치 : SPS$_C$=매출액/발행주식수=1,800억 원/2,000,000주=90,000원, C사 상대가치=SPS×평균 PSR=90,000×0.35=31,500원

12 ④ FCEF=세후 영업이익(NOPAT)-순투자(Net Investment)=영업이익-법인세+감가상각비-추가 운전자본투자-자본적 지출

13 ② FCFF는 영업활동에서 창출되는 주주 및 채권자 귀속 현금흐름으로서 배당과 차입원리금의 상환재원이 된다. 감사보고서상의 '영업활동으로부터 현금흐름'은 FCFF에 해당하지 않는 이자비용과 비영업자산 관련손익 그리고 그와 관련 법인세 효과가 포함된 반면, FCFF에 포함되어야 할 자본적 지출 등은 투자활동 현금흐름으로 분리되어 있다.

14 미래 기대되는 FCFF(Free Cash Flow to Firm)를 가중평균 자본비용(WACC)으로 할인하여 산정한 기업가치에 대한 설명으로 적절하지 않은 것은?

① 산정된 기업가치에서 총부채를 차감하여 주주 지분가치를 산정할 수 있다.

② 산정된 기업가치는 영업투하자본으로부터 기대되는 미래 현금흐름의 가치평가이다.

③ 산정된 기업가치는 기업의 영업(operating)가치만을 의미한다.

④ 비영업자산(비업무용자산)이 없을 경우, 산정된 기업가치에서 차입금의 가치를 차감하면 주주 지분의 가치를 산출할 수 있다.

15 DCF에 의한 기업가치평가는 '추정기간 FCFF의 현재가치'와 '추정기간 이후 잔존가치(Terminal Value) 현재가치'의 합산으로 이루어진다. 만약 추정기간을 10년간으로 하고 11년차 이후부터는 영구현금흐름방식에 의해 추정할 경우, 추정기간 이후의 잔존가치(Terminal Value)를 평가 시점(0차년)의 현재가치로 가장 정확히 표현한 것은?(단, FCFF(11) : 11년차 추정 FCFF, g : 영구성장률)

① $FCF(11)/(WACC-g)$

② $(FCF(11)+g)/(WACC-g)$

③ $(FCF(11)+g)/WACC$

④ $\{FCF(11)/(WACC-g)\} \times \{1/(1+WACC)^{10}\}$

해설

14 ① 산정된 기업가치-차입금=주주 지분가치, 총부채가 아닌 총부채 중 차입금을 차감한다.

15 ④

16 다음 중 기업가치평가에 대한 설명으로 적절하지 않은 것은?

① FCFF(Free Cash Flow to Firm)의 산출 시 구성요소인 '영업이익(operating profit)'은 회계적 영업이익과 개념상 정확히 일치하지는 않는다.

② 해외에 생산법인인 자회사를 두고, 국내 본사는 영업 및 마케팅만을 수행하고 있는 제조업체 ××기업(주)의 해외 현지에 대한 투자유가증권은 영업투하자본으로 고려하여야 한다.

③ FCFF(Free Cash Flow to Firm)를 할인하여 산출한 기업가치(수익가치)에서 차입금(이자부부채) 가치를 차감하면 이론적 주주 지분가치가 산출된다.

④ DCF에 의한 기업가치평가 시 평가일 현재 보유현금 및 단기금융상품은 전액 비영업 자산으로 고려하고, FCFF의 할인현가와 합산하여 기업가치를 계산한다.

17 다음 중 자본비용에 대한 설명으로 적절하지 않은 것은?

① WACC는 차입금 및 자기자본의 자본비용만 고려하며, 매입채무 등의 자본비용은 제외한다.

② WACC 산정 시 자본구조는 자기자본과 차입금의 공정가치(시가)비율이 이론적으로 적합하다.

③ 정상적인 기업의 경우, 자기자본비용은 항상 타인자본비용보다 높아야 한다.

④ 타인자본비용은 현재 회사가 조달하고 있는 평균 차입금리를 항상 적용해야 한다.

해설

16 ④ 통상 단기금융상품은 비영업자산 성격이 강하나, 보유현금은 일정 수준의 적정 영업현금규모를 제외하고 는 비영업자산으로 분류될 수 있다.

17 ④ 타인자본비용은 이론적으로 평가 시점 현재의 회사 리스크에 기초한 사정이자율로서 현행 재조달금리에 해당한다. 따라서 현재 사용 중인 차입금의 평균 차입금리는 과거 금융시장 여건 및 회사의 신용도를 기초로 조달한 자본비용이며, 현재의 금융시장 및 회사신용도와는 차이를 보일 수 있다.

18 ㈜××기업을 가치평가한 결과, 영업가치는 1,000억 원, 비영업자산가치는 200억 원으로 산정되었다. 평가일 현재 총부채는 500억 원, 차입금은 400억 원이라고 할 때, 주주 지분의 가치는?

① 700억 원   ② 800억 원

③ 1,000억 원   ④ 1,200억 원

19 ㈜○○기업의 향후 1차년 FCFF(Free Cash Flow to Firm)는 100억 원으로 예상되며, 2차년부터는 2%의 영구성장률로 성장이 지속될 것으로 기대된다. 가중평균 자본비용이 12%라고 가정할 경우 기업가치(Firm Value)는?

① 1,000억 원   ② 1,020억 원

③ 1,050억 원   ④ 1,200억 원

20 ㈜△△기업의 향후 1차년 FCFF는 100억 원으로 예상되며, 2차년부터는 2%의 영구성장률로 성장이 지속될 것으로 기대된다. 가중평균 자본비용이 12%라고 가정할 경우, 이론적 주주 지분가치는 (A)로 추정된다. 한편, 동사는 상장기업으로써 분석일 현재 시가총액은 400억 원(B)이다. 총부채는 500억 원이며, 이 중 차입금은 400억 원(=시장가치)이라고 할 때, 분석일 현재 이론적 주주 지분가치와 시가총액의 차이익 (A−B)는?

① −200억 원   ② 100억 원

③ 200억 원   ④ 500억 원

해설

18 ② 주주 지분가치＝영업가치＋비영업자산가치－차입금가치＝800억 원

19 ① 기업가치(Firm Value)＝FCFF/(WACC－growth rate)＝100억 원/(12%－2%)＝1,000억 원

20 ③ 기업가치(Firm Value)＝FCFF/(WACC－growth rate)＝100억 원/(12%－2%)＝1,000억 원, 이론적 주주 지분가치＝1,000억 원－400억 원(차입금가치)＝600억 원, A−B＝이론적 주주 지분가치－시가총액＝600억 원－400억 원＝200억 원

21 (주)□□기업은 현재 차입금 500억 원, 자기자본 400억 원을 조달하여 영업자산에 800억 원과, 예적금 100억 원(비영업자산)을 투자하고 있다. 향후 영업자산으로부터 창출되는 세후 영업이익은 매년 150억 원씩 영구히 창출될 것으로 기대되고 매년 영업자산 투자지출(=운전자본투자+시설투자)은 감가상각비 수준과 동일하게 이루어질 것으로 예상된다. 가중평균 자본비용을 10%로 가정 시 주주지분의 가치평가액은?(단, 차입금의 가치는 현재 장부가액과 동일한 것으로 가정한다.)

① 1,000억 원
② 1,100억 원
③ 1,500억 원
④ 1,600억 원

22 신설 예정인 벤처기업 (주)△△기업에 대한 100억 원의 지분투자(지분율 100%)를 계획하고 있다. (주)△△기업의 향후 예상되는 FCFF(Free Cash Flow to Firm)는 사업 1차년 20억 원에서 매년 5%씩 영구히 성장할 것으로 예상되며, 본건 투자금액에 대한 최소 요구수익률은 15%이다. 본건 투자경제성을 볼 때, 지분투자에 대한 예상되는 NPV(순현재가치)는?

① 50억 원
② 100억 원
③ 150억 원
④ 200억 원

해설

21 ② 영업가치＝150억 원/10%＝1,500억 원, 비영업자산가치＝예적금＝100억 원, 기업가치＝영업가치＋비영업자산가치＝1,500억 원＋100억 원＝1,600억 원, 주주 지분가치＝기업가치－차입금가치＝1,600억 원－500억 원＝1,100억 원

22 ② NPV＝PV－IC＝20억 원/(15%－5%)－100억 원＝100억 원

23 ◇◇기업㈜의 현재 재무상태표와 향후 예상되는 손익 및 현금흐름표이다. 각 자료를 보고 다음 질문에 답하시오.

〈자료 1〉 평가 시점 현재의 재무상태표

(단위 : 억 원)

구분	금액	구분	금액
매출채권	300	매입채무	100
유형자산	1,100	차입금	1,000
투자부동산	200	자기자본	500
자산	1,600	부채＋자본	1,600

* 단, 투자부동산은 유일한 비영업자산이며 시장가치는 장부가액과 동일하다.

〈자료 2〉 회사의 향후 추정손익과 현금흐름

(단위 : 억 원)

구분	계정	1차년	2차년	이후～
추정손익	1. 매출액	500	500	500
	2. 매출 원가	250	250	250
	(감가상각비)	100	100	100
	3. 판관비	100	100	100
	4. 영업이익	150	150	150
	5. 수입수수료	50	50	50
	6. 이자비용	100	100	100
	7. 세전이익	100	100	100
	8. 법인세	0	0	0
	9. 당기순이익	100	100	100
추정현금흐름	Ⅰ. 영업활동CF	200	200	200
	(1) 당기순이익	100	100	100
	(2) 비현금유출비용	100	100	100
	(3) 비현금유입수익	0	0	0
	(4) 영업자산부채변동	0	0	0
	Ⅱ. 투자활동CF	−100	−100	−100
	(1) 영업시설투자	−100	−100	−100
	(2) 금융상품투자	0	0	0
	Ⅲ. 재무활동CF	0	−100	−100
	(1) 차입금상환	0	0	0
	(2) 배당금지급	0	−100	−100
	Ⅳ. 당기현금증감	100	0	0
	Ⅴ. 기초현금	0	100	100
	Ⅵ. 기말현금	100	100	100

* 수입수수료는 영업활동 관련 수익이다.

* 법인세율은 편의상 0%로 가정한다.

〈자료 3〉 가중평균 자본비용(WACC)은 10%이다.

(1) ◇◇기업(주)의 1차년 FCFF는?

① 150억 원   ② 200억 원

③ 250억 원   ④ 300억 원

(2) ◇◇기업(주)의 기업가치(Firm Value)는?

① 1,500억 원   ② 1,700억 원

③ 2,000억 원   ④ 2,200억 원

(3) ◇◇기업(주)의 이론적 주주 지분가치(E)는? (단, 차입금의 가치는 현재 장부가액과 동일한 것으로 가정)

① 500억 원   ② 700억 원

③ 1,000억 원   ④ 1,200억 원

(4) ◇◇기업(주)에 대한 각년도 추정 EVA의 할인현재가치(MVA)는?

① 200억 원   ② 500억 원

③ 700억 원   ④ 1,000억 원

24 다음의 경제적 부가가치(EVA)의 계산식으로 옳지 않은 것은? (단, 여기서 NOPAT=세후 영업이익, WACC=가중평균 자본비용, IC=영업투하자본, ROIC=NOPAT/IC라 정의)

① $NOPAT - WACC \times IC$ ② $IC - (ROIC - WACC)$

③ $(NOPAT/IC - WACC) \times IC$ ④ $IC \times (ROIC - WACC)$

해설

23 (1) ② FCFF=영업이익−법인세+감가상각비−자본적 지출−추가운전자본=(150+50)−0+100−100−0=200억 원. 단, 영업이익에는 영업외수익 중 영업관련 수익인 상기 수수료수입을 포함한다. (2) ④ 영업가치=200억 원/10%=2,000억 원, 비영업자산가치=200억 원, 기업가치=영업가치+비영업가치=2,200억 원 (3) ④ 주주 지분가치=기업가치−차입금가치=2,200억 원−1,000억 원=1,200억 원 (4) ③ 초과이익(EVA)의 현재가치(MVA)=영업가치−영업투하자본=2,000억 원−1,300억 원=700억 원

24 ②

25 다음 EVA에 대한 설명으로서 적절하지 않은 것은?

① EVA는 총자산이익률에서 자본비용을 차감한 초과수익률에 총자산을 곱하여 구할 수도 있다.

② EVA는 성과평가의 양적 측면(영업용투하자본)과 질적 측면(ROIC−WACC)을 모두 평가할 수 있다.

③ EVA는 타인자본과 자기자본비용을 모두 반영함으로써 주주의 입장에서 합리적 성과지표이다.

④ EVA는 기업의 성과평가뿐만 아니라 사업부별 평가에도 적합하다.

26 ○○공업(주)의 향후 세후 영업이익은 매년 300억 원으로 일정할 것으로 예상되며, 영업투하자본(IC)은 2,000억 원으로서 이에 대한 가중평균 자본비용(WACC)은 10%이다. 동사의 향후 기대되는 'EVA의 현재가치(MVA)'는?

① 1,000억 원   ② 1,500억 원

③ 2,000억 원   ④ 2,500억 원

27 현행 공모 가격산정과정에 대한 설명으로 적절하지 않은 것은?

① 현재 공모 가격산정은 주관회사와 발행회사가 협의 하에 자유롭게 결정할 수 있다.

② 현행 증권의 발행 및 공시 등에 관한 규정 시행세칙 상의 자산가치, 수익가치를 적용해야 한다.

③ 현재 유사회사가 없는 경우 舊 규정상의 본질가치 산정을 적용할 수도 있다.

④ 제도적으로는 어떠한 주식가치 평가방법을 적용해도 문제되지 않는다.

해설

25 ① EVA는 총자산 및 총자산수익률이 아닌 영업투하자본 및 이에 대한 수익률(ROIC=NOPAT/IC)을 분석대상으로 한다.

26 ① EVA=NOPAT−WACC×IC=300−2,000×10%=100억 원, MVA=EVA의 현재가치=100/10%=1,000억 원

27 ②

28 (주)□□기업에 대한 기업가치 기초정보는 다음과 같을 때, EVA 평가방식을 적용할 경우 주주 및 채권자 가치인 전체 기업가치(Firm Value)는?

> ㉠ 영업투하자본(IC) : 2,000억 원
> ㉡ 투하자본수익률(ROIC) : 15%
> ㉢ 가중평균 자본비용(WACC) : 10%
> ㉣ 보유한 비영업자산의 시장가치 : 500억 원

① 3,000억 원   ② 3,500억 원
③ 4,000억 원   ④ 5,000억 원

29 ××기업(주)의 향후 세후 영업이익은 150억 원으로 일정한 것으로 기대된다. 영업투하자본(Invested Capital)은 현재 1,000억 원이며, 이에 대한 가중평균 자본비용은 10%이다. 한편, 동사는 시가 300억 원에 달하는 비영업자산을 보유하고 있다. 평가 시점 현재 차입금의 가치는 800억 원, 발행주식수는 10,000,000주일 때, 동사의 1주당 내재가치를 EVA 평가방식에 의해 계산한 금액은?

① 5,000원   ② 8,000원
③ 10,000원   ④ 12,000원

해설

28 ② EVA＝(ROIC－WACC)×IC＝(15%－10%)×2,000＝100억 원, MVA＝EVA의 현재가치＝100억 원/10% ＝1,000억 원, 영업가치＝IC＋MVA＝2,000＋1,000＝3,000억 원, 기업가치＝영업가치＋비영업가치＝ 3,000＋500＝3,500억 원

29 ③ EVA＝세후 영업이익－자본비용＝150－1,000×10%＝50억 원, MVA＝EVA의 현재가치＝50/10%＝500 억 원, 영업가치＝영업 투하자본＋MVA＝1,000＋500＝1,500억 원, 기업가치＝영업가치＋비영업가치 ＝ 1,500＋300＝1,800억 원, 주주 가치＝기업가치－차입금 가치＝1,800－800＝1,000억 원, 1주당 가치＝ 1,000억 원/10,000,000주＝10,000원

30   □□제조㈜의 향후 영업이익은 매년 200억 원으로 일정할 것으로 기대된다. 평가일 현재
      동사의 재무상태표는 다음과 같으며, 여기서 매도가능 증권 및 투자부동산은 모두 비영업
      자산으로서 평가일 현재 시장가치로 계상되어 있다. 동사의 주주 지분가치를 EVA방식에 의
      해 계산한 금액은? (단, 가중평균 자본비용은 10%이고, 법인세율은 25%로 가정)

(단위 : 억 원)

차변	금액	대변	금액
현금	50	매입채무	200
매출채권	300	선수금	100
재고자산	200	차입금	350
유형자산	500	회사채	250
매도가능증권	50	자기자본	300
투자부동산	100		
자산총계	1,200	부채와 자본총계	1,200

① 900억 원   ② 950억 원
③ 1,000억 원   ④ 1,050억 원

31   ○○상사㈜를 DCF법에 의해 기업가치평가를 수행한 결과 주주 지분가치 100억 원이 산정
      되었다. 동사의 차입금 가치는 200억 원이며, 평가 시점 현재 시장가치로 약 50억 원에 달하
      는 비영업자산을 보유하고 있다. 동사의 영업투하자본이 150억 원일 때, MVA 해당분은?
      ① 100억 원   ② 150억 원
      ③ 200억 원   ④ 250억 원

    30 ④ 세후 영업이익(NOPAT) = 영업이익 × (1 - 법인세율) = 200 × (1 - 25%) = 150억 원, IC = 영업 관련 자산 -
        영업 관련 부채 = (50 + 300 + 200 + 500) - (200 + 100) = 750, EVA = NOPAT - WACC × IC = 150 - 750 × 10%
        = 75억 원, MVA = 75/10% = 750억 원, 영업가치 = IC + MVA = 750 + 750 = 1,500억 원, 기업가치 = 영업가치
        + 비영업가치 = 1,500 + (50 + 100) = 1,650억 원, 주주 가치 = 기업가치 - 차입금 가치 = 1,650 - 600 = 1,050억 원
    31 ① 기업가치 = 차입금 가치 + 주주 가치 = 200 + 100 = 300억 원, 영업가치 = 기업가치 - 비영업자산가치 = 300
        - 50 = 250억 원, MVA = 영업가치 - IC = 250 - 150 = 100억 원

32 △△공업(주)는 시가총액은 1,500억 원이며, 동 시가총액에는 평가일 현재 시가 500억 원에 달하는 투자부동산(비영업자산)가치가 포함되어 있는 것으로 분석된다. 동사의 영업투하자본(IC)은 1,200억 원이며, 이에 대한 가중평균 자본비용은 10%이다. 또한 현재 차입금가치는 역시 1,000억 원이다. 주식시장에서 평가하고 있는 동사의 주당가치가 내재가치라고 가정할 때, 시장에서 기대하는 동사의 연간 EVA는 평균적으로 얼마라는 의미인가? (단, 동사의 영업구조는 극히 안정되어 있어 향후 매출액과 영업이익은 매년 동일할 것으로 기대)

① 50억 원   ② 80억 원
③ 100억 원   ④ 120억 원

33 △△제조(주)는 IPO를 위한 공모 가격산정 시 유사회사를 통한 상대가치평가법을 적용하고자 한다. 이에 대한 설명으로 옳은 것은?

① 현행 규정상 상대가치는 주가순이익비율(PER)과 주가순자산비율(PBR)에 의한 평가액의 산출평균값을 사용해야 한다.
② 현행 규정상 기준 공모가격은 상대가치 산정액의 30% 이상을 할인한 가액으로 한다.
③ 현행 규정상 공모 희망가격은 기준 공모 가격을 중심으로 최고 가격과 최저 가격의 차이가 100% 범위 이내가 되어야 한다.
④ 확정 공모가격은 상대가치 평가액을 기초로 수요예측 결과와 시장 상황을 고려하여 대표주관회사와 발행회사가 협의하여 최종 확정하면 된다.

해설

32 ② 기업가치＝차입금 가치＋주주 가치(시가총액)＝1,000＋1,500＝2,500억 원, 영업가치＝기업가치－비영업자산가치＝2,500－500＝2,000억 원, MVA＝영업가치－IC＝2,000－1,200＝800억 원, 매년 영업성과가 동일할 것으로 기대되므로 EVA＝800×10%＝80억 원

33 ④

34 자본시장법상의 본질가치 평가방법에 대한 설명이다. 다음 중 적절하지 않은 것은?

① 자산가치와 수익가치를 각각 1 : 1.5로 가중평균한 값이다.

② 자산가치 산정 시 자기주식은 차감한다.

③ 자산가치 산정 시 실질가치가 없는 무형자산을 차감한다.

④ 수익가치는 현금흐름할인모형을 적용할 수 있다.

35 최근 사업연도말 자본총계는 500억 원, 발행주식수는 1,000,000주이다. 순자산과 관련 변동사항은 다음과 같을 때 자산가치는?

㉠ 실질가치가 없는 무형자산 50억 원	㉡ 회수불능 채권 100억 원
㉢ 결산기 이후 전기오류수정이익 80억 원	㉣ 자기주식 100억 원

36 올해부터 해마다 기말에 2,400원의 현금흐름이 발생하고, 할인율이 6%라고 가정할 경우 수익가치는?

37 기업가치가 1,000억 원, 채권자 가치 700억 원이라면, 주주지분의 가치는?

38 채권자 가치가 200억 원, 시가총액이 300억 원일 때, 해당 기업의 시장가치는?

해설

34 ② 자산가치 산정 시 자기주식은 가산한다.

35 자산가치 = (500 − 50 − 100 + 100)억 원/1,000,000주 = 45,000원

36 수익가치 = 2,400원/6% = 40,000원

37 300억 원(1,000 − 700 = 300억 원)

38 500억 원(200 + 300 = 500억 원)

39 A기업의 주가는 1,000원이고, 주당순이익은 200원일 때 PER은?

40 B기업의 시가총액이 500억 원이고, 순이익이 50억 원일 때 PER은?

41 C기업은 연간 순이익이 100억 원을 창출하는 비상장회사로서 시장 가격이 존재하지 않는다. C기업과 유사한 상장회사 3개 기업의 평균 PER는 약 8배 정도로 산정되었다면, C기업의 상대가치에 의한 주주 지분가치 산정액은?

42 D기업의 총차입금 500억 원, 현금을 포함한 현금성 자산은 100억 원이다. 시가총액이 500억 원이고 영업이익과 감가상각비는 각각 100억 원, 50억 원이다. 동 회사의 EV/EBITDA 비율은?

43 E기업의 유일한 유사 상장회사는 상기 D기업이다. E기업의 총차입금 300억 원, 현금성 자산 50억 원이며, EBITDA는 100억 원이다. E기업의 발행주식수는 1,000,000주일 때, EV/EBITDA에 의한 1주당 상대가치평가액은?

정답

39 PER = 1,000/200 = 5
40 PER = 500/50 = 10
41 주주 가치 = 100억 원 × 8 = 800억 원
42 EV = 시가총액(500) + 총차입금(500) − 현금성 자산(100) = 900억 원, EBITDA = 영업이익(100) + 감가상각비(50) = 150억 원,
    EV/EBITDA = 900/150 = 6배
43 EV = 100 × 6 = 600억 원, 주주 지분가치 = EV(600) − (총차입금(300) − 현금성 자산(50)) = 350억 원, 1주당가치 = 350억 원/1,000,000주 = 35,000원

44 F기업의 시가총액은 100억 원이고 순차입금은 50억 원이며, EBITDA는 50억 원이다. F기업과 유사한 상장회사들의 EV/EBITDA 평균이 6배라고 할 때, EV/EBITDA에 의한 F기업의 시가총액은?

45 G기업의 순자산가치는 1,200억 원이고, 발행주식수는 10,000,000주이다. 현재 주가는 18,000원일 때 PBR은?

46 H기업의 비상장회사로서 장부상 총자산은 1,000억 원이고 총부채는 600억 원이다. 장부상 총자산에는 실질가치가 없는 무형자산 50억 원과 회수불능 채권 150억 원이 포함되어 있다. 발행주식수는 1,000,000주이다. H기업과 유사한 상장회사들의 평균 PBR은 1.2배라고 할 때, H기업의 PBR에 의한 1주당 상대가치평가액은?

47 I기업의 매출액은 1,500억 원이고 발행주식수는 10,000,000주이다. 현재 주가가 6,000원일 때 PSR은?

48 J기업의 유일한 유사 상장회사는 상기의 I기업이다. J기업은 비상장회사로서 주당 매출액이 8,000원일 때, PSR에 의한 상대가치평가액은?

정답

44 21 EV=50×6=300억 원, 주주 지분가치=EV−순차입금=300−50=250억 원
45 22 PBR=18,000/12,000=1.5
46 1주당 순자산가치=[(1,000−600)−50−150]/1,000,000=20,000원, 상대가치=20,000×1.2=24,000원
47 PSR=6,000/15,000=0.4
48 상대가치=8,000×0.4=3,200원

49 미래 기대현금흐름은 매년 200억 원씩 일정하게 영구히 창출될 것으로 예상된다. 할인율이 10%일 때, 동 현금흐름의 현재가치는?

50 미래 기대현금흐름이 향후 1차년 150억 원이고, 이후 5%의 성장률로 영구히 성장할 것으로 예상된다. 할인율이 10%일 때 동 현금흐름의 현재가치는?

51 A기업의 평가기준일 현재 총자산 1,000억 원, 영업부채 200억 원, 차입금 500억 원, 자기자본 300억 원이다. 한편 회사는 장부가액 기준으로 100억 원의 비상장주식을 보유하고 있는데, 이의 시장가치는 현재 200억 원으로 유일한 비영업자산에 해당된다. A기업의 영업투하자본은?

52 상기 A기업의 세후 영업이익은 150억 원으로 매년 일정할 것으로 기대되며, 자본적 지출과 추가 운전자본투자 소요액은 감가상각비 수준에서 유지될 것으로 예상된다. 가중평균 자본비용이 15%일 때, 주주 지분가치는?

53 B기업은 FCFF는 1차년 100억 원, 2차년 이후 2%의 성장률로 영구히 성장할 것으로 기대되며, 자본비용(WACC)은 12%이다. 한편 B기업은 시가로 약 500억 원에 달하는 비업무용 토지를 보유하고 있을 때, 기업가치(Firm Value)는?

정답

49 PV＝200/10%＝2,000억 원
50 PV＝150/(10%−5%)＝3,000억 원
51 IC＝1,000−200−100＝700억 원
52 V＝150/15%＋200＝1,200억 원, 주주 지분가치＝1,200−500＝700억 원
53 V＝100/(12%−2%)＋500＝1,500억 원

54 C기업의 영업가치를 산정하고자 한다. 추정기간 5년 동안 예상되는 FCFF의 현재가치는 500억 원으로 산정되었다. 향후 6차년 FCFF는 100억 원으로 기대되며, 그 이후에는 약 2%의 성장률로 영구히 지속될 것으로 예상된다. 가중평균 자본비용이 12%이고, 5차 연말의 현가계수가 0.56이라고 할 때, 기업가치는?

55 A기업의 매출액은 1,000억 원, 매출 원가는 700억 원, 판매비와 관리비는 100억 원, 이자비용은 50억 원, 이자수익은 20억 원이었다. 유효법인세율이 25%라면, A기업의 세후 영업이익(NOPAT)은?

56 B기업은 매출액 1,600억 원, 매출 원가 1,000억 원, 판관비 200억 원, 이자비용 200억 원, 영업외수익 400억 원이다. 법인세율 25%로 가정할 때, 세후 영업이익은? (단, 영업외수익은 매년 경상적으로 발생하는 로열티 수수료수입으로써 영업투하자본인 개발비로부터 창출된 것이다.)

57 C기업의 세후 영업이익은 500억 원, 영업 투하자본은 2,000억 원이다. WACC가 15%일 때 EVA는?

58 D기업의 ROIC는 20%이고, WACC는 15%이다. 영업 투하자본이 2,000억 원일 때 EVA는?

정답

54 26 V = 500 + 100/(12% − 2%) × 0.56 = 1,060억 원
55 NOPAT = (1,000 − 700 − 100) × (1 − 25%) = 150억 원
56 NOPAT = (1,600 − 1,000 − 200 + 400) × (1 − 25%) = 600억 원
57 10 EVA = 500 − 15% × 2,000 = 200억 원
58 EVA = 2,000 × (20% − 15%) = 100억 원

59 다음 E기업의 경우에 EVA의 질적 성과인 ROIC – WACC와 EVA는?

총자산	3,000억 원	영업이익	400억 원
비영업자산	500억 원	법인세	25%
영업부채	500억 원	WACC	10%

60 F기업의 매년 EVA는 200억 원으로 일정하게 유지될 것으로 기대된다. 가중평균 자본비용 WACC가 10%일 때 MVA는?

61 G기업의 EVA는 매년 150억 원씩 일정할 것으로 예상된다. 가중평균 자본비용은 15%이며, 현재 영업 투하자본은 2,000억 원이다. G기업의 기업가치는?

62 H기업을 현금흐름할인모형으로 기업가치평가를 수행한 결과, 주주 지분의 가치가 1,000억 원이 산정되었다. H기업의 차입금 가치는 1,500억 원이며, 평가일 현재 영업 투하자본은 2,000억 원이다. 만약 H기업의 MVA를 별도로 산정하면? (단, 비영업자산은 없다고 가정)

정답

59 $IC = 3,000 - 500 - 500 = 2,000$억 원, $NOPAT = 400 \times (1 - 25\%) = 300$억 원, $ROIC = 300/2,000 = 15\%$, $ROIC - WACC = 15\% - 10\% = 5\%$, $EVA = IC \times (ROIC - WACC) = 2,000 \times 5\% = 100$억 원

60 $MVA = 200/10\% = 2,000$억 원

61 $V = 2,000 + 150/15\% = 3,000$억 원

62 $MVA = (1,000 + 1,500) - 2,000 = 500$억 원

정답 01 ③ | 02 ④ | 03 ③ | 04 ① | 05 ④ | 06 ① | 07 ④ | 08 ④ | 09 ② | 10 ③ | 11 (1) 30,000원 (2) 35,000원 (3) 32,500원 (4) 31,500원 | 12 ④ | 13 ② | 14 ① | 15 ④ | 16 ④ | 17 ④ | 18 ② | 19 ① | 20 ③ | 21 ② | 22 ② | 23 (1) ② (2) ④ (3) ④ (4) ③ | 24 ② | 25 ① | 26 ① | 27 ② | 28 ② | 29 ③ | 30 ④ | 31 ① | 32 ② | 33 ④ | 34 ②

금융투자전문인력 표준교재
금융투자분석사 3

2024년판 발행   2024년 2월 15일

편저   금융투자교육원
발행처   한국금융투자협회
           서울시 영등포구 의사당대로 143 전화(02)2003-9000 FAX(02)780-3483
발행인   서유석
제작 및 총판대행 ㈜ **박영시**
           서울특별시 금천구 가산디지털2로 53, 210호(가산동, 한라시그마밸리) 전화(02)733-6771 FAX(02)736-4818
등록   1959. 3. 11. 제300-1959-1호(倫)
홈페이지 한국금융투자협회 자격시험접수센터(https://license.kofia.or.kr)

정가 19,000원

ISBN 978-89-6050-741-8 14320
       978-89-6050-738-8(세트)